JN196137

2025-2030年

経営の論点と針路

世界と日本はこう変わる

issues of small business management, and optimal solution

青木 剛

一般財団法人　商工総合研究所

疾風に勁草を知る（後漢書）。

嵐のような強風が吹いたときにこそ、本当に強い草を見分けることができる。後漢の光武帝が初めての戦闘にあって旗色が悪くなったときに多くの武将が逃げ去り、王覇という功臣一人が戦場に残った。そのとき光武帝が王覇に向かって言った言葉である。

本書がテーマにあげた2025-2030年は、まさに「疾風勁草」の時代となるだろう。間違いなく強く速い風が吹く。そうしたなかで、企業の実力が試される。本当に強い草なのか、風に押し倒され枯れてしまう草なのか。

長く続いたデフレ経済下で低迷した日本経済が、コロナ禍を経て新たな局面を迎えていることを感じる。コストプッシュ型の物価上昇が起点となって、賃金の大幅な上昇が続いている。実質賃金がプラスに転換し、物価と賃金が適度に上昇するスパイラルが定着すれば、名実ともにデフレからの脱却が確認されよう。

2025-2030年は、過去30年を俯瞰してもなかったようなスピードと振幅で変化が進む。その要因は幾つかあるが、就業者数が減少に転じて人手不足が深刻化することが最大の要因になる。人手不足起因で様々な領域に地殻変動が起こる。業界再編、地方再編、行政サービスや社会保障の見直し、人手不足を補う技術革新。閾値を超えた時点で一気に変化が加速する。

本書は、こうした「近未来の姿」をキーワードや経済指標を用いて描いている。第一部は、これまでの30年を振り返りつつ、2025-2030年の世界観をできるだけシンプルに示すことに挑戦している。

こうした環境変化を踏まえて、どのような対応が経営に求められるのか。第二部では、「To be（あるべき姿）」「供給サイド」「需要サイド」の角度から「経営の論点」を明らかにし、そのうえで「変革の必要性」を論考している。さらに第三部では「各論」として、日本の企業（特に中小企業）が向き合うべき12の課題を取り上げ、取り組みの方向性を提示している。最終となる第四部では、日本を支える中小企業に向けて「進むべき道」を書いている。

　本書の特徴は、忙しいビジネスパーソンや経営者を念頭に構成している点である。筆者自身を振り返った場合でも、未来を予測し経営課題を提示するといった類書を通読した経験がない。やはり、自分の関心の高い部分を中心に「つまみ食い」をさせてもらった。したがって、本書は「つまみ食い」をしていただいた場合でも、その箇所だけで一定の理解が得られるように執筆している。逆に「通読」をしていただくと「重複」する記載や表現もある。これは「つまみ食い」を念頭において書いた結果なのでご容赦をいただきたい。

　また、本書は筆者が所属する企業・団体の認識や意見を代表するものではなく、専ら「筆者個人」の考え方や分析に基づいて書かれていることに留意していただきたい。踏み込んだ意見や表現があるとすれば、それは筆者の想いを反映するものと捉えていただければ幸甚である。

　冒頭に「後漢書」の故事を引用したが、日本経済を再興するためには、1社1社が「勁草」となる必要がある。そして、勁草は「剛」ではなく、「柔」であることが求められる。環境変化に柔軟に適合する力である。その柔軟さは「進むことを知って退くことを知る」ものでなくてはならない。地殻変動に耐えられない企業が相当数見込まれる。無理をしてハードランディングするのではなく、別の生き方、存続の仕方を考えることも必要である。

　日本を変化に強くするためには、変革を避けて通れない。そして、1社1社が変革に向き合う必要がある。そして、ここ30年間で変革が成し遂げられなかった理由を考える必要がある。それは「やるべきこと」を分かっているにも関わらず、全身全霊をかけて変革を成し遂げようとするリーダーやイネーブラー（変革を推し進める存在）がいなかったのである。本書を読んで、1社1社が変革の端緒につくことを願う。そして、変革を推し進めるリーダーやイネーブラーが登場することを願ってやまない。

2024年8月

株式会社商工組合中央金庫　産業革新本部　フェロー
一般財団法人商工総合研究所　専務理事

青木　剛

目　次

はじめに

目　次

【第一部】2025-2030 年　世界と日本はこう変わる ·············013

第 1 章　ここ 30 年の経済停滞の理由は何か
～未来を知るために過去を知る～ ·············014

1. 30 年間を振り返る ·············014

2. 原因 1：ガバナンス不全 ·············020

    2.1　企業セクター ·············021

    2.2　金融セクター ·············031

    2.3　政府セクター ·············034

    2.4　小括 ·············037

3. 原因 2：過当競争構造と金融のあり方 ·············040

コラム①「千歳を観んと欲すれば則ち今日を審らかにせよ」·············044

第 2 章　未来を占うキーワード ·············045

1. 世界の 10 大変化と影響 ·············045

    1.1　国際関係の揺らぎによる不安定化 ·············046

    1.2　米国の国内分断と悩める中国、2 大大国の行方 ·············048

    1.3　暴れる地球と対策 ·············051

    1.4　サプライチェーンの持続性（経済安保・資源不足・天災）·············053

    1.5　デジタルの破壊力 ·············054

    1.6　新しい規範は社会を変えるか ·············058

    1.7　富める者と貧しい者の二極化拡大 ·············060

    1.8　政治指導者の強権発動・暴走・独自路線 ·············063

　　1.9　宇宙への進出競争に代表される技術競争 ·············064

　　1.10　金融の不均衡は膨張・破裂するか
　　　　（デジタル・バンクランの可能性） ·············069

　　1.11　小括（世界の 10 大変化と影響） ·············073

　2. 日本の 10 大変化と影響 ·············074

　　2.1　止まらない人口減少と少子高齢化 ·············074

　　2.2　後継者難・人手不足起因による業界再編の加速 ·············081

　　2.3　所得格差拡大、取り残された人々の増加、社会不安の増大····087

　　2.4　低下する国際競争力と復活の狼煙 ·············095

　　2.5　社会の基本的インフラの再構築はなるか ·············100

　　2.6　地方消滅の萌芽、行政サービスや地域の再構築 ·············102

　　2.7　サステナビリティへの対応が加速 ·············108

　　2.8　自然災害の国、リスク管理は強化できるか ·············110

　　2.9　政治不信、苦悩する行政、日本再興はなるか ·············112

　　2.10　アニマルスピリットの高まり ·············115

　コラム②　「今後 10 年で最大の危機は？」 ·············120

第 3 章　2025-2030 年　日本はこう変わる ·············121

　1. 潜在成長率の見通し ·············121

　　1.1　労働投入量 ·············121

　　1.2　資本投入量 ·············123

　　1.3　全要素生産性（TFP） ·············124

　　1.4　潜在成長率の推計 ·············126

　2. 実質 GDP 成長率 ·············133

　　2.1　構造的にプラスに働く要因 ·············135

　　2.2　構造的にマイナスに働く要因 ·············136

　　2.3　時節的にプラスに働く要因 ·············137

      2.4   時節的にマイナスに働く要因 ················· 141

      2.5   実質 GDP の推計 ································ 142

  3. 金利見通し ··· 150

      3.1   短期金利 ··· 150

      3.2   長期金利 ··· 151

  コラム③ 「日本銀行をひとりぼっちにしてはならない」 ·········· 154

【第二部】 経営の論点（概論） ································· 157

第1章　論点1：企業のあり方 ······························ 159

  1. 変革の必要性 ··· 159

  2. ビジョンと経営戦略の必要性 ························· 165

  3. グレート・リセットという視点 ······················ 167

第2章　論点2：供給サイドの視点 ························ 169

  1. 労働力の制約 ··· 169

  2. 資本投入の必要性 ··································· 176

  3. TFP（全要素生産性）を高める ···················· 182

  コラム④ 「日本の未来は『転職』が拓く」 ···················· 195

第3章　論点3：需要サイドの視点 ························ 197

  1. 既存市場へのアプローチ ····························· 197

  2. 新しい市場へのアプローチ ··························· 199

  3. 海外市場へのアプローチ ····························· 203

  4. 脱炭素市場へのアプローチ ··························· 208

  5. SDGs 関連市場へのアプローチ ····················· 213

第4章 論点4：いまこそ「業界の変革」が必要である......219

　コラム⑤「変革は誰が起こすのか」......239

【第三部】経営の論点（各論）......241

第1章 パーパスと事業ビジョンの構築......242

　1. パーパスの意味と効用......242

　2. 事業ビジョンの必要性と効用......245

　3. パーパスと事業ビジョンを構築する......247

　コラム⑥「パーパスは大企業に浸透するのか」......248

第2章 デジタルを活用した経営環境の高度化......249

　1. デジタル化の重要性・緊急性......249

　2. 管理会計強化の必要性......251

　3. M&A とデジタル......253

第3章 M&A、業務提携による業界再編の加速......255

　1. 業界再編が加速する理由......255

　2. 業界再編の動きに中小企業はいかに対処すべきか......260

第4章 危機管理の高度化......263

　1. 中小企業の危機管理のあり方......263

　2. 危機管理に全体最適の視点を入れる......264

　3. 全体最適による危機管理の実現方法......266

第5章 労働生産性の抜本的改善......268

　1. 労働生産性の改善が必要とされる背景......269

　2. 労働生産性を高めるためのアプローチ①......274

3. 労働生産性を高めるためのアプローチ② ⋯⋯⋯⋯⋯ 278

第6章 人的資本経営 ⋯⋯⋯⋯⋯⋯⋯⋯⋯⋯⋯⋯⋯⋯ 281

1. 人的資本経営とは ⋯⋯⋯⋯⋯⋯⋯⋯⋯⋯⋯⋯⋯⋯ 281

2. ヒトを走らすなら人材への高度化投資を ⋯⋯⋯⋯ 284

3. ヒトを活かすならウェルビーイング視点での環境整備を ⋯⋯ 289

コラム⑦「人は資本になれるのか」 ⋯⋯⋯⋯⋯⋯ 294

第7章 サステナブル経営（SDGs/ESG）への移行 ⋯⋯ 295

1. サステナブルな社会と経営への影響 ⋯⋯⋯⋯⋯ 295

2. 中小企業のサステナブル経営 ⋯⋯⋯⋯⋯⋯⋯⋯ 298

コラム⑧「エントロピーとSDGs」 ⋯⋯⋯⋯⋯⋯ 306

第8章 マーケティングの導入・強化 ⋯⋯⋯⋯⋯⋯ 308

1. 中小企業にマーケティングが求められる背景 ⋯⋯ 308

2. マーケティングとは何か ⋯⋯⋯⋯⋯⋯⋯⋯⋯⋯ 314

3. マーケティングのプロセス ⋯⋯⋯⋯⋯⋯⋯⋯⋯ 315

   3.1　STEP1：市場環境の調査・分析と課題の抽出 ⋯⋯ 316

   3.2　STEP2：STPの決定 ⋯⋯⋯⋯⋯⋯⋯⋯⋯⋯ 318

   3.3　STEP3：マーケティング・ミックスの決定 ⋯⋯ 321

   3.4　STEP4：計画の策定と実行 ⋯⋯⋯⋯⋯⋯⋯⋯ 324

   3.5　STEP5：実行計画の評価とフィードバック ⋯⋯ 324

4. エフェクチュエーション ⋯⋯⋯⋯⋯⋯⋯⋯⋯⋯ 324

第9章 未来を拓くためのイノベーションと創造的連携 ⋯⋯ 327

1. イノベーションとは何か ⋯⋯⋯⋯⋯⋯⋯⋯⋯⋯ 328

2. イノベーション創出に向けた取り組み ⋯⋯⋯⋯ 330

2.1 経営者自身が意識を変えて自社をイノベーション体質に
変えていく ···································330

2.2 経営にマーケティングを組み入れる、
マーケティング体質を構築する ·····················333

2.3 自社の強み・武器を洗い出す ·······················334

2.4 デジタルの活用を積極的に行う ·····················335

2.5 オープンイノベーションを志向する、創造的な連携を行う ···336

2.6 スピードをあげる、リーンスタートアップを志向する ·······342

第10章 経営力強化につながるガバナンス改革 ···············343

1. 昨今のガバナンス事情 ·····························343

2. ガバナンスとは何か ·····························346

3. 中小企業のガバナンス構築 ·······················348

3.1 経営者の資質を高める ···························350

3.2 相談相手を作る ·······························354

3.3 暴走・放漫を止める ···························355

3.4 情報を開示する（透明性）·······················356

3.5 一方的なトップダウン体制のデメリットを緩和する ·········358

3.6 経営の状況をチェックする ·······················359

3.7 金融機関による建設的対話 ·······················360

3.8 究極の選択：経営者の交代 ·······················361

コラム⑨「治人あって治法なし」···························363

コラム⑩「中小企業のガバナンス研究を求む！」·················364

第11章 中小企業の戦略的事業承継 ·····················365

1. 戦略的事業承継とは何か ·························372

2. ファミリーガバナンスの確立 ·····················374

3. 企業価値を高めるための経営戦略作り ……………………………… 377

4. 経営者は事業承継を学ばなければならない ……………………… 379

第 12 章 海外市場への挑戦 …………………………………………… 381

1. 経営の論点としての海外市場挑戦 ……………………………… 383

1.1 進むか退くかの判断 ……………………………………… 383

1.2 攻めの海外進出 ………………………………………… 386

2. 海外市場への挑戦にあたっての着眼点 …………………………… 389

2.1 挑戦価値（メリットの明確化、事業ビジョンとの整合性、障壁の大きさ）……………………………………… 389

2.2 旧来型の発想と新しい発想のミックス ………………… 390

2.3 エフェクチュエーション 5 つの原則 …………………… 392

2.4 先人に学ぶ …………………………………………… 393

2.5 コラボレーション、パートナーシップ ………………… 395

2.6 自社として備えるべきこと、やるべきこと …………… 396

【第四部】中小企業「経営の針路」…………………………………… 399

序　章　勝利の新たな方程式をつかむ ……………………………… 400

第 1 章 中小企業が活かすべき 10 の特性 …………………………… 402

1. パーパス経営の伝統的な実践者であり、組織のベクトルを合わせやすい ……………………………… 402

2. 株主・経営者が一体の長期政権を担うことができる ………… 404

3. 機動性を発揮しやすい ……………………………………… 405

4. オーナーの決断によりリスクテイクや挑戦が可能である …… 406

5. 経営者個人のネットワークが強固にも緩い形でも形成できる …… 407

6. 現場常在。デジタル時代にフィジカルな感性を活かせる …… 408

7. 多様な人材を使いこなす知見をもつ ……………………… 408

8. 新たな市場を開拓しやすい ……………………………… 409

9. 経営者の意思決定や内部調整に関するコストが少ない ……410

10. 顔の見える経営、顔の見えるコミュニケーション …………411

第2章 ダイナミックケイパビリティを発揮する ………………… 413

1. ダイナミックケイパビリティとは何か ………………… 413

2. 環境適合力をどう磨くのか …………………………… 415

   2.1 変化を読む力、未来を読む力 …………………………… 416

   2.2 複雑で多様な選択肢から適切な解を選択する力 …………418

   2.3 経営資源を確保する力、アップデートする力 ……………420

   2.4 ヒトと機械・デジタル、両方を均衡よく走らせる ………421

   2.5 パートナーシップを形成し、新機軸を創造できる力 ……422

   2.6 通底する「軸」を持ち、自社らしい変革ができる力 ……423

3. ダイナミックケイパビリティを発揮するために …………424

第3章 ビジネスモデルの定期診断を経営サイクルに組み入れる …426

1. ビジネスモデルは陳腐化する …………………………… 426

2. ビジネスモデルの定期診断 …………………………… 428

3. 定期診断の「定点観測化」 …………………………… 430

第4章 経営者のアニマルスピリット ………………………… 431

  コラム⑪ 「変革に耳を傾けてくれない経営者にどう向き合うか」…433

第一部

2025−2030年 世界と日本は こう変わる

第 1 章

ここ30年の経済停滞の理由は何か
～未来を知るために過去を知る～

　未来は現在の延長線上にあり、現在は過去の延長線上にある。突然に未来が現れるものではない。2025年以降の日本を占ううえで、ここまでの30年間の「経済停滞」について考えることは必要不可欠なプロセスである。本章では、Japan as No.1 と称された日本が、長きにわたって経済停滞を招いた原因を考え、未来を知るための基礎としたい。

1. 30年間を振り返る

　経済が「活性化」しているか、「停滞」しているか、それを判断する指標はいろいろある。細かく議論すれば、それだけで1冊の本が出来そうであるが、本書の主眼はあくまで「未来を描く」うえで過去を確認することにあるので、シンプルに振り返りたい。そういった意味で、GDPの推移、潜在成長率、開業廃業率といった指標を中心に考えたい。

【図 1-1-1】実質 GDP の推移（年度）

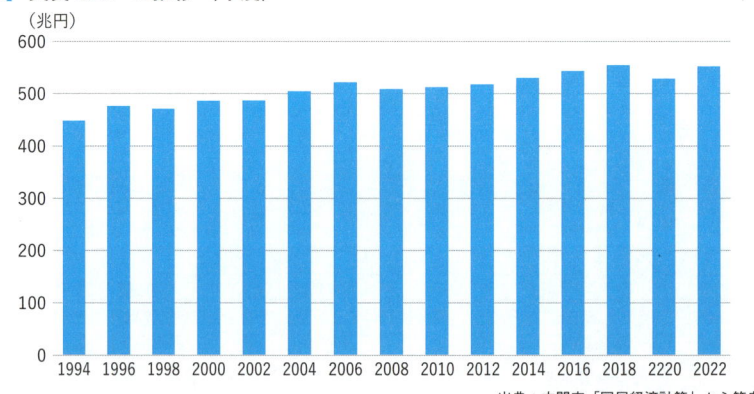

出典：内閣府「国民経済計算」から筆者作成

【図 1-1-2】 実質 GDP の成長率（年度）

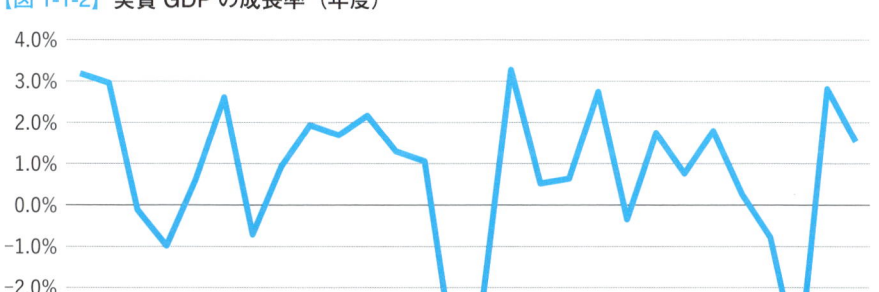

出典：内閣府「国民経済計算」から筆者作成

　この 30 年間の「実質 GDP（国民総生産）」とその「増減率」の推移（**図 1-1-1、2**）を見ると、極めて緩やかな趨勢であったことがわかる。もちろん世界トップクラスの GDP 規模であることを勘案すれば、高い成長率を維持することは簡単ではない。しかし、ドルベースでの主要国の GDP や成長率の推移（**図 1-1-3、4**）と比較すれば "好成績" を誇ることはできないだろう。為替影響は当然あるが、それを言い訳にしても詮無いことで、伸び悩んでいることに変わりはない。また、「生産年齢人口一人当たり名目 GDP」でみても、

【図 1-1-3】 主要国名目 GDP の推移（ドルベース）

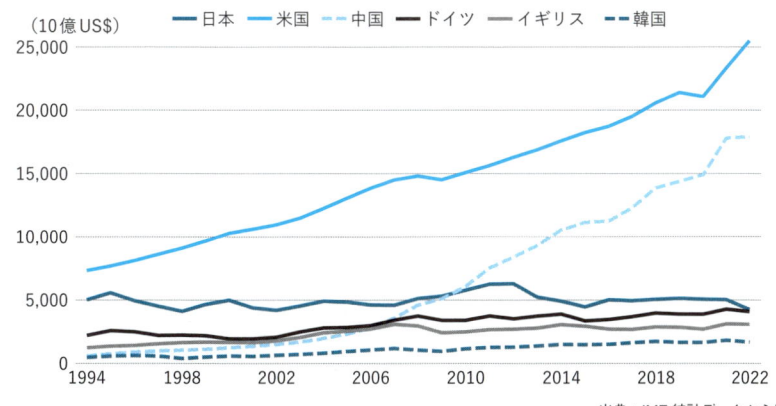

出典：IMF 統計データから筆者作成

15

【図 1-1-4】 主要国名目 GDP 成長率の推移（1994 年＝ 1）

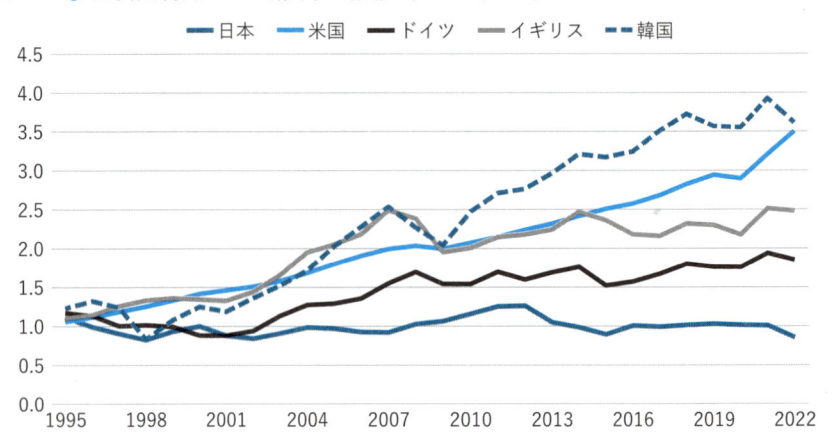

出典：IMF 統計データから筆者作成

日本の 30 年間の伸びは 1,4 倍（**図 1-1-5**）程度で、2022 年における水準は先進国のなかでも低い地位にある（**図 1-1-6**）。言い換えれば「日本は低経済成長国」であり、「労働生産性（生産年齢人口一人当たり名目 GDP）」という点でも問題を抱えている。

　次に「潜在成長率」の推移をみる。潜在成長率は、生産活動に必要な資本ストック、労働力、全要素生産性（TFP）をすべて使って達成できる「供給能力の伸び」をいう。供給サイドから見た経済成長率と言い換えてもいいだろう。潜在成長率は景気変動の影響を受けることなく中長期的な視点でみた「持続可能な経済成長率」である。

【図 1-1-5】 生産年齢人口一人当たり名目 GDP

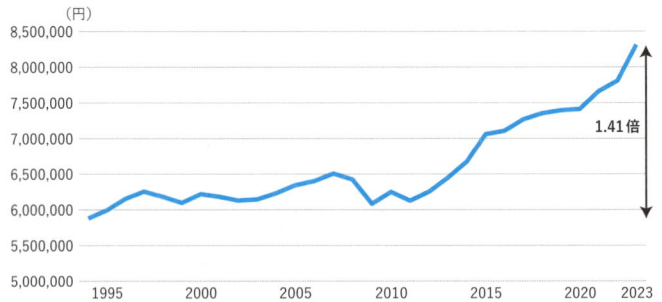

出典：内閣府「国民経済計算（GDP 統計表）」国立社会保障・人口問題研究所「日本の将来推計人口（令和 5 年推計）」から筆者作成

【図 1-1-6】 一人当たり名目 GDP（2023 年・ドルベース）

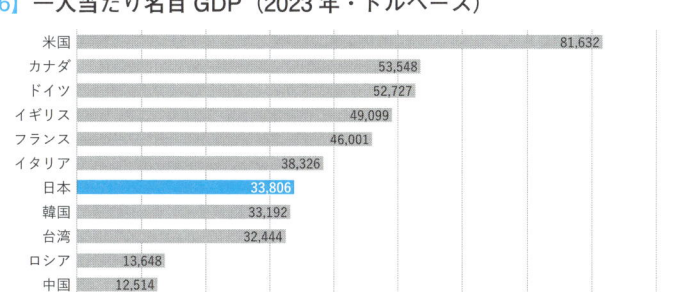

出典：IMF 統計データから筆者作成

　前置きが長くなったが、日本の潜在成長率（**図 1-1-7**）は、この 30 年で見ると平均 1% を割り込む水準にあり、ここ 10 年は特に厳しい状況にある。そして、目立つのが資本ストックの影の薄さである。労働力については、労働参加率の上昇によって何とか就業者数を増やしてきたものの、労働時間は非正規雇用など短時間勤務者も増えており、潜在成長率を押し下げる要因になっている。技術革新や生産性向上などの TFP によってカバーしてはいるが、年々「TFP 頼り」（**図 1-1-8**）の状況になっており、今後更なる労働力減少が見込まれるなかで「TFP の 1 本足打法」では限界に近づく。

【図 1-1-7】 潜在成長率の推移（前年比、寄与度、%）

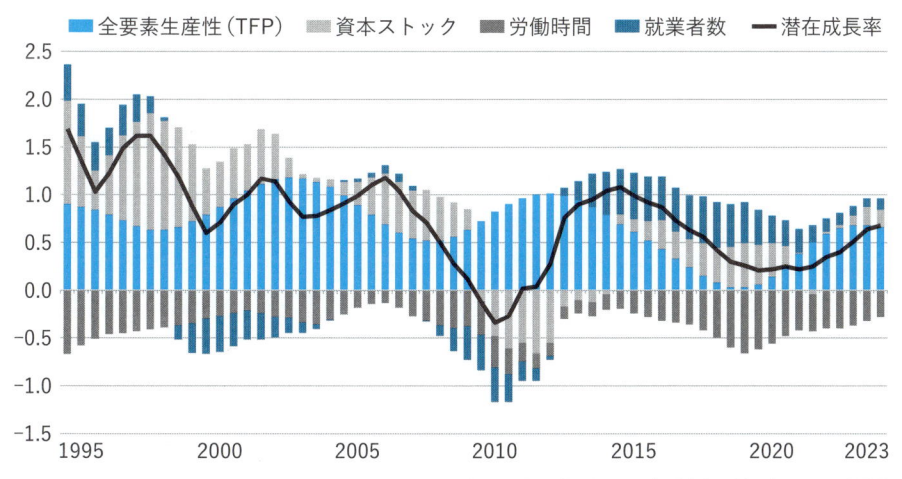

出典：日本銀行「需給ギャップと潜在成長率」データから筆者作成

【図 1-1-8】景気拡大局面における潜在成長率

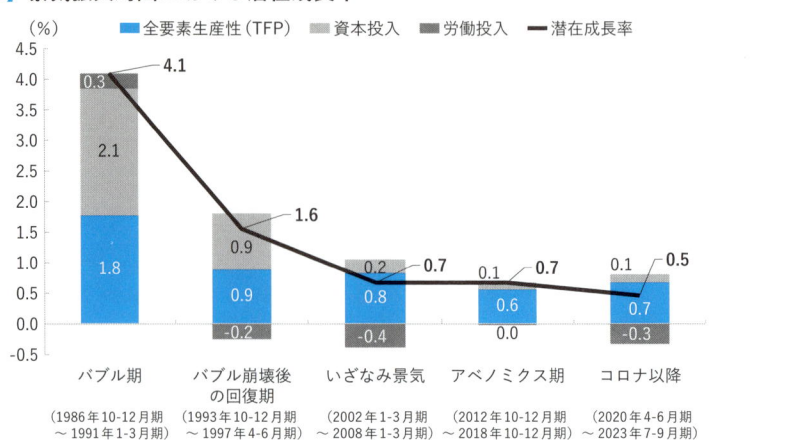

出典：内閣府「日本経済レポート（2023年度）」第 1-1-16 図（2）

　潜在成長率は中長期的な成長を図るうえで重要な視点である。この 30 年間経済が停滞した背景を潜在成長率に求めるとすれば、「国内での設備投資が十分でなかったこと」「労働力を確保するための仕組み・制度変更・処遇のあり方・教育投資などが十分でなかったこと」が原因としてあげられる。

　それでは、経済のダイナミズム、新陳代謝を示す「開業廃業率」はどうだろうか。結論から言えば、開業も廃業も国際レベルでみれば低い（**図 1-1-9**）。退出者も少なければ新入者も少ない。さらに、企業価値 10 億ドル以上の未上場企業である「ユニコーン」に関してみると、米中に圧倒されて他の先進国と比べても優位なポジションにあるとはいえない（**図 1-1-10**）。ユニコーンは、ある種のイノベーションを創出し、それを事業化して一定の成功を収めつつある企業であり、新たな経済を牽引する推進役である。ここ 10 年の米中経済の活況は、ある意味で彼らの存在が大きい。日本において、こうした次世代のスタープレイヤーが育っているとはとてもいえない。また、ゾンビ企業とは言わないまでも、低収益でも生き残ることができる状況が「**過当競争構造**」を作り出している。過当競争構造は価格低下圧力だけでなく、過剰サービスを許す環境を作り、低採算で耐え抜く企業体質を作り上げた。結果、日本経済は、「低採算・低成長」が続く構図が出来上がってしまったといえよう。

【図 1-1-9】 開・廃業率の国際比較

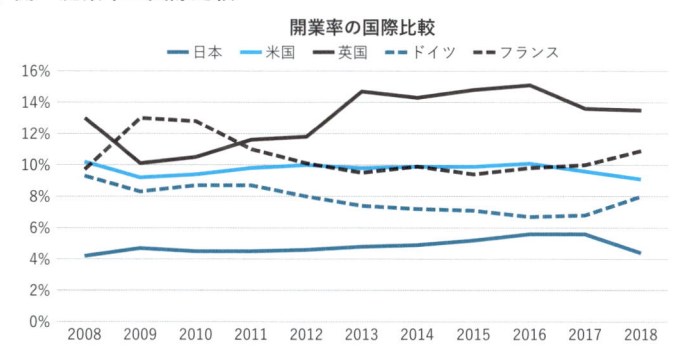

出典：中小企業庁「中小企業白書（「2021年度版」）」より筆者作成

【図 1-1-10】 ユニコーン数の国際比較（2010 〜 2022 年の合計）

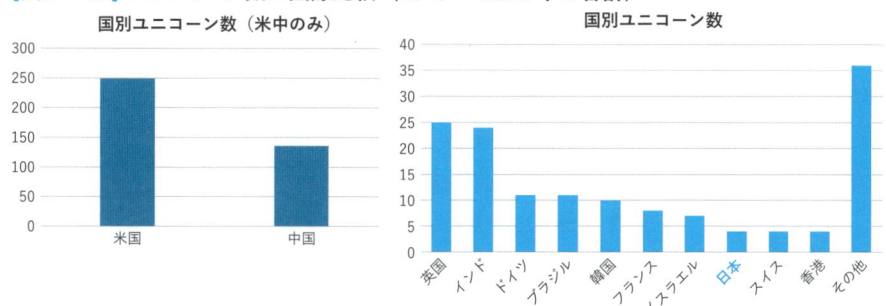

出典：文部科学省　科学技術・学術政策研究所「科学技術指標 2021」より筆者作成

　このように、この30年の日本経済は明らかに「低成長」「停滞状況」にあったといえよう。そうした意味で、停滞を招いた原因を分析することが「未来を拓く」ための第一歩となる。

2. 原因1：ガバナンス不全

　2023年に日本銀行が「金融政策に関する多角的レビュー」を行うことを表明し、作業に入った。その目的は、日銀が25年にわたって駆使してきた様々な金融緩和政策が「経済・物価・金融」に与えた影響を分析し、今後の金融政策運営への知見にすることだと説明されている。

　1990年代から今日までの30年間は「失われた30年」などと揶揄され、その責任を「日銀の金融政策に求める声」が少なからずある。その理由として、低成長の原因は「継続的な物価の下落（デフレーション）」にあり、デフレ脱却のために2%の物価目標を掲げ、かつ早期の達成を謳って「異次元の金融緩和政策」を実施したにも関わらず、デフレ脱却には至らなかった日銀の責任を問うというものである。

　もっともらしい説であるが、筆者はこの意見に与しない。もちろん経済は様々な要因が絡み合い、相互に影響を与えながら動く。当然、経済の血液と言われる「金融」が何かしらの影響を与えなかったとはいわない。しかし、日銀の金融政策が経済停滞の主因だとは思わない。その理由は、デフレ下での金融政策には多分に限界があると考えるからだ。物価が下がる理由は、需要不足か供給過剰か、あるいは両方の状態が作り出されたかである。そうした場合には、思い切った需要創造策か、供給過剰を解消する政策が必要であり、これは財政政策に負うところが大きい。今回の日銀の大規模緩和策も、政府とのアコードに基づいて実施されたものであり、検証するのであれば「両輪」について行わなければならない。

　それでは、長き経済停滞の主因は何なのか。

　一言でいえば「各セクターのガバナンスが十分機能しなかった」こと、そして見事なまでに「全セクターに問題があった」ことが主因である。不幸の極みと言えばそれまでだが、Japan as No1 とこの世の春を謳歌していた日本が、知らず知らずのうちに「ガバナンスの不全」を招き、全体最適の判断を下すことができないまま、世界の潮流からズルズルと後退していった。そして「不全のツケ」をこの30年間で支払うことになった。これが現実である。

　そういった意味で、各セクターが真摯な反省を行い「復活の絵を描く」こ

とが求められる。そのためには「誤りを認める」ことから始める必要がある。金融政策や財政政策の問題も含めて、全セクターが自己否定から始めなければならない。それでは、各セクターのガバナンスにどういった問題があったかを説明したい。

2.1　企業セクター

　まず「企業部門」である。企業部門の停滞が日本経済の停滞につながったことは間違いない。そして、その原因は近年フォーカスされているガバナンスの問題にある。

　それでは、ガバナンスのどこに問題があったのだろうか。

　結論から言えば「内向きで保守的な姿勢」に陥ったこと、「ダイナミズムのある企業活動の源泉である挑戦心を失ったこと」である。こうした経営の姿勢が、世界を俯瞰し、中長期的な視点をもって経営戦略を描くことを遠ざけ、短期的視点・狭小的視点・内向きの視点で「安全第一の経営」を選ばせた。安全第一が停滞を生んだ理由をひとつひとつ見ていこう。

　第一が「挑戦心の欠如」が「イノベーションを生む組織風土」を失わせたことである。イノベーションは経済のダイナミズムを生む源泉であり、新しい市場を拓く。ところが、日本企業の多くが次世代を拓くようなイノベーションを生み出すことができなくなった。イノベーションは間違いなく挑戦の賜物であり、飽くなきハングリー精神や追うべき夢が必要である。

　世界的にみれば、大きな経済的成功を収めて国民所得も増加し、「三種の神器」を超える様々なストックを手にした日本人は、「前例踏襲で成功を維持できる」と考えた可能性がある。1社1社に当時の経営判断を聴取するわけにもいかないので推論の域は出ないが、現在の市場をいかに育て安定的な成長を手にするかがメインテーマになっていた気がする。その方がリスクも少なく、冒険による損失もない。いらぬ挑戦をして失敗するくらいなら、品質改善で確実に「いま」を伸ばす。

　どの世界においてもトップに踊り出た者が挑戦し続けることは難しい。組織が大きくなると「いまのレベル・数字を維持する」ことさえ簡単ではない。加えて、既存の事業でも一定の成長は見込める。ゼロから大きなリスクを背

負って行くメリットがどこにある。こうなると「やってみなはれ！」ではなく、「やるからには成功しろ！成功のシナリオを描け」といった空気になる。失敗のなかに成功があるのだから「成功しか認めない」世界においては、挑戦することがむしろ損になる。米国式の「成果型人事制度」の導入も相俟って、失敗すれば処遇に関わる。無難で達成しやすい目標設定をして、いかに100% 達成を積み上げるかが関心事になる。

　民間企業でありながら「無難な捌きや調整を行う能吏が出世するような構図」が出来上がり、それが悪循環となって「挑戦するよりは手堅く捌く」といった小さなマインドが形成されていった。しかし、創業当時を思い出せば分かるように、千の失敗のうえに１つの成功が乗っている。失敗を許さない風土では挑戦はできない。挑戦なき組織にイノベーションは生まれない。

　こうしたマインドが全て誤りと言うつもりはない。真面目な日本企業がその間遊んでいたはずもない。内向きのエネルギーは「財務改善」と「サプライチェーン展開」という２つの面に向けられた。財務内容の改善（**図 1-1-11**）については、バブル崩壊を起点に借入金を削減し、自己資本に厚みをつけるといった形で現れた。市場や銀行の姿勢に左右されず、また、災害などの種々のリスクへの対応力を増すという視点では間違ってはいなかった。また、損益分岐点を下げる、いわゆるコストカットを徹底して進めた。これによって利益率は高まり（**図 1-1-12**）、企業の内部留保はさらに膨らんでいった。

【図 1-1-11】財務内容の改善（有利子負債率と自己資本比率）

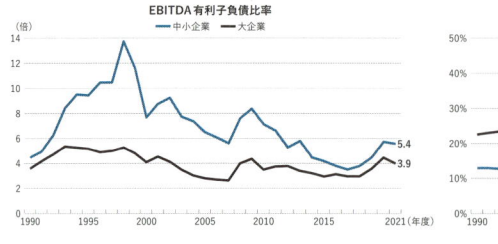 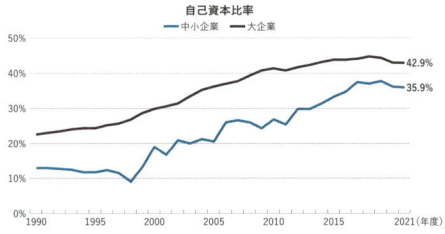

出典：一財）商工総合研究所「図説日本の中小企業 2023/2024」

【図 1-1-12】**経常利益の要因分解**

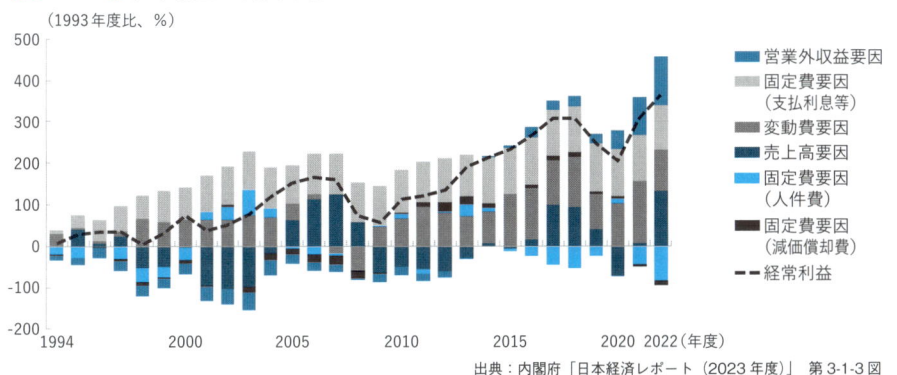

出典：内閣府「日本経済レポート（2023 年度）」　第 3-1-3 図

また、「サプライチェーンのグローバル化」による低コスト競争が激化するなかで、競争力を失わないために製造業を中心に海外展開が行われた。こうした対外直接投資（**図 1-1-13**）は、この 30 年で約 9 倍の 23 兆円まで膨らんで、国際収支の観点からは、日本にとって重要な「第一次所得収支（利子・配当金等）」の源泉になっている。しかし、こうした活動を行ったうえで、上場企業の内部留保はさらに膨らんでいった。デジタル化、イノベーション創造のための研究開発投資、人材投資、といった次世代を拓く投資に多くの

【図 1-1-13】**対外直接投資の推移**

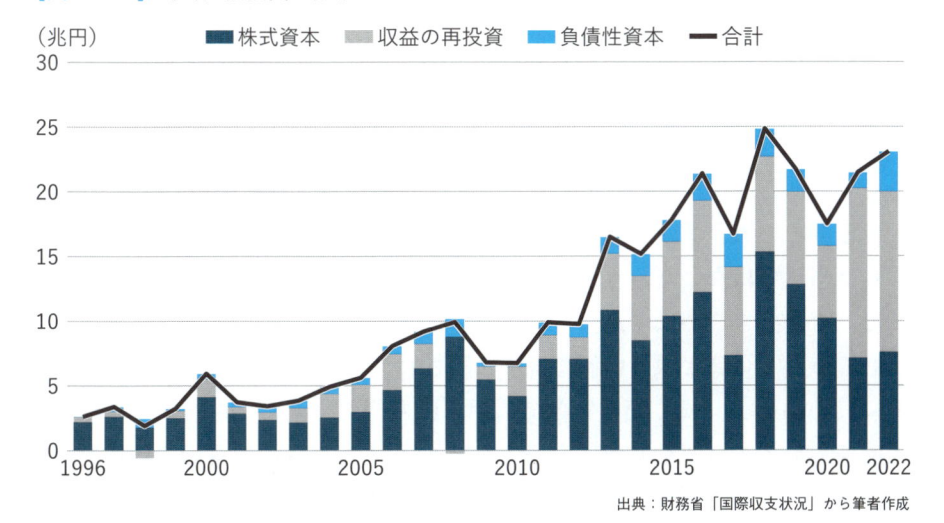

出典：財務省「国際収支状況」から筆者作成

資金は向けられなかった。また、内部留保を作るうえで貢献した社員への賃金配分も限定的であった。こうした消極的な姿勢を外国人投資家は見逃してくれなかった。外国人投資家に潤沢な内部留保を狙われてハゲタカファンドなどといった言葉が生まれたが、こうした黒船の来襲はガバナンスをさらに内向きにした印象がある。オープンで挑戦的で向かっていくようなガバナンス形成は時を待つことになる。また、デジタル投資等の差が、後々の米中との差になって顕在化する。

第二の問題が「硬直的な価格戦略」と、その結果として「国内のサプライチェーンにおいて適切な利益分配が行われず、ピラミッドの頂上企業だけが多くのマージンを得る商習慣を形成した」ことである。こうした筆者の考え方に異論をもつ大企業もいるだろう。ビジネスである以上、下請け企業とも合意のうえで行っている、世界的な価格競争に勝つためには常にコストカットの努力を続けなければならない、等々。もちろん、それも正義である。

しかし、正義が疑われ、中小企業庁や公正取引委員会による「下請け監視」が行われるようになったのはなぜであろうか。ここで問題としていることはコストカットの問題ではなく、"合意"の内容・背景の問題である。大企業と下請け中小企業では、圧倒的な力関係の差がある。発注された規格・価格でやるしかない現実がある。歴史的に専属に近い企業は売上依存度も高く、容易に断ることはできない。もちろん中小企業も1社に振り回されないような売上構成を考える必要はある。しかし、経営資源が限られる中小企業が専門化することは致し方ない面があり、簡単には販路開拓できない面を考慮する必要がある。いずれにしても、マルチステークホルダー主義のフラッグを掲げる多くの大企業が、圧倒的な力の差がある下請け中小企業に想いを致すことは当然ではないだろうか。この点、ある種の「下に見る姿勢」があったことは否定できないはずだ。

もちろん大企業が厳しい価格競争に晒されていることは否定しない。国際的に良い品をより安く売ることで信用を勝ち得てきたことは否定できない。国内においても「良い物をより安く」という考え方は消費者の志向に合う。とりわけ賃金が上昇しない、節約志向の強い消費者が国内に溢れている。常

に価格抑制的な循環にある。一方で、マーケティングを磨き、適切な市場に適切なプロダクトを提供することで、企業努力としての「付加価値を価格に適切に反映させる」ことは絶対に必要である。企業努力が利益につながるからこそ、それがモチベーションとなって創意工夫やイノベーションを生む。ところが、どんな企業努力を行っても「何ら価格に反映されない」とすれば、企業のモチベーションは上がらない。誰かの勝利が多くの犠牲の上に成り立つ状況、それが持続性を高めることになるだろうか。

　付加価値率と呼ばれる「マークアップ比率」（**図1-1-14**）の国際比較をみると、この20年間、見事に日本は「横這い」で推移している。一方で、欧米は2015年近傍から右肩上がりのトレンドで動いている。そして、日米を比較すると米国は分布が広範になっており、企業毎の付加価値創出の度合いがマークアップに反映され、高いマークアップ率を上げる層が全体を牽引する形になっている。日本は1%近傍に集中しており、企業毎の差が少ない。こうした実態は、日本は価格によって創造した付加価値を十分享受できていないという仮説を生む。「良い物を安く」という画一的な価格戦略が見て取れ、いわゆるブランド化による高価格戦略といったメリハリが少ないのではない

【図1-1-14】業種別のマークアップ率の日米欧比較、日米のマークアップ率分布

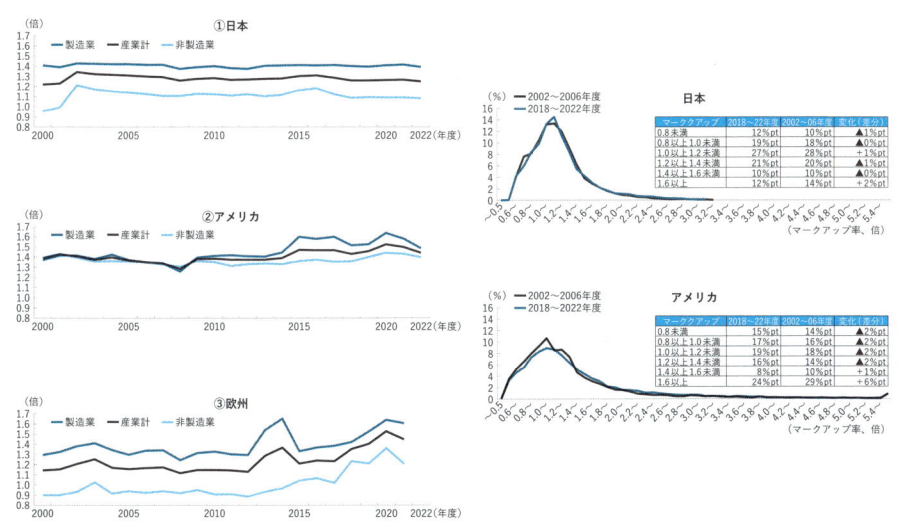

出典：内閣府「日本経済レポート（2023年度）」　第3-2-3図、第3-2-6図

だろうか。

　こうした価格戦略のなかでも、コストカットを主体とする損益分岐点の引き下げ等で大企業は利益を確実に増やしてきた。その一方で、サプライチェーンを構成する下請け中小企業は常に厳しい経営を迫られてきた。厳しい規格、厳しい発注価格のなかでも黒字経営を行うために、常にコストカットや生産性向上の努力を行っている。しかし、発注価格が抑えられているなかでは、マークアップ率を高めることができず、中小企業の労働生産性は結果として横這いで推移する（**図 1-1-15**）ことになる。こうした状況では、設備投資も最低限の更新か、確実に回収見込みのあるものに限定される。あるいは減価償却の範囲内で投資し、借入負担を極力回避するといった安全志向が強い投資となって、研究開発や挑戦的投資は抑制的になる。

　本来「自社のサプライチェーンを強化する」ためには、傘下のプレイヤー1社1社が強くなる必要がある。ピラミッドの頂上に立つ者だけが儲かる仕組みは健全ではない。適切な価格戦略によって利幅を確保したうえで、傘下の協力企業も再生産や挑戦ができるような「利益の再配分」を行うことが、

【図 1-1-15】労働生産性の推移

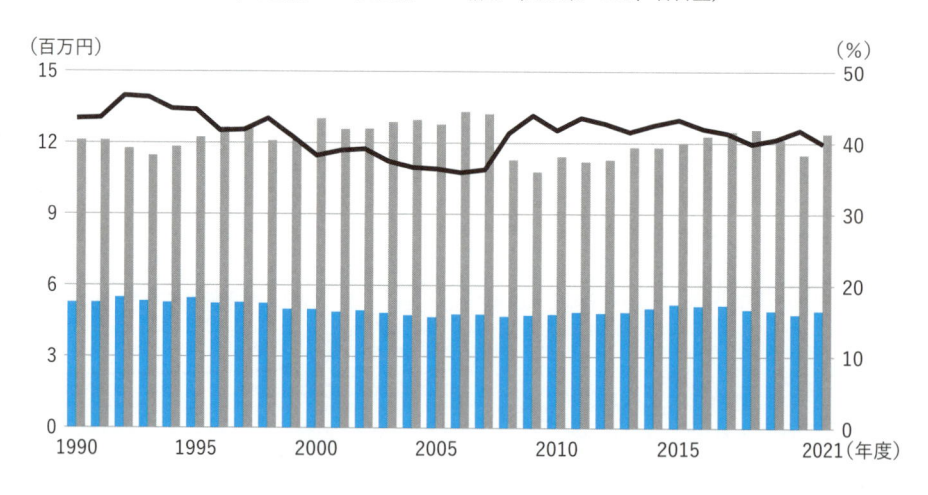

出典：一財）商工総合研究所「図説日本の中小企業 2023/2024」

結果としてサプライチェーン全体の強化につながる。こうしたより高い目線、長期的な目線でサプライチェーンにおける利益配分が出来ているか大いに疑問が残る。こうした発注側と下請け側の「努力は価格に反映されない」といった商習慣が、ある種デフレーションの基礎を作った大きな要因だと考えられる。

　第三の問題が、「ヒトに依拠したオペレーション」を継続し「デジタル導入を遅らせた」ことである。これも「内向きで保守的な姿勢」が生んだ結果だと考えている。日本の企業は「現場」に強く、現場を丁寧かつ複眼的に見て会社全体で「カイゼン」を行って来た。まさに現場目線である「虫の眼」に優れている一方で、世界の潮流や歴史的トレンドで未来を俯瞰するといった「鳥の眼」「魚の眼」に弱い印象がある。Japan as No1 と言われた時代は、まさに日本の現場が輝き、創意工夫とチームワークでカイゼンを続ける「ヒトの天下」であった。真面目でチームワークを重視し、カイゼン活動を怠らない。外国には真似できない企業文化や従業員の姿勢が生まれた反面、外国では「デジタル化という代替策」で対抗してきたことを見逃した。見逃したというよりも、日本のヒトを中心とする現場力を過信したといった方がよいかもしれない。デジタル化の遅れは、日本の競争力を相対的に弱めた。また「労働生産性の停滞」「情報一元化による経営の高度化」「工場など現場の無人化省力化」といった点でも遅れをとる一因となった。

　ダイナミックケイパビリティ論のなかで、**コア・リジディティ**と呼ばれる概念がある。これは「強み」が環境変化によって「硬直化」することで、むしろ「弱み」に転じてしまうことを指すが、日本企業も「優秀な現場（ヒト）」を過信することで世界に遅れをとった。ヒトを走らすのではなく、デジタルを走らせるといった海外の戦略に対抗できず、労働生産性を相対的に低下させ、競争力を失ったということがいえるのではないか。

　適切なガバナンスを発揮するためには、「外部環境のリサーチ」が不可欠で、自社にとっての脅威を特定し、そのインパクトを測ることで対策を練るという経営のフローが確立されている必要がある。大企業であればあるほど、様々なレガシー（築き上げた有形無形の資産）がある。設備・システム・標準化

された手順など、隅々にまで施された資産を自らが否定するような経営判断を下すためには、脅威が自社に与える長期的影響を視野に入れ、蛮勇をふるう必要がある。短期的にはコスト増加やオペレーションの混乱などを招いたとしても、「長期的な競争力強化」のために勇気をもって現在を否定することが必要である。デジタル化の遅れに、ガバナンスの不全を見るのである。

　第四が、「非正規雇用」と「成果型人事制度」の拡大である。付加価値を増大させ、それを価格に反映し、収益に変えるといった発想が弱まり、安全運転でコストカットを中心に損益分岐点を下げることで利益を出すといった姿勢は、「社会保障費」など様々なコストを生む「正社員」を嫌う。必然的に、労働時間に制限を設け社会保障負担を回避できる非正規社員が重宝され、実際には正社員とほとんど変わらないようなオペレーションに従事することになる。非正規社員の賃金カーブはフラットであり、差が大きい年齢層では正社員の6割弱の水準になっている（**図1-1-16**）。また、整理解雇要件が実質的に厳しいといわれる日本においては、雇用調整の術が限定される。いざ

【図1-1-16】賃金カーブ（時給ベース：2023年6月）

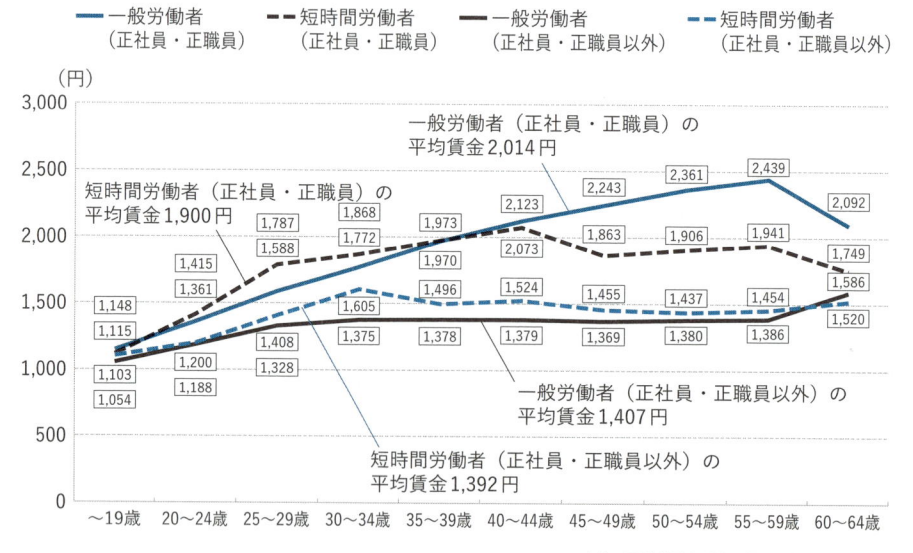

出典：厚生労働省「非正規雇用」の現状と課題

という場合に調整を行うためには、非正規社員の「雇止め」が有効であり、その比率を増やすことがコスト＋アルファで得策になる。この結果、非正規社員の比率は30年前の1.8倍、約1,150万人の増加となった（図1-1-17）。近年の人手不足の強まりによる「正社員化」の流れもあって、この傾向は緩和され横這いにあるものの、「コスト」以外の視点で雇用のあり方を考える必要がある。「同一労働同一賃金」という、ある種普遍的な考え方があるなかで「雇用の歪み」を生じさせた大きな責任は企業側にもある。法規制がなければ対応しないという視点から、SDGs的な視点、エンゲージメントを高めることで生産性を上げるといった視点、より高い視点でガバナンスを発揮することが、企業の持続性を高めることになる。

　そして、正社員に向けては「成果型人事制度」が次々に導入され、ジョブサイズと成果に応じた配分が主流になっている。年功だけで処遇が上がり、窓際族と呼ばれる低パフォーマンス労働者が、若手のモチベーションを削ぎ、企業の問題となっていたことは事実であろう。しかし、成果型人事制度は運用によって大きく左右される。人事評価の運用によって人件費のコントロールが可能であり、高齢層の賃金抑制に使われたことは否定できないだろう。窓際族と呼ばせる前に、彼らの能力発揮の場を作れなかったのか、新たな役

【図 1-1-17】正規雇用労働者と非正規雇用労働者の推移

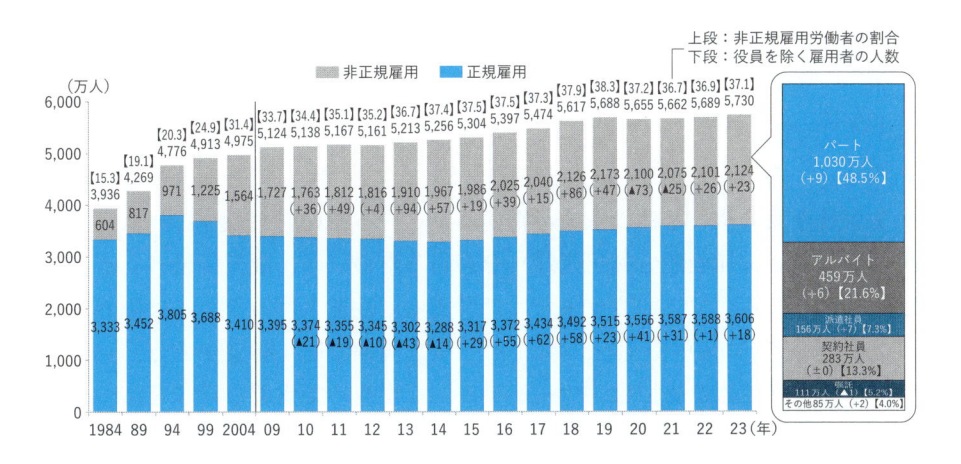

出典：厚生労働省「非正規雇用」の現状と課題

割はなかったのか、考えることは多い。成果型人事主義が、本当の意味で社員のモチベーションやエンゲージメントを高めたのかについては、様々な検証が求められる。

こうした2つの施策（非正規雇用と成果主義人事）によって、「1億総中流」と言われ、強い購買力をもった消費者が徐々に減ることになる。結果として「低価格商品」を常に意識するような消費者を作り、購買力のない市場が出来上がったのではないだろうか。気がつけば、日本企業の給料だけが上がることなく、世界からみれば「相対的に貧しい消費者」が住む国を作ってしまった。企業にとっても廻りまわって自分のクビを締める結果になっている。「物価が上がらないのだからベアする必要もない」と反論する向きもあるだろう。しかし、何十年も給与が上がらない「異常性」や「停滞を続ける経済の原因」を見れば、それが正しい理屈であっても「前向きの意味を持つ」とは思えない。しかも企業サイドの「剰余金」は積み上がり、株価が上昇するなかにあって、利益形成に貢献した労働者が豊かにならない現実を考え直す時期に来ているのではないだろうか。こうした人件費抑制型の人事運営も、長期的視点からみればガバナンスの不全といっていいだろう。

第五が、これらを通じた「労働生産性の低迷」である。円安が続いているが、単純化して考えれば「円の価値」が低く評価されている証左である。為替は様々な要因で形成されるが、やはり国際的な競争力は大きな要因である。日本の一人当たり GDP は低下し続けている。人口減少が進むなか、一人当たり GDP を高めて行かなければ、日本の経済的地位が低下するのは道理であろう。一人当たり GDP は、まさに労働生産性の象徴である。そして、労働生産性を高めることは、企業経営の基本といっていいだろう。一人当たり付加価値額（付加価値労働生産性）を高めるためには、販売価格の引き上げが不可欠である。コストカットだけで労働生産性を上げることには限界があり、マークアップの引上げとコストカットを両輪で回す必要がある。マークアップの引上げのためには、マーケティングが極めて重要な意味を持つ。市場と向き合い、市場のニーズを理解し、いかに適切な価格で求める商品を届けるか。自社のプロダクトの価値を主張できるか、コミュニケーションでき

るか。これが日本企業に足りなかったと言わざるを得ない。そういった意味で、マーケティングを活かし切れなかったガバナンスのあり方も反省材料といえるであろう。

2.2　金融セクター

ここでは「日本銀行」と「商業銀行」、2つのセクターについて問題を指摘したい。

日本銀行のガバナンスに関する最大の問題点は「公約の責任を取らなかった」ことである。具体的には「異次元緩和」と呼ばれる金融政策を導入する際に、トリプル2といわれる「マネタリーベースを2倍にして、2年で2%の安定的な物価目標を達成する」といったキャッチーな公約を、当時の総裁が掲げたはずだ。しかし、その目標は達成されないまま、黒田政権は「再任」を含めて10年余り続いた。これは日銀の「誠実性を信じる国民の信頼」に大きな傷を与えたのではないだろうか。選挙で禊を受けることがないガバナンスだからこそ、公約違反には誠実な対応が必要であった。これが日銀の反省を遅らせ、政策転換のチャンスを失わせた原因であり、国民の支持を得る機会を失うことにもつながった。異次元緩和は日銀自身が説明する通り「国民の意識」に働きかける政策であるはずなのに、デフレ意識を解消することもできないまま10年を費消した。政治家だけでなく「日銀も約束を守らないのか」という国民の失望を招いたと考えるのは筆者だけだろうか。もちろん異次元緩和で繰り出した金融政策は、かなり複雑で一般的な国民の理解を得ることは難しかっただろう。だからといって「国民の支持云々を議論しても意味がない」とすることは間違っている。難し過ぎて理解できない金融政策であれば、そもそも「国民の意識に働きかける」という前提が誤りであるからだ。公約を破ることで、本来最大の支援者としなければいけない国民の支持を失うことになった日銀のガバナンスには多くの反省点があると考えている。同時に再任を承認した者の責任も問われなければならない。

日本銀行の2つめのガバナンスの問題は、「異次元緩和の副作用に眼を瞑った」ことである。長引く低金利、いわゆる「金利なき世界」は「財政規律の低下」を招いた。これは政府セクターの項で詳解する。さらに「金融の歪

み」を市場にもたらす結果になった。債務が増加し、短期で借りて長期で運用といったミスマッチが起こり、金融システムが不安定化している。また、YCC（イールドカーブコントロール）といわれる長期金利のコントロールは「金利の市場機能を弱める」ことにつながった。さらに低金利と緩和による有り余る資金が金融機関の利幅低下を生み、そうでなくても消極的であった「リスクマネーの供給」を細らせた印象がある。これは、ベンチャーやスタートアップと言われる経済の新陳代謝を生む新興企業の成長を遅らせる原因になった。加えて、低金利による金融費用の低減、あるいは緩和的金融姿勢が、「収支トントン」といわれる低採算企業の生き残りを助けた部分もあるだろう。オールドビジネスの過当競争構造を温存させ、スタートアップの勃興による経済のダイナミズムを生むことを妨げた原因になったといえよう。

　次に「商業銀行」、所謂「銀行セクター」のガバナンスにも大きな問題があった。

　第一が「リスクマネーの供給」を怠ったことである。スタートアップやベンチャーの資金調達は、経営状態が不安定である「初期段階（アーリーステージ）」においてはエクイティが中心になる。しかし、資本だけが膨らめば希薄化（ダイリューション）の問題やレバレッジ（借入を梃に自己資金のリターンを高める）の問題を生じる。やはり「デット（借入）」による調達が健全な成長に不可欠である。リスクマネーの供給方法は様々ではあるが、銀行のデット機能が十分働いたとはいえないだろう。もちろん30年の間において、バブル崩壊で多額の不良債権処理をせざるを得ない時期もあった。金融庁検査マニュアルの導入に伴い、顧客に対する説明コストを避けたい気持ちもあったかもしれない。いずれにしても金融仲介の使命を持つ金融機関が、新興企業へのリスクマネー供給に消極的であったことが新陳代謝を遅らせた一因であることは否定できない。

　第二が「成長分野」への資金投入が不十分だったことである。これはリスクマネーの供給の裏腹といえるが、金融機関は産業界を広く俯瞰して「未来図」を描く必要がある。金融仲介者として、成長分野への後押しを通じて健全な経済成長を促し、その利益を預金者である国民に還元することで資産形

成に資することが使命である。残念ながら産業全体を俯瞰して「成長分野を伸ばし、成熟分野の変革を図り、ダイナミズムのある資金投下を行う」ことが実行できないまま今日を迎えている。産業変革の後押しが出来る立場でありながら、常に「個社別支援」といった狭い視点で動いている印象がある。収益を上げることは重要であるが、「**パブリックマインド**」が欠如した結果、常に小さい地図のうえで仕事をしていたのではないだろうか。言い換えれば、「融資の五原則（安全性・収益性・流動性・成長性・公益性）」という普遍的な指針を持ちながら、その均衡を欠いていたのである。言い換えれば「安全性」「収益性」を重視して、成長視点・公益視点が弱くなっていたのである。

　第三が「従来型ビジネスモデルの転換を怠った」ことである。長引く低金利は貸出利鞘を縮小させ、金融機関の経営を苦しくした。本来あるべきガバナンスが効いていれば、リスクを取って新しい金融のアプローチやビジネスモデルの転換を検討していたはずである。しかし、多くの金融機関が安易な道を進もうとした。例えば、ボリュームと利幅が確保できる「不動産業」へエクスポージャーを高める、あるいは手数料稼ぎのために預かり資産業務に精を出す、リスク性の高い債券への投資を行う、といった行動である。もちろん、どれも「理屈はある」。資金需要の旺盛な業種へ資金供給する、預金だけでない資産形成を促す、資金運用の高度化によって収益性を高める、等々。しかし、長期的な視点に立てば、既往のビジネスモデルで成長することは限界に近付いていた。いつか金利が上がれば利鞘も増加するといった期待に、改革の手は遅れていったのではないだろうか。

　金融の未来を拓く活路は、金融界全体が提唱した「**リレバン（リレーショナルバンキング）**」を本格的に推進することにあったはずである。しかし、口ではリレバンや本業支援を掲げていても、その実態は「王道」には程遠い内容ではないか。中小企業は毎年6万社規模で減り続け、金融機関の営業基盤は細くなっている。中小企業のビジネスモデルを変革することが、地域の経済を守り、金融の基盤を守ることになる。そのためには、従来型のアプローチから脱して、より大きな視点で産業変革や地域の活性化を図るビジネスモデルに自らを転換する必要があった。金利競争に明け暮れるのではなく、自分たちのお客様の企業価値を上げるための取り組み、アプローチを研究する

必要があった。こうした決断ができなかったことは、ガバナンスの不全といわざるを得ないだろう。

　第四が「デジタル投資」の遅れである。デジタル投資は、金融とシステムは切ってもきれない関係にあるが、その遅れは「情報の活用」や「生産性」「経営の高度化」の点で金融の成長の足かせになっている。金融機関が高度化するためには、様々なデジタル技術を活用することが必要であるが、既存のレガシーシステムから脱却し、デジタルトランスフォーメーションといわれる「組織改革」「文化改革」までたどりつけた事例はほとんどないといっていいだろう。金融機関にとって、ホストを中心とするレガシーシステムから脱することは簡単ではないが、デジタル銀行やフィンテックの登場を片目にしながら遅れ遅れの対応となっている。金融機関のビジネスモデルを変えるためにも、行内におけるデジタル化が不可欠な状況である。抜本的なシステム像を描いて、文化改革組織改革まで視野に入れたデジタル化の推進を図ることができないまま、多くの金融機関が迷走しているのではないだろうか。

2.3　政府セクター

　次が政府セクターのガバナンスである。この部門も日本経済の長期停滞を招いたひとつであることは間違いない。

　第一が「デフレ脱却の公約」を守れなかったことである。2013年1月に行った「政府・日本銀行の共同声明」は、異次元緩和の起点になったアコードである。物価のマネジメントは日銀の仕事という点で異論はないが、マイナス金利といった金利による調整機能が限界にある状況において、デフレ脱却は「財政政策との共闘」が絶対に必要である。だからこそ前述のような共同声明を発し、政府は「機動的なマクロ経済政策運営」「思い切った政策を総動員し、経済構造の変革を図る」「持続可能な財政構造を確立する」ことを約束したのである。

　したがって、デフレ脱却の遅れを日本銀行だけの責任にすることはフェアではない。これだけの宣言をした以上、それをやり通す統治が不可欠であるが、経済構造の変革も持続可能な財政構造も確立できたとは言えない。現状はコストプッシュ型の物価上昇が続き、2年連続で春闘に象徴される大幅な

賃上げが行われることで「デフレ脱却の際」まで達した感があるが、少なくとも政策起因でデフレ脱却を実現したと言い切ることができるだろうか。

第二が、それとも関連するが、「有効な産業政策を打てなかった」ことである。ここでいう「有効」とは、日本経済の構造転換＝新陳代謝＝を実現することである。構造転換とは、オールドビジネスの過当競争構造を解消し、人材の流動化によって成長分野に人材が集まる仕組みを作り、イノベーション創造の土壌をニュービジネス中心に作り上げ、世界的に競争力のある産業界を再構築することである。まさに日本産業界の再興を実現することである。

一般企業であればインプットとアウトプットの関係は厳しく精査される。投資しただけのリターンが得られたかは当然検証される。30年にわたって「日本再興戦略」等の名の下で様々な産業政策が実施された。それが、産業界をどう変えて、GDPにどう反映されたかは定かでない。過去の産業政策の効果や課題が検証されないまま、あるいは国民に知らされないまま、ミクロの成功事例だけが発表されて「効果あり」とされている気がする。言い換えれば、政策効果が「点」であって「面」で波及しているとは言えないのである。

中国は典型的な事例かもしれないが、デジタルやEVなど新しい市場創出に向けた産業政策を集中的に行うことで、大きな成果を得ている。日本においても選択と集中という考え方が徐々に浸透しつつあるものの、経済の構造転換を図ることで**「次世代の強力な成長ドライバーを生む」「経営力の高い企業への業界再編を図ることで過当競争構造を解消し、収益性・成長性の高い企業を作る」「生産性の障害となっている様々なカスタマイズを標準化する」**といったことが実現できていないと感じる。労働生産性や一人当たりGDPの国際比較を見れば、日本の競争力が相対的に低下していることは事実で、日本の産業政策が成功したとはとても言えないだろう。

第三が、「財政規律」の問題である。これも典型的に政府のガバナンスや矜持が問われる領域である。前述の共同声明のなかにも「持続可能な財政構造の確立」が謳われているが、低金利と日銀による国債買い上げを奇貨として国の債務は膨張している。もちろん東日本大震災に代表される幾つもの災害やコロナ禍といった未曾有の危機に対処する必要があったが、それを言い

訳とせず、様々な事象をも乗り越える具体的な財政のあり方を示し、実現のためのシナリオを描き、早期に実現する必要があった。財政規律に関しては「財政規律派」「リフレ派」「MMT 派」などで考え方に大きな相違があることは承知している。しかし、財政規律は国の信頼の基礎となるもので、GDP 対比での借金が先進国で最悪といったような話を耳にすれば、年金への不安も相まって国民の生活防衛意識は高まるばかりで、政府への信頼も揺らぐと考えることが普通である。成長もできない、財政基盤も脆弱となれば政府の責任が果たされたとは言えないのである。

　これ以外に第四の課題として「各業界への規制・指導のあり方」「国家としての人作り」などがあげられる。「官僚の能力を真に活かす仕組み」「業界の本質的課題を解決するための実態把握と適切な産業政策」を実現するガバナンスについて再考すべきである。バブル期にあった接待問題などの不祥事、退職金を貰い歩く天下り・渡りといったことで、官民の交流は十分でない状況にある。官僚が産業界の実態を知るためには公式・非公式を問わない民間企業との交流が不可欠であり、もっともっと海外に行って世界観を磨く必要もある。官僚は、国家ビジョン、産業ビジョンを描き、小手先でなく、真の問題解決に力を尽くすべきである。いまの状況は官僚のモチベーションやスキルが上がるように見えない。官僚こそ大いに学び、現場を歩き、データとフィジカル両面で問題把握をすべきである。若手官僚が続々と退職している状況が正常だとは思えない。有識者会議を開いて政策議論して、政策決定をするパターンが一般化しているが、それは本当に役立つ姿なのだろうか。官僚は国民のためにあり、もっと自信をもって政策立案を行うべきである。有識者に知見を求めるのであれば、取材に行けば済むことだ。政治主導がベストなスタイルなのだろうか。それは結果が示しているのではないか。官僚が基盤を固めてこそ国家は安定する。有能な官僚を育て活用してこそ日本再興の道が拓かれる。働き方改革を含めて、真に官僚がなすべき仕事をスクラップ＆ビルドすべきである。そして、官僚は国民の未来を見つめて大義をなしてほしい。

2.4　小括

　最後に、各セクターにおいて「ガバナンスの不全」を招いた理由・背景を考えてみたい。ガバナンスは「統治」と訳されるが、統治の前提には「あるべき姿（ビジョン）」「適切な判断」「推し進める力・体制」の3条件が構築されていなければならない。この条件が揃ってこそ統治は機能する。

　そして、日本のガバナンスが機能しなかった理由は、これら3条件が十分でなかったことにある。

　まず「あるべき姿」が描けていなかったとすることに反対する意見もあるだろう。企業セクターであれば、事業ビジョンをベースに中期計画を立てることが一般的である。政府セクターであれば「○○戦略」「○○大綱」といった形で日本の競争力強化ビジョンを描いている。金融セクターも同じ経営手法を取っており、各行の経営ビジョンが描かれているはずである。

　ここで問題にしたいことは「あるべき姿・ビジョン」が存在したか否かではなく、有効な未来図が描かれていたかである。逆説的に言えば、的確な事業ビジョンや国家ビジョンが描かれているにも関わらず、日本の競争力や成長力が相対的に低下してしまった理由は何なのか。

　そこで考えなければいけないことは、国家ビジョン・事業ビジョンは「世界を見つめていたか」「長期的に世界でプレゼンスを発揮できるものであったか」である。あるいは適切なリサーチをベースに「課題を的確に見抜いていた」のだろうか。「国家資源や経営資源を正しく評価し、アップデートする」ことを考えていたのだろうか。「強みが弱みに変わった」と考えなかったのだろうか。「世界を見つめる」ということは、ワールドワイドな観点でPEST 分析やマーケティングを行うことを意味する。さらに言えばファイブフォース分析を通じて、ライバルの動向や、買い手の変化、サプライチェーンの変化、プロダクトの変化など「国家や自社の脅威」を的確に把握することである。従来から日本は自国の技術に自信を持つがゆえにプロダクトアウトの傾向が強く、マーケットイン的視点が弱いといわれている。ハイスペックを求めるが、それを求めない消費者が世界中にいる。マーケティングが不十分なため、技術を活かしきれない、ガラパゴス化するといった指摘がある。

　また「課題を適切に見抜いていた」ならば、なぜ長期停滞を招いたのだろうか。適切な課題把握ができていれば、対策も適切に打てるはずだ。総花的な課題設定を行い、薄い政策のオンパレードになっていなかったか。企業セクターは短期的な課題ばかりを追っていなかったか。10 年の計を持っていたか。現場の問題解決をヒト頼りで行うことは、「コア・リジディティ（強みが弱みに変わる意）」であったと考えなかったのだろうか。

　そして、「**国家資源・経営資源を環境変化に合わせてアップデートする**」ことについて、どんなプランを持っていたのだろうか。世界を見つめていたとすれば、アップデートの方向性やスピードは変わっていたのではないだろうか。デジタル化が遅れたのは、デジタルを重視するデジタル人材そのものがプランナーにいなかったからではないか。自動車における EV 戦争に出遅れた理由は何だったのか。いろいろな領域や産業において疑問が噴出する。

　あるべき姿を適切に描いていなければ、ガバナンスの軸はできない。卵か鶏かの議論ではなく、あるべき姿を描くことこそガバナンスの基本である。そこに各セクターの大きな問題があったのではないだろうか。

　次に「適切な判断」が出来ていたか、という問題である。

　ガバナンスにおいて重要なことは、極めて複雑な条件下で、多様な選択肢のなかから「適切な解」を選べるか、その仕組みや体制があるかということである。前述の通り、日本の各セクターが「内向きで保守的な姿勢」に陥っていたことが、この判断を狂わせたのではないだろうか。世界の"競技場"には「野心を持った挑戦者」が数多く参戦している。戦後や高度成長期の日本がそうだったように、いずれはトップになりたい、世界と伍せる存在になりたい、そう考える国や企業が挑戦心を燃やしている。一方で「Japan as No1」という勲章を得て「一定の達成感」を持った日本に「燃え尽き感」「優越感」といった複雑な感情が生まれ、このままの状態を維持できれば地位は揺るがないと考えたことはなかっただろうか。勝つためには、進むことと退くことをバランス良く組み合わせる必要がある。過去の栄光が忘れられず、内向きで保守的な姿勢でいることを強く批判できる仕組みこそが「ガバナンス」ではないか。

　最後が「推し進める力・体制」の問題である。ここに大きな問題があったことは間違いない。

　企業セクターにおいて多くのビジネスパーソンが保守的、コンサバティブになっていたのではないか。成果主義人事と聞くと「成果を積極的に追求する」かのように思えるが、本当にそうだったのだろうか。現実には、達成可能な目標をいかに設定するか、結果が先に来て合目的に目標が立てられるといった実態があったのではないか考えてみる必要がある。成果が問われるほど挑戦的になり難い面がある。挑戦は「挑戦できる環境がある」からこそできる。それは失敗を認める土壌であり、挑戦を褒めるマインドである。折れずに挑戦を続けることほど難しいことはない。失敗のうえに多くの成功が乗っている。その環境作りこそが真の成果主義である。

　政府セクターにおいては、官僚が叩かれ過ぎて積極性を失い、政治に人事権を奪われ、人員削減のなかで過酷な労働だけが続いて、優秀な人間が去らざるを得ない状況に追い込まれたということはないか。かつてあったような官僚武勇伝は遠い昔の話になっていたのではないか。官僚をリスペクトし、官僚は自らを律して期待に応える。官僚は国民のために働く。そんな当たり前のことを実現できる体制が作れないものだろうか。それが実現できるのは政治だけである。

　挑戦者は、傍目から見れば「変わり者・ばか者」である。多くのヒトは傍観者であり「そんなことできるわけがない」「お手並み拝見」である。廻りから「変わり者・ばか者」扱いされたとしても、平然と立ち向かえる公務員・企業人がどれだけいただろうか。それを後押しするトップがどれだけいただろうか。推し進める力・体制とは、最後はこうしたリーダーの存在なのである。体制とは器にすぎない。器に入れる水が輝いていなければ器も燻る。挑戦者を後押しできるトップが激減したことが、推し進める力・体制を弱めた原因である。

　以上が、日本が長期停滞に陥った原因である「各セクターにおけるガバナンス不全」の問題である。失敗には必ず理由があり、これを真摯に反省して

再出発する必要がある。もちろん100%の失敗は少ない。だからこそ「言い訳」や「良かった点」が浮かび、中途半端な反省で終わる。各セクターが、この30年において「本当の成功を得られたのか」について真摯に見つめ直す必要がある。失敗を認めない限りは、新しい道を進めない。ズルズルと従来の延長線で「修正を繰り返す」だけで終わってしまうだろう。焼き直しのビジョンは通用しない。形だけのガバナンス体制を築いても意味がない。結局は、「挑戦者が数多く生まれる土壌を作る」ことが早道であり、新たな日本再興の道を拓くカギになるだろう。

3. 原因2：過当競争構造と金融のあり方

　日本に停滞を招いたもうひとつの原因をあげるとすれば「過当競争構造」が作り出され、それが長く温存されたことである。

　過当競争構造は「価格競争」に陥りやすい。値下げを継続すれば、いずれコスト削減の限界に近づき、収益もあげられなくなる。こうなると「ゾンビ企業（BIS【国際決済銀行】が定義するところではインタレスト・カバレッジド・レシオが3年以上1未満）」が必然的に増加する。

　ゾンビ企業の問題点は、業界全体の「価格の重石」となることである。売上を確保するために低価格を維持すれば、競争原理が働いて業界全体の価格引上げを難しくする。明確な差別化が難しい商品・サービスや業界ほど、こうした影響は大きい。

　また、ゾンビ企業が打開策なく、ただ生き残るために低価格競争を継続することは、業界全体の発展を阻害する。通常であれば自然淘汰が働き、業界再編による市場の正常化が図られ、付加価値が正当に認められるようになる。しかし、未来の見えない価格競争によって業界全体が疲弊すれば、次の手が打てず、業界全体が萎んでしまうリスクが高い。そして、ゾンビ企業とて未来に希望があるわけではなく、苦境に耐えながら金融機関の「借り換え融資」を頼りに延命を図ることになる。厳しい言い方をすれば、**得をする者がいない構造**なのだ。

　それでは「過当競争構造」はどのように生まれたのだろうか。

　2つのパターンが考えられる。第一のパターンは、企業数が変わらないなかで市場が縮小するケースである。通常、市場の変動は人口減少などによって「穏やかに進む」場合が多いので痛みを感じにくい。閾値を超えた段階で、急激な痛みが襲い「倒産・廃業」によって企業数が調整される。しかし、過当競争構造が解消されたとは言えない「だらだら調整」である場合も多く、相変わらず「値下げ圧力」が継続することになる。

　第二のパターンが、規制緩和によって市場規模に比して企業数が増えるケースである。典型的な事例として、道路貨物運送業（トラック運送）の規制緩和があげられる。1990年に、「事業参入が免許から許可」「車両数が認可から事前届出」「運賃・料金が認可から事前届出」「事業の退出が認可から事後届出」に変更された。この結果、一般貨物業者数は、施行前3万6千社余りだったものが、10年後には5万社を超え、現在は5万8千社に増加した。運送業者数が規制緩和実施10年後に1.4倍に増加したのに対して、営業収入は1.1倍に留まったことから「歪み」が生じたことは必然であった。運ぶモノによって運送技術や運送品質が厳しく問われるケースもあるが、基本的に「運ぶ」という点においては差別化が難しく、「価格競争」や「いかに細かく荷主の要求に応えるか（荷主応答性）」が競争決定要因になる。こうなると運賃は低位固定され、契約に含まれない「待ち時間や荷下ろし」が「無料サービス」になって負担増を招く。当然ドライバーの負担は重くなり、労働時間は長時間化する。近時、宅配便など小口貨物の輸送が増え営業収入も増加しているとはいえ、車両台数50台以下の業者の令和2年時点での営業利益率はマイナスである（全日本トラック協会「トラック輸送データ集2022」）。車両50台以下の業者数が全体の9割を超えていることを考えれば、規制緩和が生んだ問題点は明確である。

　いわゆる「2024年問題」の背景には、こうした規制緩和を背景とする過当競争構造の現出がある。コストカットを常に要求される荷主側は「物流費は削るもの」といった意識が強く、過当競争を背景に「低価格でも引き受ける運送業者」がいることで「代わりはいる」といった安心感も相まって「運賃引き下げ」や「過剰サービス要求」が商習慣化された面がある。2024年

問題を運送業者の問題と捉える向きが多いが、はっきり言えば「荷主問題」なのだ。問題の本質を見誤ってはいけない。荷主を含めて、運送業業界が抱える闇を解決する必要がある。

　規制緩和が悪いとは言わない。自由競争のなかで創意工夫が生まれることはメリットのひとつである。しかし、国は緩和後の業界の状況をシミュレーションする必要がある。まさに EBPM（データに基づく政策立案）である。無秩序な競争は、社員の犠牲のうえに成り立つ「ブラック企業」を生む。しかし、そのブラック企業とて生きるために必死なのだ。限界を超えた価格競争は業界全体を疲弊させ、生産性を下げる。運送業界のようにライフラインを支えるエッセンシャルな業界（輸送トン数の９割）を破壊することは、国民生活に甚大な影響を及ぼす。そして対応が遅れるほど、痛みの強い激変措置を取らざるを得なくなるのである。こうした事例は他にもあるだろう。繰り返すが、規制緩和は EBPM に基づき、実施後のシミュレーションを行うことでメリット・デメリットを判断して行うべきだ。

　ゾンビ企業を存続させ、過当競争構造を温存させた原因は「金融のあり方」にもある。

　ゾンビ企業の存続には「金融支援」が不可欠であり、返済ができない状況を「借り換え」で支えることになる。事実上利息だけをもらって返済は資金繰りのなかで行わせ、借り換えで補填するといった枠組みが多くのゾンビ企業を存続させ、過当競争構造を結果として後押しする形になった。もちろん金融機関は抗弁するだろう。リーマンショック後の「中小企業金融円滑化法」の枠組みに沿って適切に対応しただけだと。しかし、金融円滑化法が時限立法であったこと、金融規律の確保の観点からコンサルティング機能の一層の発揮を指示されていたことを忘れてはならない。

　金融機関ほとんどが、ゾンビ企業を脱皮するための「ビジネスモデルの再構築」支援といったコンサルティング機能を発揮することはなかった。ゾンビから卒業するためには「経営者の意欲」「ビジネスモデルの見直しによる黒字転換への取り組み」が不可欠である。こうした要素が見当たらない企業に対しても、惰性で支援を継続したということはないだろうか。長い低金利

環境のなかで利鞘は縮小し、貸出という「本業での収益」が厳しくなるなかで、貸出量を確保するために緩和的な姿勢に終始した結果、ゾンビ企業への間接的な支援、そして過当競争構造の温存につながったとはいえないだろうか。

　過当競争構造の問題にとどまらない。地域や産業の真の発展を願うのであれば、新陳代謝による活性化が不可欠である。新陳代謝によって「伸び行く企業」に人材を供給することにつながる。新陳代謝が進み、創意工夫を基礎とした健全な企業間競争が生まれれば、付加価値の高いサービスや製品が供給され、国民生活を向上させる。金融の緩和的姿勢や惰性的な支援継続が、こうした構造転換を遅らせ、地域経済の地盤沈下を生んだと言えば言い過ぎだろうか。

　金融機関がいまだに免許制である理由は、重要な社会的インフラだと認識されているからである。預金者保護は健全な金融仲介を行う基本的な信頼であり、信用秩序の基本である。金融仲介は企業の育成・成長に不可欠な機能であり、金融機関は伴走支援を通じて企業の変革を後押しする使命をもっている。金融機関が高い志と使命感を持って、産業界を変革する勇気を持つことが必要である。

　金融には、それだけのパワーがあり、地域の優秀な人材を抱えているはずである。日本の長期にわたる停滞を打破するためにも、金融機関の高い視点での行動変革が求められている。

千歳を観んと欲すれば則ち今日を審らかにせよ

中国紀元前の思想家である荀子の箴言である。

大昔のことなので詳細は分からないが、荀子は 50 歳にして初めて遊学し、斉の国で祭酒（学者トップ＝学長職）に就いたというから「遅咲きの人物」だったのかもしれない。孔子・孟子を学びつつ、自らの思索を深めていった。

荀子を有名にした「性悪説」は、下剋上に象徴される「道徳や倫理が崩壊」し、過去の儒教家が基礎とした「道徳や礼が通じない」戦国時代ならでは思想といっていいだろう。荀子は君主が定めた礼によって統治を行う「礼治主義」を唱え、後の韓非子「法治」へ展開される。

前置きが長くなったが、表題の「千歳を観んと欲すれば則ち今日を審らかにせよ」はビジネスパーソン共通の「to be」である。意訳すれば「遠い未来を見ようとするのであれば、現在の状況をしっかりと分析することが必要である」とでもなろうか。戦乱の時代、明日の見えない時代に荀子が看破した真理は、VUCA の時代にも通ずる。変化の振幅が大きく、複雑で先が見通せない時代だからこそ、まずは現状を丁寧に分析することが求められる。VUCA の中に見える「時代の本質」をつかむことができれば、2025-2030 年という近未来を乗り切ることができるのではないだろうか。荀子はそれを教えてくれている。

そして、もうひとつ。荀子は「人間の本質は無限の欲望にある」と指摘している。欲望が無限に膨張することで「世の中が無秩序になる」ことを看破しているのである。そのうえで「礼」を体系的に学んだ優秀な君主のもとで、礼という「規範」にしたがって行動することこそが秩序ある世界を実現すると「礼治主義」に込めている。これを現代に応用するならば、「際限のない開発」「過剰な消費」「不平等の放置」といった人間の性を「何をもってコントロールすれば良いのか」という話に行きつく。SDGs は人間の性を抑制できるのか。国連は各国の欲望を調整できるのか。

現代だけが困難な時代ではない。いつの時代も、時代に応じた困難さがあった。

今日、荀子が存命であれば、どんなメッセージを私たちに与えてくれるのだろうか。どんな近未来を予測したのであろうか。そして、今日に通じる「礼」をどのように規定するのであろうか。

第 2 章

未来を占うキーワード

　将来を予測するうえで「PEST 分析（政治・経済・社会・技術の変化や動向に関する分析）」が欠かせない。PEST 分析は、将来の外部環境を描く作業で「世界観を作る作業」といっていいだろう。PEST 分析において「描かれた世界観」において、自社が存在感をもって活躍するために、どのような「事業ビジョン」を構築すればいいのか、あるいは「経営資源」をどう強化・補完すればいいのか、環境適合するための「ビジネスモデル」はどのようなものか、といったことを考えるために必要な前提作業である。

　一方で、PEST 分析の困難さに「無数の変数」の存在がある。無数の変数が様々な形で変化し、世界観を作り出す。「予測が外れる」というのは、仮説で想定した「変数」が違う形で現れる場合である。変数の多さ、その振幅や方向性の変化など極めて難易度の高い作業である。したがって、PEST 分析を通じて未来を描く作業は、壮大なる「仮説構築の作業」でもある。膨大な変数を丁寧かつ細かく分析することも重要ではあるが、本書では「キーワード」を軸において「2025-2030 年の世界観」を描くことにしたい。

　本書の読者の大半が忙しい経営者やビジネスパーソンである。キーワードはシンプルだが、読者が世界観を描きやすい。10 のキーワードが、新たな世界観を考えるヒントになるはずだ。本章では、世界と日本の 2 つにわけて、その変化と影響について考えることにしたい。

1. 世界の 10 大変化と影響

　まずは「世界の 10 大変化」（**図 1-2-1**）によって、地球全体を俯瞰する。日本も世界の一員であり、大きな潮流から逃れることはできない。そういった意味で、世界の未来を考えることは、日本の未来を考える前提になる。

【図 1-2-1】世界の 10 大変化

	10 大変化
1	国際関係の揺らぎによる不安定化（米中覇権争い、各地の紛争、新興勢力の台頭など）
2	米国国内の分断と悩める中国、2 つの大国の行方
3	暴れる地球（異常気象、地震、噴火、疾病、海洋汚染、生物多様性喪失など）と対策
4	経済安保、資源枯渇、天災、人権等によるサプライチェーンの途絶（持続性問題）
5	デジタルの破壊力（AI の進化と制御、シンギュラリティは来るのか）
6	新しい規範（脱炭素・脱資源・循環型経済・人権など）は社会を変えるか
7	富める者と貧しい者の二極化拡大
8	政治指導者の強権発動・暴走・独自路線
9	宇宙への進出競争に代表される技術競争
10	金融の不均衡が膨張・破裂するか。デジタル・バンクランの可能性

筆者作成

1.1　国際関係の揺らぎによる不安定化

　国際関係は複雑化する一方である。この流れは強まることはあっても弱まることはないだろう。複雑化は対立を生み、国家間の神経戦が増えることを意味する。戦争という武力行使に至るケースは少ないかもしれないが、経済制裁や報復といった応酬は頻繁に発生するだろう。また、テロ攻撃といった形での局地戦はあらゆる国で起こり得る。

　こうした背景には「経済のグローバル化の進展」、それに伴う「経済格差の拡大」「大国間の覇権争い（その代理紛争）」「この流れを嫌うナショナリズムの台頭」「主権への介入」「領土領海問題」「歴史問題」「資源エネルギー問題」「水問題」「人権問題」「宗教問題」「民族問題」「独裁国家の統治」など様々な「対立の種」の存在がある。

　また、グローバルサウスに象徴される、経済発展を遂げて国力を高めた新興国群が、「新たな勢力軸」を構築して国際的地位を高め、発言権や経済的利益を増やそうとする動きもある。新興国群の魅力は、経済成長と人口増加によって巨大化する市場である。先進国には極めて魅力的な市場であり、彼らの機嫌を損ねることは得にならない。こうしたパワーバランスの多軸化は、まさに「国際関係の複雑化」の象徴である。

　また、国内の紛争に他国が介入することで問題が複雑化するケースも少なくない。いわゆる代理戦争的な色彩を帯び、紛争が激化かつ長期化する原因

になっている。また、他国への介入方法は、より巧妙化しているともいえる。「シャープパワー」と呼ばれる、対立国への巧みな介入や対立を煽るような心理操作（世論形成）など油断ができない状況が増えている。まさに「神経戦」が各所で行われている。

さらに、温暖化問題に代表される気候変動問題、循環型経済への移行問題（資源の保全）、生物多様性問題など人類共通の課題に関しても、国家間の「事情の違い」や「時の政権」の考え方次第で「脱退」「方針転換」など様々な動きが起こる可能性がある。炭素国境税など制度の相違が貿易問題も絡んで対立を生む可能性もある。本来は世界が一枚岩で臨まなければならない、こうした問題さえも「でこぼこ道」を歩くことになるだろう。対立の種は、あちらこちらに転がっている。

一方、こうした政治的対立や紛争を解決する手段が限られることが、問題をさらに複雑にしている。国連安保理は、平和と安全を維持するための重要な国際機関ではあるが、大国の拒否権発動の乱発によって事実上機能しないケースが増えている。かつての米ソを頂上とする「東西冷戦」では、陣営の色分けが明確で経済圏も分離されていたので「大国の話し合い」によって問題が解決されることが多かった。しかし、経済のグローバル化によって国家間の利害が複雑に絡まり、問題毎に利害が異なるケースが増えると、大国の話し合いだけで問題解決ができるといった状況ではなくなっている。何となれば、米中における経済も緊密に結びついている。ロシア・ウクライナ戦争においても、ロシア制裁に反対する国の多さが、問題の複雑さを象徴している。

いずれにしても、様々な領域において対立を招きやすい構造において解決手段が限定されるとなれば、国際関係は不安定化し、国家のリスク管理は難易度を増す。いまほど外交手腕が試される時代はないといってもいいだろう。国家の情報収集力、普段からの関係構築力、ネットワークを含めた軍事力や経済同盟など、様々な努力を行う必要がある。

いわんや国際展開をしている企業のリスク管理は難易度を増している。ちょっとした事件でサプライチェーンが寸断される。ルールや法制変更への対応を迫られる。情報収集力と分析力を高め、分散的なリスク体制を構築す

る必要がある。

　そして、国内に営業基盤を有する内需型企業も例外ではない。原材料の調達、為替変動によるコストプッシュ、インバウンドの増減など、国際問題によってリスクが顕在化するケースが増大しており、国際情勢の変化は自社の損益に大きく関わる状況になっている。

1.2　米国の国内分断と悩める中国、2大大国の行方

　米中の2か国だけで世界のGDPの4割を占める。そして、両国とも技術大国であり軍事大国である。米国は長く2つの覇権を握ってきたが、中国の伸長が目覚ましい。技術面では、デジタル・EV・宇宙など様々な領域において米国を激しく追随している。軍事の面でも経済発展を背景に増強を続け、周辺国への大きな脅威となっている。中国は「一帯一路」の名の下に、広域の経済圏を構築しようとしている。債務の罠問題もまさに国際問題のひとつである。

　その一方で、米国は「世界の警察」の旗を降ろしつつある。同盟国との連帯も「時の政権」によって揺れ動き、不信感を招いている。共和党であれ、民主党であれ、米国第一主義的な発想、内向きの視点が強まりつつある。

　まさに、米国と中国の動向は、世界の大きな変動要因・攪乱要因となりうるものであり、2025-2030年の世界情勢を占ううえで欠くことのできない要素である。

　米国の最大の問題は「国内の分断」であろう。政治的には、トランプ・バイデンに象徴される共和党・民主党問題として見られがちだが、経済格差・階級・人種・移民・銃・中絶・宗教・民族・思想・地域といった様々な領域で「分断が拡大している」ように見える。

　トランプが煽る反エスタブリッシュメントは、ラストベルトに代表される「見捨てられた人々」の対立感情を喚起した。もともと内在する反政府感情も相俟って「Qアノン陰謀論（政財界やマスコミのエリート悪魔崇拝による悪行に対してトランプが戦っているとする論調）」といった一見滑稽な議論がSNSにおいて拡散する状況を生み出している。見捨てられたと感じる人々

の範囲が拡大しているのかもしれない。こうした対立構造や分断、あるいは「米国第一主義」といった内向きの姿勢の強まりは、西側諸国や同盟国との関係を揺るがすだけでなく、米国の対抗勢力に「付け入る隙」を与える。

　民主党とて一枚岩には程遠い。むしろトランプの存在があるからこそ組織を維持している印象さえある。穏健派・伝統的リベラル・新左派などの内部対立が増すなかで、全体としては左傾化を強めているように見える。バイデンの高齢化、ハリス副大統領の不人気など有力なリーダーの不在も混乱に拍車をかける。2024年7月現在において、トランプ・バイデンのテレビ論争におけるバイデンの頼りなさは大統領選に大きな影響を与え、結局はハリス副大統領に候補者を交代する。8月時点では両者の支持率は拮抗しており、ハリスがいかに激戦州を獲得できるかが分かれ道になる。いかに「経済問題」への展望を示すことができるかがポイントになろう。

　共和党・民主党を問わず、高齢のリーダー（バイデンが交代したことも年齢問題）が対峙する状況は米国の苦悩を象徴する。政治の新陳代謝が進まない状況は米国に限ることではないが、次世代のリーダーが生まれない背景には「分断」を乗り越えて国をひとつにするだけの理念を提示できない、国民の思想や環境の多様化が影響しているのかもしれない。あるいは、米国の次世代の政治エリートの保身、待ちの姿勢を表しているともいえよう。

　こうした状況において、いかに合衆国としての共通の理念を掲げ、「統合的なアメリカ」を維持できるかが大きな焦点になる。米国が国際世界における役割を放棄し、存在感を薄めることは、世界の混乱を加速させる要因になる。米国が持つ「懐の深さ」、中間層と呼ばれる人々の「良識や善意」に期待をせざるを得ない。大国には大国たる矜持、世界のリーダーとしての自覚が必要だ。

　なお、本書が刊行される11月には大統領選の結果が出ているだろう。民主党政権になれば、概ね現状の政策が踏襲されるはずだ。「もしトラ」の共和党政権になった場合にも、トランプが大統領として行った実績を踏まえれば、一定の推測はつく。対外的には「ディール（取引）」、「協定ではなく1対1で」、「同盟国とてコストは支払わせる」といった方針は変わらない。当然、NATOの見直しや気候変動枠組みからの脱退、が想定される。対中国につ

いては「関税強化」が基本方針だが、ディールによって中国が大きな買い物をするようなら変動はありうる。内向けには「移民政策」の管理強化、産業政策の強化など「経済に強い」ところも見せるはずだ。前回は、官僚を指名・掌握しきれなかったことから、今回は入念に準備してくるだろう。

　中国の悩みも深い。

　2010年以降、製造業を中心に「産業の高度化」を進め、華々しく世界第2位の経済大国としてその地位を確立した。既存産業のキャッチアップを志向するのではなく、イノベーションによって新市場を拓くといった産業政策は極めて有効に機能した。補助金政策が注目される一方で、産業政策の調整による重点配分、ベンチャー投資や上場支援など多面的な産業政策を構築している。国有企業には戦略的な技術開発を担わせ、民間企業には新産業創出やイノベーションを促すといった役割分担を明確にしている。また、地方政府間の競争が様々な創意工夫を生んで、特色ある産業エコシステムを構築している。その結果として、中国版GAFAと呼ばれる「BATH」＝バイドゥ／アリババ／テンセント／ファーウェイといった巨大IT企業が生まれている。さらに「新三様」政策の下で、世界に冠たるEV大国として、理想汽車、AITO、BYDなどの有力企業が勢力を拡大しているほか、リチウムイオン電池や太陽電池の分野でも存在感を高めている。さらに「専精特新」政策は、専門性・精巧性・特徴性・新規性を有する中小企業の創出を進めており、もはや米国と並ぶユニコーン大国といっていいだろう。ここまで見れば、世界が羨む成功物語である。

　その一方で課題も山積している。少子高齢化の進展、地域間の経済格差、「共同富裕」に象徴される貧民層の多さ、若年層の失業率問題、不動産不況と地方政府の財政問題＝過剰債務問題＝、一部の産業の過剰生産能力問題、環境問題、水資源問題、人権問題、そして次世代に向けた明確な成長シナリオの不在など乗り越えなければならない問題が多い。

　2035年までに「中国のGDPが米国を上回ることはない」とした公益社団法人日本経済研究センターの予測が大きな話題になったが、経済成長のトレンドもこれまでと同じペースでは行かないだろう。本書のテーマである

2025-2030年というタームで見れば、2027年の習近平4期目に向けた体制整備が焦点になる。前述のような問題が山積するなかでも、中国がここ10年で蓄積した「体力」は簡単に崩れるとは思えない。懸念される過剰債務問題についても、5大銀行をはじめとする不良債権処理能力や体力（自己資本比率）、政府の関与（5大銀行の大口株主）といったことを考えれば、盤石とは言わないまでも容易に崩れない強さを感じる。経済面でも一党独裁体制を維持するためには、従来通り「みんなが豊かになる」といった方向性を国民に示し、支持を得る必要がある。そのためには、力ずくの経済政策運営も辞さないだろう。国内に向けては強大な一党体制と独裁政治によって、こうした問題を乗り切る力はあると考えられる。

　懸念すべきは国際関係であろう。無視しようもない「大きな存在」になったからこそ、経済安全保障の問題を始めとして、過剰生産能力を背景とする輸出問題、広域経済圏への批判、周辺国への軍事的な圧力への批判など難しい問題を抱えている。

　更なる経済発展を進めようとすれば、海外諸国との円滑な関係構築が不可欠である。外資の導入、技術協力、販売先の確保など孤立するわけにはいかない。デリスキングが最大の課題になる。アフリカや海洋諸国との関係づくりを急いでいる背景には「支援者」の輪を作りたい気持ちがあるのは間違いない。いかに円滑な国際関係を構築するか、あるいは反対に対米グループと世界を2分するようなグループ形成に走るのか、目が離せない状況にある。

　ここまで見て来たように、米中両国は共に問題を抱えながら次の5年に向かっていく。常に、世界の攪乱要因・変動要因になることは間違いない。その一方で、両国とも5年で崩壊するような体制や国力ではない。「バンピー（でこぼこ）」かつ「ワイディング（曲がりくねった）」な道のりかもしれないが、次の5年も両国が世界の2軸となって正負のインパクトを世界に与え続けるだろう。

1.3　暴れる地球と対策

　健全な地球のうえに健全な社会が建設され、人類の経済活動が健全に成り

立つ。しかし、地球の限界が近づき、苦しむ地球が暴れ出している。平均気温の上昇、地震・噴火・水害、COVID-19に代表される流行病、海洋汚染、生物多様性の喪失など悲鳴の数はとどまるところを知らない。さらに資源の過剰消費が「使い尽くし問題」を惹起する。

地球を暴れさせた張本人である人間が、それぞれの問題にどう取り組むか。それが試される5年になることは間違いない。特に、喫緊の課題であるGHG（温室効果ガス）の排出削減問題は、一つの区切り（2030年はSDGsの達成期限であり、2050年という大きな区切りから逆算したマイルストーンになる）を迎える。つまり、2030年に向かうほど世界が騒がしくなることが想定される。しかも、マイルストーンの「達成目安をクリアできない」ことはほぼ確実であり、国連やEUなどはより厳しい措置を検討するであろう。世界の経済界にとって気候変動対応は、プラスにもマイナスにも喫緊の課題として立ちはだかる。

温室効果ガスの排出問題は、国・企業など様々なレベルで格差が大きい。COP（締約国会議）にみられるように、大きな方向感は「2℃、できれば1.5℃」の上昇にとどめるという方向感で進む。しかし、国家間の対応状況、成熟状況、政治の動きなど変数があまりに多いため、一直線に進むとは考えにくい。しかし、いずれ対応しなければならない問題であるとの認識は共有されているので、対応しないという選択はありえない。「真面目な日本」においては後戻りの議論は起きないはずだ。粛々と真面目に目標に向かって進んでいくだろう。

日本においては「国・大企業」を中心にGHG削減の取組みが進んでいる。問題は、2025-2030年というタームで見たときに、必ず「中小企業セクター」への圧力が増すことだ。特に製造業において、サプライチェーン全体での達成が叫ばれて「自社のLCA（ライフサイクルアセスメント）や排出削減対策が定まった大企業」から順に、サプライチェーン・サプライヤーへの削減要請が発せられる可能性が高い。中小製造業は、この点を視野に入れたGHGの測定・削減に向けた対応が必要になる。対応できない場合には、最悪サプライチェーンからの退出を求められる場合がある。この問題に対する危機感が十分でない中小企業が少なくないことから、国や関係機関は啓蒙を

急がなければならない。そういった意味で、中小企業に「CFP（カーボンフットプリント）」を発行できることを目標に動き出すことを推奨したい。いずれ必要になるものであり、GHG の排出量の把握や削減行動の動機付けにも役立つ。

そういった意味で「中小企業版 CFP」といった、導入障壁を下げるような創意工夫が求められる。いきなり 100 を目指すのではなく、50 のレベルで良いので「基本的な枠組み」を作らせることが全体の推進に役立つはずだ。あるいは業界団体が旗を振って、業界統一の CFP の算定基準を作ることも有益な取り組みといえよう。

GHG 削減問題以外にも「暴れる地球対策」は、企業セクターに様々な対応を迫ることになる。例えば、プラスチック廃棄問題、循環型経済（サーキュラーエコノミー）問題、BCP（事業継続計画）に代表される危機管理の高度化対応、地震（津波）対策問題、など政策面でのアプローチはもちろん、法制化・自主規制・社会問題化などを含めて圧力が強まることは間違いない。2025-2030 年は、「目に見える形」で「暴れる地球」対策が迫られる時期になる。

1.4 サプライチェーンの持続性（経済安保・資源不足・天災）

先進国製造業、GAFAM に代表されるデジタル企業を中心に、サプライチェーンやネットワークが世界中に拡がっている。この 30 年間はサプライチェーンが世界中に延伸し、経済ネットワークを深化させたといっていいだろう。

この結果、進出を受けた新興国は確実に経済発展を遂げ、国民の所得も向上している。一方で先進国の製造業は、新興国で生産される安価なプロダクトによって国内製造拠点を見直す、労働者の賃上げを抑制する、国内では付加価値の高いものを生産する、といった対応を行っている。いずれにしても世界の多くの企業が、何らかのサプライチェーンに組み込まれ、そこから良い影響も悪い影響も受けている。

しかし、ここ 10 年において、ワールドワイドに拡張されたサプライチェーンが打撃を受けるケースが増えている。典型的な事例が世界中で発生した「COVID-19」いわゆるコロナ禍によるサプライチェーンの途絶である。疾

病拡大を防ぐために実施された経済封鎖、人流の制限は、サプライチェーンを瞬く間に途絶させた。棚からマスクが消え、原材料や部品が届かないためにモノが作れないといったことが日常茶飯事となった。

　そして政治的対立や国際紛争の影響は「経済安保」や「資源価格の高騰」を引き起こした。前者は米中対立の結果、先進的半導体の輸出制限といった形で現れ、後者はロシア・ウクライナ戦争による石油・天然ガス・小麦などの供給制約といった問題で世界を揺るがせた。軍事応用品を中心に、経済安保の問題は今後とも緩和される可能性は低いとみている。ここまで見て来た通り、国際関係が複雑・不安定の度合いを増し、米中対立も容易に緩和されるとは思えない。さらに暴れる地球が様々な天災を呼び起こす可能性がある。偶発的な要因も含めて、ワールドワイドなサプライチェーンが途絶する可能性は常にある。レジリアンスで経済合理性の高いサプライチェーンをどう再構築するかが、海外に拠点を有する企業共通の課題になる。コスト効率性と安定性の均衡、リスク管理の高度化を含めて厳しい課題にどう向き合うか。与えられた時間は少ない。

1.5　デジタルの破壊力

　デジタル技術の更なる進化と活用は、世界的にみて最大のテーマとなる。それは誰もが感じていることだろう。本項のタイトルを「デジタルの破壊力」とした理由は、正のインパクト、負のインパクト、その両面においてデジタルの破壊力が発揮される時期になると確信するからだ。

　デジタルの進化は、多くのベネフィットと多くのリスクをもたらす可能性がある。社会インフラ、産業の競争力、生活様式、文化風俗など、あらゆる面において「**デジタルによる変化が確実に深化する5年になる**」だろう。多くのヒトがその変化を感じ取ることのできる 2025-2030 年になるはずだ。

　産業界、特に製造業界では「第四次産業革命（IoT/ ビッグデータ /AI などによる技術革新）」を象徴する「ライトハウス」/「スマートハウス」をどう実現するかが大きなテーマになる。米中をトップランナーとすれば、日本は相当程度立ち遅れている。先進国はもちろんだが、レガシーを持たない新興国にもキャッチアップのチャンスがある。

　デジタルによって、工場の隅々まで把握できる情報を取得し、受注から製造・発送までのプロセスの最適化を図ることができる。5G の整備によって膨大な情報が円滑に取得・活用される。工場内はスマート物流が徹底され、あちらこちらを AGV（無人搬送車）が駆け巡る。現場で働くヒトは多くはないが、AR（拡張現実）などの新たなデバイスやアシストスーツを身に着け、作業の効率性やクオリティを高める。匠の技を習得した AI ロボットが、様々な高度な加工を黙々とこなしている。これがライトハウスのひとつの光景であろう。

　同様に、非製造業の世界でも同様のレベルでのバリューチェーン改革が進む。E コマースは更に発展を遂げる可能性がある。いままでは実店舗でのフィジカルな経験を通してしか購入できなかったような製品（例えば大型家具）が、V.R や AR を利用することで自宅で自由にレイアウトや組み合わせを確認できる。実店舗においても AR による製品説明や人型ロボットによる紹介応答などが可能になる。医療の世界では、遠隔医療が着々と進むだろう。遠隔診断に始まり、医療ロボットの導入によって遠隔治療まで実現可能となる。健康診断も AI 診断が一般化して、見逃しや診断者の判断レベルの差を埋めることになる。ロジスティック業界も大きな変化が予想される。高速道路・幹線道路における無人トラックによる隊列走行、さらにデジタルデータの共有による共同運行・混載運行・ミルクランの増加、倉庫の無人化など多くの変化が確実に進む。同様に、建設業界のスマート化も人手不足を背景に一気に進むだろう。ICT を備えた建設機械、測量や現場管理に導入されるドローン、そうした情報はエッジコンピューティングで 3D 化、さらにデジタルツインを活用して施工計画を作る。現場では AR を使った作業員が効率的に作業。手元にはパッドがあり、情報の共有化、資料作成、写真撮影など簡単に行うことができる。女性でも活躍できるアシストスーツも更に高度化するだろう。

　また、向後 5 年においては「WEB3」「デジタル通貨」の発展・浸透、さらには「DAO（分散型自律組織）」といった組織運営のあり方にまで波及する可能性がある。

　WEB3 は、ブロックチェーンによる分散型のネットワークで、仲介組織

やサーバーを介さずに情報交換や通信ができる。個人情報は自己管理となり、言論の自由が保証され、セキュリティも向上する。具体的には「分散型金融」と呼ばれる DeFi、「非代替性トークン」と呼ばれオリジナル性を証明する NFT、3D のバーチャル空間である「メタバース」などに体現される。さらに、イーサリアムのように、分散台帳に「スマートコントラクト（取引の自動化）」の技術を組み込んだ分散管理型プラットフォームが「暗号通貨」の土台として世界中で取引される。WEB3 がどのような世界を拡げていくか、様々な領域に革新的な変化をもたらすはずだ。

　また、デジタルが「組織を変える要因」になっていることに留意すべきだ。「DAO（分散型自律組織）」といわれる、参加者全員が平等な立場にあり、意思決定はガバナンストークンと呼ばれる投票通貨を活用するような「非中央集権的な組織」が生まれている。運営のためのルールは、「スマートコントラクト（ブロックチェーンを用いて自動的に契約を実行する仕組み）」に組み込まれており、オープンで透明性の高い組織になっている。日本においても岩手県紫波町が WEB3 タウンを標榜し、「みちのく DAO」と呼ばれる地域と起業家などを結びつけるコミュニティ（最終段階では海外投資家も巻き込んだ地域通貨の経済循環も構想）が設立されている。

　そして、デジタル化最大の関心事が「生成 AI」であろう。生成 AI は、機械学習の手法を用いて新たなデータを生成する人工知能である。特徴は活用の範囲がとにかく広いことで、様々なコンテンツを作成することができる。文章作成から翻訳、デザインや画像作成、音声の生成、医療診断やシミュレーションなどキリがない。ビジネスのあらゆる領域において活用が拡大することは確実である。一方で、プライバシーの侵害リスク、知的財産権の侵害リスク、そしてハルシネーション（幻覚）といった人間に誤解を与えるようなリスクが懸念されている。EU においては AI に関する包括的な規制案が決定される見通しで、公共の場における顔認識や生成 AI の透明性の措置などが行われ、新しいデジタルの知といかに向き合うかが試されている。こうした動きは、今後各国で進められることが想定され、リスクと利便性をどう均衡させるかが大きな課題となる。

　そして「シンギュラリティ」についても触れておく。シンギュラリティは

「技術的特異点」と訳され、レイ・カーツワイルが「シンギュラリティは近い」（NHK出版）のなかで、人工知能のレベルが全人類の知能レベルを超える時点として説明されている。2045年がその時ということで、本書の対象期間よりは更に未来の話である。しかし、人工知能の開発速度を考えれば、特定領域においては部分的シンギュラリティに達する可能性を否定できない。実際に将棋の世界でプロ棋士がAIに敗戦をしたことを契機に、研究や戦法の転換点になっていることはよく知られている。あと5年という時間があれば、少なからぬ領域において同様に状況が生まれてもおかしくはない。そうなった場合に、一部の職業がAIにとって代わられることで社会に様々な影響を与え、社会保障制度の枠組みの見直しを迫る可能性がある。

　いずれにしても、世界中の企業において「デジタル化」が今後とも様々な形で加速度的に進む。デジタルを活用できるか否かは、ビジネスの土俵に乗れるか乗れないかといった初歩的問題に始まり、さらには競争格差の源泉になる。企業間のデジタル格差を解消すること、そして自国のデジタル化を強力に進めることは各国の大きな産業政策になることは間違いない。

　次にデジタルの「負のインパクト」についても考える必要がある。デジタル化は「サイバー攻撃」「偽情報の流布」「AIに毒をもる（データポイズニング）」「サイバー犯罪者（ハッカーや内部管理者）」などの多くのリスクをもたらす可能性がある。

　サイバー攻撃の形態には様々なものがあり、例えば端末が増加することを背景に、「DDoS攻撃」といった複数の機器を入口として一斉攻撃を仕掛けることでシステムに過剰な負荷をかけ、サービス停止などに追い込む犯罪がある。あるいは、デバイスの素人であってもAIを活用することでサイバー攻撃を行うことが可能になる。また、AIの学習材料となるデータに誤情報や誘導情報をセットする（データポイズニング）といった犯罪も発生する可能性がある。生成AIで「偽画像」の問題が指摘されているが、ホンモノと区別できないような情報や、米国のSNS上で起こった「Qアノン陰謀論」など世間を惑わすような情報が増えることは否定できない。

　また、高度にデジタル化されたオペレーションや運営においては、システ

ム障害やサーバー攻撃などで業務停止に追い込まれる可能性がある。また、システム部署の専門人材が、専門性を武器に社内で犯罪を起こすケースが増えるかもしれない。電子化されたマネーは、詐欺やシステム上で強奪されるリスクをはらんでいる。このようにデジタル化が進む一方で、こうしたデジタル犯罪は増加の一途をたどるであろう。対策は強化される一方、常にいたちごっこの様相になる。

　ここまで見てきたように、企業は「攻守両面」でデジタル化を進める必要がある。自社の事業強化につながる攻めのデジタル環境の整備とともに、サイバー攻撃などから身を守る必要もある。デジタル化は、技術的な問題だけでなくセキュリティの強化を含めて進める必要があり、コスト面での負担も少なくない。しかし、企業が持続性を高めるうえで、競争力を高めるうえで避けて通れない道であることは間違いない。特に、デジタル化が遅れている日本の中小企業において、この問題が最も経営者の頭を悩ませる可能性がある。

1.6　新しい規範は社会を変えるか

　新しい規範といえば、2015年に国連で各国が合意した「SDGs（持続可能な開発目標）」、その延長線上にある市場における企業価値評価の基準である「ESG（環境・社会・統治）」の2つが代表格である。

　2つのルールに通底する考え方は「地球や社会の持続性」「誰一人取り残さないとする個人の尊厳」、そして「課題解決に向けた連携・統治の強化」ではないだろうか。すでに「SDGs/ESG」は、世界的な社会規範、ビジネス規範としてメインストリーム化している。SDGsは地球に存在するすべての「ヒト・企業・公共体」などが対象であり、幅広い17のゴール、169の下部目標で構成されている。SDGsの達成期限は2030年で、国連で合意した国においてソフトロー・ハードローの両面で推進が図られている。

　一方、ESGは市場で資金調達を行う上場企業を中心に対応が進められている。評価手法やレーティングなど改善すべき点はまだまだ多いと感じるが、市場における評価基準として定着しつつあり、会計・開示基準・ガバナ

ンスコードなど様々な領域において対応を迫っている。また、ESG評価は資金運用の世界でも存在感を増している。いわゆるESG評価を活用したアクティブ運用や、社会的リターンに重きを置いたサステナブル運用、あるいはESGの向上を踏まえて市場全体の底上げ図るベータ運用といった各種手法が展開されている。

　こうした新しい規範が社会やビジネスを変えることは間違いない。その道程は凸凹で曲がりくねっており、国の事情や政治状況によって停滞することがあるかもしれないが、大きな方向感として確実に進んでいく。前述の通り、喫緊の課題は温暖化を回避するための「脱炭素」である。実際の進捗状況には国毎、企業毎に大きな差がある。全体としては進捗は遅れており、2030年の達成期限に向けて、年を追うごとに様々な規制強化、業界団体やイニシアティブによる自主ルールの設定が進むだろう。世界各地に営業基盤を有する大企業ほど脱炭素の目標達成は重要な意味を持つことから、サプライチェーンの構成員に対する圧力も相当強くなることが予想される。ただし、政治や国情の差が、常にこの問題を複雑にする。日本のように政府が明確な目標設定をして、達成に向けて法制・政策など飴や鞭を交えて対応を加速させるような動きが想定される国もあれば、被害者的な意識の強い後進・新興国では経済発展を優先する意向が強いはずだ。こうした国家間の脱炭素に向けた取り組みの相違が、いわゆる炭素リーケージ（漏れ）を防止するための「炭素国境税」などに反映され、軋轢を生むことも想定される。

　脱炭素以外にも、「脱資源」と「人権」に現在以上にスコープがあたるだろう。
　脱資源は、資源の過剰消費による使い尽くしを避けるために「循環型経済」をどう確立するかがテーマである。これについては「使わずに済むものは使わない（リデュース）」「繰り返し使う（リユース）」「再利用する（リサイクル）」「持続可能な原材料に置き換える（リプレイス）」「節約して使う（省エネ・省資源）」といった形で、家庭・企業に働き掛けが進むと考えられる。大企業に関しては、市場の監視やガバナンスの強化もあって、自律的に循環型経済への対応を進める動きが加速する。一方で中小企業セクターにおいては、「圧」が掛からないと動きにくい特性があるが、おそらく「エネルギー高騰」

「資源高」「資源不足」などの打開及び「サプライチェーンの要請」によって動き出すことが想定される。ただし、循環型経済への移行は、世界レベルでみれば容易ではなく、資源価格の乱高下や供給制約の原因になる可能性を秘めている。企業ベースに置き換えると、循環型経営への移行はコストとの闘いにもなる。新たな原材料の探索、再利用の低コスト化、製造プロセスの見直しなど様々な研究が必要になる。

　人権に関しては、大企業を中心に「グローバル・コンパクト署名」「人権デューデリジェンスの実施」といった動きがすでに始まっている。あらゆるビジネスシーンにおける「ミニマムセーフガード（最低限の要件）」として今後とも強く意識されるはずだ。欧州タクソノミーフレームワークでは、ミニマムセーフガードをクリアできない「グリーン（脱炭素行動）」は、グリーンと認めないといった規制が作られている。人間の尊厳が基本におかれるということであろう。

　また、消費者である「個人の変化」も見逃せない。「倫理的消費（エシカル消費）」という言葉に代表されるように、環境負荷軽減・循環型経済への移行に対する意識が徐々に高まっている。SDGsの教育を受けた若い層が徐々に社会に進出する。こうした意識は生活様式を変える。それが新たなニーズとなって、購入する商品やサービスに大きな影響を与える。こうしたマーケットの変化に対応するために、企業側も商品企画や製造・運搬・販売プロセスの変革を図ることになる。

　こうした意味で、世界において確実に新しいルールの浸透が進み、ビジネスや生活様式を変えるだろう。少なくとも2020年-2024年の変化は序章に過ぎず、2025-2030年の5年間で更に大きな変化が起こることは確実である。

1.7　富める者と貧しい者の二極化拡大

　2025-2030年において、世界各国で「社会の不安定化」が一層進むだろう。その原因のひとつが経済格差である。

「貧困率（家計所得の中央値の5割を下回る人の割合）」は、世界全体でみれば改善している。しかし、「世界不平等レポート2022」（World Inequality Lab）を見れば、1割の富裕層が8割の富を独占し、所得全体の5割を得て

【図 1-2-2】 世界の所得と富の不平等 2021 年

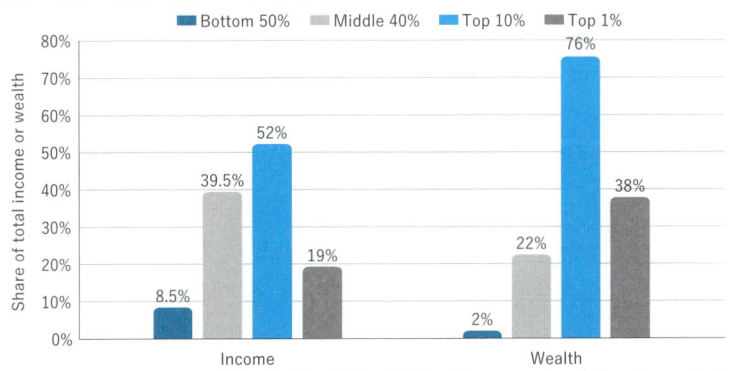

出典：世界不平等研究所（World Inequal Lab）「World Inequality Report 2022」

【図 1-2-3】 世界各地域の平均所得

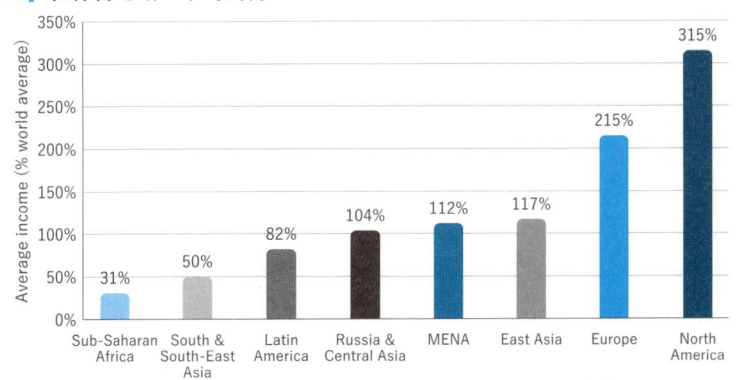

出典：世界不平等研究所（World Inequal Lab）「World Inequality Report 2022」

いることがわかる。さらに、超富裕層（TOP1%）になると、富の4割、所得の2割を得ている（**図 1-2-2**）。富める者はさらに富み、ボトム層といわれる5割の人々は富の2%、所得の8%をもつに過ぎない。極端な資産格差・所得格差が世界で生じている。

　この問題は、地域間格差としても現れる（**図 1-2-3**）。サハラ以南のアフリカ、東南そして南アジアについては、それぞれ世界平均の3割、5割といった水準にある。一方で、欧州や北米は、それぞれ平均水準の2倍、3倍の水準にある。これらを購買力平価でなく現在の為替水準でみれば更に差が開くことになる。

　そして、同一地域内における格差の問題も深刻である（**図 1-2-4**）。欧州でさえも下位 50% の層の所得シェアは 2 割を切っている。MENA と呼ばれる中東・北アフリカでは、上位 10% が 6 割近くを占め、下位 50% が 1 割を切る。この他にも世界の多くの地域で所得格差が生じている（**図 1-2-5**）。

　当たり前だが、幸せな人間が多い社会ほど安定性は高い。社会にいる人間すべてが幸せであれば間違いなく社会は安定する。所得や富が幸福のすべてではないが、日々の生活を支える基礎という点で大きな意味をもつ。格差社会においては、低所得者層が相対的に不平等を感じる場面が多く、羨望や嫉妬が感情の歪みを生む可能性がある。米国に存在する反エスタブリッシュメント感情は、まさにその典型であろう。抜け出せない感覚、取り残された感覚は、社会的孤独を生み破滅的な感情を惹起する。

　このように、地域間格差、同一域内における格差が厳然と存在することは社会の安定性を揺るがす大きな要因になる。格差の大きい社会、底から這い出すことが困難な社会、絶望に満ちた人が数多く存在する社会は対立を生みやすい社会であり、犯罪も生まれやすい。それは発展途上国だけに限った問題ではなく、先進国を含めて多くの国に関わる問題である。SDGs のゴール 1 に「あらゆる場所のあらゆる形態の貧困を終わらせる」とあるように世界は貧困で埋め尽くされている。一方で驚くべき富裕層も存在する。富める者と貧しい者が二極化する社会。問題解決には多くの障壁が待ち構えているが、こうした問題の継続的な緩和なくして安定した社会は創造できない。

【図 1-2-4】所得階層別の国民所得のシェア（上位 10%、中間 40%、下位 50%）

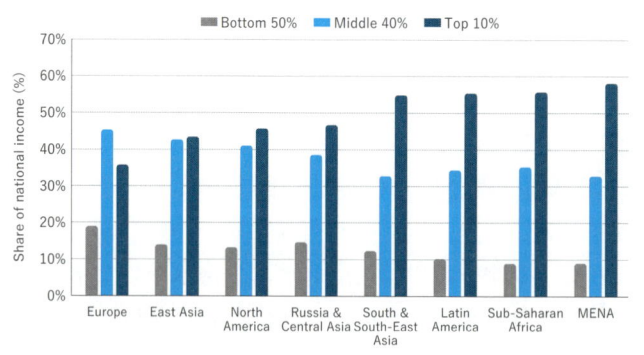

出典：世界不平等研究所（World Inequal Lab）「World Inequality Report 2022」

【図 1-2-5】世界主要国のジニ係数（所得格差）

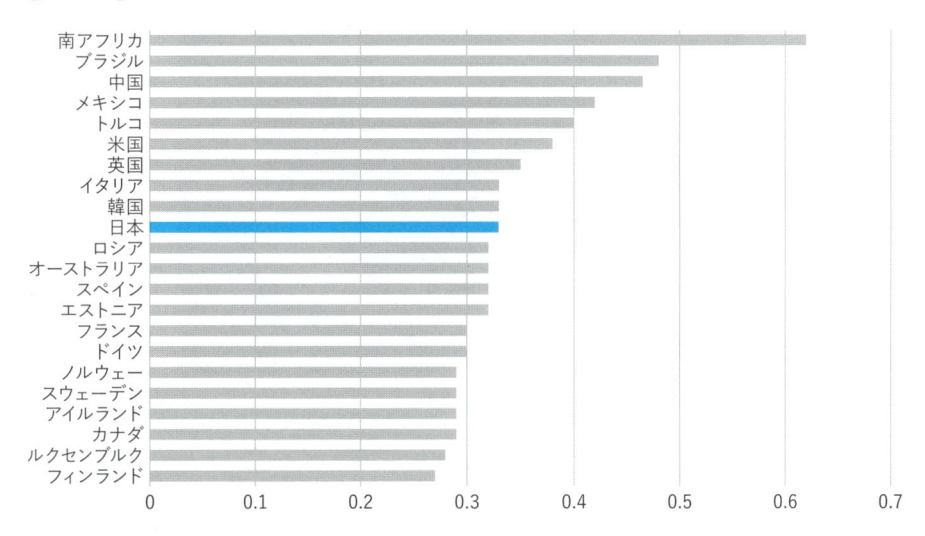

出典：OECD2021 ジニ係数、中国は国家統計局 2019 年に基づき筆者作成

1.8　政治指導者の強権発動・暴走・独自路線

　世界において「完全な民主主義」国家の比率は決して高くない。独裁的国家の比率が年々減少傾向にある（**図 1-2-6**）とはいえども、半数は何らかの自由を欠いた国家である。こうした国家の「独裁者」が与える影響は、内外ともに大きい。また、民主的国家であっても、米国の例を見るまでもなく、国家を分断し同盟国を落胆させ、従来の物差しでは測れない一種の「暴走」状態に陥る場合がある。

　2025-2030 年を見るうえで、時の為政者の暴走リスクを具体的に想定することは困難である。しかし確実に言えることは、暴走者が「国連安全保障常任理事国」「軍事大国」「経済大国」「核保有国」といった国から生まれれば、世界に与える負のインパクトは計り知れないということである。そういった意味で、ロシア、中国、イラン、北朝鮮といった独裁色の強い核保有国の動向から目が離せない。また、中東のイスラエルやシリア、中央アジアのウズベキスタンやトルクメニスタン、PKO が展開されている中央アフリカ諸国、そしてアジアの軍事政権国家についても火種となりかねないリスクを抱えている。

【図 1-2-6】 民主主義国家と独裁国家

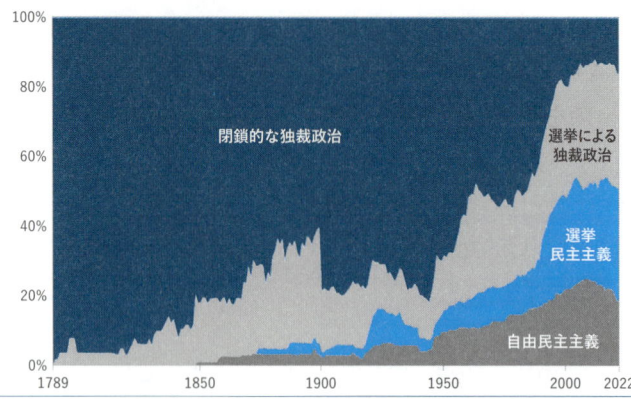

閉鎖的な独裁政治：市民は、複数政党による選挙を通じて、政府の行政長官や立法府を選ぶ権利を持たない
選挙の独裁政治：市民は、複数政党による選挙を通じて行政長官と立法府を選ぶ権利を有する。しかし、選挙を有
　　　　　　　意義で、自由で、公正なものにする結社や表現の自由など、いくつかの自由を欠いています
選挙民主主義：市民は、有意義で自由かつ公正な複数政党制の選挙で行政長官と立法府を選ぶ権利を有する
自由民主主義：選挙民主主義と市民は個人と少数派の権利を享受し、法の前に平等であり、行政の行動は立法府と
　　　　　　　裁判所によって制限されます

出典：「Our World in data」V-Dem (2023) – with major processing by Our World in Data. "Closed autocracies" [dataset]. V-Dem, "Democracy and Human rights, OWID based on Varieties of Democracy (v13) and Regimes of the World v13" [originaldata].

　また、米国第一主義を標榜するトランプ氏が11月の選挙で大統領に指名されれば、世界の警察色はさらに後退し、同盟国との関係性、通商関係のディール・関税、気候変動対応など含めて国際的に大きな影響を与えることになるだろう。

　こうした政治的問題が経済にどのような影響を与えるかを予測することは極めて困難ではあるが、「歴史は繰り返す」という視点に立って地道に「予防や事業継続のシナリオ造成」「草の根的な経済界の対話」を行なうことが重要になる。特に世界展開をしている企業、原材料の多くを海外に依拠している企業については、サプライチェーンに突発的な障害を生む可能性があり、調達のマルチパスを含めた多様なシミュレーションを行わねばならない。まさに「**リスク管理の高度化**」が問われている。

1.9　宇宙への進出競争に代表される技術競争

　本項は PEST 分析の「T（技術）」に関するものである。未来を大きく変える可能性を秘めた技術は、各領域において数多く存在する。そのうえで、

タイトルに「宇宙への進出競争」を用いた背景には、高度な技術開発競争や大国間の覇権争いを「象徴する技術」領域だからである。

　米国のGAFAMに象徴されるように、時代を席巻するような技術を持った国は大きな繁栄を得られるだけでなく、その技術が「世界のインフラ」になるという意味で世界への影響力を高めることができる。現在では、デジタル技術が覇権争いの中心になっているが、世界を変える技術は宇宙や軍事領域の民生利用で生まれることも少なくない。

　そういった意味で「宇宙への進出競争」は、米ソ冷戦時代から続く「ロケット開発」「人工衛星技術」「宇宙探査」といった領域での熾烈な競争であり、日本・フランス・中国・インド・イスラエルなどの様々な国が参戦し、近時は民間企業が様々なアイディアと技術をもって宇宙開発を目指している。日本では、JAXA・三菱重工によるH3ロケットが代表格であるが、スペースデブリ（宇宙ゴミ）解決に取り組むアストロスケール社、超小型衛星のアクセルスペース社、宇宙ビッグデータ活用による土地情報分析等の天地人社（㈱天地人）など、数多くの企業が宇宙ビジネスに挑戦をしている。

【図 1-2-7】2030 年に向けた宇宙市場セグメント別の動向と変化点

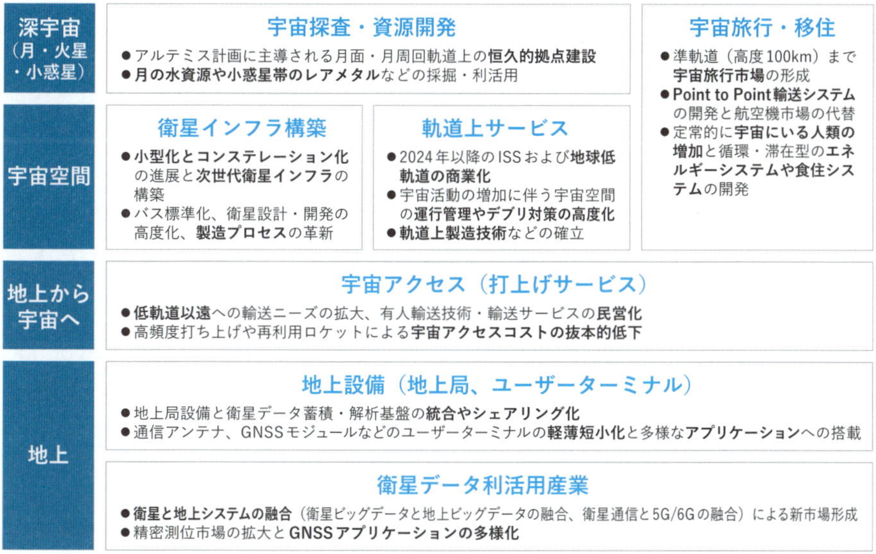

出典：文部科学省「革新的将来宇宙輸送システム実現に向けたロードマップ検討会第 4 回資料」より抜粋

　あらためて「宇宙への進出競争」の意味を考えると、2025-2030年を考えるうえでいくつかの示唆を与えてくれる。

　第一が「宇宙ビジネスを巡る市場は確実に拡大する」ということである（図1-2-7）。文科省の資料によれば、2018年に約40兆円であった市場が、20年余りで4倍に拡大する見込みである。しかも市場は多岐にわたっており、多くの企業にチャンスがある。

　第二が宇宙進出のために開発された「技術の転用（スピンオフ）」である。宇宙に出るためには数多くの課題をクリアする必要があり、数学・物理学・工学はもちろんのこと、様々な技術開発が必要になる。NASA（米国宇宙開発局）のリストラによって、ロケット工学を学んだ研究者が量子力学等の手法をもって金融工学を発展させたという話があるように、或る技術が全く違う産業で展開される可能性がある。実際に、衝撃吸収材、耐火材、耐熱材、断熱材、免振材、吸音材、濾過材、食品、小型カメラ、センサー、消防設備など、あげればキリがないほどスピンオフした技術が民生品として生まれ変わっている。こうした技術転用は引き続き加速するであろう。例えば、経済産業省は「超小型衛星搭載民生部品データベース」を公開するなど、民生品の宇宙への展開を推進しているが、こうした動きは宇宙技術への関心を高めスピンオフを生む機会となる。また、民間の宇宙ベンチャーが開発した技術は、様々なパートナーシップによって民生品への展開される場合も少なくないだろう。

　第三のポイントは「人工衛星を活用した情報技術・通信技術」の更なる発展である。前述の㈱天地人のように、宇宙の眼を利用したデータ取得と分析による課題解決は、様々な領域で応用が利く。また、GNSS（全球測位衛星システム）を活用したcm級測位を活用することで自動化・無人化対応をはじめとする様々な技術展開が可能になる。通信技術においても、beyond5Gや光通信、量子暗号通信などを活用した次世代通信サービスの展開が期待される。また、リモートセンシングの発達によって、温室効果ガスの測定など脱炭素の推進、eMAFF地図による農業管理の高度化が期待できる。

　第四のポイントは「政府の宇宙関連施策の展開」である。宇宙への参入の門戸を開くという意味で、JAXAの事業創出・オープンイノベーションの

取り組み強化は多くの企業にチャンスを与える。さらに、下支えとなるデータ人材の育成支援（文科省）、企業に対するリスクマネーの供給（経産省）などは企業の取り組みを後押しするだろう。さらに、JAXAを中心とする「宇宙物理学」「太陽系科学」への取り組みは、様々なパートナーシップを生んで中長期的には新たな知の創造や産業の創出を実現するだろう。例えば「宇宙探査」に関しては資源探査・採掘・無人建設・食料など、探査を持続するための様々なインフラ構築が不可欠であり、中小企業にとっても何らかの形で参加することができるはずだ。

　ここまで日本の宇宙開発の話になったが、宇宙への進出に向けた世界レベルの競争が加速する。そして、多くの技術革新をもたらし、新たな市場を拓く。あるいは既存市場を新技術によって破壊する可能性もある。そうした意味で、宇宙領域は「畑違い」といった認識ではなく、様々な技術に関心を持つ必要がある。

　ここまで「宇宙」をベースとした技術革新にスポットを当てた。当然のことではあるが、「宇宙」以外の様々な領域においても技術開発競争が行われていることを忘れてはならない。国連貿易開発会議（UNCTAD）の「技術・イノベーション報告書」によれば、「インダストリー4.0」「グリーン技術」「AI」「IoT」「ビッグデータ」「ブロックチェーン」「5G」「3Dプリンター」「ロボット工学」「ドローン」「遺伝子編集」「ナノテクノロジー」「太陽光発電」「集光型太陽光発電」「バイオ燃料」「バイオマス・バイオガス」「風力発電」「グリーン水素」「電気自動車」を先端技術と位置付けている。これ以外にも、医薬・医療、航空、量子コンピューター、建設技術、農業・食料、省エネ・省資源などあらゆる領域で技術開発が進められている。まさに、市場のシーズやニーズを見極めてイノベーションをプロダクトとして実用化した企業や国が大きな発展を得る。そういった意味で、当然ではあるが、技術革新は正のインパクトを与えるものとして、すべての企業が挑戦すべきものとなる。

　一方で、技術革新は既存の事業会社にとって「大きな脅威」にもなる。革新的な技術を搭載したプロダクトが市場に登場した途端、一気に業界の勢力図が書き換えられる可能性がある。従来のトップ企業が築いたレガシーや市

場シェアを、新技術を事業化した企業が破壊してしまう。スマートフォンはその典型である。電話・パソコン・音楽プレイヤー・ゲーム機・カメラ・テレビといった機能を小さな躯体に一体化し、資金決済機能など様々なアプリケーションが搭載できるため、個人の生活様式を一変させてしまった。その結果、デジカメや音楽プレイヤーをスマホで代替し、テレビを持たない若者が増えたという。スマホから大量の情報を収集できる仕組みは、マーケティングを変え、eコマースにおけるレコメンド機能など広告のカスタマイズ化を生んでいる。あるいは、SNSやYouTubeによる新たな表現やコミュニケーションが、新たなビジネスやムーブメントを生んでいる。スマートフォンの登場によって、ビジネスモデルの変革や再構築を迫られた既存企業は少なくない。

　そして、留意すべきは、こうした技術革新が世界における「逆転現象」を生むことである。その典型的事例が「リープフロッグ（カエル跳び）」といわれる形で現れた新興国のインフラ革命である。例えば、金融分野において「金融の店舗網がほとんどない」「紙幣の偽造が多い」といったインフラの弱い新興国で、その弱点をカバーする形で電子決済が一気に浸透して「デジタル先進国化」している。中国ではキャッシュレス経済が定着し、大半がアリペイやウイチャットペイ、そして銀聯カードといった具合である。あまりにキャッシュレス経済が浸透した結果、逆に外国人旅行客にとって不便になっているとの声もある。逆に、店舗網が充実し、紙幣の偽造が困難な日本においては「現金文化」が色濃く残り、ある意味で非効率なビジネスが温存されている。

　同様に、北欧のエストニアといった小国を「デジタル国家」として、「電子政府」はもちろんのことIT技術者を多く抱える一大開発拠点として輝かせている。技術革新の波を上手に捉えて、いち早くインフラ整備や人材育成を行うことで国家を支える産業育成を行う例は、AI国家として知られるアイルランドにもいえることである。このように、技術の未来を的確に評価し、それを国家政策として早期に取り入れた国家が、規模の大小を問わず発展するチャンスを得ている。逆転現象は、企業同様に国家においてもみられるこ

とである。

あらためて技術革新を企業ベースで考えると、どの企業にとっても「自社の属する業界」に関する技術動向だけに注目していれば済む時代ではなくなった。いわゆるテック企業をはじめとして、新たな技術を携えた「代替品」や「新規参入者」がいつ何時現れるかわからない。そして、それは思いも寄らない領域から起こる可能性がある。例えば、3D プリンターが高度に発達し家庭に常備された場合には、運送業界の悩みとなっているラストワンマイル問題は消失し、データ伝送によって 3D プリンターが手元に商品を届ける（作る？）形になるかもしれない。そうした状況はもう少し先かもしれないが、特定の製品や部材が 3D プリンターによって「輸送」を行わずに「データ伝送」で手元に届くということは十分ありうる話である。これは、部品製造やアッセンブルに関わる企業からすれば劇的転換となる。

2030 年に向けての今後 5 年間において、様々な技術革新が加速する。製造業であれ、サービス業であれ、技術革新の波にいかに乗るかが競争力に直結する。経営の論点として、技術革新をフォローして、自社にとっての影響をしっかりと評価することが重要になる。こうした仕事は経営者や技術関連の幹部の役割となるが、情報源の確保や評価については多面的に行うことが必要である。情報交流のできる有志の仲間を増やすことが重要になる。

1.10　金融の不均衡は膨張・破裂するか（デジタル・バンクランの可能性）

キーワードの最後に「金融」をあげる。いうまでもなく金融は経済の根幹となるインフラであり、金融システムの不安定化は経済に大きな悪影響を与える。

その典型が 1980 年代に国内で起きた資産価格の急騰、そして 1990 年代の反動的価格の暴落である。いわゆる「バブルの発生と崩壊」である。バブルの崩壊は、企業にバランスシート調整を迫り、資産担保に依拠して大量の資金供給を行った多くの金融機関が破綻した。多額の不良債権処理を迫られた日本の金融システムは著しく不安定化し、行政は金融再生法・金融早期健全化法などにより金融システムの再建に動いた。この過程のなかで、金融機関

は「貸し渋り・貸し剥がし」と呼ばれる極めて消極的な貸出態度をとった結果、いわゆる「信用収縮」を生み、企業の資金調達に大きな悪影響を与えることになった。こうした流れが景気悪化をもたらし、さらには銀行検査マニュアルに対して金融機関が敏感に反応したこともあって、与信姿勢は慎重さを増した。こうした金融システムの動揺は、経済活動を極めて不安定化させて事後の長期停滞の原因のひとつになったといっていいだろう。

日本のバブル崩壊から30年近くが経過し、金融システムは更に変貌を遂げている。その最も大きな要因が「世界経済が緊密化している」ことである。一例をあげれば、2008年に米国で起こった「リーマンショック」である。いわゆるサブプライムローン危機に端を発した金融機関の経営破綻は米国内だけに留まることはなく、証券化された商品を多額に購入していた欧州の銀行へ飛び火する。フランス最大手のBNPパリバが象徴だが、欧州各国の金融機関が同様の問題を抱えていたこともあり、欧州中央銀行を中心とする金融システムの立て直し策が実施される事態になった。こうした事態は公社債市場をも巻き込むこととなり、いわゆる欧州ソブリン危機といわれる国家の経済破綻の問題にまで拡大していくことになる。日本においても、株価が大きく下落し、大企業を中心に「派遣切り・雇止め」といった雇用調整が発生し、大きな社会問題に発展した。また、為替も円高が進むことで輸出産業を中心に業況の悪化を招き、経済停滞の一因となった。

第二の留意点は「デジタル経済の発達」である。いわゆる金融のデジタル化は急速に進んでおり、ネット銀行・デジタル銀行と呼ばれる金融機関はもちろんのこと、一般の金融機関においてもスマホやパソコンを使った取引が拡大している。デジタルは利便性が高く、例えば定期預金のような「固定性預金」であっても瞬時に解約が可能である。送金もワンタッチでできる。こうした利便性とともに、スマホ等による情報収集の容易さ、あるいはレピュテーショナルリスク（風評拡散リスク）の発生と拡散の速さといった環境が、金融機関の「バンクラン（取り付け騒ぎ）」を加速させるリスクがある。米国のシリコンバレーバンクは、ベンチャーやスタートアップ企業等へ融資で名を馳せていたが、2023年に米国債の金利上昇に伴う損失発生、株価下落などを機に取り付け騒ぎが発生し、1日で数兆円の資金が流出したといわれ

る。もちろん金融機関の体力や流動性の確保の状況によって同様の破綻が起きるとは言えないが、「デジタルの速度」について金融機関が意識せざるを得ない事例になった。

第三の留意点が「新興国の金融市場発展の遅れ」である。経済のグローバル化は多くの国の経済発展をもたらした一方で、自国の金融市場だけで資金調達ができず、外国に依存しているケースが散見される。こうした問題は、例えば米ドルで調達している場合に、米国の金融政策や景気動向、為替の変動によって資金流出を招くリスクを抱えている。あるいは特定国からの融資依存が高い場合には「債務の罠」と呼ばれるような不平等な関係を事実上強要されるリスクもある。いずれにしても途上国の債務は「時限爆弾」的な要素になっており、既にスリランカやエチオピアのようにデフォルトに陥った国もあれば、ラオスやソマリアのように過剰な債務を抱える予備軍もある。同様に過剰債務を抱える国が世界中に20国を超える数で存在している。新興国は経済規模の小さい国家が多いとはいえども、デフォルトが連鎖するようであれば世界経済に暗い影を落とす。

このように、金融の不均衡が生み出すリスクは極めて影響が大きい。そして、自国の不均衡のみをマネジメントしていれば済む時代ではなくなっている。世界の金融状況に目を光らせる必要がある。さらにデジタルによって金融のスピードが上がっていることに留意しなければならない。

あらためて「金融の不均衡」とは何か。

端的にいえば「金融や金融システムのアンバランス」である。具体的には、地価や有価証券などの資産価格が持続性なく急騰するようなケース、金融機関が過剰に信用供与（貸出）を行うケース、短期資金で調達して長期資金で運用するといった期間のミスマッチが拡大するケースをいう。わかりやすく「金融の過熱」「バブル発生のリスク」といってもいいだろう。

それでは、本書がテーマとする2025-2030年において金融の不均衡の膨張や破裂が予見されるのであろうか。

結論から言えば「世界経済を揺るがすようなバブル崩壊はない」とみている。その考え方を説明する前に、世界に存在するバブルの種について考えて

みる。具体的には、世界的金融緩和の影響、中国の不動産問題、米国の地方銀行やノンバンクの脆弱性、の３つである。

　第一の問題が、コロナ禍で行われた「世界的金融緩和措置」の影響である。コロナ禍における経済停滞に対応するために、米欧の中央銀行は2020年3月を起点に大規模な金利引き下げ及び金融緩和を実施している。これは市場に資金が過剰に送り込まれた状況であり、国債やMBS（住宅担保ローン証券）等の購入により中央銀行のバランスシートも膨張している。現時点でも高水準の金融緩和状態にはあるが、インフレの増勢などを踏まえ早期のテーパリング（資金供給量の漸減）や金利引き上げによって大きな問題は生じていない。

　第二の問題が、中国における「不動産バブル」に象徴される金融リスクである。恒大集団や碧桂園といった大手デベロッパーの経営危機やデフォルトに関する報道がなされて久しい。低迷する中国不動産市場を象徴するものとして語られている。一方で、中国の不動産問題は単純ではない。その背景には、①不動産セクターは中国経済の約３割を占め経済成長の源泉となっている、②土地使用権譲渡収入が歳入の大層を占める地方政府財政との関係性が高い、③地方政府の投資ファンドで暗黙の債務保証があるとされる「融資平台」が不動産プロジェクト資金を提供しており、多額の隠れ債務があるとされている、④不動産価格については北京・上海といった１線都市は堅調で、東北部や内陸部の３線都市の下落幅が大きい、⑤政府は契約住宅の完成・引き渡し義務を担保する消費者保護政策などにより信用不安を緩和している、⑥融資シェア４割を占めるとされる５大銀行は国際金融規制対象であり健全性を維持している、といったことがある。リスクの全貌や金融システムの強靭性が見えにくいこともあり、この問題に対する判断は難しい。一方で、外貨準備高に象徴される中国自身がこの20年で蓄積してきた財源や、中国政府の強力な行政運営、さらには都市部を中心に住宅の潜在的需要は相当程度ある、といったことを勘案すると日本で起きたような急激なバブル崩壊といった確率は低いようにみえる。

　第三の問題が、「米国の地銀やノンバンクの脆弱性問題」である。前述の通り、2023年はシリコンバレーバンクに象徴される中小規模の金融機関の

破綻が相次いだ。格付機関による地銀の格下げなどもあり、あらためて地域金融機関が抱える財務課題や資金調達の不均衡や環境悪化が認識されている。特に預金保険対象外となる預金が経営不安を背景に流出する事実は、こうした金融機関の流動性リスクを強く印象付けた。今後金利上昇が予想されるなかで、債券の含み損が拡大し財務の悪化を招くリスクとともに、商業用不動産の需給悪化も想定されることから不動産融資比率の高い地域金融機関の信用不安は燻り続けるであろう。

加えてノンバンク問題も大きな焦点になる。ヘッジファンド、プライベートエクイティファンドと呼ばれるノンバンクは情報開示の問題や信用リスクの高い投資対象など従来から懸念材料を指摘されている。また、短期のレポ取引に依存するモーゲージ REIT についても商業用不動産の低迷や今後の金利上昇など懸念材料となっている。

米国の金融行政は、シリコンバレーバンクの破綻を受け、自己資本の規制強化をはじめとする監督強化を表明している。また、証券取引委員会や金融安定監視評議員会がノンバンクに対する情報開示の拡大や監視強化について矢継ぎ早に打ち出しており、今後の動向が注目される。

ここまで3つの問題を材料にバブル懸念についてみてきたが、今後5年という期間で見た場合の崩壊リスクは限られるであろう。その理由は、米中ともに行政を中心とした監視や規制、対応策について準備されることが想定されること、米国経済は減速が想定されるもののファンダメンタルは底堅く、中国については習近平の4期目に向けた 2027 年に向けて国内外から批判を受けないような行政対応を行っていくことが想定されるからだ。もちろん新興国の金融システムの脆弱性の問題が懸念されるが、世界規模で見た場合に全体が揺るがされるリスクには拡大しないと考えている。

1.11　小括（世界の 10 大変化と影響）

2025-2030 年という期間に、世界はどのように変化するのだろうか。それを考えるツールとして 10 のキーワードを用いて、いくつかのシーンを描いた。読者のみなさんの眼には、どのように映っただろうか。

　良い変化としては、デジタル技術の更なる進化、各産業におけるイノベーションの創出、SDGs に象徴される新しい規範の浸透、それによる脱炭素・脱資源・人権強化といった正のインパクトが生まれることが想定される。

　悪い変化としては、リスクの多様化と不透明性の増大である。政治・経済・社会、あらゆる領域において潜在的なリスクが増大しつつある。こうしたリスクは、いつ何時、どのような形で顕在化するか、予測が難しい。わたしたちは、こうしたリスクに立ち向かわなければならない。まさに**リスクマネジメントの高度化**が必須で、予防や事後対応の検討だけでなく臨機応変なリスク対応が求められる。

　2025 年から 2030 年に向けて、引き続き変化が大きく、不確実性が高く、複雑かつ曖昧で意味付けが難しい状況が続くだろう。「日本」も世界の一部であり、日本独自の要因を加えて変化を続ける。良い変化、脅威となる変化、そのなかで企業は生き続けなければならない。

　こうした環境において重要なことは、経営者が「無力感に囚われてはならない」ということである。「**リスクマネジメントの強化をはじめ、出来ることを粛々と行う**」「**変化は脅威であると同時に機会である**」「**挑戦者が未来を変えてきた**」といったことを念頭に、自社にとってやるべき課題を整理し、中長期的な視点で戦略創造を行うことの意味が増している。

2. 日本の 10 大変化と影響

　世界の変化を 10 のキーワードで見たように、日本に変化についても「日本の 10 大変化（**図 1-2-8**）」に基づいて考えたい。

2.1　止まらない人口減少と少子高齢化

　総人口が減少するという「量問題」、そして少子高齢化が進むという「質問題」、人口に関する 2 つの変化が日本にとって重い課題になる（**図 1-2-9**）。総人口が減ることは、消費や納税に影響を与える。老齢化率が高まることで、社会保障負担は重さを増す。生産年齢人口の減少は大きな供給制約になる。ここまでは「女性・高齢者の労働参加率」の上昇で労働力の低下をカバーし

【図 1-2-8】 日本の 10 大変化

	10 大変化
1	止まらない人口減少と少子高齢化（量的質的変化）
2	後継者難・人手不足起因による業界再編が加速
3	所得格差の拡大、取り残された人々の増加、社会不安の拡大
4	低下する国際競争力。復活の狼煙をあげることができるか
5	社会の基本的インフラの再構築なるか（年金・健保・介護など保険制度）
6	地方消滅の萌芽、行政サービスや地域の再構築
7	サステナビリティへの対応（脱炭素・脱資源・生物多様性など）の加速
8	自然災害の国。リスク管理は強化できるか
9	政治不信、苦悩する行政、日本再興はなるか
10	アニマルスピリットの高まり

筆者作成

【図 1-2-9】 日本の人口の推移

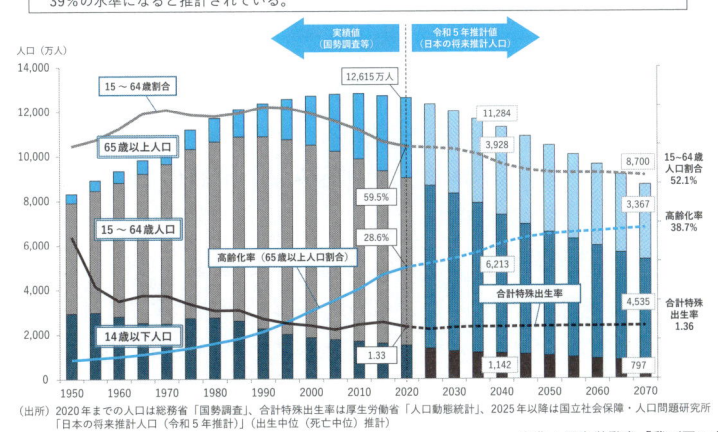

○日本の人口は近年減少局面を迎えている。2070年には総人口が9,000万人を割り込み、高齢化率は39％の水準になると推計されている。

（出所）2020年までの人口は総務省「国勢調査」、合計特殊出生率は厚生労働省「人口動態統計」、2025年以降は国立社会保障・人口問題研究所「日本の将来推計人口（令和5年推計）」（出生中位（死亡中位）推計）

出典：厚生労働省「我が国の人口について」

【図 1-2-10】 就業者数の推移

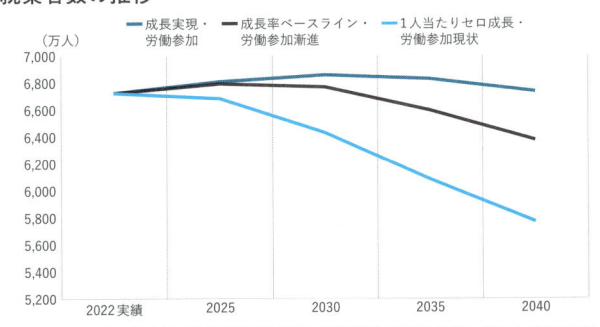

出典：独立行政法人労働政策研究・研修機構「2023年版 労働力需給の推計（速報）」から筆者作成

【図 1-2-11】 生産年齢人口・生産年齢人口（女性）・65 〜 69 歳人口における就業率の推移

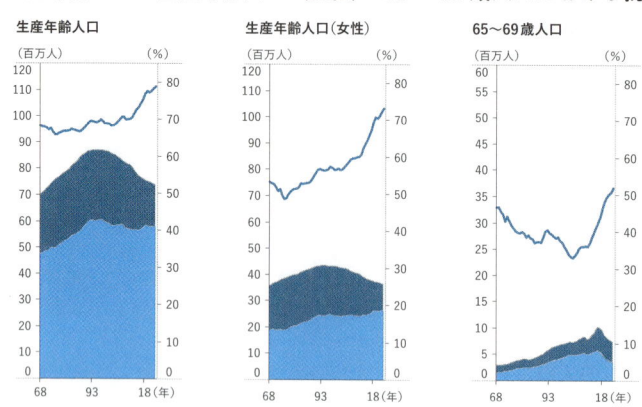

資料：総務省「労働力調査（基本集計計）」

出典：中小企業庁「中小企業白書（2024 年版）」 図 1-3-8

てきたが、これも限界を迎えつつある（**図 1-2-10・11**）。世帯の構成も変わる。2030 年には単身世帯が全体の 4 割を超え、かつ高齢者単身世帯が 15% 程度になる。単身世帯は今後とも漸増する見込みで、消費の形態や介護のあり方を問うことになる（**図 1-2-12**）。

　人口減少や少子高齢化は緩やかに進むため「危機感」を持ちにくい。その一方でこれらの影響は、常に「弱い部分」に現れる。建設土木関連、保安、医療介護、運輸関連など生活を支える「エッセンシャルな分野」での人手不足が目立つ（**図 1-2-13**）。こうした状況を解消する特効薬はない。したがって、人手不足がもたらす「エッセンシャルな分野」において、苦痛や支障を感じる人が年々増えることは間違いない。建設関連の人手不足は、老朽化の進むインフラや建物の補修を遅延させ、建設コストの増大を招く。医療従事者や薬剤師の不足は命の問題と直結する。介護の問題は従来から指摘されているが、高齢者の増加や単身世帯の増加を考えれば、先進国とは思えないような悲惨な状況を生む可能性がある。運輸に関してはドライバー不足が強まるだけでなく、2024 年問題に象徴される労働環境の改善などが不可欠になることから、荷主のわがままは通じなくなる。オペレーションや体制の変更、コストの上昇は避けられないだろう。

　こうした大きな問題に対応するために、「法規制」「社会慣行」が確実に変

【図 1-2-12】 世帯構成の推移と見通し

○単身世帯、高齢者単身世帯（※1）ともに、今後とも増加が予想されている。
単身世帯は、2050年で44.3%に達する見込み。（全世帯数約5,570万世帯（2020年））

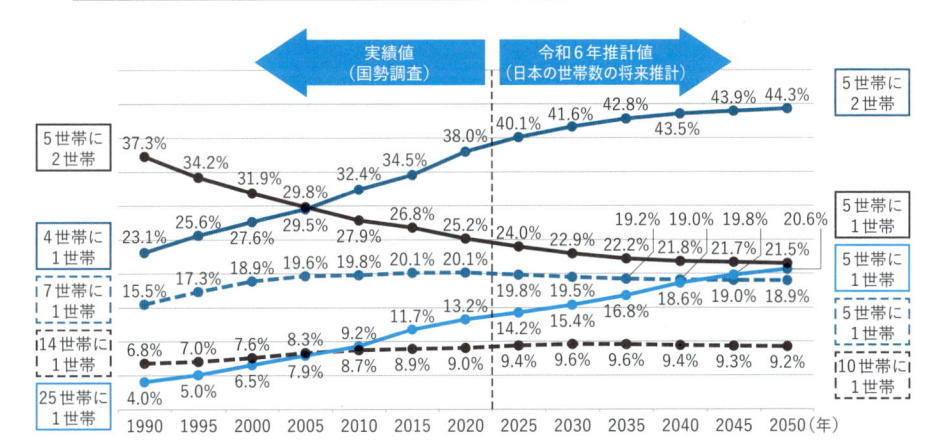

出典：総務省統計局「国勢調査」、国立社会保障・人口問題研究所「日本の世帯数の将来推計（全国推計）（令和6年推計）」
※1 世帯主が65歳以上の単身世帯を、高齢者単身世帯とする。
※2 全世帯数に対する高齢者単身世帯の割合はグラフのとおりだが、世帯主年齢65歳以上世帯に対する割合は、35.2%（2020年）から45.1%（2050年）へと上昇。
※3 子については、年齢にかかわらず、世帯主との続き柄が「子」である者を指す。

出典：厚生労働省「我が国の人口について」

【図 1-2-13】 職種別の有効求人倍率（令和6年3月 パート除き）

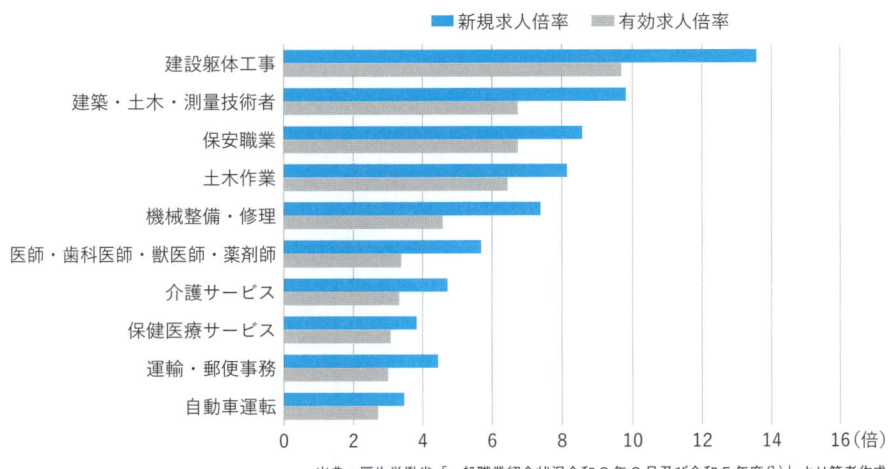

出典：厚生労働省「一般職業紹介状況令和6年3月及び令和5年度分）」より筆者作成

わっていく。実際に運輸関連では「ライドシェアの解禁」「2種免許の緩和」など、ドライバー不足に対応する施策が次々に検討・実施されている。こうした規制緩和は運輸に限らず、人手不足かつエッセンシャルな業界を中心に確実に進む。「労使関係」は、かつてに比べれば変わりつつあるが、業界を問わずさらに広い範囲で変化するだろう。以前は、雇用主が上位といった認識もあったが、今後は対等な雇用関係が当たり前になる。正規・非正規間にあった給与格差も、同一労働同一賃金に近づいていく。非正規に対する無期転換ルールを企業側が都度明示する義務を負うことから「正社員化」も進むはずだ。全国展開を行う企業にとっては「隔地転勤」が大きな課題になる。ライフワークバランスを意識した働き方、家族や安寧を重視する価値観、これらに対応するため異動に関する見直しが加速度的に進むだろう。対応できない企業は人手を確保できず、事業継続が困難になる。

　「社会慣行」に関しては「お客様は神様です」的なノルムが薄らぎ、顧客サービスのあり方やクレーマーへの対応強化など「働き手」に配慮する風潮が強まる。一般消費者も「客は神様」「自分に対して低姿勢は当たり前」といった「上目線」でいると、変化に乗り遅れ「カスタマーハラスメントの当事者」になる可能性がある。より良いサービスを受けたければ、コストに跳ね返るといった認識が必要であり、過剰な要求をしていないかを自省する必要がある。これは B2B についても当然言えることで、「下請け」といった「上目線」での思考を捨てて、対等なパートナーという考え方に基づいて Win-Win の関係構築を目指すことが必要になる。大企業の購買担当の意識改革が絶対的に必要になるだろう。

　人手不足は規制緩和や慣行の変化だけで解消できない。ヒトに頼らないオペレーション、性別や年齢に制限されないオペレーションに関する研究や開発が確実に進む。言い換えれば「無人化対応（機械化）」「デジタル対応」「重労働の負荷軽減策」「労働者の事情に応じた勤務体制」をどれだけ実現できるかが、企業にとって競争決定要因になりうる。これに依らない場合、つまり「人手によるオペレーション」を継続しようとする場合には「コスト増」を覚悟しなければならない。他社より高い給与水準の実現、充実した人事・福利厚生の整備、安全で快適な労働環境、職場の人間関係の安寧、教育の充実

など対応しなければならないことが山盛りで、付帯するコストは確実に増す。

　視点を変えれば、ここに「大きなビジネスチャンス」が生じる。無人化や労働負荷を軽減するための機械・ロボット・機器・装備に関する需要は年々増加する。「組み立て」「専門性の高い作業」は極力「工場」で済ませて、「現場」での作業は最小限に抑える「プレ」が増える。重労働や危険な作業はロボットや機械に任せることが増える。労働集約型の仕事も外国人労働者を集めることが徐々に難しくなることが想定されるため、機械やロボットでの対応を本気で考える必要がある。

　デジタル化は生産性を高め、労働の質を上げるために不可欠のツールであり、中小企業セクターにおいても向後5年で加速度的に導入が進む。おそらく「人手不足対応」と「デジタル化対応」の2つが、中小企業の生き残りのカギになる。IT関連企業にとっては継続的な商機になるが、IT人材が不足する中小企業においては「相談相手」「導入の指南・助言」が重要であり、こうしたコンサルティング的ニーズを吸収できるIT企業は飛躍するはずだ。また、ローコードやノーコードのアプリケーションやコード生成のAIがさらに進化することで、中小企業自身が自力で対応できる範囲が拡大する。IT企業自身も人手不足に苦労しており、いかにIT人材を育成できるかが、商機拡大のポイントになるだろう。いずれにしても、デジタル化を進めるためには「IT人材」が不可欠であり、いかにIT人材を育成または確保できるか知恵を絞らなければならない。

　ヒトの活用は、前述の通り、コストを覚悟したうえで、それを回収できるだけの活用方法を考えなければならない。極力デジタルや機械・ロボットを走らせたい。それでもヒトを使うビジネスであれば、生産性向上はもちろんのこと正当な価格を確保できるようなビジネスモデルを考える必要がある。そして、ひとつの灯が「高齢者活用」である。高齢者といっても元気で意欲の高い人材が日本には大勢いる。所得をさらに確保したい層、健康労働を志向する層、社会的な存在感を失いたくない層、こうした層が一定数存在することから、こうした人材を早めに掘り起こす必要がある。

　海外経験、エンジニア技術、マーケティング、経営企画など様々な知見を持った高齢人材を確保できる「人材派遣会社」は競争力を増すだろう。まず

は大企業自身が自社の OB 人材を放置することなく、彼らを活用するための人材派遣会社等を作れば収益機会の増加だけでなく、社会的な貢献も大きくなるはずだ。こうした「アルムナイ（卒業生）」対応については真剣に考える必要がある。

　少子化問題を解決するための政府対応も本格化する。2024-2026 年度において「こども・子育て支援加速化プラン」が実施され、3 兆円を超える予算が措置される。児童手当の所得制限撤廃、第 3 子への給付、誰でも通園制度などが始まる。また、2024 年度に施行された「児童福祉法」によって、こども家庭センターが順次設置される。虐待問題だけでなく、妊産婦を含めた子供の包括的支援の充実が進む。

　少子化対応は社会的なテーマであるがゆえに、「企業への対応を迫る」ことになるだろう。企業は攻守両面で何ができるかを検討することになる。「子供を産みたい」という願いを持つ社員の環境をどう整えるか。外部人材の採用を積極的に行うのであれば、「男女」を問わず柔軟性のある勤務・休暇・異動・昇進・教育体制を構築する必要がある。女性だけを対象とする人事制度は時代遅れになる。出産・育児は「夫婦の問題」であり、男性社員が出産や育児に参加しやすい環境作り、女性社員が出産や育児でキャリアの停滞を生まない仕組み作りを検討しなければならない。少子化対応を通じて人材確保による事業強化が可能である。攻めの視点で臨むべきだ。

　SDGs を重視する企業であれば、少子化対応は大きな「社会的貢献」につながることを念頭に、様々な施策を準備することで大きなアピールができる。社内に保育所を設けている企業であれば、社員以外に門戸を開く、あるいは社員食堂を夕刻にこども食堂として開放するといった考え方もある。町の商店街全体で「こども見守り隊」や「こどもの集会所」のような場所を設置することで、地域の子育て体制を構築する方法もある。いずれにしても、少子化対応は企業にとっても攻守両面で重要なテーマになるだろう。

　一方で「生みやすい環境、育てやすい環境」をどう作るか、シンプルなテーマだが本質的解決を目指そうとすれば多面的な対策が不可欠で、政府の現在の対応だけで問題が解決することにはならない。現在の制度を実施するだけ

でも相当程度の国民負担や企業負担が増加する。子供のいない世帯、子育ての終わった世帯、高齢者世帯など「少子化対応」に対する考え方は多様である。また、生み育てる「現役世代の価値観」も多様である。世代間の利害、個人の価値観など「国民の合意」を得ることは容易でない。政府が覚悟を決めて対応しなげれば、声掛け先行で目立った成果を生まないまま、少子化問題の解決が先延ばしになることも考えられる。

ここまで見てきた通り、人口減少と少子高齢化への対応は「企業セクター」に大きな変革を迫る。それは機会と脅威の両面で迫ってくる。現時点では「人手不足」だけが強調されているが、B/S や P/L 全体に広く影響を及ぼす問題である。経営者は、この問題が自社に与える機会と脅威について、時間をとって検討すべきである。「人がいない」と愚痴をこぼす経営者が少なくないが、この問題への対応は、企業の競争力や継続性に直結する「高度な経営問題」である。人手不足起因で業界再編が間違いなく起こる。人手不足問題を逆手にとることで企業価値が高まる可能性もある。2025-2030 年は、就業者数も減少に転じることが予想され、短期的対応のみならず中期的対応まで視野に入れて戦略的に動く必要がある。

2.2 後継者難・人手不足起因による業界再編の加速

向後 5 年は、後継者難及び人手不足を起因とする「業界再編」が加速するとみて間違いない。

第一の理由が、中小企業経営者の高齢化が確実に進んでいる（**図 1-2-14**）ことである。ここ 20 年の間に経営者の年齢別分布の山は、20 歳近く高齢化している。もちろん引退者もいるので比率は 5% 程度減少しているが、経営者の老齢化は世代交代の時期が近付いていることを示している。

第二の理由は、世代交代の時期が近づいていることを裏付けるように、70歳未満での引退や廃業を考える経営者が 4 割強存在し、80 歳未満まで広げると 8 割近い経営者が引退・廃業を考えている（**図 1-2-15**）ことである。70 歳を超える経営者が増加するなかでタイムリミットはすぐそこまで来ている。

第三の理由が、70 歳代以上の経営者の 6 割近くが、後継者未定または親

【図 1-2-14】 年代別に見た中小企業の経営者年齢の分布

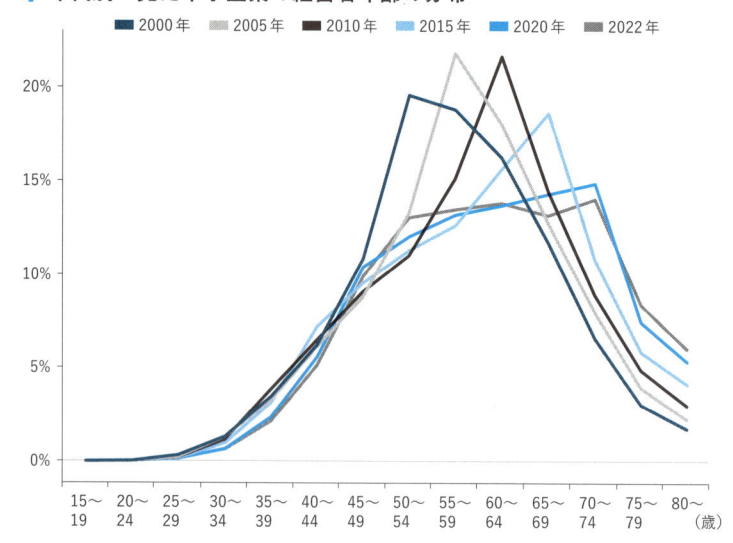

資料：㈱帝国データバンク「企業概要ファイル」再編加工
（注）「2022年」については、2022年11月時点のデータを集計している。

出典：中小企業庁「中小企業白書（2023年版）」 第2-2-2 図

【図 1-2-15】 事業承継・廃業予定年齢

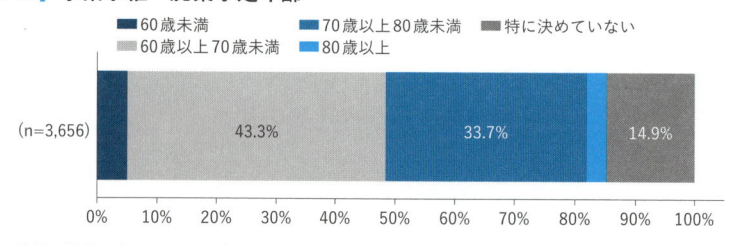

資料：㈱東京商工リサーチ「中小企業が直面する経営課題に関するアンケート調査」
（注）事業承継の意向について、「誰かに引き継ぐことは考えていない・廃業を検討している」、
　　　「未定である・分からない」と回答した企業以外を集計している。

出典：中小企業庁「中小企業白書（2023年版）」 第2-2-6 図

族以外の承継を考えている（**図 1-2-16**）ことである。また、実績としても「従業員承継」「社外への引継ぎ」が増加し、承継の 6 割を占めている（**図 1-2-17**）。中小企業の後継者難については、長らく重要な課題として認識されてきたが、「親族外承継」やむなしとの認識が増えていることは、M&A の機会が確実に増えることを意味している。

　これらが「後継者難」を背景とする、いわゆる「M&A による業界再編の

【図 1-2-16】 経営者の年代別に見た事業承継の意向

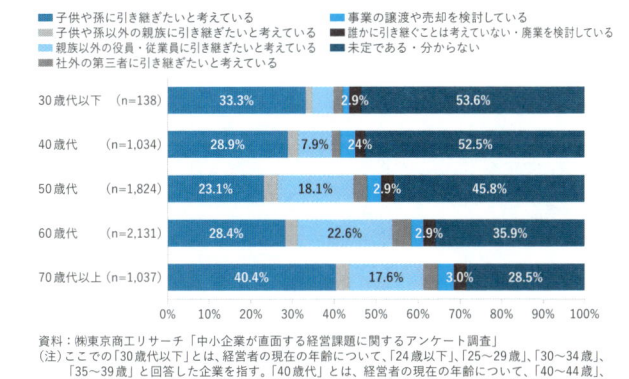

資料：㈱東京商工リサーチ「中小企業が直面する経営課題に関するアンケート調査」
(注)ここでの「30歳代以下」とは、経営者の現在の年齢について、「24歳以下」、「25〜29歳」、「30〜34歳」、「35〜39歳」と回答した企業を指す。「40歳代」とは、経営者の現在の年齢について、「40〜44歳」、「45〜49歳」と回答した企業を指す。「50歳代」とは、「50〜54歳」、「55〜59歳」と回答した企業を指す。「60歳代」とは、経営者の現在の年齢について、「60〜64歳」、「65〜69歳」と回答した企業を指す。「70歳代以上」とは、経営者の現在の年齢について、「70〜74歳」、「75歳以上」と回答した企業を指す。

出典：中小企業庁「中小企業白書（2023年版）」 第2-2-5図

【図 1-2-17】 近年事業承継をした経営者の就任経緯

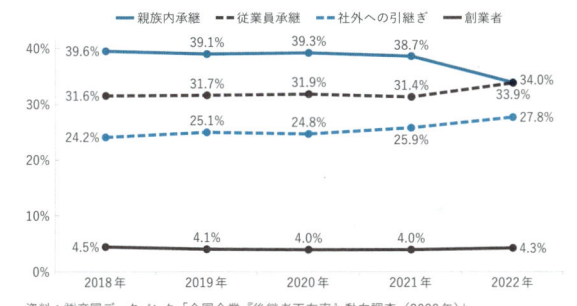

資料：㈱帝国データバンク「全国企業『後継者不在率』動向調査（2022年）」
(注)ここでの「親族内承継」とは、「同族承継」、「従業員承継」とは、「内部昇格」、「社外への引継ぎ」とは、「買収」、「出向」、「分社化」、「外部招聘」を指す。

出典：中小企業庁「中小企業白書（2023年版）」 第2-2-11図

加速」の理由である。

　次に「人手不足」を起因とする業界再編について考える。

　前項の「人口減少・少子高齢化」でも説明した通り、人手不足は構造的要因であり容易に解決できない。近時の状況（**図 1-2-18**）をみても、全産業において強い不足感が報告されているが、特に建設・運輸・飲食宿泊といった業種の人手不足感が顕著である。3K、6K といわれ、「仕事がキツい」「危険性が高い」「環境が良くない」「給料が安い」「長時間拘束される」「休みが

【図 1-2-18】 中小企業の雇用状況

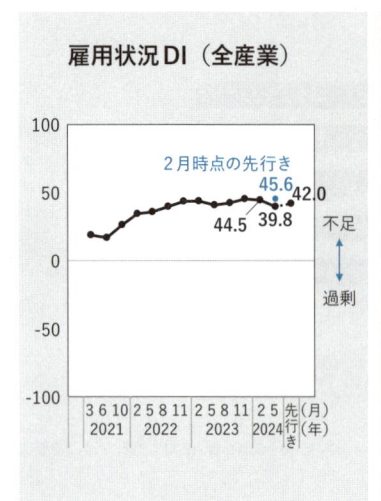

雇用状況DI（全産業）

	24年2月	24年5月 (2月時点の先行き)	先行き
全産業	44.5	39.8 [45.6]	42.0
製造業	33.9	26.0 [35.0]	29.0
非製造業	53.4	51.6 [54.7]	53.0
食料品	50.4	34.9 [47.8]	36.7
化学	38.6	39.7 [40.0]	41.1
鉄・非鉄	32.5	32.9 [27.3]	37.0
印刷業	37.5	16.7 [26.8]	14.6
金属製品	32.9	25.0 [37.5]	30.5
はん用、生産用、業務用機械	26.8	21.4 [28.3]	25.6
電気機器	18.7	13.7 [26.7]	23.6
輸送用機器	27.7	20.4 [33.9]	23.0
その他製造業	38.1	27.6 [36.9]	26.9
建設業	63.1	66.7 [64.6]	69.8
卸売業	36.0	36.3 [37.1]	36.6
小売業	59.3	56.1 [57.5]	57.2
運輸業	62.6	63.5 [62.9]	64.3
飲食・宿泊	69.5	56.5 [74.0]	64.1
情報通信業	54.5	42.9 [53.1]	42.9
その他非製造業	50.4	47.9 [56.3]	49.6

出典：商工中金「景況調査（2024年5月調査結果）」

取れない」…といった業種ほど人手確保が難しく、業務の維持に苦労している。

　企業側も人手不足に対して様々な努力を行っている。**図 1-2-19** は、人手不足にどのように対処しているかを示している。上位2つは「採用強化」で、特に「正社員」として遇する形が圧倒的に多い。また、オペレーションの見直しや、教育や設備投資による生産性の改善、労働時間の短縮など環境の改善が続く。しかし、それでも耐え切れず「事業の縮小」「拠点の統合整理」に至っているケースが7%近くある。

　その結果（**図 1-2-20**）として、人材確保による適正化が実現できたケースは、雇用形態を問わず2〜3割程度にとどまり、大層は引き続き人手不足に悩んでいる。そのうえで、人手確保のためにどんな取り組みをしているか（**図 1-2-21**）をみると、給与・賞与の水準引き上げ、労働時間の是正や福利厚生の拡充、研修制度の整備といった「処遇改善」に尽きる。さらには、シニアや外国人労働者の雇用といった、おそらくは従来採用していなかった層へのアプローチを始めている。

　このような企業の努力にも関わらず、年を追うごとに人手不足の範囲が拡

【図 1-2-19】 人手不足への対応方法

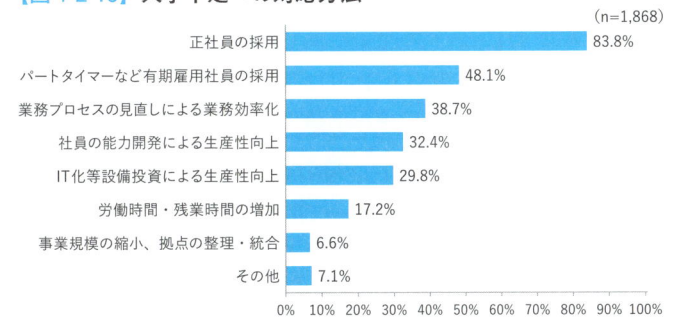

(n=1,868)

- 正社員の採用 — 83.8%
- パートタイマーなど有期雇用社員の採用 — 48.1%
- 業務プロセスの見直しによる業務効率化 — 38.7%
- 社員の能力開発による生産性向上 — 32.4%
- IT化等設備投資による生産性向上 — 29.8%
- 労働時間・残業時間の増加 — 17.2%
- 事業規模の縮小、拠点の整理・統合 — 6.6%
- その他 — 7.1%

資料：日本商工会議所・東京商工会議所「人手不足の状況および新卒採用・インターンシップの実施状況に関する調査」（2022年7〜8月）
（注）複数回答のため、合計は必ずしも100％にはならない。

出典：中小企業庁「中小企業白書（2023年版）」 第1-1-23図

【図 1-2-20】 最近 1 年間の人材確保状況 （日本国籍）

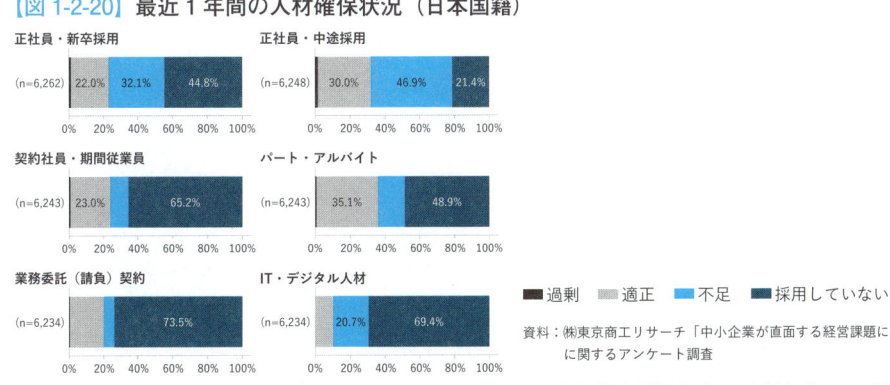

正社員・新卒採用
(n=6,262) 22.0% 32.1% 44.8%

正社員・中途採用
(n=6,248) 30.0% 46.9% 21.4%

契約社員・期間従業員
(n=6,243) 23.0% 65.2%

パート・アルバイト
(n=6,243) 35.1% 48.9%

業務委託（請負）契約
(n=6,234) 73.5%

IT・デジタル人材
(n=6,234) 20.7% 69.4%

■過剰 ■適正 ■不足 ■採用していない

資料：㈱東京商工リサーチ「中小企業が直面する経営課題に
に関するアンケート調査」

出典：中小企業庁「中小企業白書（2023年版）」 第1-1-24図

【図 1-2-21】 人材確保のための方策

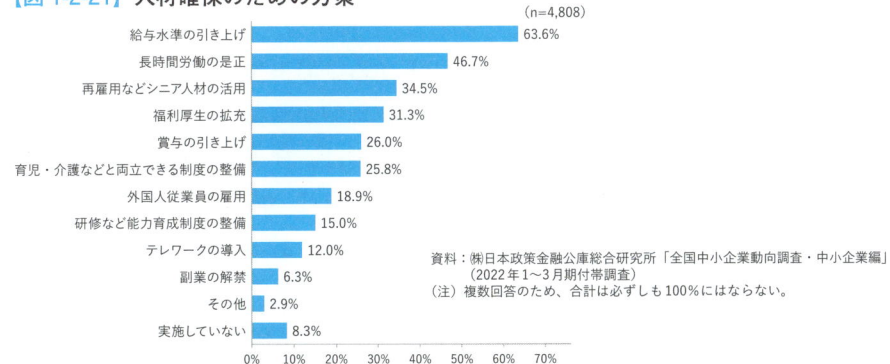

(n=4,808)

- 給与水準の引き上げ — 63.6%
- 長時間労働の是正 — 46.7%
- 再雇用などシニア人材の活用 — 34.5%
- 福利厚生の拡充 — 31.3%
- 賞与の引き上げ — 26.0%
- 育児・介護などと両立できる制度の整備 — 25.8%
- 外国人従業員の雇用 — 18.9%
- 研修など能力育成制度の整備 — 15.0%
- テレワークの導入 — 12.0%
- 副業の解禁 — 6.3%
- その他 — 2.9%
- 実施していない — 8.3%

資料：㈱日本政策金融公庫総合研究所「全国中小企業動向調査・中小企業編」
（2022年1〜3月期付帯調査）
（注）複数回答のため、合計は必ずしも100％にはならない。

出典：中小企業庁「中小企業白書（2023年版）」 第1-1-26図

大することは確実である。女性やシニアの労働参加率の向上により維持できていた就業者数も、もはや水準的にピーク近くにある。生産年齢人口の減少が進行することで確実に就業者数も減少トレンドに入る。

さらに、人手確保には給与水準の引き上げや労働環境の改善、福利厚生の向上など「コストを要する」対策が多い。中小企業の経常利益（**図1-2-22**）は、全体（合計）として10百万円に達せず処遇改善に関するコスト負担も容易ではない。まして、現在でも厳しい人手不足にある建設・運輸・飲食宿泊・生活関連サービスの収益率は相対的に低く、余力は限られる。

このように「給与・賞与水準が業界平均より高い」「労働時間が適正で休暇取得がしやすい」「福利厚生や教育制度が充実」している企業へ「雇用が流れる」ことはある種必然である。若者はもちろん労働者全般に「転職に対する抵抗感」が低くなっていることを考えると、今後ますます労働の流動化が進む可能性が高く、対応できない企業の「廃業・事業譲渡・会社売却」が増加する。

また、こうした人材の受け皿は、業界において「収益力が高い企業」「一定程度の市場支配力を持つ企業」「投資余力を持つ企業」に集中することが想定される。つまり地域中核企業、業界リーダー企業を中心に業界再編が進むことになる。2025-2030年においては、業界全体として賃上げが進み、じわじわと人手不足が進行する。企業物価や金利上昇によるコスト負担が増すことも想定されるため、「企業間格差」はさらに拡大し、M&Aを中心とする業界再編が加速度的に進むことになるだろう。

このように後継者難と人手不足を起因とする業界再編が進む2025-2030年になる。売り手となる企業については、企業価値が棄損する前に勇断できるかがポイントになる。また、買い手となる企業は、従来以上に業界の動きに目を光らせる必要がある。加えて、企業買収は自社の成長戦略と整合性を持たせないとROIC（投下資本利益率）を悪化させ、あるいはPMI（M&A後の統合業務）の不調により全体収益を低下させるリスクもある。買い手企業といっても安楽ではいられない。5年後10年後を見据えた事業戦略や資金計画の策定が不可欠になる。

【図 1-2-22】 中小企業の 1 企業当たりの経常利益（産業大分類別）

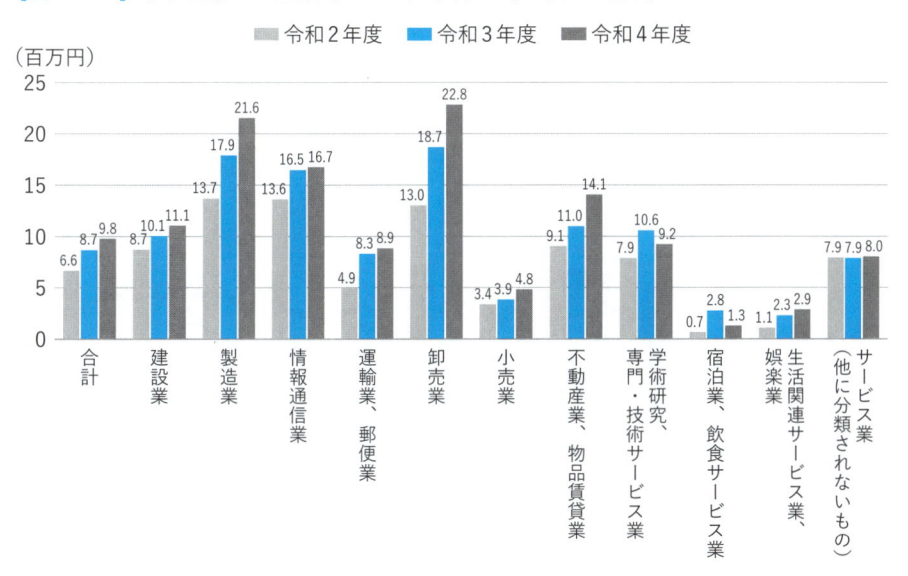

出典：中小企業庁「令和 5 年中小企業実態基本調査の概況（速報）」 図 3-4

2.3　所得格差拡大、取り残された人々の増加、社会不安の増大

　国民にとって日本は「幸せな国」だといえるのだろうか。

　幸せの基本には、安定した生活を支えるだけの「所得」が必要である。日本の水準は、先進国である OECD 加盟国のなかでも高いとはいえない（2022年：ドルベース第 25 位）ものの、「4 万ドル」を超えるレベルにある。他人との比較である「所得格差」をみると、社会保障や租税制度によって格差を縮小する「再分配機能」があり、分配後ベースは改善傾向にある（**図 1-2-23**）。当初所得平均が 423 万円に対して、分配後所得は 504 万円になっており、分布的にも「グラフ（**図 1-2-24**）」両端の 100 万円未満の低所得層と 1000万円以上の富裕層が減少し、中間層が総じて増えるなど格差は縮小している。しかし、これをもって問題なしとは言えない。分配前ベースであれば、100万円を割り込む層が 3 割強存在するなど、自立が難しい人々が少なくない。また、令和 3 年版「厚生労働白書」によれば、母子家庭の所得（稼働所得）は 231 万円で、児童のいる世帯の 686 万円と比べると 3 分の 1 の水準である。また、令和 4 年度「厚生年金保険・国民年金事業の概況」（厚生労働省）を

【図 1-2-23】ジニ係数と所得再配分による改善度の推移

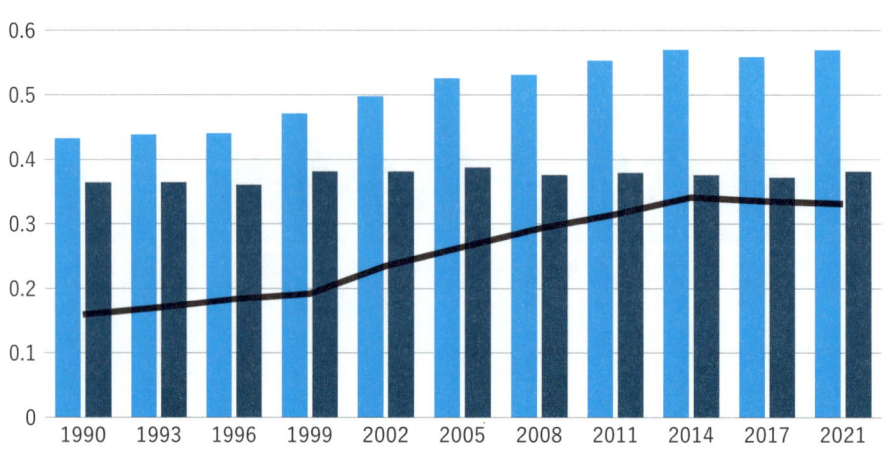

出典：厚生労働省「令和3年　所得再分配調査報告書」より筆者作成

【図 1-2-24】所得再分配による所得階級別の世帯分布の変化

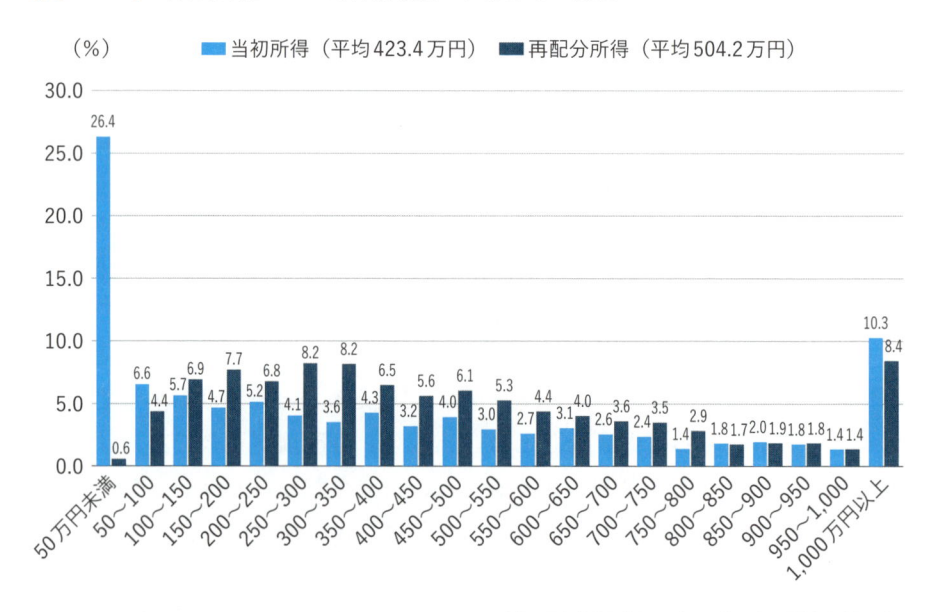

出典：厚生労働省「令和3年　所得再分配調査報告書」　図1

みると、年金生活者の月額平均は国民年金の場合5万6千円、厚生年金（1号）の場合14万4千円になっているが、高齢者単身での「生活扶助水準」である7万円をベースに考えると、相当数の高齢者が厳しい生活を送っていることが伺える。

また、端的に「幸福度」を示すデータもある。「持続可能な開発ソリューション・ネットワーク（SDSN）」による「世界幸福度報告書」によれば、この10年間日本の幸福度ランキングは40〜60位の間で推移している。この水準は先進国のなかでは低いと言わざるを得ず、特に未来を担う30歳以下の幸福度が低いこと、人生の選択の自由度や寛容さに関するポイントが低いことが気になる。もちろん幸福の感じ方は主観的で多様なものであり、一面で判断することは危険だが、こうしたデータが「ひとつの側面」を示していることも事実である。

政府が行う国民の満足度や生活の質に関する調査（内閣府「満足度・生活の質に関する調査」）からも課題がみえる。この調査は、生活満足度を「家計と資産」「雇用環境と賃金」「住宅」「仕事と生活」「健康状態」「教育水準・教育環境」「社会とのつながり」「政治・行政・裁判所」「自然環境」「身の回りの安全」「子育てのしやすさ」「介護のしやすさ・されやすさ」「生活の楽しさ・面白さ」といった13の観点を0〜10点で評価している。

満足度に関しては、コロナ禍を除くと同水準で推移しているが、女性よりは男性の満足度が低く、生活負担の増す40〜64歳の「働き手」年齢層の満足度が低い（**図1-2-25**）。また、年齢階層別の点数分布（**図1-2-26**）をみる

【図1-2-25】生活満足度の推移

1. 男女別の推移

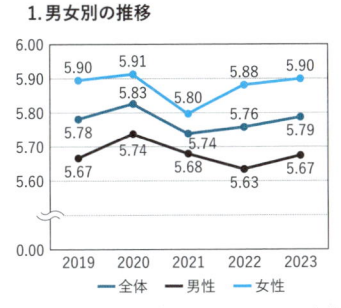

2. 年代別の推移

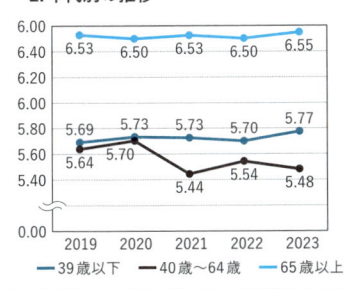

出典：内閣府「満足度・生活の質に関する調査報告書2023」　図1-1-1・2

【図 1-2-26】生活満足度の点数別の分布（年齢階層別）

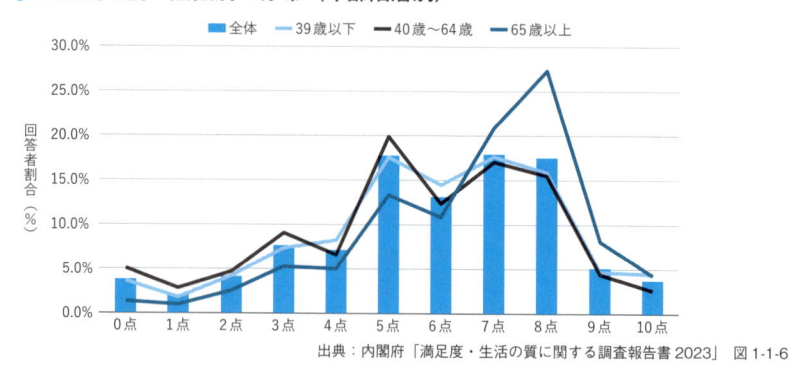

出典：内閣府「満足度・生活の質に関する調査報告書2023」 図 1-1-6

【図 1-2-27】分野別満足度の変化

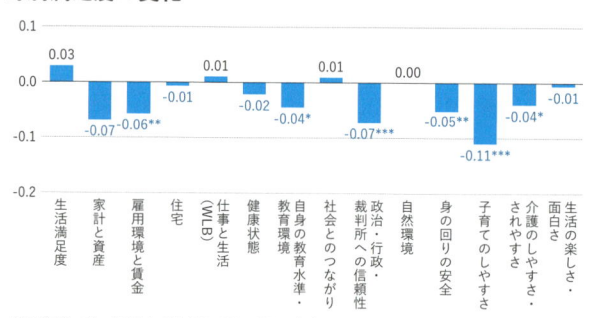

（備考）***、**、*はそれぞれ1%、5%、10%で有意

出典：内閣府「満足度・生活の質に関する調査報告書2023」 図 1-1-8

と、総じて高齢者の満足度が高い一方で、「働き手」層は低めで世代間ギャップが見受けられる。分野別にみると「雇用・賃金」「行政等への信頼」「安全」「子育て」「介護」といった点に課題がある（**図 1-2-27**）。さらに世帯構成別にみると（**図 1-2-28**）、総じて単身世帯の満足度は年齢階層を問わず低く、夫婦世帯の満足度が相対的に高いことがわかる。そして「K6（うつ病・不安障害などの精神疾患をスクリーニングすることを目的に開発された心の健康状態を図る指標）」をみると、単身世帯の2割強が強いストレスを感じており（**図 1-2-29**）、単身世帯が全体の4割を占める日本の状況を考えると極めて憂慮する状況である。こうしたなかで、世代を問わず「困ったときに頼りになる人（同居家族除く）」が「ほとんどいない」人が多く、かつ、それが将来不安の一因となっていることがわかる（**図 1-2-30**）。また、ヤング

ケアラーと呼ばれる家事や家族の世話を日常的に行っている子供が、中学生の 5.7%、全日制高校性の 4.1% も存在している。彼らには家族以外の相談相手がいないケースが多く、負担感の重さや孤独感が感じ取れる。

【図 1-2-28】世帯構成と生活満足度（年齢階層別）

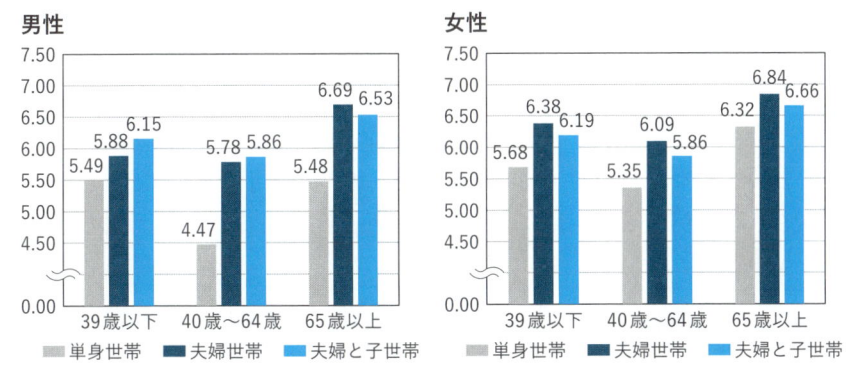

出典：内閣府「満足度・生活の質に関する調査報告書 2023」 図 1-2-5

【図 1-2-29】K6 による心の健康状態の分布

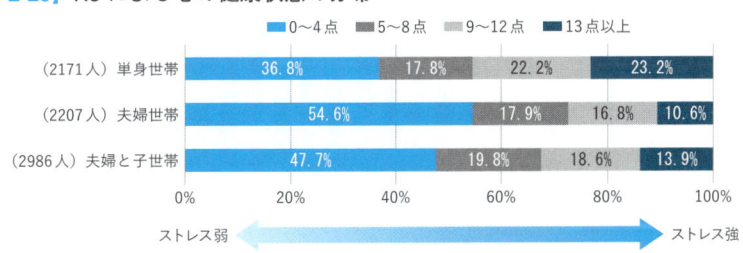

出典：内閣府「満足度・生活の質に関する調査報告書 2023」 図 1-2-8

【図 1-2-30】困ったとき頼りになる人（同居家族を除く）の人数分布別「社会とのつながり」に関する将来不安度

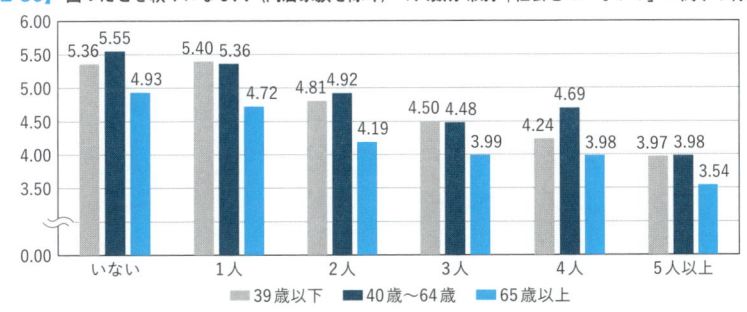

出典：内閣府「満足度・生活の質に関する調査報告書 2023」 図 1-3-12

　このように日本では社会とのつながりが途絶され、孤独感を感じている「取り残された人々」が数多く存在する。その象徴のひとつが、東京都区部における孤立死者数（**図 1-2-31**）で、その数は 4000 人を超えている。また、自殺者数（**図 1-2-32**）も年間 2 万人以上で推移しており、かつ、自殺率は海外と比べても高い水準（**図 1-2-33**）にある。自ら命を絶たなければならない社会、それが「日本のいま」であることをどう考えればいいのだろうか。同様に、社会との関係が途絶する「ひきこもり」状態も不幸を生む可能性がある。ひきこもり状態にある人は全国で約 146 万人と推計され、幅広い年齢層にまんべんなく存在する（**図 1-2-34**）。かつ、3 年以上ひきこもり状態が続いている人が 15 〜 64 歳において半数近く存在することが問題の難しさを感じさせる。

【図 1-2-31】東京都区部における孤立死者数の推移

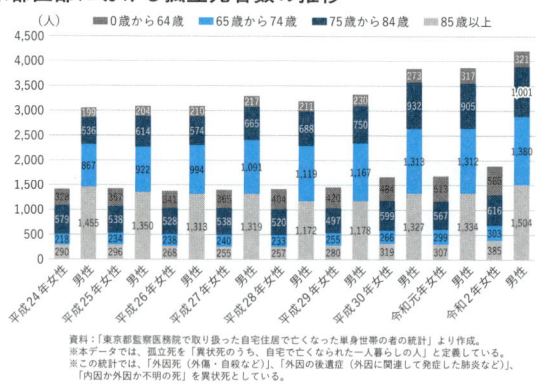

資料：「東京都監察医務院で取り扱った自宅住居で亡くなった単身世帯の者の統計」より作成。
※本データでは、孤立死を「異状死のうち、自宅で亡くなられた一人暮らしの人」と定義している。
※この統計では、「外因死（外傷・自殺など）」、「外因の後遺症（外因に関連して発症した肺炎など）」、「内因か外因か不明の死」を異状死としている。

出典：厚生労働省「厚生労働白書（令和 5 年版）」図 1-3-14

【図 1-2-32】自殺者数の推移

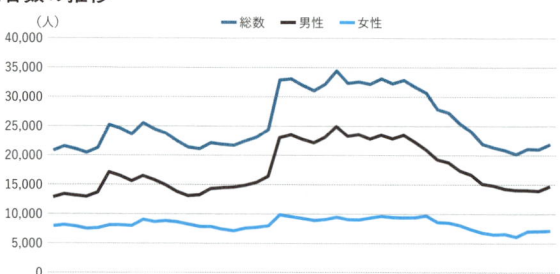

出典：厚生労働省「厚生労働白書（令和 5 年版）」より筆者作成

【図 1-2-33】 自殺死亡率の国際比較（総数）

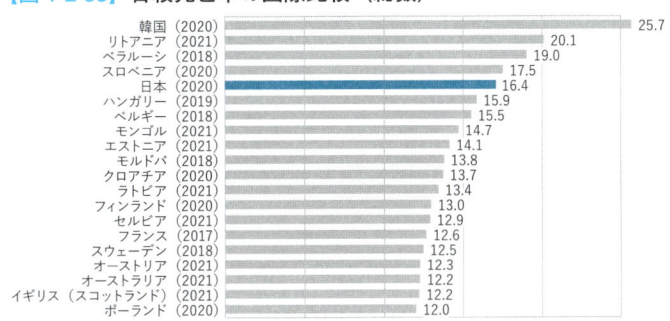

出典：厚生労働省「自殺対策白書（令和5年版）」第1-34図

【図 1-2-34】 ひきこもり状態の人（年齢別）

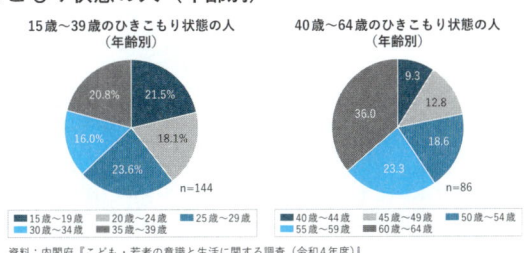

資料：内閣府『こども・若者の意識と生活に関する調査（令和4年度）』

出典：厚生労働省「厚生労働白書（令和5年版）」図表2-2-1

　最後に、犯罪状況を見てみよう。犯罪の多寡は社会不安の大きな要素になる。「犯罪白書（**図 1-2-35・36**）」によれば、刑法犯の数は平成の半ばをピークとして漸減傾向にあるが、検挙率は4割程度にある。また、児童虐待、DV、サイバー犯罪、特殊詐欺、大麻法違反、危険運転といった犯罪は増加傾向にある。さらに外国人による犯罪についても留意する必要がある。窃盗は減少傾向にあるものの、傷害・暴行、詐欺、強制性交等といった凶悪犯罪は概して増加傾向にある（**図 1-2-37**）。日本は治安の良い国家として世界的に認識され、実際にそうした部分は感じられるものの、国民一般の不安が解消されているとはいえないだろう。

　ここまで見てきた通り、国民の不安は増大している。経済的な問題、社会的な問題、様々な形で不安が膨らんでいるようにみえる。2025-2030年に向かって、少しでもこうした不安が解消されること、幸福を感じられる人が

増えることを願うが、そのためにやるべき課題は山積している。日本の未来を考えるうえで「社会の安定安寧をどう構築するか」は重要な課題ではあるが、ここに不安や不透明性が残ることが現在の日本を象徴しているともいえよう。

【図 1-2-35】刑法犯（昭和 21 年〜令和 4 年）

①刑法犯

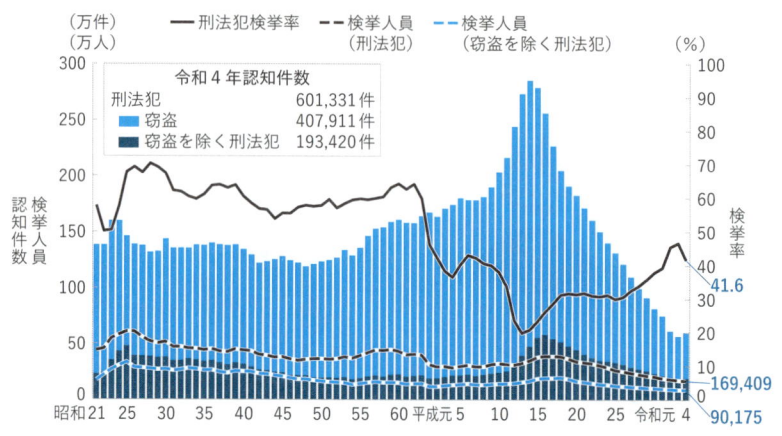

出典：法務省 法務総合研究所「令和 5 年版犯罪白書」 1-1-1-1 図

【図 1-2-36】刑法犯以外の犯罪事件（平成 23 年〜令和 4 年）

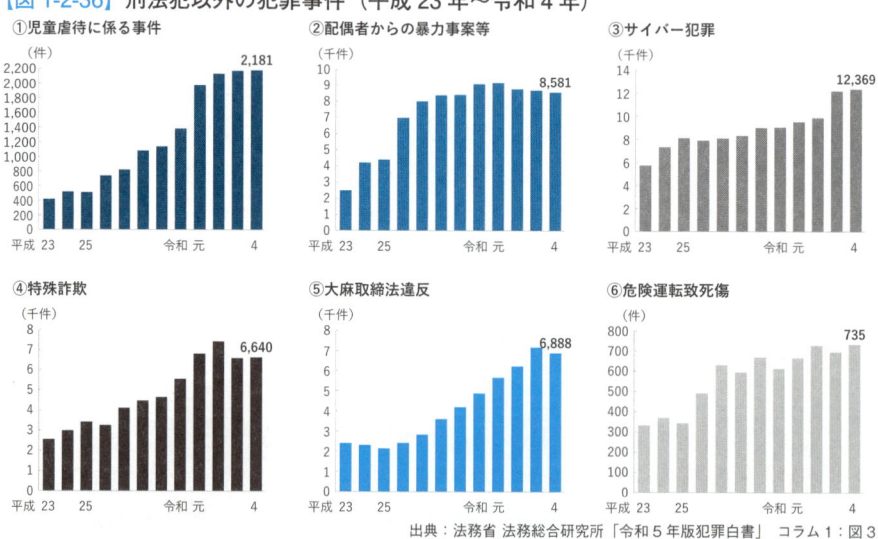

出典：法務省 法務総合研究所「令和 5 年版犯罪白書」 コラム 1：図 3

【図 1-2-37】 来日外国人による刑法犯・検挙件数の推移（平成 15 年〜令和 4 年）

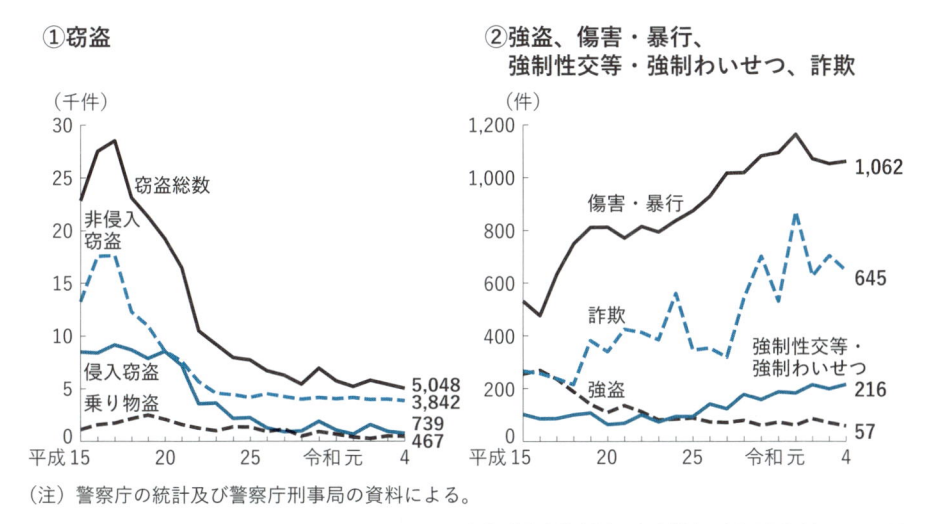

①窃盗

②強盗、傷害・暴行、強制性交等・強制わいせつ、詐欺

（注）警察庁の統計及び警察庁刑事局の資料による。

出典：法務省 法務総合研究所「令和 5 年版犯罪白書」 4-9-2-3 図

2.4　低下する国際競争力と復活の狼煙

　企業の競争力を評価する指標は、収益性、成長性、健全性、効率性など比較的明確である。また、近年はケイパビリティやインタンジブルズといった非財務的な着眼点もある。一方で、国家ベースの競争力を評価する基準は複雑極まる。経済力、生活水準、民度、社会インフラ、政治力、軍事力、治安、技術水準、生産力、教育レベル、自然環境、文化遺産、国際的な影響力など枚挙を問わない。そういった意味で、国家の競争力を比較することは簡単ではない。

　そうした難しい条件下、よく知られた指標として「世界競争力年鑑」（IMD: 国際経営開発研究所）の総合順位がある。経済状況やパフォーマンス、政府の効率性、ビジネスの効率性、インフラ（基礎・技術・科学・健康・環境・教育）といった4つの大項目の下に小項目の評価項目があり、様々な角度で評価を行っている。日本の総合順位を時系列的（**図 1-2-38**）にみると、1990 年代後半から急激に順位を下げている。近年はトップ 30 にも入れない状況である。特に課題とみられるのが、「政府の財政」「経営プラティクス（決定スピードやリスク対応など）」「生産性・効率性」といった項目で、「低

【図 1-2-38】 日本の競争力に関する総合順位推移

出典：IMD（国際経営研究所）「世界競争力年鑑」により筆者作成

位に固定化」している。財政の問題はいまさら論じても仕方ないが、経営プラティクスや生産性・効率性といったビジネス効率の問題は、かつて Japan as No.1 と呼ばれた日本のビジネス界にとっては大きな課題であり、反省点でもある。

　また、競争力の相対的低下を示す指標として、「GDP の成長率（**図 1-2-39）**」や「一人当たり GDP（**図 1-2-40**）」がある。物価の問題があるとしても、日本の成長率は主要国に比べて低く、生産性という点でみても米国やドイツに大きく劣る状況になっている。

　今後の成長のカギといわれるデジタルの競争力に関しても心配な状況にある（**図 1-2-41**）。順位は低下傾向にあり、内容的にも「技術」「将来への備え」といった項目で順位を下げている。技術の面では「規制枠組み」の評価が低く、背景には外国人の受入れが遅れていること、技術規制や科学研究に関する法に課題が残されていることがある。また「将来への備え」に関しては「ビジネスの俊敏性」に関する評価が圧倒的に低く、機会と脅威への対応、企業の俊敏性、ビッグデータの活用と分析に大きな課題があるとされている。そうしたことに関連して、世界銀行が行っている「事業環境ランキング」に関しても厳しい評価になっている。OECD 加盟国における順位は DB2020 ベースで 18 位 /38 カ国で、「法人設立」、つまり起業のしやすさ（手続き・日数・費用）に難があるといった指摘がされている（**図 1-2-42**）。

【図 1-2-39】主要国名目 GDP 成長率（1994 年＝ 1）

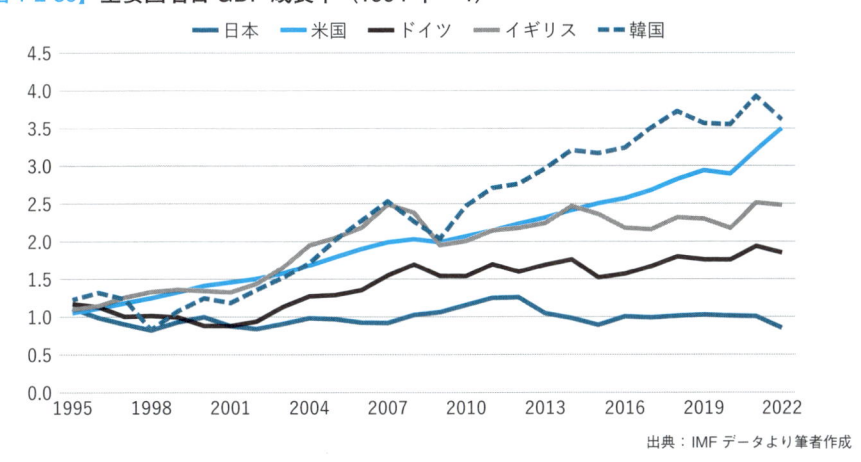

出典：IMF データより筆者作成

【図 1-2-40】2023 年の一人当たり名目 GDP（ドルベース）

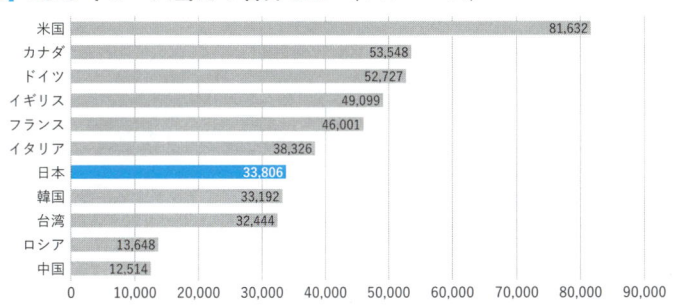

出典：IMF データより筆者作成

【図 1-2-41】デジタル競争力ランキングにおける日本の順位推移

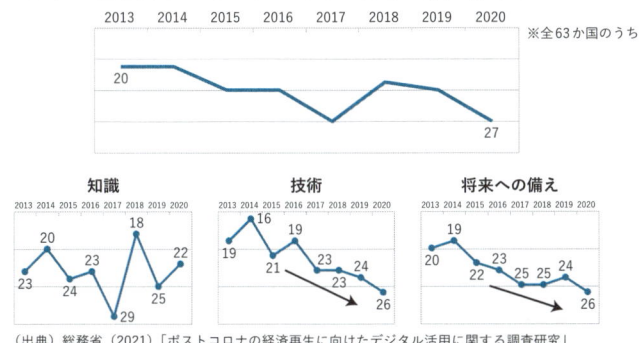

（出典）総務省（2021）「ポストコロナの経済再生に向けたデジタル活用に関する調査研究」

出典：総務省令和 3 年版「情報通信白書」 図表 0-1-3-4

【図 1-2-42】 世界銀行の事業環境ランキング 2020 の結果概要

		総合	法人設立	建設許可	電力	不動産登記	信用供与	投資家保護	納税	輸出入	契約執行	破綻処理
DB 2019 (18年10月公表)	日本（OECDの順位）	**25**	30	22	11	24	25	22	34	31	25	1
	（190ヶ国の順位）	39	93	44	22	48	85	64	97	56	52	1
	（点数）	75.65	86.1	74.95	89.88	74.21	55	60	71.14	86.51	65.26	93.45
DB 2020 (19年10月公表)	日本（OECDの順位）	**18**	30	7	7	24	28	25	26	31	24	3
	（190ヶ国の順位）	29	106	18	14	43	94	57	51	57	50	3
	（点数）	78	86.1	83.1	93.2	75.6	55	64	81.6	85.9	65.3	90.2
	首位（190ヶ国）	NZ	NZ	香港	UAE	カタール	NZ	ケニア	バーレーン	仏等	シンガポール	フィンランド
	（点数）	86.8	100	93.5	100	96.2	100	92	100	100	84.5	92.7
	OECD 3位	韓国	AUS	リトアニア	UK	エストニア	USA等	カナダ等	NZ	仏等	AUS	日本
	（点数）	84.0	96.6	84.9	96.9	91.0	95.0	84.0	91.0	100	79.0	90.2

出典：首相官邸「世界銀行の事業環境ランキングに関する更なる取組の検討について」

　また、産業を活性化させるためには「新陳代謝」が重要であるが、主要先進国の開業率（**図 1-2-43**）をみても日本の水準は相当低いことがわかる。その結果として、ユニコーン企業（時価総額 10 億ドル超の未公開企業）の数も米中に比べて圧倒的に少ない（**図 1-2-44**）。こうしたユニコーン企業の創出に象徴されるように、中国が新市場を拓きつつ成長した経緯を考えると、日本の成長や競争力強化はスタートアップがカギを握ると考えられる。

　日本の長期にわたる経済停滞や相対的な国際的経済地位の低下を考えると、日本の大きな課題が浮かび上がってくる。

　ひとつは「新陳代謝」の促進である。とりわけ起業やスタートアップの育成、そしてユニコーンといったプレゼンスを発揮できるだけの企業を数多く創出することである。そのためには、ステージに応じた資金支援のあり方、技術や販売先開拓などに関するパートナーシップ支援、人材の交流や流動化の促進、知財の活用や保護のあり方などに力を入れる必要がある。

　もうひとつが、既存企業、いわゆる「オールドビジネスに関する構造改革とビジネスモデルの変革」である。日本企業の ROA・ROE を高め、トップラインの成長を促すためには、従来型のビジネスモデルでは限界がある。マーケティングを強化し、自社の強みが最大限活かせるような変革を進めなければならない。まさにダイナミックケイパビリティの発揮である。加えて、業界全体の収益力や成長力を高めるための「構造改革」を断行する必要がある。

過当競争構造を解消するためには、M&A を中心とする「業界再編」が不可欠である。業界再編が人材の流動化を生むことで、成長力の高い企業の「供給力を高める」ことになる。また、業界全体の労働生産性を高めるための「設備投資」を促進する必要もある。無人化・省力化投資、デジタル投資などやるべき課題が山積している。

【図 1-2-43】 主要先進国の開業率の推移

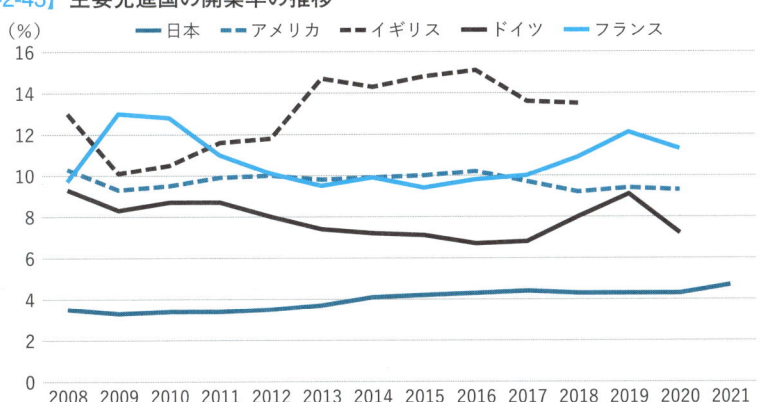

出典：厚生労働省「令和 5 年版　労働経済の分析」より筆者作成

【図 1-2-44】 ユニコーン企業数の国際比較（2021 年 3 月 1 日）

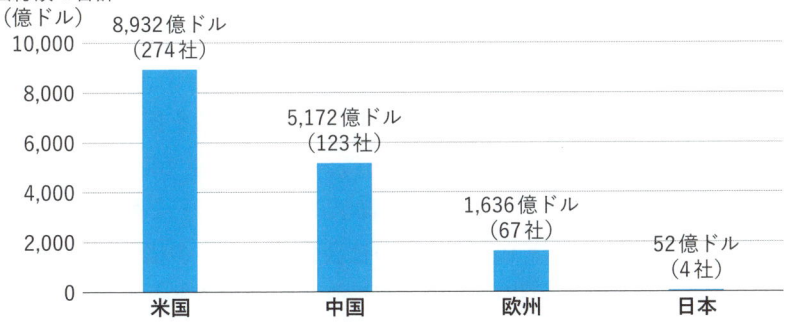

（注）2021 年 3 月 1 日現在におけるユニコーン企業（時価総額 10 億ドル超の未公開企業）の数の国別内訳（合計 528 社）。時価総額は、CB Insights の推計値であることに留意。
　　　欧州は、英国（26 社）、ドイツ（15 社）、フランス（7 社）、スイス（5 社）、スウェーデン（3 社）、オランダ（3 社）、スペイン（2 社）、ルクセンブルク（1 社）、リトアニア（1 社）、アイルランド（1 社）、エストニア（1 社）、クロアチア（1 社）、ベルギー（1 社）の合計。
（出所）CB Insights「The Complete List Of Unicorn Companies」を基に作成。

出典：内閣官房　成長戦略会議第 8 回布資料「基礎資料」より抜粋

2025-2030 年は、日本における「産業革新ホライズン」になる。その理由は簡単である。それは企業自身が自律的に産業再編やビジネスモデルの革新を進める必要に迫られるからである。人手不足や後継者難、新興国を含む海外勢の躍進、内外のサプライチェーンの再構築、技術革新やデジタル化の進展など、経営者のマインドセットは否応なしに変わる。リーダー企業を中心に業界の動きはあわただしくなる。政府の政策的後押しも様々な形で行われるだろう。そして「心ある金融機関や支援機関」を中心に、業界再編やビジネスモデル革新の支援が進められる。こうした動きが加速度的に拡大する「産業革新ホライズン」になるはずだ。

2.5　社会の基本的インフラの再構築はなるか

日本は「国民皆保険・皆年金」の旗のもとで、すべての国民に医療・介護・年金を保障するユニークな制度を作り上げた。保険料だけでなく「税」も投入して財政運営を行っており、さらに職域と自営の2本立て（例；厚生年金・国民年金）の制度設計になっている。

その歴史は、戦後の混乱期における生活困窮者を救済する「救貧」に始まり、昭和 30 年代には現在の原型である「皆保険・皆年金」を実現した。ところが、高度成長期が終焉を迎えて「行財政改革」が叫ばれるようになると、負担や給付の見直しが議論されるようになる。平成以降は、いわゆる少子高齢化の進展に伴う人口ピラミッドの変化が強く意識され、社会保障の「構造改革」が大きなテーマになっている。特に高齢者の人口がピークを迎える 2040 年を意識した給付や負担のあり方、すなわち制度の持続性を担保するための社会保障改革が本格化する。そして、令和に入ると「人生 100 年時代の到来」を見据えた制度改革、「自助・公助・共助」そして「絆」を軸とする高齢者だけに受益者を限定しない「全世代型の社会保障制度」の構築が議論されるに至っている。世代間の負担や受益の不均衡を解消するとともに、大きな課題である「少子化対策」や「労働のあり方」を加えて、医療・介護・年金の持続性全般に渡るセーフティネットのあり方を目指すものである。

あらためて整理すれば、社会保障に関する課題は「高齢者の増加（**図 1-2-45**）」に伴う医療・年金を中心とする「給付負担の増大（**図 1-2-46**）」をどう

【図 1-2-45】 年齢階層別の人口増加率

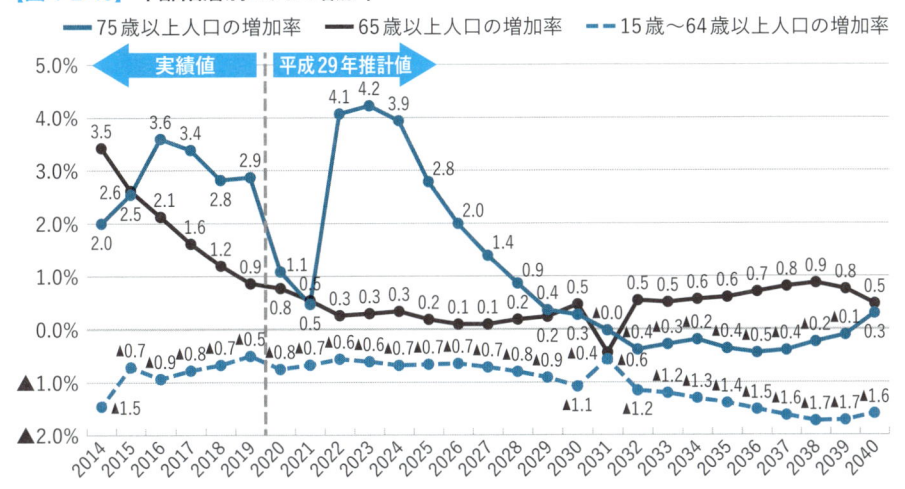

出典：2019年以前は、総務省「人口推計」（各年10月1日現在）、2020年以降は、国立社会保障・人口問題研究所「日本の将来推計人口（平成29年推計）」（出生中位・死亡中位）

出典：内閣官房「全世代型社会保障構築会議」第2回　基礎資料集より抜粋

【図 1-2-46】 社会保障給付費の推移

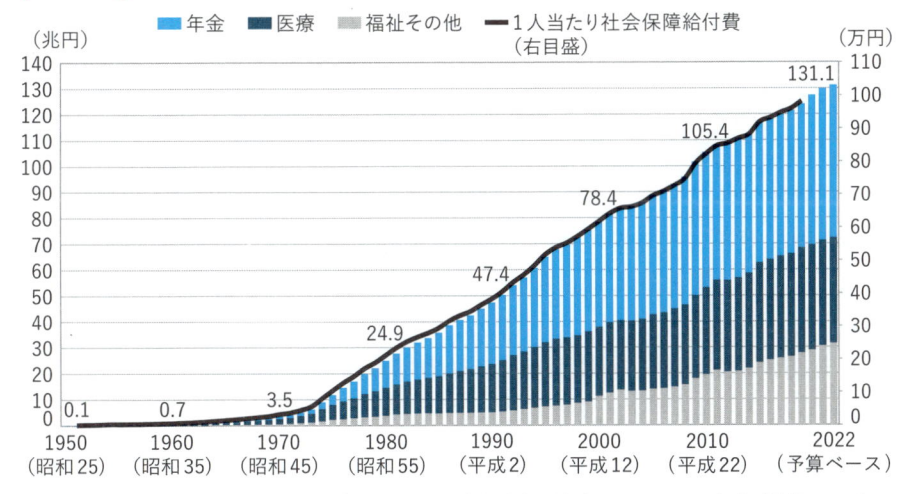

資料：国立社会保障・人口問題研究所「令和元年度社会保障費用統計」、2020〜2022年度（予算ベース）は厚生労働省推計、2022年度の国内総生産は「令和4年度の経済見通しと経済財政運営の基本的態度（令和4年1月17日閣議決定）」
（注）　図中の数値は、1950,1960,1970,1980,1990,2000及び2010並びに2022年度（予算ベース）の社会保障給付費（兆円）である。

出典：厚生労働省「社会保障制度を取り巻く環境と現在の制度」より著者作成

緩和するかである。そのために、高齢者でも働ける人は働くという「自助」の拡大を基礎に、家族や地域が支えあう「共助」の仕組み、最後の砦である「公助」である社会保障をどう再構築するかという問題である。

　第二の課題は、「受益は高齢者、負担は現役世代」という「世代間の構造的な不公平性」をどう解消するかである。現役世代の負担増加は、制度の持続性を危うくするだけでなく、少子化の原因である「結婚から出産・子育て」に至る公的支援の財源を制約することにつながる。各世代に各世代の悩みがあり、社会的セーフティネットのあり方は切れ目のないものであるべきであろう。

　第三の課題は、「年金をはじめとする各制度の持続性」を明らかにすることである。老後を心配する余り、節約志向が過度になれば、個人消費を主体とする経済構造を健全に機能させることができなくなる。どんな制度であっても「完璧」はない。しかし、現役世代が老後に懸念を持たないような社会保障を構築できれば、国民の意識は相当程度前向きに変わるであろう。こうした「安心」をいかに制度構造上、財政上実現できるかが政府に問われている。

　2025年には高齢化率が30%を超えるといわれる。そして、2031年以降は75歳以上の後期高齢者の増加率は減少トレンドに入ることから一定の道筋をつけるには適した時期ということがいえる。問題は、国・政治がポピュリズムに陥ることなく、一時的な痛みや批判を恐れることなく、それこそ「全世代が懸念を払拭できる制度」を構築することにある。この制度再構築の行方は、国民のマインドセットに大きな影響を与えるだけでなく、国民経済のあり方にまで影響を与える。官僚の設計力、政治の信念を問いたい。

2.6　地方消滅の萌芽、行政サービスや地域の再構築

　三村明夫氏・増田寛也氏を中心とする民間団体である「人口戦略会議」が、2024年1月に「人口ビジョン2100〜安定的で、成長力のある『8000万人国家』へ〜」を発表した。この会議体は、「日本創成会議」の議長であった増田氏、「選択する未来委員会」の会長であった三村氏を中心に、当時提言した内容に対する「取り組みの遅れ」に対する強い危機感を背景に、持続可能な社会を実現するための議論や提言を行うために作られたものである。そこでは、人口

減少の速度を緩和させ最終的に安定させる「定常化戦略」と、現在より少ない人口規模（2100年までに8000万人の水準）であっても多様性と成長性に富む社会を構築する「強靭化戦略」の2本柱を提示するとともに、国民全体がこの課題を共有して官民あげて対策に取り組むための「国家ビジョン」の創造を提言している。

この提言のなかで、「加速度的地方消滅」が大きな話題になった。人口減少の進行は地域格差があり、先行して人口減少が進む地方においては住民を支えるインフラや社会サービスの維持コストが増大し、維持できなくなるというものである。この提言は、全国1729の市町村について、子供を産む主体となる20〜39歳の女性人口の増減に着眼し、2050年の減少率が50％以上の744を「消滅可能性自治体」と位置付けている。もちろん、こうした分析は一定の前提や条件を付して行われるものであるが、各地域や国民全体に健全な危機感を醸成する良い契機であると考える。

また、国土交通省の「国土の長期展望」最終とりまとめによれば、2050年までに558市町村（全体の3割）で人口が半数未満になり、21市町村は25％未満になる（**図1-2-47**）。さらに、国土の約2割が無居住化される可能性を指摘している（**図1-2-48**）。まさに「地方消滅」の一形態である。

【図1-2-47】将来の人口増減　〜558市町村が人口半数未満に〜

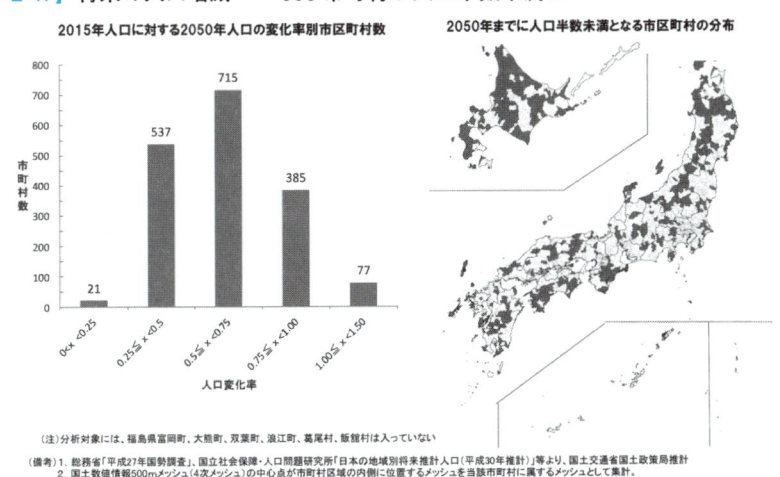

2015年人口に対する2050年人口の変化率別市区町村数

2050年までに人口半数未満となる市区町村の分布

（注）分析対象には、福島県富岡町、大熊町、双葉町、浪江町、葛尾村、飯館村は入っていない

（備考）1. 総務省「平成27年国勢調査」、国立社会保障・人口問題研究所「日本の地域別将来推計人口（平成30年推計）」等より、国土交通省国土政策局推計
　　　　2. 国土数値情報500mメッシュ（4次メッシュ）の中心点が市町村区域の内側に位置するメッシュを当該市町村に属するメッシュとして集計。

出典：国土交通省「国土の長期展望」最終とりまとめより抜粋

【図 1-2-48】将来の人口増減　〜国土の約 2 割が無居住化〜

将来の人口増減状況（1 kmメッシュベース、全国図）

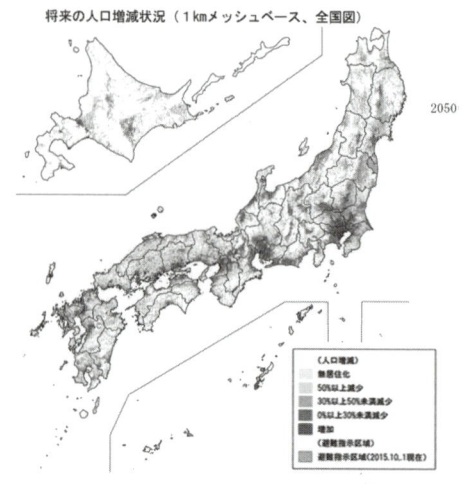

出典：国土交通省「国土の長期展望」最終とりまとめより抜粋

　こうした問題は地方だけの問題ではない。人口が「一極集中」する東京のような大都市では「高齢化の進展」によって、医療・介護サービスが大幅に不足する可能性が高い。「介護崩壊」といった別の危機が起こりうる。地方においても拠点都市への「人口集中」が進む可能性もあり、同様の問題が起きうることを示唆している。

　着眼点を変えて「地方の財政構造」から「地方の危機」を考えたい。

　2007 年、北海道の夕張市が 300 億円を超える赤字を抱え、事実上財政破綻をしたことで行政サービスのあり方等が大きく変わったことを記憶している方も多いであろう。炭鉱都市として名を馳せた夕張が、炭鉱の閉山やそれに伴う人口減少、歳入に対する交付税や地方債への依存度の高さ、行財政改革の遅れなど原因は複合的なものであるが、特定業種や企業に依存する「城下町」市町村は少なくないため、地方交付税や地方債に歳入の多くを依存する構造は共通する課題である。つまり、財政破綻という危機は他人事ではなく、行政サービスが大きく低下し生活コストが引き上がることで、若者や現役世代が他の地域へ移転するリスク、ある意味で「地方消滅」のリスクは多くの市町村が抱えていると考えていいだろう。

端的に地方財政の課題をあげれば、第一が歳入における地方税の割合が十分でなく、地方交付税や地方債に依存する割合が高いため、財政基盤が脆弱であることである。第二が、地方債残高が高水準にあり、減債基金管理の強化の必要性や利子負担が高まっていることである。第三が、これらの課題を踏まえた地方の行財政改革が進んでいないことである。さらに、こうした問題は地域間格差が大きい割に、厳しい自治体の住民の危機感が十分醸成されていないと考えられることである。

第一の課題である「地方交付税や地方債への依存度」に関しては、地方交付税・同特例交付金・国庫支出金・地方譲与税の比率（**図1-2-49**）が令和2年度で4割、地方債は1割弱の依存度である。第二の課題である「地方債残高の高水準」に関しては減少トレンドにあるとはいえ180兆円規模、GDP対比で3割近い水準にある（**図1-2-50**）。第三の「行財政改革」については、総務省「地方財政審議会」の意見書（「今後目指すべき地方財政の姿と令和6年度の地方財政への対応等についての意見」）において、地方税の充実確保や安定性の高い地方税体系の構築、特例的な地方債に依存への改善といった形で示されている。これを実現するためには、行政サービスのあり方や効率化に手を加える必要があり、行財政改革へつながる。

【図1-2-49】地方財政の状況　歳入純計決算額の状況（純計）

（単位 億円%）

区　　分	決　算　額			構　成　比		増　減　率	
	令和3年度	令和2年度	増減額	3年度	2年度	3年度	2年度
地　　方　　税	424,089	408,256	15,833	33.1	31.4	3.9	△ 0.9
地 方 譲 与 税（＊）	24,468	22,323	2,144	1.9	1.7	9.6	△14.6
地方特例交付金等（＊）	4,547	2,256	2,291	0.4	0.2	101.5	△51.8
地　方　交　付　税	195,049	169,890	25,159	15.2	13.1	14.8	1.5
小計（一般財源（＊））	648,153	602,725	45,428	50.5	46.3	7.5	△ 1.2
（一般財源＋臨時財政対策債(＊)）	692,366	633,841	58,525	54.0	48.7	9.2	△ 1.4
国　庫　支　出　金	320,716	374,557	△53,841	25.0	28.8	△14.4	136.5
地　　方　　債	117,454	122,607	△ 5,153	9.2	9.4	△ 4.2	12.8
うち臨時財政対策債	44,213	31,116	13,097	3.4	2.4	42.1	△ 3.7
そ　　の　　他	196,588	200,583	△ 3,995	15.2	15.4	△ 2.0	29.3
合　　　　　計	1,282,911	1,300,472	△17,562	100.0	100.0	△ 1.4	26.0

（注）国庫支出金には、交通安全対策特別交付金及び国有提供施設等所在市町村助成交付金を含む。

出典：総務省「令和5年版地方財政白書」第1部（3）歳入　第6表

【図 1-2-50】地方財政の借入金残高の状況

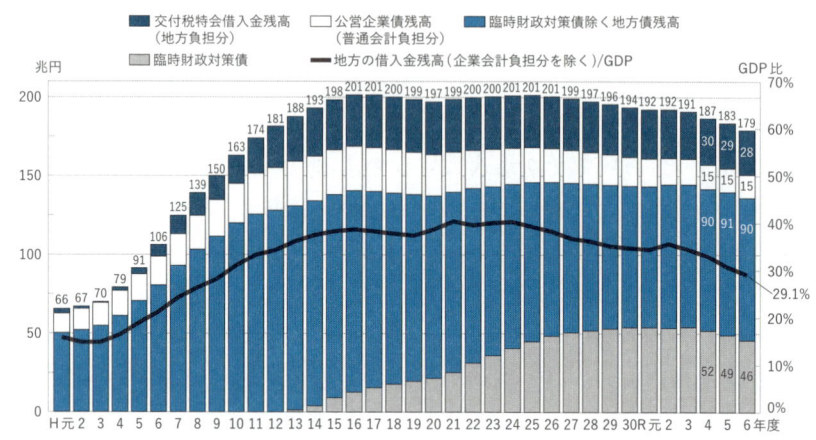

※1　地方の借入金残高は、令和4年度までは決算ベース、令和5年度及び令和6年度は地方財政計画等に基づく見込み。
※2　ＧＤＰは、令和4年度までは実績値、令和5年度は実績見込み、令和6年度は政府見通しによる。
※3　表示未満は四捨五入をしている。

出典：総務省「地方財政の借入金残高の状況」

　あらためて、赤字団体数（**図 1-2-51**）を見ると、3年度において実質単年度収支が赤字になっている団体が市町村で200を超えている。もちろん、すぐに財政再建団体へ移行するということではないが、現実をしっかりと見つめる必要がある。

【図 1-2-51】赤字団体数の状況

(%)

区　　分	全団体数		赤　字　の　団　体　数											
			実質収支				単年度収支				実質単年度収支			
	令和3年度 (A)	令和2年度 (B)	3年度		2年度		3年度		2年度		3年度		2年度	
			団体数 (C)	割合 (C)/(A)	団体数 (D)	割合 (D)/(B)	団体数 (E)	割合 (E)/(A)	団体数 (F)	割合 (F)/(B)	団体数 (G)	割合 (G)/(A)	団体数 (H)	割合 (H)/(B)
都 道 府 県	47	47	－	－	－	－	30	63.8	5	10.6	12	25.5	7	14.9
市 町 村 計	3,014	3,020	1	0.0	1	0.0	985	32.7	1,016	33.6	824	27.3	1,157	38.3
政令指定都市	20	20	－	－	1	5.0	3	15.0	8	40.0	1	5.0	9	45.0
中 核 市	62	60	－	－	－	－	7	11.3	10	16.7	5	8.1	25	41.7
施行時特例市	23	25	－	－	－	－	1	4.3	3	12.0	－	－	12	48.0
都 　　市	687	687	－	－	－	－	103	15.0	189	27.5	76	11.1	266	38.7
中 都 市	156	156	－	－	－	－	22	14.1	38	24.4	13	8.3	54	34.6
小 都 市	531	531	－	－	－	－	81	15.3	151	28.4	63	11.9	212	39.9
町 　　村	926	926	－	－	－	－	224	24.2	323	34.9	127	13.7	356	38.4
市 町 村 小 計	1,718	1,718	－	－	－	－	338	19.7	533	31.0	209	12.2	668	38.9
特 別 区	23	23	－	－	－	－	5	21.7	6	26.1	8	34.8	9	39.1
一部事務組合等	1,273	1,279	1	0.1	－	－	642	50.4	477	37.3	607	47.7	480	37.5
合　　　　計	3,061	3,067	1	0.0	1	0.0	1,015	33.2	1,021	33.3	836	27.3	1,164	38.0

(注) 市町村小計は、政令指定都市、中核市、施行時特例市、都市、町村の合計である。

出典：総務省「令和5年版地方財政白書」 第1部 (2) 決算収支 第5表

　2025-2030年という時期に照らして地方問題を考えると、住民の危機感を高め「行動に移す」分岐点とすべき時期といえよう。人口構成の変化に伴うリスク、財政的なリスク、これ以外にも「消滅」や「破綻」リスクは山積している。

　こうした地域において「少子化対策」や「財政健全化」は必要不可欠な取り組みとなるが、あわせて「ヒトが集まる魅力ある街づくり」も大きな課題になろう。東京に一極集中する理由を考えれば、就労就学の機会が多い環境だけでなく、利便性の高い魅力ある街が形成されていることがわかる。ただし、同じ道を追っても「ないものねだり」になる可能性が高い。地方だからできる街づくりがある。「U・I・J」ターンに象徴される地方移住を促進するためには、各市町村が自らの資源や魅力を再検討して独自性を打ち出す必要がある（**図1-2-52**）。また、商店街や住宅街など民間や地域住民が考えるべきことも多い。素晴らしい街は、官だけで構築できるわけがない。いかに官民、住民が一体となって街づくりができるかが重要になる。金太郎飴のように「有効事例」を模倣しているだけではだめだ。出遅れ感、無力感に襲われて「身動きできない」ようでもだめだ。地方消滅を防ぐ唯一の道は、地域が一体となって街づくりに励むことである。

【図1-2-52】 UIJターン転職の経験者が転職先を見つける際に感じた課題

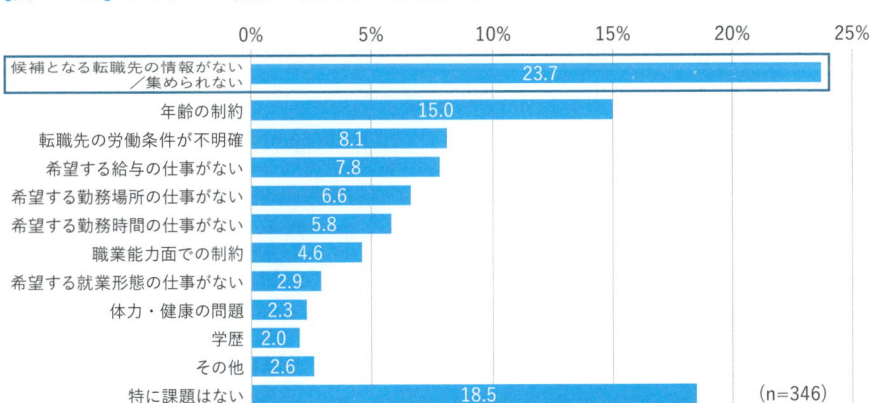

※「その他」には「就職の方法が分からない」、「就職活動に関する金銭面の負担が大きい」を含む。
※転職先を見つける際の課題について1位から3位の回答を求めた中で、1位として回答されたものを集計。

出典：国土交通省「国土の長期展望専門委員会（第11回）配布資料」

　2025-2030年は、地方の危機感が高まる時期だと考えている。インバウンド獲得も含めて、いかに地域の魅力を作り出し、その地域に足を運ぶ人を増やせるか、地元に残り、地元に帰る人を増やせるかである。健全な危機感と攻めの気持ちを併せ持って、行政サービスや街づくりについて地域一体の取り組みを始めることを期待したい。

2.7　サステナビリティへの対応が加速

　サステナビリティに関する世界的合意である「SDGs（持続可能な開発目標）」は、2030年を達成期限としている。然して、その進捗状況はどうだろうか。

　国際的な研究組織であるSDSN（持続可能な開発ソリューション・ネットワーク）が発表している「持続可能な開発報告書（Sustainable Development Report）2023年版」によれば、中間点となる2023年の状況は全体として停滞しているとの評価である。

　同様に、国連の「SDGs報告2023：特別版」によれば、多くの目標に対する取り組みが遅れており、3割超の目標が2015年の基準値から何ら前進しておらず、貧困・飢餓・気候変動の目標は後退していると評価している。そして、全体として「目標達成が危機的」であり、コミットメント、連携、資金調達、抜本的な行動変革が必要であると訴えている。気候変動に関しては、2035年までに世界の気温上昇が1.5℃を超えて2100年までに2.5℃上昇する見通しを示し、2030年までに温室効果ガス（GHG）を43%削減する必要があるとする。また、海面上昇の速度がこの10年間で2倍になっていることも指摘している。海洋と海洋資源のゴールに関しては「非常事態」、陸上生態系のゴールに関しては1億ヘクタールの健全で豊かな土地が劣化しており抜本的な転換が必要不可欠であるとしている。

　日本に関する評価は、前述の「持続可能な開発報告書2023年版」において、ランキング第21位に位置付けられており、2017年以降順位はダウントレンドにある。そのなかでも深刻な課題とされたゴールが「ジェンダー平等」「つくる責任つかう責任」「気候変動」「海の豊かさ」「陸の豊かさ」の5つである。政府のSDGs推進本部の第13回会合（2023年3月）においては、SDGsは

【図 1-2-53】 SDGs アクションプラン 2023

出典：首相官邸　SDGs 推進本部

2030 年までの達成が危ぶまれているとの認識が示され、取り組みを加速する必要があるとしている。そのうえで「SDGs アクションプラン 2023」（**図 1-2-53**）を着実に実行するとの決意が表明されている。重点事項として、「あらゆる人々が活躍する社会・ジェンダー平等の実現」「健康・長寿の達成」「成長市場の創出、地域活性化、科学技術イノベーション」「持続可能で強靭な国土と質の高いインフラの整備」「省・再生可能エネルギー、防災・気候変動対策、循環型社会」「生物多様性、森林、海洋等の環境の保全」「平和と安全・安心社会の実現」「SDGs 実施推進の体制と手段」の 8 つが示されている。

　以上を踏まえれば、2025-2030 年という SDGs 達成に向けた最終コーナーに入った日本国内において、前述の 8 つの重点事項を中心に推進が加速されることは確実である。現時点では、大企業が ESG 評価を意識した SDGs の推進を行っているが、8 つの重点事項を中心にその範囲が拡大するだろう。中小企業セクターにおいては、脱炭素・脱資源・生物多様性をはじめ、ビジネスにおける人権、イノベーション創出や GX・DX、起業といった様々な領域で物事が一気に進む可能性がある。そういった意味で、中小企業は広くサステナビリティへの関心を持ち、情報収集を急ぐとともに、自社の機会や脅威、取り組みの方向性を明確にする時期に入ったといっていいだろう。

　金融機関はサステナブルファイナンスの実現に向けて、中小企業セクターを含めて活発な動きを展開する必要があり、様々な商品・サービスの提供が始まるはずだ。同時に、製造業を中心に、サプライチェーンのプレイヤーに対して GHG の削減や、ミニマムセーフガードとしての人権遵守といった要請が必ず行われる。中小企業セクターは、「CFP（カーボンフットプリント）」が表示できるような体制整備、それを踏まえた削減対策、あるいは自社における人権に関する状況をしっかりと把握し、一つ一つ問題解決を図る

必要がある。

　サステナビリティは、企業部門にとって2025-2030年の中心かつ喫緊の課題となることは間違いないだろう。

2.8　自然災害の国、リスク管理は強化できるか

　令和5年版「防災白書」によると、日本における災害には、「地震」「津波」「風水害」「火山」「雪害」「火災」「危険物災害」「原子力災害」「その他（生物剤・化学剤）」といった形態がある。とりわけ地震に関しては、南海トラフ地震、首都圏直下型地震、日本海溝・千島海溝周辺海溝型地震などリスクの大きい地震が想定されている。また、気候変動の影響が大きいと考えられるが、毎年のように台風や水害の被害が報告されている。近時は火山列島として各地域で噴火被害が見られ富士山噴火や大規模噴火の話題も出ている。災害に伴う火災や原子力発電所に対する懸念もある。日本は世界でも有数の自然災害リスクを背負った国家であることは国民の共通認識のはずだ（**図1-2-54**）。

　さらに近年は、COVID-19に象徴されるような「流行病」が世界的に発生する懸念がある。厚生労働省ホームページの感染症情報を閲覧すると実に数多くの感染症が存在し、動物由来だけでも一類から四類まであって、エボラ

【図1-2-54】災害リスクエリアに居住する人口

災害リスクエリアの重ね合わせ図

日本全国の将来人口推計

	2015年	2050年
人口	12,709万人	10,192万人

日本全国の4災害影響人口

対象災害	リスクエリア内人口 (2015) （総人口に対する割合）	リスクエリア内人口 (2050) （総人口に対する割合）
洪水	3,703万人(29.1%)	3,108万人(30.5%)
土砂災害	595万人(4.7%)	374万人(3.7%)
地震 （震度災害）	7,018万人(55.2%)	6,003万人(58.9%)
津波※	754万人(5.9%)	597万人(5.9%)
災害リスク エリア	8,603万人(67.7%)	7,187万人(70.5%)

※一部地域は津波浸水想定のデータがないこと等から、その地域は含まれていない。

凡例：
- 洪水
- 土砂災害
- 地震（震度災害）
- 津波
- 2項目以上の災害が重なるエリア
- 全ての災害が重なるエリア

※なお、洪水、土砂災害、地震（震度災害）、津波のいずれかの災害リスクエリアに含まれる地域を「災害リスクエリア」として集計している。

出典：国土交通省「国土の長期展望」最終とりまとめ　参考資料より抜粋

出血熱、鳥インフルエンザ、細菌性赤痢、マラリアなどの例示がされている。温暖化によって永久凍土が溶けることで眠れるウィルスが新たな感染症を生むといった研究もあるようで心配はつきない。

2025-2030 年というタームで考えた場合、確実に「何か特定の災害が起こる」といったことは誰も言えない。その一方で、歴史を踏まえれば常に災害発生の可能性を視野に入れる必要がある。「天災は忘れた頃にやってくる」という寺田寅彦の箴言を忘れてしまうほど、毎年災害が発生している。これを習い性にしてはならない。コロナ禍も入口時点においては、あそこまでの災害になるとは想定できなかった。

大企業に関しては、「事業継続計画（BCP）」の策定や定期訓練が専門部署を中心に行われていると思われるが、まだまだ「想定シナリオが限られている」のが現状であろう。キリがないと言えばそれまでだが、リスクシナリオの幅を広げる必要があるだろう。

中小企業に関しては、BCP そのものを策定している企業が限られる。発生した場合に「事業停止に追い込まれる」ケース（シナリオ）、発生確率の高さ、発生頻度などを考慮して、BCP の策定を急ぐ必要がある。コロナが発生した際に、対人販売ができなくなった飲食店が持ち帰り弁当を販売しようとした際に、ホームページの制作や受付システムが十分整備できていないため、対応が遅れたケースが数多くあった。こうした事前準備を進めるためにも、自社にとっての災害シナリオやリスクの特定を行い、簡易で良いのでBCP の作成を行う必要がある。「直下型地震が起きたら何をやっても仕方ない」といった声を聴くことがあるが、無力感から予防や対策を講じないことは経営者として適切ではない。隔地の協力者とのパートナーシップ形成、安全確認のための社員との連絡網や帰宅シナリオ、どのようなことでもいいので一歩を踏みだすことが肝心である。

災害に関しては日本の経営にとって普遍的テーマであり続ける。2025-2030 年において BCP を中心に、各企業のリスク管理が少しでも前進することが経営の論点になるだろう。

2.9　政治不信、苦悩する行政、日本再興はなるか

　政治に対する不信感が深まっているようにみえる。マスコミの調査をみても、その傾向は明らかである。政治家による大小の不祥事が繰り返され、そのたびに謝罪や対策が講じられ、また別の不祥事が発生する。歴史は繰り返され、政権交代があったとしても政治不信が解消することはなく、今日に至っている。

　筆者は政治問題の専門家ではない。しかし、政治不信の根本には「特別な地位にある政治家と無力な個人（国民）」「公約とは何か、口だけで達成されない不誠実性」「国民のためと言いつつ…」「政治家のずるさ、狡猾さ」「搾取される国民」そして「展望が開けない未来＝政治家の最も大きな責任＝」といった要因が重なって不信感が増しているように感じる。政治への信頼は何も道徳的なことだけで醸成されるわけではない。「明るい未来」が見えて、「生活が安定」して、「暮らしやすい環境」があれば人間は安寧を感じることができる。米国のトランプ元大統領はスキャンダルだらけの人物であるが、強いアメリカの再興を旗印に次々と「公約を実現してきた」ことが、未だに分厚い支持層が存在する理由ではないか。聖人君子であっても国民の未来が拓けず、生活も環境も良くならなければ、国民は満足できないだろう。中国が経済成長に拘る理由も、選挙による審判を受けることのない政権として「国民生活や所得の向上」が何よりの支持につながることを知っているからである。

　日本の政治不信の解消は容易ではないだろう。それは、前述の通り、明るい未来への確信を国民に与えることが容易ではないからだ。また、特権階級が自ら特権を捨てることもできないからだ。一番怖いことは、政治不信の高まりがポピュリズムやファシズムの台頭を生むことである。こうした状況において、異能のリーダーが登場することが歴史の習いでもある。

　日本を動かすためには「行政」、つまり「官僚」のあり方が極めて重要である。城山三郎「官僚たちの夏」では、多少強引で傲慢かもしれないが、政財界に忖度することなく高度経済成長期を活き活きと牽引し闊歩する官僚たちの姿が描かれている。そこには国家を誰よりも想い、自らが政策実現に向けて駆

け回る一種の官僚像が、わたしたちの心を打った。

　ところが、いつの時代からかそうした官僚像を見聞きすることはなくなった。政治家にトップ人事を支配され、国会対応に忙殺されるブラックな職場、若手官僚が去っていく職場という印象がある。もちろん、官僚一人ひとりには熱い想いや、自らが描く国家ビジョンや各領域の未来像があると信じている。しかし、公務員白書をみると採用試験の受験者は逓減（**図1-2-55**）し、在職10年未満の若い官僚たちが職場を去っていく実態（**図1-2-56**）が見て

【図 1-2-55】 総合職試験及び一般職試験の申込者数推移（平成 24 年度以降）

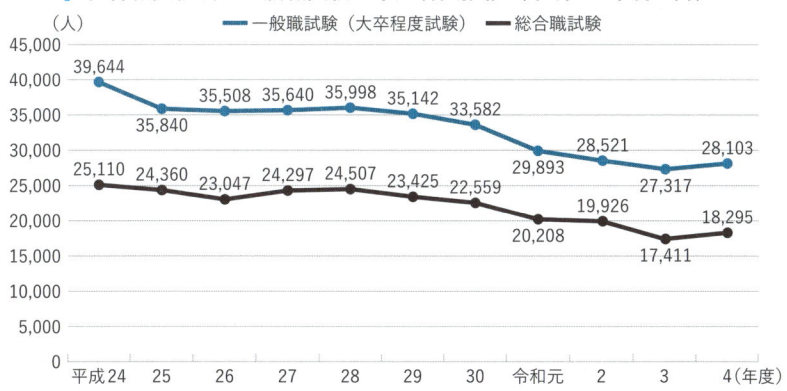

（注）総合職試験については、院卒者試験及び大卒程度試験の合計である。

出典：人事院「令和4年度公務員白書」第2部 図1-5

【図 1-2-56】 総合職試験採用職員・採用後 10 年未満の在籍年数別の退職者数

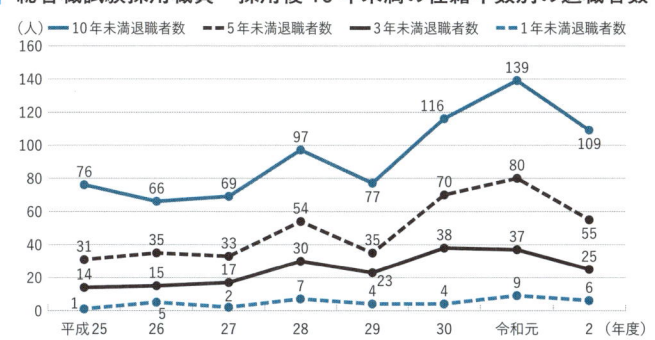

（注）1. 調査の対象は、総合職試験採用職員（人事院が行う総合採用試験からの採用のみ。
　　　　旧I種試験名簿からの採用者を含む。）における令和3年3月31日までの状況
　　　2. 採用後10年未満の退職者には、5年未満、3年未満及び1年未満の退職者を含む。
　　　3. 在籍年数別の採用後1年未満には、例えば、令和2年4月1日採用で令和3年3月31日に辞職した者を計上
出典：人事院「総合職試験採用職員の退職状況に関する調査」（令和4年5月）

出典：人事院「令和4年度公務員白書」第2部 図1-6-1

取れる。エンゲージメントサーベイでよくある「自らの職場を友人・知人に勧めるか」といった質問（**図 1-2-57**）に対する回答は、社員 300 人未満の中小企業より若干良いが、それを超える中堅・大企業に比べると「勧めたくない」というネガティブな回答割合が多い。

　官僚意識調査会が 2020 年 3 月に発表した「2019 年官僚意識調査基礎集計」（「阪大法学」第 69 巻第 6 号）にある 23 の質問と結果をみると、官僚が抱える課題を垣間見ることができる。キーワードは「業務量が増大し、複雑化・高度化するなかで個人としても組織としても対応できていない」「組織幹部の将来ビジョンが明確でない」「部下への説明負担が増加している」「官僚の威信が低下している」「国会議員の質問通告の曖昧さ・遅れへの対応負担が重い」「首相官邸や内閣官房への理解を得ることの重要性」といったマイナスの要素をどう解消するかである。その一方で「公益への貢献の重要性」「他人の幸福を考える」「社会のために犠牲を払う」といった公務員プライドもしっかりと存在する。こうした公務員の矜持を活かすことを考えなければならない。

　優秀な官僚をいかに確保し、活用するか。彼らを活き活きと働かせることができるか。人事院も様々な対策を検討しているようであるが、課題が山積する日本にとって再興のカギを握るのは、官僚のあり方を見直し、官僚に対

【図 1-2-57】「あなたは、現在の職場を親しい友人や知人に勧めたいと思う」という質問への回答状況

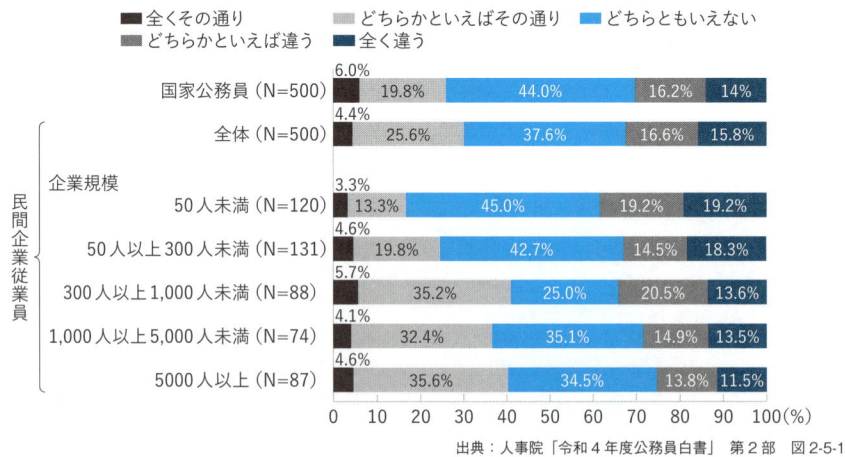

出典：人事院「令和 4 年度公務員白書」第 2 部　図 2-5-1

する国民の信頼を回復することではないだろうか。国民は「政財界に忖度しない官僚」を必ずしも求めているわけではない。「国家や国民の繁栄を第一に考え、政財界はもちろん国民と適切なコミュニケーションをとって、時間軸に応じた問題解決ができる官僚」を求めているのだと思う。短期的な課題に対応する一方で、中長期的視点から取り組まなければならない問題もある。選挙という審判を受けているから「政治が最上位にある」という考え方は適切でない。政治家は官僚の助けなしに国を動かすことはできない。お互いがお互いの役割を正しく理解し、適切なパートナーシップを組むことが必要である。政治家が強くなり過ぎることで、国が歪んでいる。官僚は官僚の矜持をもって政策立案や行政執行を行う必要がある。官僚の復権はひとえに、「国民の支持をどれだけ得られるか」にかかっている。国民の信頼回復には、公務員自身の努力が必要である。国民とのコミュニケーションや実態把握のための現場実査などに時間を割く必要がある。いつまでも被害者ぶっている時間はない。官僚問題は国の行方を左右する。

2025-2030年を考えるうえで政治・行政をテーマとした理由は、日本復興のためには、「政界と官界の均衡と連携」が不可欠だからである。この30年間で投じた予算額に対するGDP成長率は胸を張れるものではない。ROIC的視点でみれば、政治も官僚も退出を求められる水準ではないか。非常に難しい課題が山積するなかで、政界官界が強力なリーダーシップを発揮して日本を導かなければならない。VUCA的な環境が濃くなる状況において、政治・官僚がどう連携し、良い政策を生むことができるか。ある種日本の未来を占うことができるテーマである。

2.10　アニマルスピリットの高まり

2025-2030年における日本の最大の変化は、期待も込めて「経営者のアニマルスピリットが復活する」としたい。日本の失われた30年は、各セクターにおけるガバナンスの不全が主原因であると説明した。やはり企業や社会を動かす原動力はヒトであり、リーダーである。トップマネジメントの内向きの視点や保守的な心理、コストカット主体の利益創出モデル、値上げは下請

けに吸収させて付加価値を「価格で認めない」商慣習など、日本経済を長期停滞に追い込んだ背景には、アニマルスピリットの消失があった。

　ある意味で経営者は楽観的でなければならない。リスクを恐れない事業意欲と「何とかなるさ」「何とかするぞ」という勇猛さが必要である。失敗を恐れれば手が止まる。日本の多くの企業が「業績の上方修正」を好む背景には、「当初計画の保守性」があるからだ。大風呂敷を拡げて下方修正をすることだけは避けたい。上方修正したほうが、有態にいえば格好いい。そんな心理が日本の経営者を覆っている。日本経済を変える大きな力が「経営者のアニマルスピリットの高まり」である。

　幸いなことに「アニマルスピリット回復の萌芽」が見える。中小企業白書によれば、経営者の意識がこの3年で変化しつつある（図1-2-58 〜 61）。具体的には、「損失を避け静観すべき」という姿勢が弱まり、新たな需要獲得や企業価値向上のために「動き出す」姿勢が強まっている。また、逓増するM&Aの「目的・狙い」をみると、ヒト・モノ・市場シェアを積極的に獲得しようとする姿勢が見える。イノベーション創出ついても、この3年で明らかに取り組む企業が増えている。製造業や情報通信業は当然としても、かつて相対的低位にあった運輸・建設でも前向きな動きがみえる。かつ、イ

【図 1-2-58】2020 年及び 2023 年における中小企業の経営方針

（1）**2020 年**

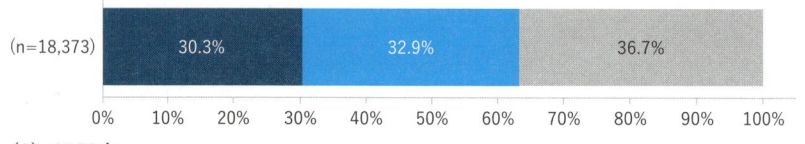

（2）**2023 年**

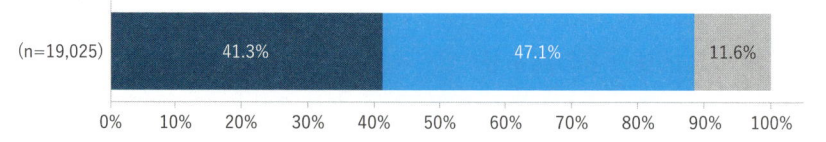

■ 新たな需要を獲得するための行動をするべき
■ 付加価値を高めるための行動をするべき
■ 損失を避けるために静観するべき（投資行動等は行わない）

資料：㈱帝国データバンク「中小企業の経営課題とその解決に向けた取組に関する調査」
（注）「当てはまるものはない」と回答した企業を除く。

出典：中小企業庁「中小企業白書（2024 年版）」 図2-3-1

【図 1-2-59】 M&A（他社事業の譲受・買取）における狙い・目的

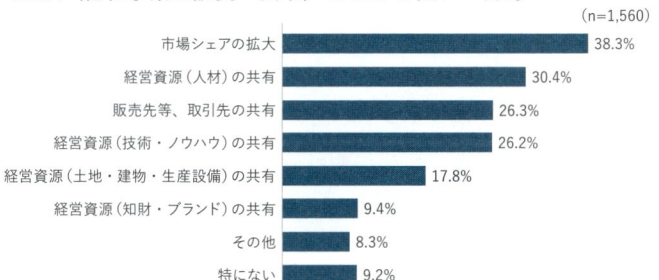

(n=1,560)

項目	割合
市場シェアの拡大	38.3%
経営資源（人材）の共有	30.4%
販売先等、取引先の共有	26.3%
経営資源（技術・ノウハウ）の共有	26.2%
経営資源（土地・建物・生産設備）の共有	17.8%
経営資源（知財・ブランド）の共有	9.4%
その他	8.3%
特にない	9.2%

資料：㈱帝国データバンク「中小企業の経営課題とその解決に向けた取組に関する調査」
(注) 1.2023 年以前において、「他社事業の譲受・買収」を実施したと回答した企業に聞いたもの。
2.自社事業に最もプラスの効果を及ぼしたと思う M&A について聞いたもの。
3.複数回答のため、合計は必ずしも100％にならない。

出典：中小企業庁「中小企業白書（2024 年版）」 図 2-3-35

【図 1-2-60】 イノベーションへの取組状況に関する比較（2018-20 年と 2021-23 年）

イノベーション活動への取組状況（2018 〜 2020 年、業種別）

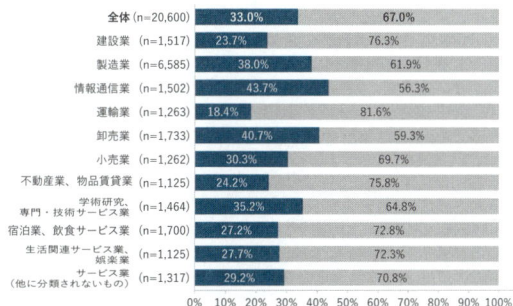

イノベーション活動への取組状況（2021 〜 2023 年、業種別）

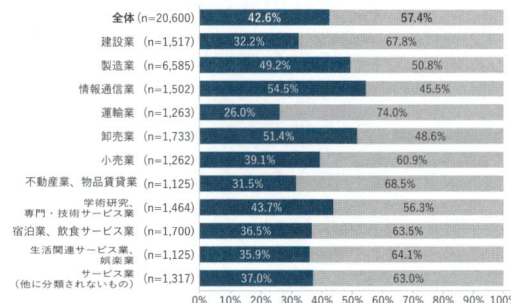

資料：㈱帝国データバンク「中小企業の経営課題とその解決に向けた取組に関する調査」
(注) 「取り組んだ」は、「プロダクト・イノベーション」、「ビジネス・プロセス・イノベーション」、
「環境上の便益のあるイノベーション」のいずれかに「取り組んだ」と回答した企業の合計。

出典：中小企業庁「中小企業白書（2024 年版）」 図 2-3-42・43

【図 1-2-61】 イノベーション活動の目的（内部環境・外部環境のクロス SWOT 分析）

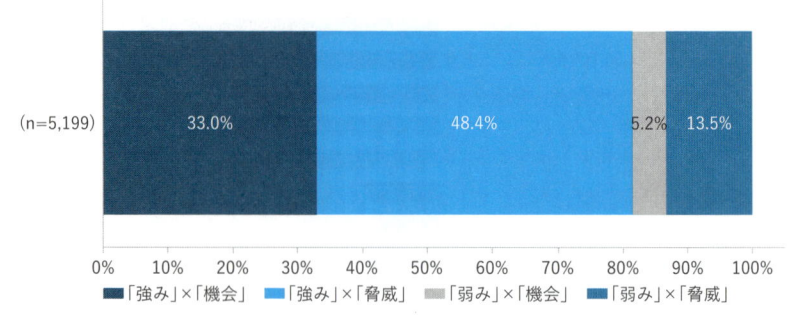

資料：㈱帝国データバンク「中小企業の経営課題とその解決に向けた取組に関する調査」
（注）1.2018〜2020年又は2021〜2023年の間に、イノベーション活動に「取り組んだ」と回答した企業に聞いたもの。
　　2.「『強み』×『機会』」は、イノベーション活動の目的について「強みを伸ばすため」かつ「機会をいかすため」と回答した企業、「『強み』×『脅威』」は、「強みを伸ばすため」かつ「外部環境の変化に対応するため」と回答した企業、「『弱み』×『機会』」は、「弱みを克服するため」かつ「機会をいかすため」と回答した企業、「『弱み』×『脅威』」は、「弱みを克服するため」かつ「外部環境の変化に対応するため」と回答した企業をそれぞれ集計したもの。
　　3.イノベーション活動の目的として、「強みを伸ばすため」、「弱みを克服するため」について「どちらにも当てはまらない」と回答した企業を除く。
　　4.イノベーション活動の目的として、「機会をいかすため」、「外部環境の変化に対応するため」について「どちらにも当てはまらない」と回答した企業を除く。

出典：中小企業庁「中小企業白書（2024年版）」図2-3-45

ノベーションの背景には「自社の強みを活かし機会を活かす」という前向きな回答が3割強ある。こうした実態を見ると経営者のマインドは確実に変化している。前向きになっている経営者が増えているのである。

　上場企業においても、プライム市場は当然としてスタンダード市場やグロース市場でも変化がうかがえる。それは**投資家が「その会社しかできないことを見せてほしい」という、独自の成長戦略を描くことを求めている**からに他ならない。安定運行だけでは企業価値は大きく上がらず、市場の期待を超えることはできない。それでは株価は上がるはずがない。中小型株といわれるような銘柄企業が「過当競争構造」のなかで存在感が発揮できないとすれば、いまのポジションを維持できなくなる可能性がある。市場は業界再編によって経営力の高い企業に事業集約を図り、パフォーマンスを上げることを望んでいるのではないか。こうした圧力も経営者の意識を変える動機になる。

　さらに、スタートアップの経営者の活動がさらに活発化することによって新陳代謝が進み、新たな市場が育つ。2025-2030年は、有志の士、心ある経

営者が挑戦を行う転機になるだろう。そして、アニマルスピリット発揮のモメンタムは強まり続けるであろう。いつまでも日本が停滞市場と呼ばれて良いはずがない。新興国もどんどん成長している。ライバル国はさらに力をつけている。資源のない日本が、いまを肯定し続けるのであれば世界的地位の低下は止まらなくなるだろう。

「今後 10 年で最大の危機は？」

　世界経済フォーラムの「グローバルリスク報告書」において、今後 10 年のグローバルリスクが公表されている。その 2024 年版をみると、10 のリスクのうち半分が「環境」に関するもので、「異常気象」「地球システムの危機的変化」「生物多様性の喪失と生態系の崩壊」「天然資源不足」「汚染」があげられている。その次に多い項目が「テクノロジー」で、「誤報と偽情報」「AI 技術がもたらす悪影響」「サイバー犯罪やサイバーセキュリティ対策の低下」といったデジタル関連のリスクが指摘されている。残りの 2 つが「社会」で、「非自発的移住」「社会の二極化」とされている。

　これらの当否は別としても、「健全性」があらゆる領域で失われている印象を受ける。健全な地球環境、健全な社会、健全な技術開発や行使。まさに「SDGs（持続可能な開発目標）」の世界である。そして、これらを生み出している根本には「人間の飽くなき欲望」がある。止まらない欲望が、資源を使い尽くし、自然を汚染させ、生態系を破壊する。これは「地球の健全性を破壊する」意味がある。そして、一部の人間が富や所得を独占し、多くの人間が最貧状況にある。こうした不均衡は、怒りや妬みを生み、著しく不安定な社会を作る。技術もそうだ。技術開発が進化を遂げることはうれしいが、その使い手次第では「悪魔」の所業を生む。デジタルの世界で、偽情報や AI の悪用など様々な問題を生じている背景には「使い手」の健全性が失われていることがある。

　そうなると本質的なリスクとは「人間の欲望」、そこから流れ出る「所業」にあるといっていいだろう。人間の欲望が健全に発露され、健全に抑制されていれば、地球も社会も経済も健全でいることができる。しかし、そうした欲望が何らかの要因で歪みを生じたときに、人間の所業が悪いものとなって、様々な負のインパクトをもたらす。本書第一部で、日本の長期停滞を招いた原因に、多くのセクターにおける「ガバナンス不全」があると指摘した。ある意味で、これも「経営の健全性」の欠如であり、「経営者のマインド」が歪んだ形で顕在化してしまう例でもある。

　今後 10 年で最大の危機をあげるとすれば「人間の性の不健全な発露」であるといわざるをえない。地球の上には、置かれた環境や立場の異なる多様な人間が住んでいる。こうした質量ともに多様で大量の人々の「欲望」をどうコントロールするのか、欲望を健全なものに変えて、良い方向に力を発揮させるのかが最大の課題なのかもしれない。それにしても地球に存在するステークホルダーの多様性や数が半端ない。こうした多様な層を通底する危機感や行動原理をどう生み出せるかが問題解決のカギであり、危機を増幅するリスクにもなる。

第3章

2025–2030 年 日本はこう変わる

この 10 年間で起こった様々な変化に比べても、2025-2030 年で起こる日本の変化は、より振幅の大きなものになる。前章のキーワードで見たように、変革に向けた大量のマグマが溜まっており、経営者のアニマルスピリットの高まりと相まって、多方面で変革に向けた動きが加速するだろう。

1. 潜在成長率の見通し

今後の中長期的な日本経済を考えるうえで、今後の「潜在成長率」をどう見るかで、その方向性はまったく異なるものになる。

潜在成長率は「労働力」「資本」「全要素生産性（TFP）」の 3 つの要素で構成され、労働力や資本の投入量がどれだけ伸びるか、それらを創意工夫によって効率的に活用できるか（TFP）、といったことの「総和」でみることができる。

日本の潜在成長率の推移や各要素の寄与度（図 1-3-1）をみると、この 20 年の間「成長率」は 1% を割り込み、平均すれば 0.5% 前後で推移している。米国の潜在成長率が 2% 近傍にあることを考えると、その差は歴然で日本の経済成長のパワー不足を感じざるをえない。なぜこのように潜在成長率が低下してしまったのか、それに関して潜在成長率を構成する 3 つの要素について、それぞれの課題を考えてみたい。

1.1 労働投入量

第一の要素である「労働投入量（就業者数×総労働時間）」だが、「労働時間」が継続してマイナス寄与となっている。バブル期の「24 時間働けますか」の世界から、週休 2 日制度の浸透、各企業における残業規制や休暇取得促進、

【図 1-3-1】 日本の潜在成長率の推移（前年比、寄与度、%）

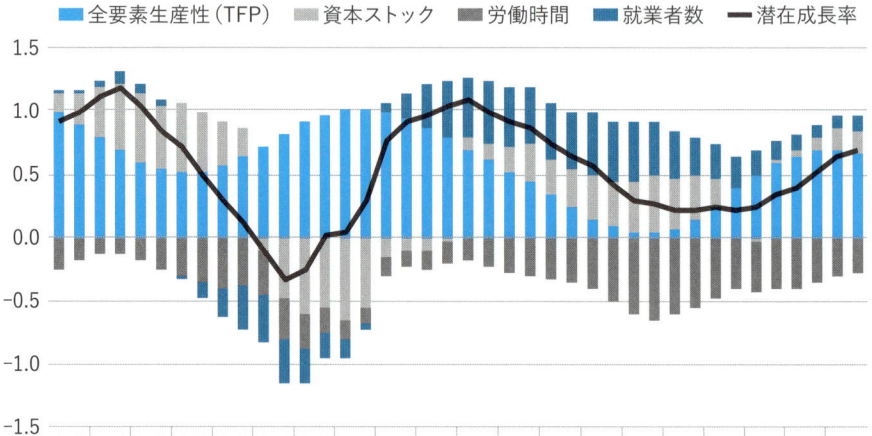

出典：日本銀行「需給ギャップ、潜在成長率」より筆者作成

短時間勤務の非正規雇用者の増加、そして近年はライフワークバランス重視など、労働時間が減少する要素が増えている。こうした趨勢は、人手不足感の強い中小企業が「働き方改革」を進めることで、継続することになるだろう。つまり労働時間を増やすことで労働力投下を増大させることは難しいということである。

　次に「就業者数」をみることにしよう。就業者数は生産年齢人口の減少にもかかわらず、女性や高齢者の「労働参加率」の上昇によって補完され、ここまでは逓増傾向にある。しかし、就業者数の内容を見た場合に、非正規労働者・短時間労働者の割合が少なくないため、労働力（＝就業者数×労働時間）そのものを増やせるとは限らない。また、女性の労働参加率は、欧米に比しても相当高い水準に来ているため「限界点は近い」とみるべきであろう。カギとなるのは、「高齢者」の労働参加である。現在でも、年金支給を待つ60〜64歳層の労働参加率は73%と高い水準にあるが、まだまだ元気で働ける人も多いであろう65〜69歳層では5割程度、70〜74歳層では3割程度（**図1-3-2**）まで低下する。社会保障や税制の見直しなどを前提に、今後いかに高齢者層の労働参加率を高められるかがポイントになるだろう。また、即戦力としての「外国人労働者」であるが、アジア諸国の経済発展による供給力

【図 1-3-2】 年齢階級別就業率の推移

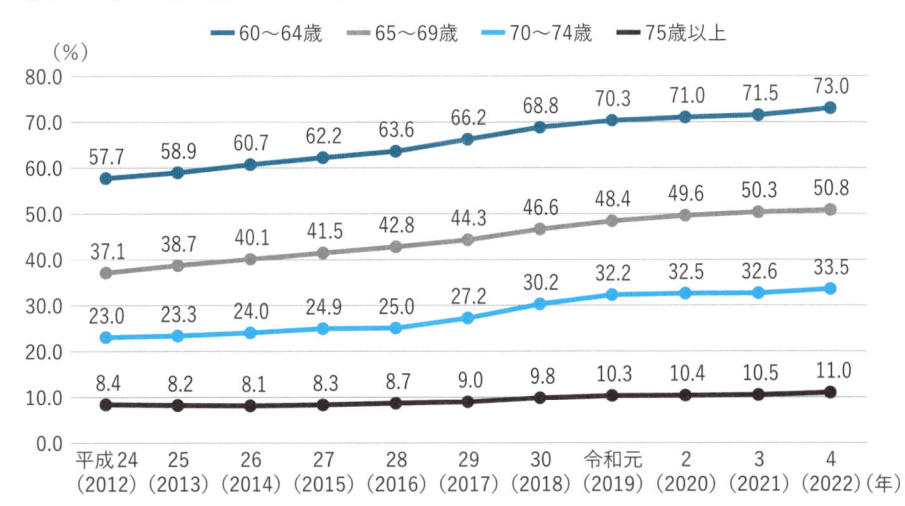

資料：総務省「労働力調査」
(注) 1.年平均の値
2.「就業率」とは、15歳以上人口に占める就業者の割合をいう。

出典：内閣府「令和5年版 高齢社会白書」 図 1-2-1-12

の低下、外国人に関する規制、円安による賃金の目減りなどを総合的に考えると、そこに期待をかけ過ぎることは危険といえよう。

いずれにしても、潜在成長率における労働力の寄与はマイナスが続いている。その背景には、労働法制・非正規雇用の増加・企業の働き方改革など様々な「労働時間の短縮」要因がある。同様に生産年齢人口の減少を背景とする「就業者数の減少」も今後ジワジワと効いてくる。

労働力に関する今後の課題は、高齢者の労働参加率を高めることで就業者数の減少を緩和すること、労働量だけでなく**「労働の質」**に着眼して、スキルの高度化を図ること、適材適所の人材配置を推し進め能力発揮の機会を増やすこと、人材流動化によって成長分野へ優秀な人材を再配置すること、これらを一つ一つ進めることにある。

1.2　資本投入量

第二の要素である「資本投入量」についても課題が多い。内閣府「中長期の経済財政に関する試算」によれば、潜在成長率における「資本投入量の寄

与度」は、過去「1.9%（1981-1990年）」、「1.6%（1991-2000年）」と存在感のある水準であったが、2001年以降は、「0.1%（2001-2010年）」、「▲0.1%（2011-2015年）」、「0.2%（2016-2022年）」と極端に低い水準に落ち込んでいる。「民間資本ストック（**図1-3-3**）」の状況をみると、2008年頃に「700兆円」台に到達した以降は緩やかな推移にある。次に「設備投資額（**図1-3-4**）」をみると、リーマンショック以降「漸増傾向」にあるものの、2000年以降の平均投資額は「40兆円」を下回っており力強さに欠ける。民間資本ストックの状況、設備投資の動向、これらを合わせ考えると「資本投下」が潜在成長率の牽引役になっているとは言い難い。労働力に課題を抱えるなかで、資本投下量も従来レベルで推移するようであれば、潜在成長率も引き続き低水準で推移せざるをえない。

　しかし、現下の日本の状況を考えれば、設備投資の対象が数えきれないほどある。労働投入量減少への対応として「無人化投資」、作業支援ロボットなどの「生産性向上投資」や「デジタル投資」など「ヒトではなく設備を走らせる」ことを真剣に考える時期に来ている。いまだに「3つの過剰」の記憶が深く刻まれているのか、日本の経営者は「設備投資」に対して過度に慎重な印象がある。

　景気循環を気にするような短期的な視点ではなく、中長期的課題を視野に入れるならば、いまこそ計画的に設備投資を実施する必要がある。コロナ禍が明けて、溜まっていた更新投資、デジタル投資などが活発化しているが、まだまだ本格化しているとはいえない。**設備投資が、2025-2030年の日本の潜在成長率を牽引するカギであることは間違いない。**

1.3　全要素生産性（TFP）

　全要素生産性（TFP:Total Factor Productivity）は、生産関数でいうところの「労働投入量の増加」「資本投入量の増加」以外で、生産量の増加につながっている要素をいう。一般的には「技術進歩率」と呼ばれる。労働投入量や資本投入量はデータで把握可能であるが、全要素生産性を直接把握することは難しいため、生産量の増加から労働投入量と資本投入量を差し引いたものとして間接的に把握することが多い（参考:JIPデータベース【経済産

業研究所】の成長会計では TFP 成長率を付加価値ベース・産業別で提供している）。

【図 1-3-3】民間資本ストックの推移

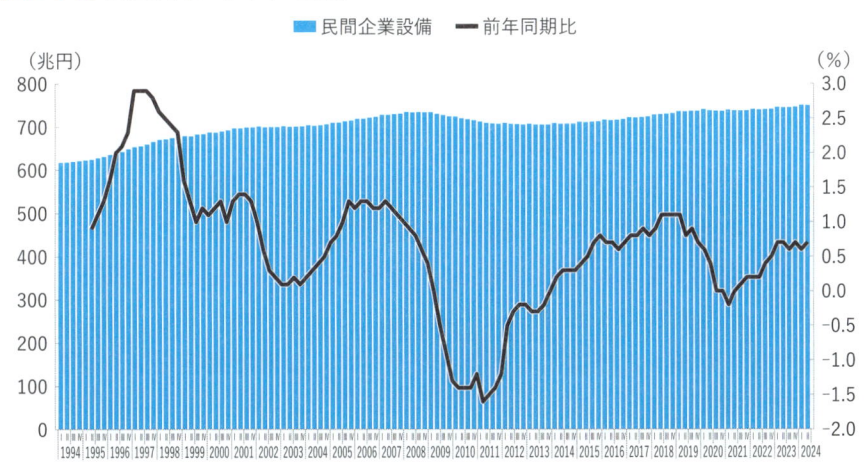

出典：内閣府「固定資本ストック速報（2023 年 10-12 月速報値）」より筆者作成

【図 1-3-4】設備投資額の推移

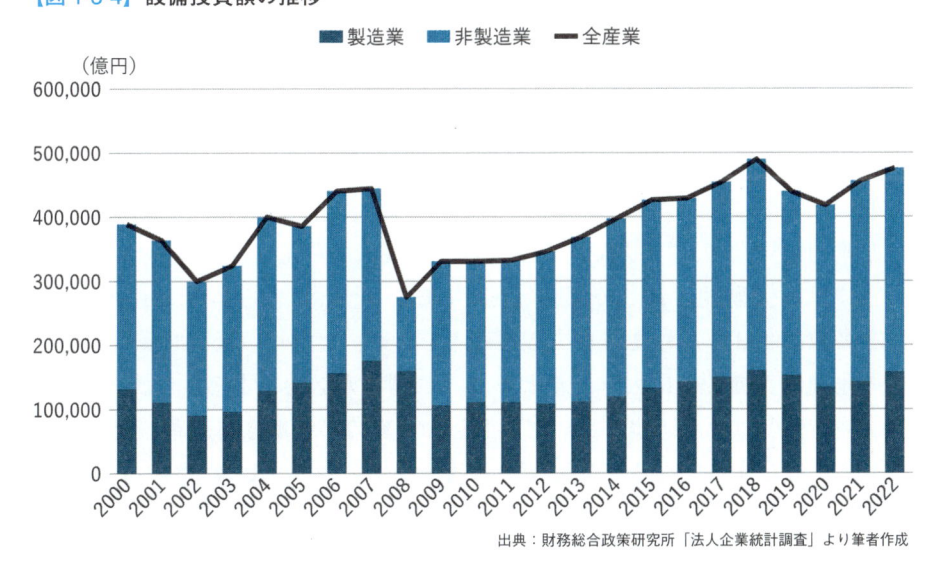

出典：財務総合政策研究所「法人企業統計調査」より筆者作成

　さて、前述の潜在成長率（**図 1-3-1**）をみると、全要素生産性のプレゼンスが高い。言い方を変えれば、技術進歩をもって労働投入量や資本投入量をカバーし、供給力の低下をカバーしてきたということがいえよう。

　技術進歩に関していえば、技術革新につながる「イノベーション」もあれば、職場環境の改善やタイムマネジメントの改善など「創意工夫」に類するものもある。近時は、デジタル技術、とりわけ生成 AI、IoT（モノのインターネット）、ビッグデータ、ICT（情報通信技術）、RPA（ロボットによる業務自動化）、VR・AR に代表される XR（エックスリアリティ）、クラウド、5G など幅広い範囲で生産性向上につながる技術が山盛りであり、いかにこれらの技術を活用するかがポイントになる。また、イノベーションの創出も TFP 向上につながる。自社だけでイノベーションが創出できない場合でも、例えば「スタートアップ企業」と連携するといったオープンな形で果実を取り込むことも必要である。

　全要素生産性は、創意工夫やイノベーションを通じて技術進歩を創出することで、日本の経済環境を考えれば、今後も引き続き潜在成長率を規定する重要な要素になる。

1.4　潜在成長率の推計

　ここからは「2025-2030 年」の日本経済を占うために、潜在成長率の「未来」について考えてみたい。まず「2025-2030 経済見通し材料①〜潜在成長力〜」（**図 1-3-5**）をご覧いただきたい。「労働力」「資本」「TFP」の 3 要素に関する基本的な見立て、考え方である。これに基づいて潜在成長率を予想したい。

　まずは「労働投入量」である（**図 1-3-6**）。現状と 2030 年を対比すると、就業者数は 200 万人程度減少すると考えている。ただし、経済成長や労働参加の動向次第で数値は大きく変わることに留意が必要である。一方、「総実質労働時間」はコロナ禍において落ち込んだものの「働き方改革」が進む状況でも下げ止まっている。今後就業者数が減少するプロセスにおいて所定外労働時間の動きも揺れ動くこと、非正規から正規社員への移行も進むこと等を勘案すると「横ばいで推移する」と考えていいだろう。さらに「生成 AI の活用」が今後加速度的に進む。つまり、生成 AI の「頭脳」が加わること

で生産性が高まり「労働力が純増する」ことが想定される。仮に生成AIによって生産性が平均3%高まれば減少する就業者数分をカバーできる可能性さえある。いずれにしても「就業者数の減少」の蓋然性は高く、その点はマイナスポイントになる。

【図 1-3-5】 2025-2030 経済見通し材料① 〜潜在成長力〜

労働力 0.0%	■ 就業者数は現状に比べ 200 万人減少（推計）。ただし、経済成長・労働参加の状況によって変化幅は大きく変わる。総実質労働時間は「横ばい」を想定【マイナス要因】 ■ 人材投資によるケイパビリティ向上、マルチタスク化、適材適所の推進、人材流動化による成長分野への人材移行などによって労働力の質的向上が見込まれる。さらに生成 AI の活用によって実質的な労働力が大幅に補完される可能性もある 【プラス要因】
資本（設備） 0.8%	■ 人手不足解消のための「無人化投資、省力化投資」「生産性向上投資」が増加し、また稼働率も向上することで資本投入量の質量が高まる。また、人材確保の観点から「労働環境の改善」などウェルビーイング関連投資が拡大する 【プラス要因】 ■ デジタル投資（DX）・グリーン投資（GX）が飛躍的に拡大【プラス要因】 ■ 半導体・物流倉庫・EV 関連など大型投資が増加【プラス要因】
TFP 1.0%	■ イノベーションをベースに事業化する「スタートアップ企業」が増加する【プラス要因】 ■ マーケティング強化によるブランド化⇒価格上昇につながるプロダクト増加【プラス要因】 ■ 人手不足対応のための「オペレーション改革」が産業界全体に進捗【プラス要因】 ■ 中小企業の労働生産性向上（価格改定・デジタル等による付加価値 UP）【プラス要因】
1.8%	【参考】 内閣府「中長期の経済財政に関する試算」 成長実現シナリオにおける潜在成長率 1.3%（2023-27）、1.8%（2028-33）

筆者作成

【図 1-3-6】 就業者数等の推移と推計、総実質労働時間の推移

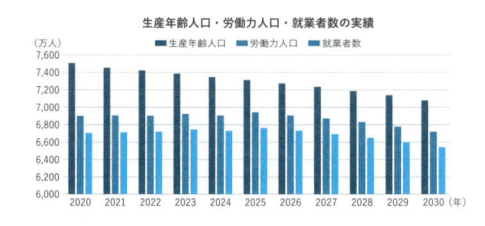

生産年齢人口・労働力人口・就業者数の実績

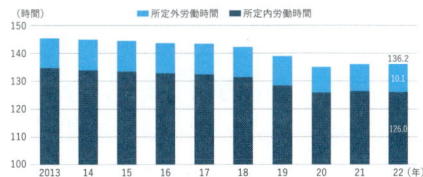

○2022年は、経済社会活動の平常化により、2021年に引き続き増加傾向となっているが、長期的には、所定内労働時間の減少を中心に、減少傾向で推移している。

出所：厚生労働省「毎月勤労統計調査」をもとに厚生労働省政策統括官付政策統括室にて作成
（注）1.調査産業計、就業形態計、事業所規模5人以上の値を示している。また、2013年以降において東京都の「500人以上規模の事業所」についても再集計した値を示している。
2.指数（総実労働時間指数、所定内労働時間指数、所定外労働時間指数）にそれぞれの指数基準値（2020年）を乗じ、100で除し、時系列接続が可能となるよう修正した実数値である。

出典：国立社会保障・人口問題研究所「日本の将来推計人口（令和 5 年推計）」
総務省「労働力調査」なお労働力人口、就業者数の 2024 年以降は筆者推計

厚生労働省「令和 5 年版 労働経済の分析」

　プラス要因もある。労働力の「質」が向上することである。インタンジブル投資、とりわけヒトへの投資は、多くの企業で重要課題と位置付けられ、今後確実に増加する。デジタル関連をはじめとする様々なスキルアップ投資が「労働の質を高める」はずだ。また、人手不足は適材適所を後押しする。使えるヒトを適所で活用するしかないからだ。マルチタスク（一人で複数の作業を担当する）も増える。こうしたことを通じて「女性や高齢者」の活躍の機会はいま以上に増加する。そして、切り札と目されるのが「**人材流動化**」である。人手不足が強まることで、給与・賞与・福利などの水準を引き上げざるを得なくなる。これに耐えうる企業に人材が流れることは自然である。また、経営環境変化が大きいなかで企業淘汰も必ず進む。現在では当たり前になっている若手社員の転職を、30代、40代、さらには50代まで拡大することで、成長企業へ人材が移動する流れができる。成長企業に移動することで、従来以上に付加価値を生み出す可能性が高まる。

　人材の流動化が進むことで、「給与など処遇の引き上げ」については、「転職」を通じて実現するという考え方が増えるだろう。実際、同一社内で「飛び級」を行うことは簡単ではない。比較対象がない転職先であれば、キャリアアップも行いやすい。2025年以降、こうした動きが確実に加速する。そういった意味で、成長市場・成長企業への人材の流入化が「労働力」の実質的引上げにつながると考えられる。

　次に「資本投入量」についてだが、ここに日本の供給力を「強化するカギ」がある。

　まず人手不足に対応するための投資が各業界において増える。近時ファミリーレストランで配膳ロボットを目にするが、ヒトを代替するロボットや自動化ライン・省力化ラインは今後急速に増えるはずだ。さらに、無人工場・無人倉庫・無人店舗といった無人設備も増えるだろう。人手不足をキーとする投資、女性や高齢者でも対処できるようなパワースーツ配備や製造ラインの再編成など、いろいろな形で投資が行われることになる。

　自動化・無人化の推進によって「稼働率」の向上、品質の改善につながる可能性が高い。無人化ラインに関しては「ヒト」を張り付ける必要がないた

め、夜間を通して操業が可能になる。稼働監視も遠隔や AI で対応できる時代になるだろう。多くの企業で「RPA（ロボティック・プロセス・オートメーション）」の導入が進み、ヒトに頼らない作業が増える。これらは設備投資の恩恵である。

別の観点での投資も増える。人手を確保するためには「職場の環境改善」や「ウェルビーイング視点に立った環境整備」が必要になる。これらはハード・ソフトの両面で投資が必要になる。働きやすいオフィスレイアウトや事務機器、福利厚生関連の施設、相談体制の充実など多様に方策が考えられる。あるいは少子化対策と人手不足対策が複合する形で、「夫婦」それぞれに対する働きやすい環境作りも増加する可能性がある。こちらはソフト面（人事制度）が主体になると考えられるが、リモートワークの IT 環境整備、あるいは社内保育施設設置もあるだろう。

時節柄「デジタル投資」「グリーン投資」が飛躍的に増える。デジタル投資は、守りだけでなく攻めの切り札として確実に投資が増える。スマート建設、スマート物流のように「スマート○○」の切り札が、デジタル関連投資である。前述の「生成 AI、IoT（モノのインターネット）、ビッグデータ、ICT（情報通信技術）、RPA（ロボットによる業務自動化）、VR・AR に代表される XR（エックスリアリティ）、クラウド、5G」に関連する投資が確実に拡大するだろう。

そして、SDGs の達成期限や ESG の浸透を背景に、企業サイドでは「気候変動対策」が加速度的に進む。世界的に進捗が思わしくないこともあり、GHG（温室効果ガス）の把握・削減・表示にかかるシステム対応が不可欠になる。中小企業セクターに関しても、気候変動対策に関連するサプライチェーンの要請も始まり、重い腰を上げることになるはずだ。再生可能エネルギー利用はわかりやすい対応であり、太陽光発電を軸に地熱・風力といった領域もフォーカスされるだろう。

このように「投資の対象」は数えきれないほどあり、それぞれ必要性に迫られていることを考えると、資料（**図 1-3-7**）にあるように「バブル期の水準である 2.1%」程度の寄与度になってもおかしくはない。堅くみても「バブル崩壊後の回復期の寄与度である 0.9%」程度は十分期待できると考えて

【図 1-3-7】景気拡大局面における潜在成長率

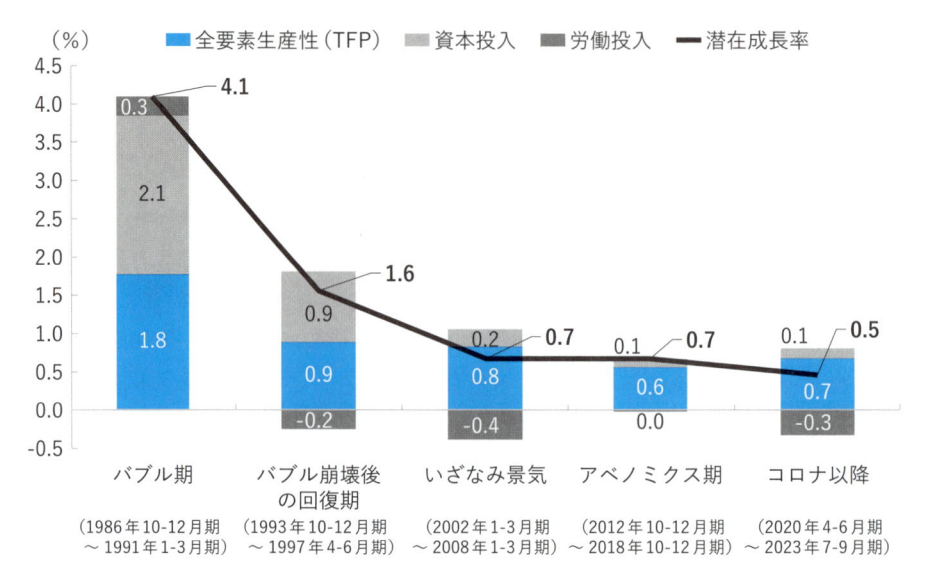

出典：内閣府「日本経済レポート（2023年版）」第 1-1-16 図

いる。あらためて設備投資、「資本投下量」が潜在成長率のカギになる。

　最後が「全要素生産性（TFP）」である。ここ 20 年でみると潜在成長率を支える最大の要素になっており、ここ数年は 0.7 〜 0.8% 程度の寄与度になっている。技術の進歩率といわれる全要素生産性であるが、2025-2030 年においては従来以上に知恵を絞る必要がある。そして、TFP をさらに引き上げる条件は揃っていると考えられる。

　人手不足は従来以上に強まり、各企業の危機感が高まる。従来のオペレーションでは業務を維持できない企業が増えるため、生産性向上のためのオペレーション改革や、メリハリの効いた仕事の改廃が行われる。人手確保のため賃金引上げは継続的に実施され、財だけでなく人件費上昇を背景とするサービス価格の上昇を生み、賃金と物価のいわゆる「好循環」が定着する。販売価格を引き上げるためにはコストプッシュだけでなく、「マーケティングの強化」それを通じた「プロダクトの磨上げ」「ブランド化の推進」「チャネル・物流の再構築」が進む。こうした動きが中小企業セクターに波及する

ことで、裾野の広い動きになるだろう。技術力や開発力がありながら、国際競争力を低下させた背景にはマーケティングが不足していたことがあげられる。マーケティングをより身近に、かつ深化させることで TFP が高まることは確実である。

さらに政府も政策の目玉としている「スタートアップ企業」支援に期待したい。日本の競争力強化や産業変革を図るためには「新陳代謝」が不可欠で、ユニコーンを目指すようなスタートアップを何社創出できるかがカギになる。現時点では SaaS 系スタートアップが多いように見えるが、今後はディープテック系スタートアップ企業も増えるとみている。スタートアップは、イノベーションを武器に市場の開拓や進出を目指す。新たな価値を創出すること、それが市場で花を咲かせることで TFP の向上につながる。

また、地域や業界における「業界再編」が進む。これは、人手不足・後継者難はもちろんのこと、デジタルの進化や GX など経営的に対応すべきことが増えるなかで、耐え切れない企業、対応に限界を迎える企業が増えるからだ。業界再編は、既存の経営資源を経営力の高い企業が「従来以上に効率よく活用する」ことにつながるので、TFP の上昇要因になる。

このように考えると、2025-2030 年における平均的な TFP の寄与度は 1.0% 程度を確実に見込めると考えている。さらに上振れしても不思議でない。そのくらい TFP が改善する要素がある。

以上を踏まえると、2025-2030 年の平均的な潜在成長率は「1.8%」程度の水準が見込める（**図 1-3-8**）と考えている。

参考までに、政府の「中長期の経済財政に関する試算（令和 6 年 1 月 22 日）によれば、いわゆるベースラインのシナリオではで「0.8%（2023-2027 年）」、「0.5%（2028-2033 年）」を見込んでいる。通常、強気シナリオ、標準シナリオ、弱気シナリオといった複数のシナリオをもって、潜在成長率や GDP 成長率を予測することが一般的だが、筆者はこの図で示した潜在成長率見通しが「核心的シナリオ」だと考えている。また、こうしたシナリオを実現することが日本再興の道であり、この期間を絶対に無駄にしてはならないと考えている。

潜在成長率を踏まえた中期的な「実質 GDP 成長率」がどの程度になるか

【図 1-3-8】 潜在成長率の予測

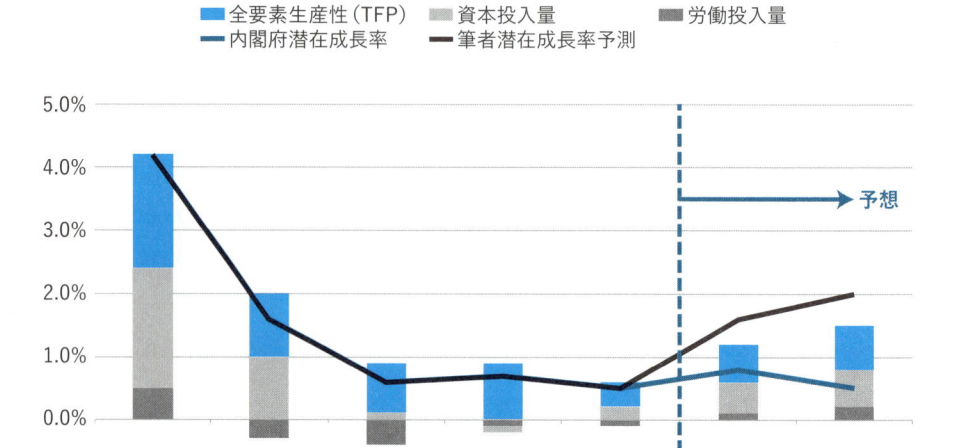

出典：内閣府「中長期の経済財政に関する試算」から実績と試算は政府ベースラインケース。2023 年以降は筆者予測を追加作成

【図 1-3-9】 潜在成長率・実質 GDP 成長率・GDP ギャップの推移

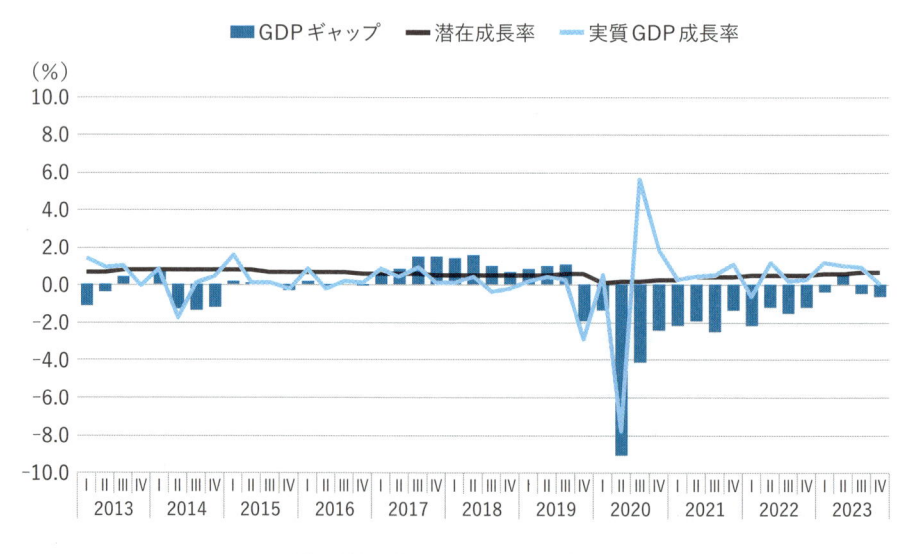

出典：日本銀行「需給ギャップ、潜在成長率」、内閣府「四半期別 GDP 速報」より筆者作成

は「総需要」との関係があるので、さらに検討が必要になる。ここ10年の潜在成長率と実質GDPの成長率、そしてGDPギャップは**図1-3-9**の通りである。コロナ禍以降、「GDPギャップ（供給力と現実の需要との乖離）」はマイナスで推移しており、実際の需要の弱さを感じるが、その点については次項で検討する。

2. 実質GDP成長率

GDP（国内総生産）は重要な経済指標で、一定期間内に国全体で生み出したモノやサービスなど付加価値の総額をさす。経済規模は経済力の証でもあり、日本は米中独に次ぐ世界第4位の経済大国である。

あらためて、この10年間の「実質GDP（物価変動を取り除いた国内総生産）」の推移（**図1-3-10**）を振り返ることにしよう。コロナ禍の影響が大きかった2020年近辺を除けば、概ね「1%弱」の成長率で推移している。潜在成長率をやや下回る、ないしは同程度の推移といっていいだろう。

【**図 1-3-10**】日本の実質GDP成長率と寄与度の推移

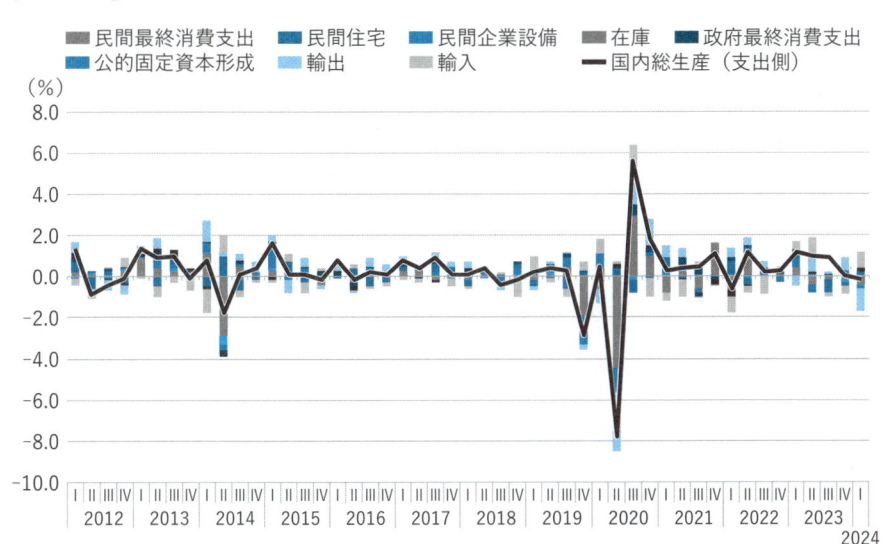

出典：内閣府「四半期別GDP速報」より筆者作成

　コロナ禍明けは「人流制限」が解除され、給付金を背景としたペントアップ需要にも支えられて個人消費が穏やかに回復した。一方で、コロナによって起こった国際的なサプライチェーンの混乱が長引き、半導体等の供給制約もあって「財の輸出」が停滞することとなった。2023年には供給制約も緩和したことで財輸出が回復し、インバウンドの急激な増加もあって景気回復の牽引役になった。

　2024年の景気動向のカギを握る項目は「個人消費」「設備投資」である。前者は、春闘での大幅な賃上げ、特に中小企業セクターまで幅広く実施された引上げによって「実質賃金」がプラスに転じるかが焦点となる。実質賃金がプラスに転じる時期はベアが反映される7月頃になると思われるが、実質賃金のプラスが消費者の節約志向を変える契機となるか注目される。一方で、想定以上の円安が続いていること、電力などエネルギー価格が上昇すること、さらには社会保障費負担の増加などを踏まえると、実際の「可処分所得」が増えるのか懸念材料ではある。民間設備投資に関して投資意欲は高いものの、原材料費の高止まり、人手不足による供給制約、為替や金利の動きなどが「経営者マインド」を冷やす可能性もある。しかし、引き続き企業業績は堅調であり、PBR改革に象徴されるガバナンス強化も進むこと、デジタルやグリーン投資、無人化投資など投資対象が豊富にあることを踏まえると、景気循環に影響されない「長期的な視点での投資実行」が期待できる。以上を踏まえれば、2024年の実質GDP成長率は「1.0%」前後を実現できるのではないかと考えている。

　さて、本項のテーマである2025-2030年の「実質GDP」の成長率をどう見るかであるが、図「2025-2030経済見通し②〜基本構造〜」（**図 1-3-11**）に、検討すべき着眼点を整理した。この図は、経済動向に対して「構造的」にプラスに働く要因とマイナスに働く要因、今後6年間を想定した場合に「時節的」に想定されるプラス要因・マイナス要因、という4つの角度で取り上げている。ここからは、4つの視点それぞれについて説明する。

【図 1-3-11】2025-2030 経済見通し材料② 基本構造

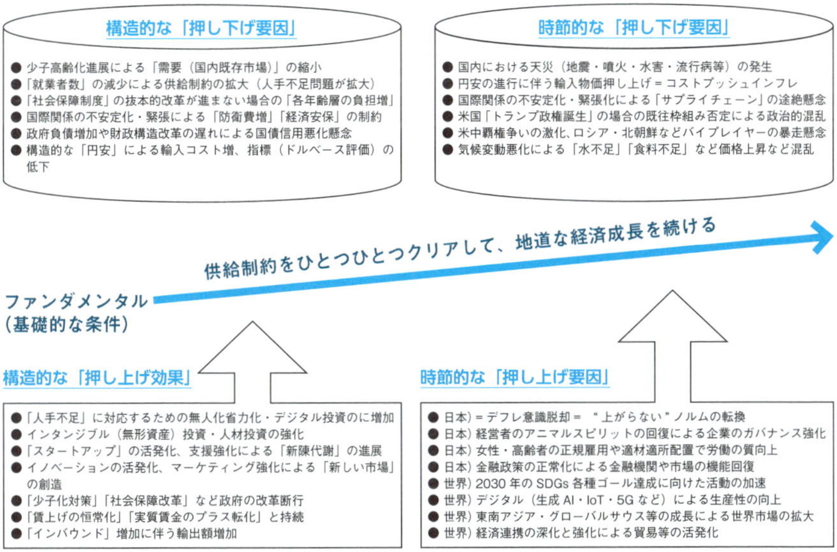

> **構造的な「押し下げ要因」**
> ● 少子高齢化進展による「需要（国内既存市場）」の縮小
> ● 「就業者数」の減少による供給制約の拡大（人手不足問題が拡大）
> ● 「社会保障制度」の抜本的改革が進まない場合の「各年齢層の負担増」
> ● 国際関係の不安定化・緊張による「防衛費増」「経済安保」の制約
> ● 政府負債増加や財政構造改革の遅れによる国債信用悪化懸念
> ● 構造的な「円安」による輸入コスト増、指標（ドルベース評価）の低下

> **時節的な「押し下げ要因」**
> ● 国内における天災（地震・噴火・水害・流行病等）の発生
> ● 円安の進行に伴う輸入物価押し上げ＝コストプッシュインフレ
> ● 国際関係の不安定化・緊張化による「サプライチェーン」の途絶懸念
> ● 米国「トランプ政権誕生」の場合の既往枠組み否定による政治的混乱
> ● 米中覇権争いの激化、ロシア・北朝鮮などバイブレイヤーの暴走懸念
> ● 気候変動悪化による「水不足」「食料不足」など価格上昇など混乱

供給制約をひとつひとつクリアして、地道な経済成長を続ける

ファンダメンタル
（基礎的な条件）

構造的な「押し上げ効果」
● 「人手不足」に対応するための無人化省力化・デジタル投資のに増加
● インタンジブル（無形資産）投資・人材投資の強化
● 「スタートアップ」の活発化、支援強化による「新陳代謝」の進展
● イノベーションの活発化、マーケティング強化による「新しい市場」の創造
● 「少子化対策」「社会保障改革」など政府の改革断行
● 賃上げの恒常化「実質賃金のプラス転化」と持続
● 「インバウンド」増加に伴う輸出額増加

時節的な「押し上げ要因」
● 日本）＝デフレ意識脱却＝ "上がらない" ノルムの転換
● 日本）経営者のアニマルスピリットの回復による企業のガバナンス強化
● 日本）女性・高齢者の正規雇用や適材適所配置で労働の質向上
● 日本）金融政策の正常化による金融機関や市場の機能回復
● 世界）2030 年の SDGs 各種ゴール達成に向けた活動の加速
● 世界）デジタル（生成 AI・IoT・5G など）による生産性の向上
● 世界）東南アジア・グローバルサウス等の成長による世界市場の拡大
● 世界）経済連携の深化と強化による貿易等の活発化

筆者作成

2.1 構造的にプラスに働く要因

　概論としては「潜在成長率」の上昇や「実質賃金のプラス転化」による節約志向の緩和を背景に、実質 GDP は「1.5% 平均」での成長を遂げるとみている。前項で説明した通り「潜在成長力（供給力）」が確実に伸びること、経営マインドやガバナンスが前向きになること、そして人手不足起因や物価連動による賃上げが定着し、実質賃金がプラスに転じることで「消費拡大（総需要増加）」につながること、「インバウンド」増加による輸出増が期待できること、こうした「需給両面で経済を押し上げる」ストーリーが描けると考えている。

　潜在成長率が高まることは、中期的な経済成長のベースになる。その一方で、需要が創造できなければ潜在力を活かすこともできない。そういった意味で、実質賃金がプラスに転じるとともに、それが持続性を保つために「物価上昇と賃金上昇」の好循環が形成されることが重要になる。この点に関しては、大企業だけでなく中小企業セクターも「人手不足が顕著」であり、自社の事業継続のためには賃金引上げがマストの状況にある。しかも、人手不

足解消は容易でないことから構造的な賃上げ圧力が働くと考えられる。また、人手確保の手段として「非正規雇用から正規雇用」への転換が進む。これも賃金上昇の要因になる。また、アルバイト・パート主体の業種では「最低賃金」の引上げが段階的に進められることから、正社員への波及を含めて処遇全体に影響を与える。さらに「転職市場」が 40 歳代以上に拡大する流れができて、転職機会をとらえた処遇改善効果も徐々に進むことで、所得環境全般が改善する。長らく続いた「節約志向」が緩和され、消費の拡大につながる可能性がある。

　また、企業は「モノが売れない時代」「値段を上げられない時代」を脱皮するために、「マーケティング」強化を図り、プロダクトの見直しやブランド強化を進めるはずだ。消費者の価値観は多様化しているが、自分への投資やご褒美的な消費には積極的で「メリハリある消費様式」が定着している。マーケティングによって市場ニーズを的確に把握することで、まだまだ消費拡大は可能である。また、家計にとって大きなコストとなる「子育て費用」や「学費」が、少子化対策で軽減されることで、家計の配分が変わる可能性もある。

2.2　構造的にマイナスに働く要因

　需要への影響という観点では、「人口減少」が「既存市場の縮小」につながる。また、高齢者は相対的に消費が減少する傾向にあるため、高齢化の進展が「既存市場の縮小」を後押しする。さらに「社会保障」に関する負担増は、実質可処分所得を引き下げる要因になる。社会保障制度改革が進まなかった場合や小手先で終わるような場合には、実質賃金がプラスに転じても可処分所得が抑制されるため、じわじわと消費を圧迫するであろう。近年政府は社会保障を隠れ蓑として増税的な取り扱いをする施策もみられ、社会保障改革のあり方が消費に大きな影響を与えることは肝に銘じてもらいたい。また、防衛増強や国土強靭化、少子化対策は重要課題ではあるが、歳出改革を並行して行わなければ国民負担に跳ね返り、消費力を低下させる要因になる。今後「金利ある世界」に移行するうえで、あらためて国は「賢い支出（ワイズスペンディング）」を徹底する必要がある。

　さらに「金利ある世界」が復活して「長期金利」が徐々に上昇することで国債費の負担が増えることが予想される。社会保障費と並んで「巨大な固定費」として「歳出」を拘束し、施策的予算を圧迫する可能性がある。人口減少によって地方財政も厳しくなり、「地方交付金等への依存度」が高まるようであれば、これも財政を圧迫する。地方政府を整理統合しなければ、この流れを止めることが難しくなる。日銀も時間をかけながら出口戦略に向かうはずだ。その過程で、国債購入の圧縮、ETF の圧縮など金融市場に与えるインパクトも想定される。金利ある世界に入りつつあるなかで、あらためて政府の「賢い支出」と「財政再建」が必須の状況にある。これら政府・日銀の対応は、為替にも影響することから過度の円安進行を止めるような構造的な改革が求められる。

　次に「供給制約」に対しても上手に対処する必要がある。やはり「人手不足への対応」がポイントになる。人手不足の問題は前項でも説明したが、生産年齢人口（量）が減少する以上、質的なカバーを図る必要がある。人材投資はもちろんのこと、適材適所の人事を徹底すること、成長分野へ人材が向かうような流動化を図ること、また、社会保障改革や税制改革を絡めた「健康な高齢者の労働参加」を呼び起こす必要がある。同様に、資本投入量を増やすこと、TFP の向上を進めることで供給力が下がらないように対処する必要がある。

　こうした需給両面での構造的な押し下げ要因に、いかにスピード感をもって対処するかが大きな課題になる。企業部門は、経営者の意識改革やガバナンス強化をもって、積極的かつアジャイルな対応が求められる。政府部門は、限界に近付きつつある社会保障制度や歳出改革、債務の適正化など改革を断行する必要がある。官民が連携して「均衡ある改革」を進めることがマイナス要因を緩和・消去するパスになろう。

2.3　時節的にプラスに働く要因

　国内の経済状況をヒストリカル（歴史的）に見ると、長い停滞期を通じてデフレに対する「固定観念（ノルム）」が形成され、世界のなかで一国だけ「物価上昇のない世界」を歩んでいた。ところが、世界を席巻したコロナ禍が日

本に大きな転機をもたらした。国際的なサプライチェーンが途絶したことで資材不足が顕在化し、看板型の生産方式を直撃した。また、飲食・宿泊など対人型のビジネス市場から労働者が去った。こうした歪みが生じるなかで、「コロナ禍が落ち着く」と世界各国の経済は急速な回復が進み、供給体制が回復しないなかで需要が増大する「需給の均衡」が崩れることで、「コストプッシュ型の物価上昇」が始まった。これが、日本の“固定的物価”を変える契機となった。

　日本においては「B2B」のいわゆる企業物価の上昇から幕を開けることになる。近年なかった水準で企業物価は上昇を続け、ついには「B2C」の消費者物価に波及する形が顕在化したのである。これにロシア・ウクライナ紛争によるエネルギーや食糧価格の上昇が後押しする形になり、コストプッシュ型の消費者物価上昇が認識されるようになったのである。

　さらに国内の「人手不足」が強く意識される状況になったことも、物価に対する固定観念を変える要因になった。物価上昇によるベア（ベース・アップ）だけでなく、人手確保の観点で初任給を大幅に上げる企業、賃上げを表明する大手企業が続々と現れ、近年なかった「春闘」水準が実現することになった。2023年春闘に終わることなく、2024年の春闘でも大幅な賃上げが続いている。こうした流れは、コストプッシュ型から「賃金アップ⇒物価上昇⇒賃金アップ⇒物価上昇」という正常化された形での賃金と物価の上昇サイクルを意識させることになった。ここにきて、日本人の「物価は上がらない」というノルム（固定観念）や、「コストアップは経営努力で吸収する」という商習慣を変える流れが形成されつつあるといっていいだろう。

　消費者も企業も、それぞれが「値上げ」「賃上げ」を容認し、それに対応する状況に変化しつつある。コロナ禍の停滞と解除が「転換点」になったことは間違いなく、大きな意味がある。こうしたモメンタム（勢い）は、一時的な盛り上がりで終わることはなさそうである。2025年以降も人手不足という構造問題と相まって「正常化」が確実に進む。こうした意識変革、ビジネス慣行の変化が、民間の消費拡大の要因になることは間違いない。

　次に「経営者のマインドセット」である。長く内向きで保守的な思考が強かった経営者の意識が変わっていく。明らかな労働市場の変容、後継者難を

背景とする廃業やM&Aによる再編の増加、アニマルスピリットをもった経営者による「第二創業」の活発化、デジタルを活用してビジネスモデルや生産性を高める経営者の増加など、攻めの経営者が増えることで保守的な経営者の意識を変える契機になる。こうした潮流が顕在化すれば、日本の経済界は再び活力を取り戻す。

また、人手不足は「健康でやる気のある高齢者」を再び労働市場に引き戻すことになるだろう。彼らが持っている様々な「技術や経験」を適材適所に配置することで、労働力の「質」が高まる。

そのためには、報酬によって年金減額につながるような制度の廃止、企業内の柔軟な人事制度や活用方法を検討する必要がある。高齢者を上手に使うことは労働力の好材料になるだけでなく、消費拡大や納税額の増加にもつながる。働けば年金が減るような仕組みでは高齢者活用は進まない。

同様に、女性の活用がさらに進めば労働力は強化される。ジェンダー平等や世界から批判の多い女性管理職比率の低さといった問題も重要だが、労働力の質を高める視点で言えば「性差を意識しないヒトとしての職業能力」を評価し、長らく補助的なポストにあった女性労働者の意識改革やスキルアップを並行して進める必要がある。量的な面では、従来女性が進出していない業種や職種については、その障壁を下げるような対策、力仕事であれば「機械・治具・パワースーツ」などによる作業支援を行うことで就業する女性も増えるはずだ。人手不足の強まりが、女性の職域拡大を促進する契機となって潜在成長率を押し上げる。

金融に関しても「金利ある世界」、「正常化」に向けた動きが始まる。金利ある世界は、金融機関の利鞘改善につながる。金利のない世界では息を潜めていた金融機関だが、取り巻く環境は厳しい。金融庁の試算によれば、2017年から2030年の変化として、中小企業向け貸出の減少が3割を超える県が全国の半数になる、あるいは1行単独（1番行のシェアが100%）になっても不採算となる県が20を超える（**図1-3-12**）。腰の重い金融機関といえども、さすがに地域を支える動きを活発化する。金融機関のこうした前向きな動きは、ローカル企業のビジネスモデル再構築や業界再編を主導することで、経済を活性化する効果が生まれる。利鞘改善、収支回復によって金融機関がリ

【図 1-3-12】 都道府県別中小企業向け貸出残高推計（2017年⇒2030年）
　　　　　　 各都道府県における地域銀行の本業での競争可能性（モデルによる試算）

減少率	都道府県数
0%　～▲10%	1
▲10%超～▲20%	8
▲20%超～▲30%	14
▲30%超～▲40%	14
▲40%超～▲50%	10

（推計手法）
都道府県別の中小企業向け貸出残高
（推計値）と生産年齢人口の関係を踏
まえ、2030年の各都道府県の中小企
業向け貸出残高を推計し、2017年か
らの増減率を算出。

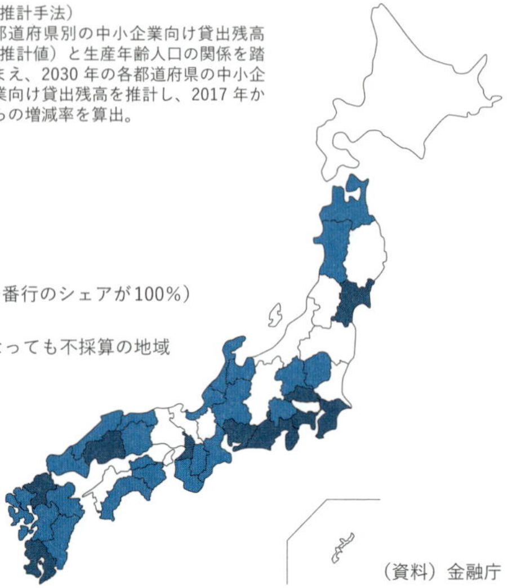

■ 2行での競争が可能な地域
□ 2行での競争は不可能だが、1行単独（一番行のシェアが100%）
　 ならば存続可能な地域
■ 1行単独（一番行のシェアが100%）になっても不採算の地域

※ 東京都はモデルによる判定が不可能

（資料）金融庁

出典：金融庁「地域金融の課題と競争のあり方」（平成30年4月11日）

スクオンのモードになってスタートアップ企業やゾンビ企業の抜本的経営改善などに動き出すことができれば、これもローカル経済に良い影響を与えるはずだ。

　世界に視野を拡げると、2030年を達成期限とする「SDGs（持続可能な開発目標）」に関する動きが加速する。とりわけ「気候変動対策」は全般に遅れが目立つことから、政府の動き、大企業などサプライチェーンのトップの動きが加速する。気候変動対策は、製造業であれば製造プロセスでの脱炭素化、利用エネルギーの転換、製品等の開発など広い範囲で設備投資や研究開発資金を投じることになる。こうしたGX（グリーン・トランスフォーメーション）の動きが広く浸透することで、経済を押し上げる力になる。

　また、2025-2030年は「デジタル投資」が加速することは必至である。デジタライゼーション（デジタル技術で業務プロセスを変革した状況）が一定程度進行している大企業においては、生成AIの活用範囲の拡大、IoTや5Gなどを活用した現場の無人化省力化などが更に進む。中小企業においては、経理・勤怠・営業などのデジタイゼーション（アナログ業務のシステム化）

が主流だが、各部門をつなぐ ERP（経営資源の一元管理）による全体最適化・経営高度化の動きが着実に進む。こうした投資が、経済の押し上げ要因になる。

海外新興国の経済成長にも期待ができる。グローバルサウスと呼ばれるインドをはじめとする新興国、力をつけている東南アジアの更なる経済成長が進むことで「新しい市場」が形成・拡大する。

GDP でみれば、日本・中国・インド・韓国・台湾をはじめとするアジア地域が、経済のエンジンとして大きな影響をもつ。日本は、TPP など様々な経済連携を深めることで、こうした新興国の成長を自国経済の押し上げに活かすことができる。また、米中覇権争いを基軸とした「経済安保の動き」は確実に強まる。したがって、両陣営が「新興国を交えた経済協定」、グループ形成に向けて動き出す。日本がこうした動きを、あるときは主導し、あるときは巧みに活用することで経済成長につなげることは十分可能であろう。

2.4 時節的にマイナスに働く要因

国内で最も懸念されるマイナス材料は「天災」である。日本は 4 枚の海陸プレートの境界にあり、必然的に地震が多くなる。また、世界でも有数の火山国でもある。近時は富士山噴火の想定被害の大きさが話題になっており、それを超える巨大噴火のリスクもないとはいえない。そして、毎年多くの台風が襲来して甚大な水害被害を起こす。水害被害は近年の日本にとって地震に並ぶ大きなリスクである。近年は世界的な「流行病」被害もある。古くは天然痘・ペストに始まり、近年は鳥インフルエンザ、エイズ、ブリオン、SARS、そしてコロナなど数々の流行病が発生している。温暖化によって永久凍土が溶けだすことで新たな病原菌が地上に放たれるリスクもあるという。

これらの「天災」が広域に及んだ場合は、当然ながら大きな経済影響を与えることになる。予測することは困難であるが、コロナが突然舞い降り世界を席巻したように、常に油断ができない状況にある。経済的には成熟期にあり、政治も比較的安定している日本においては、災害リスクが最大の押し下げ要因になる。

円安の進行も日本全体でみれば押し下げ要因になろう。営業基盤を世界に

有する大手企業を除くと、円安は輸入価格に影響を与え、石油・天然ガス、鉱物、食料、ネットワーク使用料などを輸入に頼る日本にとって貿易収支を悪化させ、経済にマイナス影響を与える。賃金と物価の好循環のベースを固めたい時期に、急激な物価上昇は痛手となることもあろう。国内を基盤とする中小企業は原価上昇に伴い、収支の悪化を招く。

　2025-2030年というスパンで考えた場合に、経済を下振れさせる要因は「海外発の要因」が大半を占めるであろう。近年でみれば「コロナ禍」「世界同時不況」「リーマンショック」「欧米中央銀行の利上げ」など、数えきれないイベントが日本経済を押し下げてきた。

　それだけ国際的なパワーバランスが崩れ、不安定化している。様々な対立軸が存在しており、それがいつ発火するかが読めない。サプライチェーンがグローバル化し、経済的関係が複雑化している状況にあって、ちょっとしたことが大事になって世界にダメージを与える。金融のリスク、為替のリスク、規制のリスク、天災や紛争のリスクが散在している。海外発の読み切れないリスクの顕在化によって、日本経済が下押しされる可能性も否定できない。

2.5　実質GDPの推計

　以上が、2025-2030年の日本経済を占ううえでの基本的枠組みである。それでは、こうした枠組みのなかで、日本の経済がどう変化するのか、代表的な指標である実質GDPの成長率を占ってみたい。

　複数のシンクタンクや政府機関で実質GDPの中期的な見通しが発表されている。内閣府「中長期の経済財政に関する試算」（令和6年1月）では、2025-2029年、2030-2034年の2期について、「ベースライン」「成長実現」の2つのシナリオに基づく実質GDP成長率が示されている（図1-3-13）。これによると、ベースラインシナリオでは、「0.7%（2025-2029年）」、「0.5%（2030-2034年）」で、成長実現シナリオでは「1.7%（2025-2029年）」、「1.8%（2030-2034年）」となっている。さらに、民間予測（ESPフォーキャスト）の高位平均は各期間で「1.1%」、「1.0%」と予想されている。いくつかのシンクタンクが発表している2030年までの実質GDP成長率は「1%前後」が大半である。以上が、世間相場といっていいだろう。

【図 1-3-13】 政府の実質 GDP 成長率の予測（民間予測との比較）

【実質GDP成長率】

(年度、%程度)

		2023	24	25～29 平均	30～34 平均
内閣府「中長期試算」※2033年度まで	ベースラインケース	1.6	1.3	0.7	0.5
	成長実現ケース	1.6	1.3	1.7	1.8
民間予測（ESP フォーキャスト）	低位平均	1.4	0.6	0.5	0.2
	総平均	1.5	0.9	0.8	0.6
	高位平均	1.6	1.2	1.1	1.0

出典：内閣府「中長期の経済財政に関する試算」 令和6年1月22日経済財政諮問会議提出 （付録3）

【図 1-3-14】 2025-2030 年の実質 GDP 成長率予測（平均）

調整前の実質 GDP 成長率予測

1.8%

調整後

1.5%

> 本書で予測した「潜在成長率見通し」である「1.8%」が、実質 GDP 成長率と中長期的に一致するという予測のもとで、「海外発の下押し要因」の影響を「▲0.3%」の範囲に留まるとみて、調整後「1.5%」の成長率が実現できるとした。
>
> ここ10年程度の実績からすると「高い成長率」に見えるが、過去の「TFPの寄与度の水準」、「資本投下量」の少なさを勘案すると、本書で説明した理由により「潜在成長率」1.8%は十分達成しうる水準だと考えている。

筆者作成

本書では、2025-2030 年における平均的な実質 GDP 成長率を「1.5%」と予測する（**図 1-3-14**）。これは、政府の「成長実現」シナリオに近い水準であるが、前項で予測した「潜在成長率」の水準をベースにした考え方による。

調整前では「1.8%」の成長率を見込んでいるが、海外発の下振れ要因が影

響を与えるケースが「恒常化」していることを加味して、▲0.3％の調整を行っている。海外発のリスクについては、リスク種類によって「外需」「為替・株価」「物価」「マインド」など様々なところに影響を与えることから極めて読みにくいが、「個人消費」と「公需」でGDPの8割程度を構成していること、民間設備投資が底堅く推移すること、そういった点を加味して直截的だが「▲0.3％」程度の範囲に留まると判断し、調整を行ったものである。

より具体的にイメージするために、GDPの構成要素毎に寄与度をみたものが、図1-3-15「2025-2030年経済見通し③〜寄与度（1.8％）〜」である。

まずGDPの5割強を占める「個人消費」だが、寄与度を0.5％平均でみている。総人口の減少、消費の核となる生産年齢人口の減少はマイナス要素だが、人手不足が恒常化するなかで「所得環境」は確実に改善する。実質可処分所得の増減という観点では、ここまでジワジワと足を引っ張っている「社会保障負担」がカギになる。これに関しては、少子化対策や全世代型社会保障の基本思想を反映する形で「世代間調整が進む」ことによって、現役世代の負担が多少軽減される方向に進むとみている。賃金と物価の好循環が形成

【図 1-3-15】2025-2030 経済見通し材料③　〜寄与度（1.8％）〜

下段数字は寄与度

個人消費 **0.5％**	■ 現役世代は人手不足が恒常化することで**所得環境は改善する**。また、少子化対策や社会保障の世代間調整も踏まえて、**可処分所得が向上**する。退役世代は消費量は減少するが、医療介護やサービス消費に対する消費は全体として増加することが想定される ■ 2030 年までは人口減少をカバーする消費額増加によって全体として成長を維持。
設備投資 **1.2％**	■ **GDP 成長の牽引役は民間設備投資**。無人化投資、デジタル投資、GX 投資、人手確保のための職場環境改善など、**投資対象は極めて広く、必要性も高い**ものが多い。 ■ 企業業績は、財務構造の改善とともに過当競争構造の緩和などが進み、堅調に推移する。
住宅投資 **▲0.1％**	■ 住宅購入世代の人口減少により**着工件数は逓減**。 ■ 職人不足、原材料費の高止まり、住宅ローン金利の上昇もマイナス要因。
輸出入 **▲0.1％**	■ **インバウンド増加**によるサービス輸出増加、円安を背景とする**財輸出の伸び**が一定程度期待できる反面、輸入に関しては、原油など資源価格の動向が不安定。円安の推移も気になるところであり、全体として▲0.1 程度を想定。
政府支出・公的資本 **0.3％**	■ 引続き公的固定資本形成は一定程度のレベルで推移。政府支出も医療費増加（受信者増加）に加えて少子化対策、さらには防衛費の増加など堅調に推移することが想定される。

筆者作成

され、社会保障制度の信頼回復と相まって節約志向から徐々に解放され、メリハリの効いた消費行動が復活する。65歳以上の層に関しては、消費量や消費金額は現役世代よりも少なくなるが、「医療・介護などのサービス消費」が全体として増加する。さらに、労働参加率の高まりによって所得環境が改善することで、消費意欲が増す可能性もある。総じて「消費」は穏やかではあるが「一定の伸び」が実現されると考えている。

次に「民間設備投資」だが、2025-2030年の成長の「牽引役」になると考えている。潜在成長率のカギが「資本投入量の増加」にあると前項で説明したが、設備投資の対象が広範かつ必要性が高いことが、この期の特徴といっていいだろう。人手不足が深刻になるなかで、中小企業であっても無人化・省力化投資や職場環境の改善が不可欠になる。少子化対策に関する「企業向けの要請」も相まって、「福利厚生関連投資」も増える。デジタル投資も生産性向上によって人手不足解消につながることから、投資対象に含まれる。特に、生成AIは通常利用するビジネスアプリケーションに組み込まれるなど、中小企業でも使いやすい環境が進む。ノーコード、ローコードのアプリケーションも増加することで、中小企業のデジタル整備が進む。また、5Gの整備が全国で進むなか、beyond5Gに向けた新たな投資も活発化する。

大企業を中心に「GX投資」が加速する。2030年のSDGs達成期限に向けて、「脱炭素関連投資」が増加することは間違いない。また、大企業自身の脱炭素削減体制が整備されれば、次のステップとして傘下の「サプライチェーン構成員」に向けて協力要請が始まる。GHGの測定・削減やカーボンフットプリントの表示体制の整備をはじめ、再生エネルギーの活用、それに向けた地域分散型エネルギーシステムの構築など様々な投資が進む。GXは世界の潮流であり、新たなイノベーションやプロダクトが問題解決に必要不可欠である。企業の新しい「市場開拓」のための攻めのGX関連のプロダクト開発投資も確実に増加するだろう。

こうした民間投資を支える「企業業績」は、基本的に堅調に推移すると考えられる。バブル崩壊後の「貸し渋り」を経て、自己資本の充実など中小企業を含めた財務改善が進んでいる。リーマンショックやコロナ禍を経て、固定費を中心とした「コストカットによる収益構造の改善」が行われ、損益分

岐点が下がって収益が上げやすい構造になっている。今後、事業承継難や戦略の行き詰まりを背景に「業界再編」が進むことで過当競争構造も解消される。こうした流れのなかで、企業業績は堅調に推移する。設備投資に対する企業業績のバックボーンもしっかりしていることから、設備投資の「寄与度1.2%」は、十分達成可能な水準だと考えている。

　次に「住宅投資」であるが、これは人口減少や単身世帯の増加などを背景に「着工件数」は緩やかに減少すると考えている。また、大工など技術職の不足が供給制約となって、住宅価格も下がりにくい状況になる。また、久しく低金利を享受してきた「住宅ローン金利」も徐々に上昇することで、自己資金が不足する層については購入をためらうケースも出るだろう。こうした点を総合的に判断すると「▲ 0.1%」程度の寄与が見込まれる。

　「公需」に関しては、引き続き堅調に推移すると考えている（寄与度 0.3%）。まず政府支出であるが、老齢化の進行に伴い「医療・介護」に関する支出、重要課題である「少子化対策」と「防衛強化」に関する支出が増加する。公的資本形成に関しても、国土強靭化 5 か年加速計画では 15 兆円規模となっているように、この路線は確実に延長されることが想定される。防衛費の施設装備関係に関して「防衛力整備計画」で 23 年度から 5 か年で 43 兆円という従来の 1.6 倍水準に引き上げられていることを想定すると、総じて公的資本形成や政府支出は堅調な寄与が期待できる。

　最後が「外需」である。これは「海外発リスク」が最大のリスクとした通り、読みにくい要素である。まず、輸出に関して「インバウンド（海外からの旅行客）」は確実に増加するだろう。世界からみれば「極東の地」というハンデもあって、現在は「アジア旅行客」が中心であるが、インバウンドの国籍も拡大傾向にある。総合的な観光資源やサービスレベルの高さに加え、まだまだ未開拓の観光地域・資源も多いことから工夫次第で相当の増加が見込める。第 4 次観光立国推進基本計画にある 2025 年度 3200 万人も、24 年度にはクリアできる可能性が高い。このまま行けば、2030 年 6000 万人、消費額 15 兆円という政府目標も視野に入ってくるだろう。そういった意味で、インバウンドによるサービス輸出は大きな力となる。

　財の輸出に関しては、変数が多く仮説の設定が難しいところでもある。

日本は資本財・設備財・中間財が主力であり、輸送用機器・一般機械・電気機器の御三家が6割を占める状況にある。また、輸出先は中国・韓国・ASEANで4割を超え、米国やEUで3割近くになる。こうした輸出構造を踏まえると、日本の製品の競争力、相手国のサプライチェーン政策の変化、世界の景気動向、円の水準、CPTTPのような経済連携、経済安保といった政治的問題が複雑に絡み合い、簡単には答えが出せない面がある。例えば、輸出の4番打者である「自動車」に関して、EVが国際的に主流になった場合に、日本EVの競争力の低下などによる輸出の影響が出ないか、といった点である。あるいは中国が経済安保を視野に「サプライチェーンの国内化」を進めることで、資本財の輸出が減少しないか、といった懸念もある。

その一方で、**図1-3-16**の通り、複雑な国際関係のなかで輸出額を伸ばしてきた実績が日本にはある。そして、それを裏付けるかのようにコロナ禍の収束とともに順調に輸出を回復させている。今後、ASEANをはじめ、インドを中心とするグローバルサウスなどの新興国が台頭することで、新興国市

[図 1-3-16] 輸出額・伸び率（前年比）の実績と予測

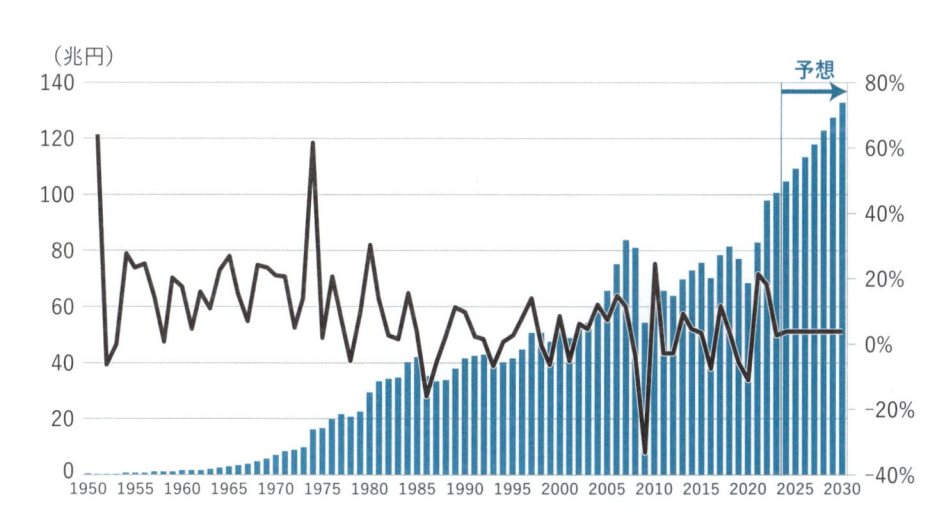

出典：財務省「貿易統計」より筆者作成、ただし2023年は速報値（令和6年1月）、2024年度以降は筆者予測

場でのシェアを拡大できる余地がある。あるいは RCEP や TPP などの経済連携を深化させることで、輸出の拡大につなげる余地もある。こうした点を総合的に考えると、ここ 10 年、20 年で培ってきた平均的な輸出の「伸長率を維持する」ことは可能ではないか。そうした前提に立つと、4% 弱の水準で輸出が増加すると推測することは可能である。

　輸入に関しても輸出同様に変数が多い。しかし、最も大きな影響を与える鉱物性燃料の価格動向と円の水準である。もちろん GX への移行を踏まえれば、鉱物性燃料の量は緩やかなダウントレンドをたどるだろう。一方で、資源価格や円の動向は極めて流動的である。コロナ明け、石油価格の高騰と円安が重なって貿易赤字の大きな要因になったことは記憶に新しい。また、インターネット利用による海外 IT 企業への支払い増加も考慮する必要がある。さらに、今後世界的な食糧不足が懸念されるなかで、ロシア・ウクライナのような食料輸出国同士の紛争が発生した場合には「価格高騰」に直結する。したがって、予測にあたってはコロナ禍に入る 10 年程度以前の水準を参考にしている（**図** 1-3-17）。

　このように世界の状況変化に影響を受けやすい外需の動向であるが、前述

【図 1-3-17】**輸出入の実績と予測**

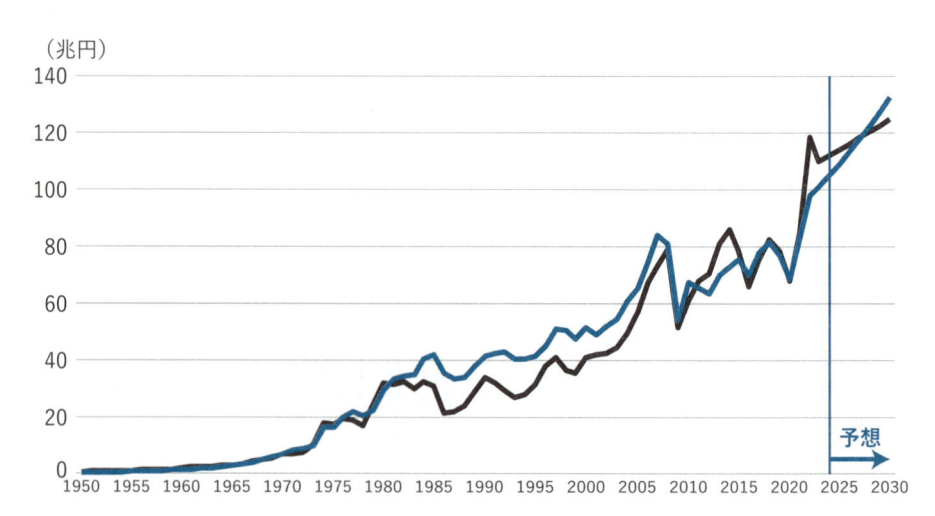

出典：財務省「貿易統計」より筆者作成、ただし 2023 年は速報値（令和 6 年 1 月）、2024 年度以降は筆者予測

の輸出入の要因も踏まえて「寄与度プラスマイナスゼロ」を想定している。当然だが、海外発のリスクや不透明性が高まるなかで、輸入価格の高騰、円安影響などで「輸入超過」となるケースが増える可能性もあることに留意すべきであろう。

以上を踏まえて、2025-2030年の実質GDPの推移を予測している（**図1-3-18**）。いずれにしても、この期間は日本にとって大きな転換点になり、更なる未来の方向性を決める重要な時期になるだろう。敢えて複数シナリオを提示することなく、「1.5%」の実質成長が可能だとする筆者の考え方は、日本の政財界すべての人間が「決意をもって時代を拓く」ことを期待するものでもある。日本が持つ地力をもってすれば決して達成不可能な水準ではなく、やり遂げられる水準だと考えている。

【図 1-3-18】 日本の実質 GDP 成長率の予測

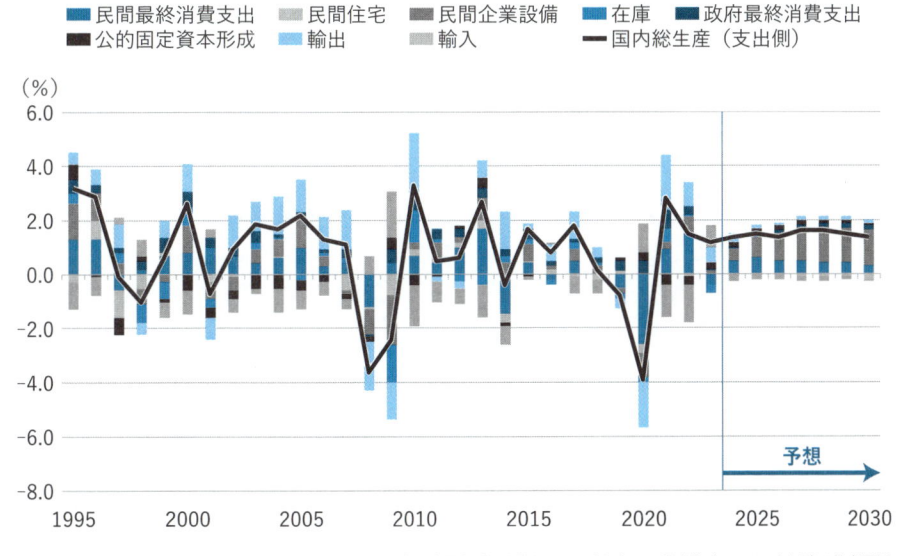

出典：内閣府「四半期別 GDP 速報」より筆者作成。2024 年以降は筆者予測

3. 金利見通し

3.1 短期金利

　短期金利（無担保コール翌日物）については、マイナス金利政策の解除に伴い、2024年3〜6月時点では0.08%近傍で8〜9月時点では0.2%近傍で推移している。

　今後を占ううえでは「消費者物価がどう推移するか」、「賃金引上げと物価上昇がうまく循環するか」、さらには「景気回復が力強く進み『過熱感』といった状況になるのか」がポイントになる。コロナ明けの景気回復は穏やかなものであり、米国とは異なる。企業間物価の上昇圧力は強かったものの、最終消費ベースでみれば「過熱」といった状況にはない。背景には、最終価格への影響を極力抑えようとする企業の価格戦略や努力が働いたことがある。また、今次の物価上昇は輸入価格を中心とする「コストプッシュインフレ（供給サイドの要因による物価上昇）」であり「長続きしない」と見られていた。物価上昇が継続するカギは、長らく続いた実質賃金の「マイナスからの転換」であり、そうした人件費上昇がサービス価格等へ反映される循環が確立できるかにあると考えられていた。

　注目された2023・2024年の賃上げは近年にない高い水準であったが、問題は「実質賃金のプラス転換」の時期がいつになるかである。毎月勤労統計調査によれば、6〜7月と2ヶ月連続でプラスとなっているが、これが継続するかが今後のポイントになる。日銀の見通しでは、2025年も引き続きコアで2%近傍を維持するとしており、賃上げと適度な物価上昇が続くと考えていると思われる。

　金融政策の「早期正常化」を目指すとみられる日銀としては、可及的速やかに利上げを実施したい気持ちはあるだろう。しかし、過去の「痛い経験（ゼロ金利解除後の停滞に対する批判）」は心の傷として残っており、慎重に見極めたうえで利上げに動くというのが筆者の予想である。一方で、アナリストの多くは「2025年半ばには0.5%を超える」という見方をしている。

　2025-2030年の期間でみれば、2022年に米国で起こった「3倍速での利上げ」は行われないとみている。日本の潜在成長力は確実に増強されてGDP

【図 1-3-19】 無担保コールレート（翌日物）の推移と予想

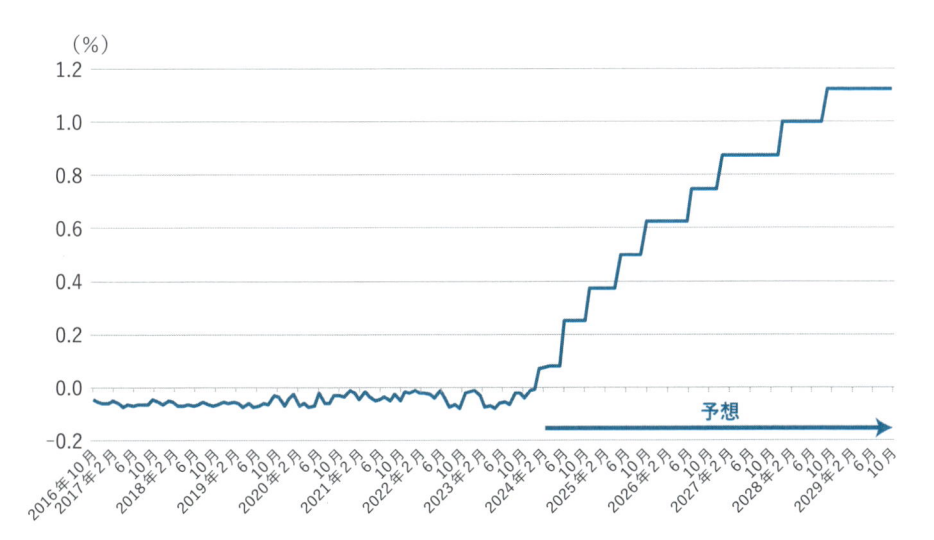

出典：日本銀行「コール市場統計」より筆者作成。2024 年 5 月以降は筆者の予想

も伸長するが、それは急激なものではなく、段階的に進んでいく。特殊な事案が起こらない限りは、「1% 近傍」に向かって（**図 1-3-19**）穏やかに上昇するものと考えている。この予想が覆るとすれば、「国内の急ピッチでの設備投資実施」「円安の過度の進行（米国の金利上昇）」「日銀の金融政策＝国債や ETF の売却等の市場影響も含む＝」等が考えられる。いずれにしても、長くマイナス水準にあった短期金利が正常化の方向に向かうことは確実である。そして、そのピッチは穏やかに進むものと考えている。

3.2　長期金利

　日本銀行は、「YCC（イールドカーブコントロール）」政策について 2023年夏頃から運用を「弾力化」し、2024 年 3 月には「撤廃」に至った結果、イールドカーブの歪み（期間 10 年部分）も徐々に是正され、5 月末時点では 1%近傍に位置している。今後、大規模金融緩和の是正が進み、短期金利も含めた金利体系の正常化が進むことで、長期金利も上昇局面に入ることが予想される。

　長期金利の水準を考えるうえで、実質金利や期待インフレ率について検討することが有効である。「実質金利＝名目金利―期待インフレ率」であり、実質金利と期待インフレ率がわかれば「名目金利」を算出することができる。

　中長期的な実質金利は「潜在成長率と重なる」という考え方に立てば、2025-2030年の潜在成長率を本書では「1.8%程度」とみているので、これが「実質金利」になる。一方で、2024年7月現在の10年債のBEI（ブレーク・イーブン・インフレ率：普通国債と物価連動国債の流通利回りの差）は、1.5%近傍にある（図1-3-20）。BEIを期待インフレ率とみれば、向こう10年の平均的な水準は1.5%程度とみてもよいだろう。したがって、実質金利1.8%＋期待インフレ率1.5%＝名目金利「3.3%」が、向後10年の長期金利水準という考え方ができる（図1-3-21）。

　また、長期金利については、「自然利子率＋期待インフレ率＋タームプレミアム」でみることができる。期待インフレ率を前述の1.5%とすると、自然利子率とタームプレミアムがわかれば長期金利を算出できる。

　自然利子率を「均衡実質金利（景気を過熱・冷熱することのない中立的な金利）」とすれば、10年という中長期的な時間軸では「潜在成長率」がそれに相当すると考えられる。10年債のタームプレミアムは日銀の異次元緩和政策の緩和状況との関連もあるが、大規模緩和の開始時期2013年近傍における▲0.7%前後の水準を参考にすれば、▲0.7-0.0%のレンジで考えてよいのではないだろうか。日銀の出口戦略は、市場に大きなショックを与えないことを中心に考えれば、相当長期間で対応せざるを得ないと考えられる。よって「急激な措置」をとることはないと仮定すれば、前述の▲0.7%〜0%近傍で推移するとみていいと考える。以上の前提に立てば、長期金利の水準は自然利子率1.8%＋期待インフレ率1.5%＋タームプレミアム▲0.7-0%＝「2.6%〜3.3%」のレンジに向かって動くと考えられる。

　ここまでの2つの観点から長期金利は、概ね3.3%近傍に向かって推移すると本書では結論づける。いずれにしても「金利ある世界」に向かって今後進んでいくことになるが、従来の低金利に慣れてしまった経営者も少なくない。今後多くの設備投資が求められるなかで、減価償却の範囲内といったことは言っていられなくなる。借入を伴う大型投資を行ううえで、金利負担を

念頭においた事業計画や財務計画の精度を上げる必要がある。また、低金利を背景に「長期借入」比率を高めた企業も少なくないだろう。変動金利型であれば、そうした点も加味しつつ固定金利への移行など調達ポートフォリオに関して再考する必要がある。

【図 1-3-20】 ブレーク・イーブン・インフレ率（BEI）の推移

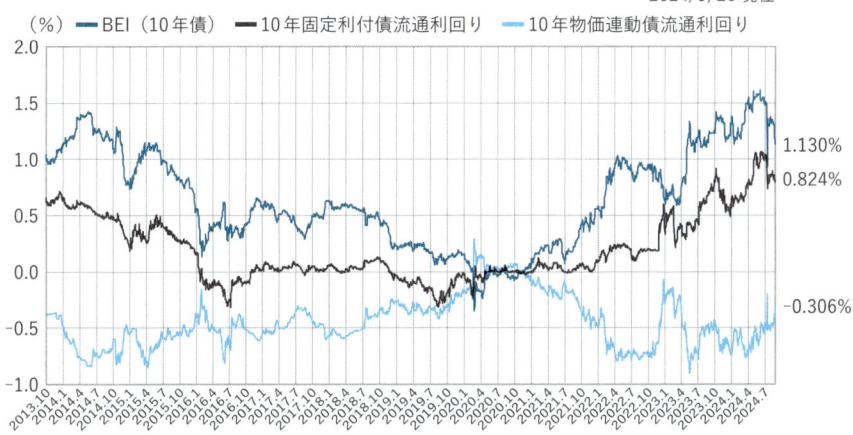

2024/9/20現在

1.130%
0.824%
−0.306%

※1　物価連動国債は、元本が物価に連動して増減する国債。8月末時点の発行残高は約12.9兆円。
※2　BEI（10年）は、物価連動国債の複利利回りと同じ残存期間の10年利付国債の複利利回りを基に計算。
出所：日本相互証券提供の金利情報を基に財務省にて計算。

出典：財務省「物価連動国債」

【図 1-3-21】 10 年国債の利回り推移と予想

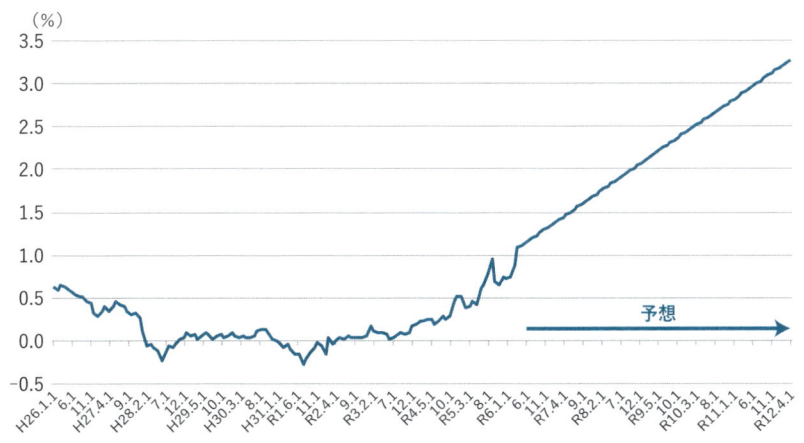

出典：財務省「国債金利情報」より筆者作成。2024 年 6 月以降は筆者の予想。

「日本銀行をひとりぼっちにしてはならない」

日本銀行は誰のための銀行なのか。

いうまでもなく国民のための銀行である。日銀法第一条には「我が国の中央銀行」と書かれているが、我が国の主権者は国民である。国民のために「銀行券を発行する」「通貨および金融の調節をする」「資金決済の円滑の確保を図り、もって信用秩序の維持に資する」（同第 1 条）ことが日銀の存在意義である。

その一方で、国民の日銀に対する関心は極めて薄い。平均的な国民は、日銀の総裁が誰であるか、何をやっているか、おそらく知らない。そして、日銀の仕事が良くも悪くも、自らの生活に一定の影響があることを感じてはいない。これは日本にとって良いことではない。日銀は国民のための銀行であり、「物価の安定を図ることを通じて国民経済の健全な発展に資する」理念を掲げているからだ。国民が日銀に無関心であることは、様々な意味で日銀の健全性を失わせる原因になる。

日本銀行は、山本七平「空気の研究」にあるように「絶対権をもった妖怪」の圧力を常に受ける環境にある。その妖怪とは、広く言えば「世の中」であり、さらにスコープすれば「政治」「マスコミ」「学者」「金融界」等をさす。空気のような圧力に晒されてきたことは歴史を見れば明らかだ。

こうした見方に対して「中央銀行の独立性は、法で担保されているでしょう」と反論される方がいるかもしれない。確かに「日本銀行の通貨及び金融の調節における自主性は、尊重されなければならない」（同第 3 条）「業務運営における自主性は、十分配慮されなければならない」（同第 5 条）と規定されている。しかし、「その行う通貨及び金融の調節が経済政策の一環をなすものであることを踏まえ、それが政府の経済政策の基本方針と整合的なものとなるよう、常に政府と連絡を密にし、十分な意思疎通を図らなければならない」（同第 4 条）ということで言えば、政府の連携やコミュニケーションが日銀に影響を与えることはありうるのではないだろうか。マスコミがリフレ派推しとなって連日金融政策を批判すれば「通貨供給量の増大」の世論と対峙しなければならない。何となれば、日銀総裁は両議院の同意を得て内閣が任命するので、政府が自分の政策に牙を剝くような人物を選任することは考えにくい。

つまり、法律上担保されているからといって「日銀が完全な自由の下で金融政策ができる」とはいえないということである。政府の経済政策との齟齬があれば話し合う必要がある。マスコミが批判すれば、金融政策の考え方、現状や未来の認識について丁寧に説明しなければならない。とんでもない「調整コスト」を要する。そして、完全で自由

であると考える方がおかしい。

　日銀は 2023 年に、金融政策に関する多角的レビューを開始した。概略を言えば、過去 25 年にわたって行った非伝統的金融政策手段の効果、副作用、市場や金融システムに与えた影響を、多様な知見を採り入れつつ分析するものである。筆者は、こうした日銀の姿勢については率直に評価すべきだと考えている。この 25 年の金融政策、とりわけ黒田前総裁から始まった「異次元の金融緩和」の 10 年については公約した期限内で 2% の物価目標を達成することなく終わり、大量の国債を日銀資産に抱え、市場機能を歪めたとの批判がつきまとう。こうした結果をしっかりと自律的に評価しようとする姿勢には、中央銀行としての矜持を感じる。

　しかし、問題がないわけではない。異次元緩和が始まる際に政府と日銀が締結したアコード（「政府・日本銀行の共同声明」2013 年 1 月 22 日）である。このアコードは、政府と日銀がそれぞれの役割を明確にして、連携して「デフレの早期脱却」「物価安定の下での持続的な経済成長」を実現することを表明したものである。このなかで、政府は「機動的なマクロ経済政策運営」「思い切った政策を総動員し、経済構造の変革を図る」「持続可能な財政構造を確立する」ことを約束している。ある意味で日銀が失敗を認め真摯な反省に基づき多角的な分析を行うのであれば、「政策連携を強化し、一体となって取り組む」政府も同じように多角的な分析・評価を行う必要があるはずだ。しかし、政府にこうした動きがあるようには見えない。政治は「選挙の禊」を盾に、過去を肯定ないし水に流すことができる。だからといって、このアコードが消えることはないし、約束が反故にされることもないはずだ。一言でいえば、日銀と政府の対応が不均衡なのだ。政府は「独立性をもった日銀」が自らの意図でやったことと片付けるのかもしれない。しかし、その当否や正当性を判断するために国民はもっと関心を持つべきなのだ。筆者が「日銀をひとりぼっちにするな」という意図は、国民一人一人が日銀に関心をもつことは、「金融政策を鍛え上げる」ことであり、「国民経済を健全に発展させる」ことにつながる。そして、政府のこうした対応に眼を向けることにもつながる。そして、「リフレ派推し」で論調を張ったマスコミに対して「手の平返し」を許さないことにもつながる。

　筆者は「日銀推し」でもなんでもない。ただ国民の健全な経済発展を願う一人である。そのうえで、日銀に国民の関心が高まることで、金融政策の限界や可能性に気づき、健全な批判精神が育まれることになると信じている。政府同様、日銀も「国民の関心や支持」なくして、健全な活動はできないと信じる。

第二部

経営の論点（概論）

　第一部では、日本経済の停滞原因、今後の世界・日本の未来を占ううえでキーになる要素（キーワード）、そして、2025-2030年の経済を中心とする「未来予想図」を示した。

　こうした時代にあって「経営に問われる論点」は、「**プレイヤーとしていかに存在感を発揮できるか**」、「**ステークホルダーの期待を超える成長ストーリーを描けるか**」、である。どんなに困難な経営環境にあっても、企業価値を高め続けられること、マルチステークホルダーの期待に応えること、これが企業として重要な経営課題になる。

　それでは、こうした「経営的なサクセス」を得るために、経営者は何を心掛け、何を考えればいいのだろうか。

　ひとつは「**虫の眼**」と呼ばれる現場志向と複眼的な視点から経営をみつめること。もうひとつは視野を狭めないように「**鳥の眼**」と呼ばれる高い視点、世界的な視点をもって経営を見つめることであろう。第二部では、後者の「鳥の眼」つまり「大きな視点」に立って経営の論点を検討する。

　第一部でも指摘したように、日本が経済停滞に陥った原因のひとつに経営のガバナンス、とりわけ世界を広く見て時代の潮流を捉え、先見性をもった経営判断を下すことができなかったことがある。日本の経営は、どこか職人気質的な生真面目さがある。これが「内向き」になりやすい要因にもなっている。

　日本の経済や経営は「世界市場」と無関係ではいられない。常に全体的な視点、将来の世界観を持ちながら、自社の経営を大きく客観的にとらえる必要がある。自社だけに焦点を合わせ、経営環境の大きな変化を見逃すようでは経営者とはいえない。もちろん、現場に横たわる個別課題を「虫の眼」のように複眼的かつ丁寧に分析して対応策を練ることは必要不可欠である。しかし、それだけは足りない。鳥の眼と虫の眼の両方から経営を見つめ、両者を均衡させてこそ、経営的なサクセスを得られるのである。

　第二部では、2025-2030年の環境変化を前提に、経営課題を全体的視点からとらえる。そのうえで、第三部で経営の個別論点を論じる流れとする。鳥の眼から虫の眼に、という流れである。

論点1：企業のあり方

1. 変革の必要性

いま最も重要な「経営の論点」は「**経営の変革**」である。変革とは「根本から変える」「構造を変える」「ビジネスモデルを刷新する」といった意味がある。

それでは、なぜ変革が第一の論点となるのであろうか。

その理由は、第一部で説明したように「変革」が必要なほど外部環境が変化しているからである。企業のビジネスモデルは常に外部環境変化によって「無力化・弱体化するリスク」を負っている。通常の変化であれば、いわゆる「オーディナリー・ケイパビリティ（改善や修正によって競争力を維持する組織能力）」によって、ビジネスモデルの弱体化を補強・強化する。ところが、環境変化が一定の「閾値（境界線となる値）」を超えてしまえば、まさに「ダイナミック・ケイパビリティ（自己変革力）」が問われる状況になる。つまり通常程度の改善や修正では追いつかない状況であり、まさに「変革」を行う必要が生まれるのである。

2025-2030年の外部環境変化は閾値を超えるほど大きく、日本の産業界にとって「**転換点**」とならざるを得ない。1社1社が、2030年に至る未来に想いを致して「いまのままで自社がプレゼンスを発揮し続けられるか」を考えなければならない。そして、それは経営者にとって「かなりつらい仕事」になる。なぜなら「既往路線」を否定せざるをえない部分が少なからず明らかになるからである。いま生業として行っている仕事を否定することは誰でもつらい。だからこそ本気で「2030年時点で自社が相変わらずプレゼンスを発揮し続けているか」を問わなければならないのである。

日本企業が得意かつ地道に取り組んでいる「改善活動」は、ある意味で「楽」

である。既往路線に乗って、その延長線上で「より良い形」「より良い方法」を見つけることであり、全社的に理解を得やすいからだ。「TQC（全社的品質管理）」に代表されるように「組織に定着した文化」であり、部門間の小競り合いはあったとしても社内活動の一環として理解される。

　一方で、大きな視点、高い視点から「将来の自社のプレゼンスや競争力」を考えることは、改善では済まない。環境変化によってビジネスモデルの各要素が無力化弱体化することを本気で検証することが必要だからである。時には、現在「主業」「主たる利益源」となっている事業やあり方を否定することになる。未来予想図をもとに検証すると、その事業の規模や利益幅の縮小が必至という結果になる場合があるからだ。主業であれば「早期に手を打つ」ことが必要である。そう簡単に代替事業や収益源を見出すことは困難だからである。まさに「変革」に向けた社内委員会が組成され、抜本的な戦略の見直しや事業案が検討されることになる。しかし、こうした検討は容易ではない。多くの社内の対立軸や反対を生む可能性がある。「まだ見ぬ未来」を起点に社内を大きく変えることは、現在のビジネスにさえ影響を与えるだけでなく、未来図に対する考え方の違いも生まれやすく、社内の反対は最高潮に達する。しかも、多大な投資や資金を伴い、人材など経営資源を変革のために配分する必要がある。「ボードメンバー」からすれば、変革を唱える者は「危険思想」にさえ見える可能性がある。

　このように「自社の事業」を「将来の環境変化」を見据えて、競争力が失われないかについて検証することは、日本の一定規模の企業にとって難しいことである。こう言うと「社内で中期計画の検討を通じて、こうした問題にもきちんと対処している」といった反論が聞こえてきそうだ。しかし、日本の大半の企業に「カイゼン」はあっても、「変革」の議論はまずないと断言できる。まずもって、未来予想図を十分に描けるだけのリソースが十分ない。仮にあったとしても「変革」的な施策になることはほぼない。経営会議で合意形成が難しいからである。変革を断行するリーダーが少ないことも原因である。中期計画の前段として「未来の変化図」を添付したとしても総花的な内容かつ概論的で、多くは現状路線に立った「物分かりのいいカイゼン施策」に反映されるに過ぎない。未来の変化図に立って「変革が不可欠」と拳を振

り上げるような中期計画を目にすることはない。もし変革を断行するような計画があふれているのであれば、日本の状況はこんなことにはなっていない。これが日本企業の大半の状況である。

　しかし、歴史に学べば「変革」の重要性を認識し、本気で未来予想図に照らしたビジネスモデルの検証や、競争力を失わないための抜本的方策を検討することになるはずだ。

　具体的にみてみよう。「世界を制覇した日本の産業」＝繊維、家電、半導体など＝が、いつの間にか海外企業にその地位を奪われ、世界的なプレゼンスが低下した事例はいくつもある。そして現在、押しも押されもせぬ日本産業の4番打者である「自動車産業」も、CASEとGXによって「重大な局面」を迎えている。誤解を恐れずにいえば「SDV（ソフトウェアで定義されたビークル）」という名のもとに「自動車がスマホ化」することで、設計思想・生産方法・サプライチェーン・プレイヤーが大きく変わる。ある意味で「従来の内燃機関車とはまったく違う物」を作る世界に入ろうとしている。実際、SDVの世界から聞こえて来る「ビークルOS」「OTA（無線ネットワークを利用した通信）」、「統合ECU（電子制御ユニット）」「電池」「AI」といった言葉は、従来の「ICE（内燃機関車）」からは想像もできない世界である。現在「xEV（電動車）」の世界で活躍する「テスラ（米国）」や「BYD（中国）」の経営者を見ても、自動車業界の出身ではない。テスラのイーロン・マスクはITの世界から身を起こし、BYDの王伝福は携帯用電池メーカーの創業者である。従来の自動車メーカーとは異なる「アーキテクチャー（設計思想）」を持ち、生産工法もまったく異なるものを志向している（テスラ：アンボックスのパラレル・シリアル工法）。生産工法の革新は、自動車メーカーをトップとするピラミッド構造を破壊する。自動車メーカー自身が内製化範囲を広げ、BYDのようにサプライチェーンの大半を自社グループ内で形成してしまう。また、従来自動車メーカーが得意としていない「ソフトウェアや通信」については、オープンイノベーションによってIT業界とパートナーシップを形成する。こうしたスタイルが定着すると、日本の自動車産業も見直しを迫られ、Teir1以下のサプライヤーは大変革を行わざるを得ない。

　もはや自動車メーカーではなく、「モビリティ（移動）」や「MaaS（モビリティ・アズ・ア・サービス）：移動に関するサービス）」と呼ばれる世界に変貌しようとしている。「CASE（コネクト化、自動運転、サービス化、電動化）」といったデジタルの要素に「GX（クリーンエネルギー化・産業構造）」という要素が加わって、自動車業界が大きく変わろうとしている。

　もちろん、気候変動の問題は「技術革新」をきっかけに大きく変わる可能性を秘めており、バイオ燃料などが安価かつパワーを増して大量生産されれば、内燃機関車が見直される可能性もある。あるいは、製品のすべてのサイクルでの環境負荷を測定する「LCA（ライフサイクルアセスメント）」の考え方が浸透することで、ハイブリッド車が見直される可能性もある。あるいは政治や欧米のルールメイキング戦略によって、競争のルールや舞台が変わる可能性さえもある。こうした数えきれない「変数」があることは百も承知として、前述の「モビリティ」「MaaS」「SDV」といった方向感が逆戻りすることはないと考えるべきだろう。

　長々と自動車業界の変化を説明した理由は、世界の潮流（世界的な PEST 分析）をしっかり見ておかないと、気が付いたときには日本の競争力が低下していた歴史があることを強調したいからである。日本最大の強みである「すり合わせ技術」があるといっても、それが発揮される市場やプロダクトを失えば意味がないのである。このようにマーケティング的視点で世界を見ることは、過去の歴史に照らしても極めて重要である。これが「ダイナミック・ケイパビリティ（自己変革力）」でいうところの「環境変化を捕捉して自社にとっての機会脅威を意味づけする」ことである。こうした未来図をしっかりと描き、自社の問題の本質をとらえることで「変革」の基礎ができるといっていいだろう。

　ところが、日本にとって大変心配な状況がある。それは、日本産業が再び「ガラパゴス化」しつつあるということである。ガラパゴス化は、日本のガラケーが世界基準やニーズから乖離し、日本のある意味「自己満足の機能深化」で進んだことから「世界市場において孤立」し、海外市場を失ったことを指す言葉である。これと同様の事象が日本の産業界の各所で起こっている可能性

がある。

例えば「物流業界」がそれに当てはまるかもしれない。荷主の要望に応え、きめ細かいサービスを追求するうちに荷主の要望は「神の声」になり、他社との差別化を図るために「何でも受け入れた」結果「無料のサービス」が積み重なり、ドライバーの拘束時間や労働負担が限界に近づく状況になっている。「荷役はドライバーが行う」、「パレットは荷主の独自仕様で標準化できない」、「ドライバーの待ち時間の負担は運送側がもつ」、といったことが「世界標準」なのだろうか。日本生産性本部の 2017 年における日米を比較したデータによると、運輸・郵便の労働生産性は米国の 4 割水準になっている（「産業別労働生産性水準の国際比較」2020 年 5 月）。1997 時点のデータも 4 割水準であり、規制緩和によって業者が大幅に増加して過当競争構造に陥った運輸業界が、「値段の引下げ」だけでは差別化できず「付帯の過剰サービス」で対応せざるを得なかったことが、異常な状態を生み出している。「荷主は神様である」という対等なパートナーシップを欠いた商習慣や対応は、世界からみて「ガラパゴス化」した状態といっていいのではないか。物流の「フィジカルインターネット（リソースのシェアや標準化等で効率化を目指す構想）」が描く世界は、現在の日本の物流界からみて遠くかけ離れたものである。2040 年にフィジカルインターネットを実現するロードマップが国によって示されているが、その前提にある「物流のガラパゴス化」を世界標準に引き直さないことには、絵に描いた餅に終わる可能性がある。こちらは「個社の変革」というよりは、「荷主を含めた業界全体の変革」が求められる事例といっていいだろう。

日本の産業を強くするためには、「変化に強い企業」を増やす必要がある。そして、個々の企業に留まることなく、業界全体の「ガラパゴス化」問題を解決する必要がある。世界に目を向けて「日本だけが特異な市場となっていないか」「ガラパゴス化していないか」について点検することから始めなければならない。日本が他の先進国に比べて生産性が低い理由は何か、競争力を失った理由は何かを業界全体で考える必要がある。1 社 1 社の個別対応だけでは変革に結びつかない問題があるからである。

そのうえで、業界のリーダーや経営者一人ひとりの意識改革が求められる。

「どうせ現状は変えられない」「日本は日本流でやればいい」「当社だけ生き残れば問題ない」では、業界全体が弱体化して、気が付いたときには取り返しのつかない地盤沈下を招くリスクがある。「変革」が求められているのは個社だけでなく、業界全体でもある。大きな視点に立って、日本の産業界が持続的な競争力を持つこと、人手不足のなかで労働生産性を高めることを業界全体で取り組む必要がある。これが業界に求められる「変革」であり、「業界のあり方」でもある。

　経営の論点の最初に「変革」を上げた理由は、①1社1社の経営者が自社のビジネスモデルを抜本的に見直す勇気を持つことで未来を拓くことができる、②業界のリーダーやステークホルダーが、従来の慣行を変える勇気を持つことで世界と戦う力が復活し、結局は日本の競争力強化や業界の持続性が高まる、という2つのことを言いたかったからである。環境変化の閾値を超えた現在、2030年に向かって「新たな企業像」「新たな産業像」を描く必要がある。そして、確固たるビジョン形成が行われれば、その実現に向けた「変革」を断行することになる。

　経営の論点として、変革の必要性を感じられるだけの世界観を形成すること、そして、社内や業界の反対軸を含めて徹底した議論のもとで、手遅れとならないための「変革案」を生み出す必要がある。情報化時代と言われるが、まだまだ世界標準が見えていない経営者、時代の潮流をつかみきれていない経営者が多い。**情報収集、分析、機会や脅威の意味づけ、そして世界観の形成。それを基礎とする事業ビジョンや業界ビジョンの再構築。それにもとづく変革の断行。**これらすべてが「いま必要なこと」である。

　変革の必要性に気付いた経営者は業界再編のキーマンに必ずなれる。変革の必要性に気付いた業界のリーダーは、その業界の生産性や持続性を高める歴史的功労者になれる。そして、彼らを支援するステークホルダーは、長く企業や業界のなかで存在感を発揮することができるだろう。

2. ビジョンと経営戦略の必要性

　変革とは「抜本的」「構造的」に会社や業界のあり方を変えることを意味する。

　したがって、勘やあてずっぽうで行うことはできない。未来を予測し、変化の意味づけを行い、自社の強みを活かすようなアプローチが求められる。変革は「抜本的変化を作り出す」ことであり、「リスク」を伴う。変え方を間違えば取り返しのつかないことも起こりうる。だからこそしっかりと到着点を描き、到着点にどのように向かうかを丁寧に検討する必要がある。

　また、変革は「ステークホルダーの共感」が必要である。社員や株主はもちろんのこと、取引先や協力企業、地域などに理解を得ることで成功の確率が高まる。特に、ともに変革を断行する「社員」の共感が不可欠である。一般的に社員には「現状維持の慣性」が働く。変わることは辛いことである。方向性は理解できても、反対者が生まれやすい背景には「変わることへの抵抗」がある。したがって、共感を得るためのツールやプロセスは入念に準備する必要がある。

　そして、変革には「軸」が必要である。抜本的かつ構造的な変革を進めるうえで「変革後の企業像・事業像」を示すこと、ステークホルダーと共有することは必須の作業である。こうした企業像・事業像は、ステークホルダーと共通の「ゴール」になる。どこに向かっているか、どういう最終形になるのか、ゴールを示してこそ「ベクトルは一つ」になる。こうした軸を欠いたままでは、行き当たりばったりの「戦略」や「戦術」になって十分な効果を得られないばかりか、バラバラに空中分解してしまう可能性さえある。

　そういった意味で、経営の第二の論点は「**企業ビジョン**」を描くこと、そして「**ビジョン実現のための戦略（ストーリー）**」を練り上げること、になる。

　企業規模が大きく、ステークホルダーの数も多い大企業では、こうした「ビジョン構築⇒経営戦略策定⇒年度計画における施策展開（戦術）」という経営手法や経営プロセスが概ね確立しているので、こうした考え方に異を唱える向きは少ないはずだ。問題は、中小企業である。

　中小企業には、いくつかの理由でこうした事業ビジョンや事業戦略を描くことを嫌がる経営者が一定数存在する。例えば「自社は受注型 B2B 産業で顧客についていくしかない」「自ら戦略を描いても顧客の方針が優先され常に変更がある」といった B2B にありがちな発想である。ピラミッド型のサプライチェーンの下請け企業、特定の顧客を軸にビジネスを組み立てているような企業がこうした考え方をする傾向がある。

　また「ビジョンや戦略を描きたくても社内に対応できる社員がいない」「経営者自身がやらなくてはならないが、多忙でまとまった時間がとれない」といった理由もあるだろう。さらに「未来は変数が多く、予測したところですぐ変わってしまう」「それなら臨機応変に対応するしかない」といった考え方もある。このように経営ビジョンや経営戦略を描くことに否定的な経営者もいる。

　しかし、代替わりが進んで「若い経営者」のなかには現代的な経営手法や経営の高度化を志向する人が増えており、これは非常に心強いことである。大企業やデジタル企業で修行したうえで、事業承継をした経営者にはこうした傾向がみられる。

　いずれにしても、2025-2030 年の大転換点を迎え、経営ビジョンや経営戦略の策定に取り組むか否かで、じわりと差がつくはずだ。経営ビジョンや経営戦略作りに積極的な経営者は、結局のところ、世の中の流れをしっかり見ている。勘だけでなく、事実やデータに基づいて、鳥の眼と虫の眼を併せ持った経営を志向している。未来は変数だらけで思い通りにはならないものだが、軸をもって道筋を描いている経営者は修正も早く的確である。それは、いくつもの選択肢の中から考え抜いて「ビジョンや戦略を描いている」からだ。策定のプロセスを通じて、真剣に未来を考えること、変化に対応した事業像を考えること、そしてどうやってゴールにたどりつくかを考えること、これを徹底しているからこそ「変化に強い経営」ができるのである。成果物も重要だが、描くプロセスそのものに意味があることを、「ビジョンや戦略を嫌う経営者」には知ってほしい。

3. グレート・リセットという視点

グレート・リセットという言葉は、2020年のダボス会議の開催テーマ（会議名）で「公正で持続可能かつ強靭な未来を実現するために社会や経済システムの再構築を行う」を意味する。まさに社会のあらゆるセクターに働き掛ける「社会を変革する」取り組みといっていいだろう。

こうした考え方を企業ベースに落とし込めば、「SDGs・ESG」という観点を加えて経営ビジョンや経営戦略、ガバナンスや社内体制を構築することを意味する。言うまでもなく2030年はSDGsの達成期限である。そして、SDGs遂行期間の「後半戦に入る」ことを意味する。

本項であえて「SDGs・ESGという視点」といわずに「グレート・リセット」という言葉を用いた理由は、**初期化**に近い、**第二創業的な視点**をもって未来を考えてほしいからである。企業は常に「今と戦っている」ので、「今の仕事」が優先される。そして、現状路線を前提に考えるため「リセット」といった大胆な発想が出にくい。リセットは変革と同義である。

転換点を迎えるなかで再度自社を振り返り、「初期化」「第二創業」的な視点で事業ビジョンや経営戦略の策定に取り組んでほしいのである。その際に、SDGsやESGの着眼点を忘れないことが「持続性」を高めるうえで役立つ。中小企業においては、SDGsやESGの理解や認知が遅れている。また、ハードローの制定や取引先からの条件といった形で「切羽詰まる」までは取り組まない傾向がある。これらはすべて「従来の延長線上の発想」に基づくものである。これでは、こうしたイニシアティブを経営に活かすことができない。SDGsやESGを、押し付けられてやるものという意識ではなく、むしろSDGsやESGでテーマとされていることは「当たり前」のことであり、自社の事業強化を図るうえで取り組む姿勢が必要である。逆にSDGsやESGに逆行するような企業活動はステークホルダーに支持されず、成長や発展の障害になる。

したがって、第三の経営の論点は「**SDGsやESG視点に立ったビジョンや戦略作り**」を行うことで、企業の成長や持続性を高めることである。しかも、

小手先ではなく「リセット」といった抜本的構造的視点で SDGs や ESG の視点を組み込むことである。そういった意味で「脱炭素」「脱資源（循環型経済）」「環境保全」「人権・包摂」「公正・ガバナンス」といった意味をしっかりと考える必要がある。とりわけ余裕のない中小企業は、必要に迫られない限り、こうした動きに関心を持たない傾向がある。あるいは「人材確保のために旗だけあげる」といった「形作り」になりやすい。取り組む以上は、投資効果が長く続くような意味のあるものでありたい。SDGs や ESG を特別なものとせず、体に自然に染み込ませるような状態に持っていくことが、自社のグレート・リセットに役立つ。経営の論点として意識すべきテーマである。

第 2 章

論点2：供給サイドの視点

経営の論点を「鳥の眼」から捉えることが、第二部の目的である。第一部では「潜在成長力」についてふれたが、ここでは日本企業に立ちはだかる「**供給制約**」の問題について考えてみたい。おそらく供給制約の問題は、2025-2030年のタームにおいて最もホットな問題になることは疑いの余地がなく、1社1社の企業にとって最大の経営課題になる。

1. 労働力の制約

2025-2030年において、現在以上にクローズアップされるテーマが「人手不足」である。多くの日本企業が**労働力不足に伴う供給制約の問題**と立ち向かうことになる。地域によって細かい事情は異なるが、総じて人口問題における「社会的移動」は20〜40歳代が大半を占める。大学・専門学校への入学、就職、転勤、住宅の取得といった要因で社会的移動が行われる。したがって、移動はローカル圏から大都市圏へ行われることが圧倒的に多い。そういった意味で「人手不足」はローカル圏ほど深刻さを増し、都市部でも職種によっては厳しさを増すことになる。

人手不足を起因とする「供給制約」問題は容易に解決しないだろう。少子化の問題に加えて、女性の労働参加率も相当程度高くなっている。高齢者の活用も年金税制や弾力的な人事制度の設計が必要である。外国人労働者にとって日本以外の選択肢も増えており、簡単に採用できるものではない。

ビジネスモデルの転換やオペレーション改革を行わない限りは、年々強まる労働力不足は解消できないだろう。どうしても労働力を確保したい企業は「賃金引上げ・労働環境の改善・働き甲斐の創出」といった様々な問題に対

処する必要があり、総合的な「コストアップ」が避けられない。中小企業セクターにおいては「収支トントン」で回している企業が少なくないので、こうした対応がとれない企業が徐々に退場を迫られることになる。人手不足問題を起因として、**「廃業」や「業界再編」の流れが加速する**ことは間違いない。あらゆる企業が事業を行うために必要な「労働力」と向き合うことになる。これが経営の論点である。

それでは、労働力問題を経営的にはどのようにとらえれば良いのだろうか。具体的には4つのポイントがあると考えられる。
① ヒトを雇うことはコストがかかるものとして認識する
② コストをかけた以上、ヒトを最大限に活用する
③ ヒトは感情と肉体を持っているという点でエンゲージメントが重要になる
④ あわせて「ヒトに頼らない」業務運営を考える

さらに、1企業で取り扱う問題ではないが、
⑤ 停滞企業や停滞分野から成長企業や成長分野にヒトが移動できる仕組みを作る
といった産業政策が問われることになる。

POINT.1　ヒトを雇うことはコストがかかるものと認識する

これは文字通り、ヒトを雇うためには「給料・賞与・福利厚生・労働環境の整備」などにお金がかかることを覚悟する、という意味である。言い換えれば、**高い人件費に見合うビジネスモデルの設計や価格戦略**を考える必要がある。

ヒトの処遇を改善するという意味では、大企業において「労働分配率」について考える必要があろう。もちろん付加価値が増加すれば、社員への配分金額も増加する。いままでは、それで良しとしてきたと思われるが、労働分配率は「配分に対する考え方」そのものであり、優秀な人材を確保する必要があるなかで、あるいはマルチステークホルダー主義を謳うなかで、配分そ

のもののあり方を考え直す必要があるだろう。

現在でも「労働分配率」が相対的に高い中小企業においては、**処遇改善のための「原資」**をいかに確保するかが課題になる。「収益率」や「売上」を増やす必要があり、従来のビジネスモデルや収益構造の再検証を行うことが必須になる。ヒトを確保したところで、収支トントンの将来性の低いビジネスを展開していてはビジネスの面白さも楽しみも感じられなくなる。人件費を払うために事業をやっているような形では継続性もない。

また、人手確保は「同一業種内」だけの競争ではなく、地域にある「他の業種」との闘いにもなる。人手不足により「労働者の売り手市場」になれば、給与など待遇が良い企業に「地域内の労働力が流れる」可能性がある。こうなると常に域内の給与水準の動きをウォッチしなければならない。賃上げや待遇改善が恒常的なテーマとなり、企業収益を圧迫する。特に、ヒトが集まりにくい業種や職種については待遇改善が必至であり、こうした対応がとれない企業は市場からの退出を迫られる。**人手不足問題は、地域の地殻変動の要因になる。**

いずれにしても、収益率の改善や売上の増大が求められる中小企業にとっては、「**価格の適正化交渉**」「**労働生産性の継続的改善**」「**付加価値の高いプロダクトの創造**」といった取り組みを計画的に進めていく必要がある。ヒトを雇うことはコストがかかると覚悟することは、ビジネスモデルの再構築や収益率の改善に取り組むことを意味する。

POINT.2 ▶ コストをかけた以上、ヒトを最大限に活用する

ヒトを雇うことはコストがかかる。それだけに「確保した人材」は最大限に活用する必要がある。そのためには「最大限にヒトを活用するための方法」を徹底的に考え抜く必要がある。

まずは「**適材適所**」の徹底である。スキル、知識、適性を把握し、従来の人事運用に囚われない柔軟な配置方針をもつことである。「言うは易く」だが、従来の組織に染み付いた文化や思考、昇格昇進のあり方まで影響を与える問題であり、制度全体的な見直しが必要になる場合もあるだろう。

次に「**スキルの向上**」も必要である。個々の「労働の質」を上げるという

ことである。限られた人材に最大限の能力発揮をさせるためには、自社のビジネスモデルに適合したスキルや知識を習得してもらう必要がある。リスキリングや教育投資の重要性が論じられているが、尺度が見えにくく、逆に資格やスキル判定で「見える化」しても実際に使える能力かという問題もある。したがって、教育のあり方については従来以上に創意工夫が必要になる。

　特に、中小企業においては「教育の方法」について従来の延長線ではなく、いろいろな方法を取り入れる必要がある。OJT が中心の中小企業では「先輩から後輩へスキルを伝承する」ケースが圧倒的に多いが、ビジネスモデルの変化によって「**先輩も持っていないスキルや知識・経験**」が**要求される**場合がある。OJT は日々の業務のなかで実践的なスキルや知識が得られることが最大のメリットであるが、前述のような新たな知見が求められる場合も増える。また、人手不足が強まるなかで社内教育に対する負担感が増す可能性もある。つまり単純な OJT だけでは対応できない場合も増えるのである。特に「デジタルの活用」が重要な経営課題になるなかで、社員の誰もが一定のデジタルスキルを持つことが不可欠になっている。スマホやパッドで作業を行うためには、社員のリテラシー向上が必要であり、社外の専門家を招いた教育機会の提供などの工夫がいる。

　「**作業環境の整備**」も重要である。ヒトが仕事を行ううえで障害になっていることを減らす努力が必要である。例えば、「力仕事」が中心で女性が入り込めなかった職場や仕事について、女性はもちろん高齢者でも対応できるような「パワースーツ」「治具・ロボット」など作業支援ツールを整えることで活用の幅が広がる可能性がある。

　また「**働きやすい組織作り**」が必要になる。ハラスメントの防止、円滑な人間関係の形成、やり甲斐・働き甲斐、健康対策、安全衛生の問題などキリがない。感情をもつ人間だからこそ、いきいきと働くことのできる環境が「最大限の活用」につながる。

　このように、ヒトを最大限に活用するためには様々な角度から環境整備を図る必要がある。配置の問題、教育の問題、環境整備の問題。いずれも「ヒトを雇うことはコストがかかる」ものと覚悟しなければならないことを表している。

POINT.3 ヒトは感情と肉体を持っているという点でエンゲージメントが重要になる

エンゲージメントは「**帰属意識**」「**貢献意欲**」といった意味で、従業員に企業に対する愛着や信頼を高めてもらうことである。こうした結果、業績や生産性の向上につながるだけでなく、良い組織風土が出来上がり、定着率や満足度が高まるのである。

ロボットや機械とは異なり、ヒトは肉体や感情を持っているため、気持ちのあり様や健康状態によって仕事に対する向き合い方やパフォーマンスが変わってしまう。せっかく人材を採用できても、エンゲージメントが低ければ「退職」や「労働意欲の低下」につながって、労働力は実質的に低減する可能性がある。企業として、いかにエンゲージメントを高めるかが、人手不足時代の大きなテーマになる。

エンゲージメントを改善するためには、現状がどういう状況にあるかを、サーベイによって把握する必要がある。そのうえでデータ分析を行い、要因を明らかにしたうえで具体的な施策に結びつける。エンゲージメントを高めることは容易ではなく、粘り強く「施策の実施」⇒「効果測定」⇒「原因分析」⇒「新たな施策の実施」のサイクルを繰り返す必要がある。

価値観の多様化が進むなかで、**エンゲージメントを高めるスイッチは社員一人ひとりで異なる**。それゆえエンゲージメントを高める施策立案に頭を悩ませることになる。どの職場であっても、日々のコミュニケーションを充実させ、意思疎通を円滑にして、できるだけ誤解を生じさせず、納得した仕事や環境が醸成できるような人間関係や組織風土作りに努めることが、地道ではあるが有効な対策になる。

POINT.4 ヒトに頼らない業務運営を考える

長期的にみれば「就業者数」は逓減する。それがはっきりしている以上、「**ヒトに頼らない業務運営やオペレーション**」を組み立てることが、企業の持続性を高めることにつながる。そして、こうした体制構築には時間と費用を要する。それゆえ長期的な視点をもって「無人化」「省力化」を進める必要がある。

　無人化・省力化対応の多くは、機械機器・ロボット・デジタル化といった方向で進む。そういった意味で、自社が所属する業界の最新技術や導入機器の状況を常に把握する必要がある。

　製造業では、カメラ・IoT・5G・ロボットなど駆使して「無人工場」を実現しているケースがある。現場に少数の監視員を置いているケースもあるが、AIを活用した管理体制や遠隔での監視体制を構築している企業もある。

　サービス業では、飲食店で配膳ロボット、ホテルで受付・案内ロボット、このほか警備AIロボット、清掃ロボット、マテハンの無人ビークルなど、ヒトに代わる労働ツールが確実に増えている。コンビニでは、セルフレジやウォークスルー導入によって在庫対応を除いて実質「無人店舗」化の試みも生まれている。事務の世界では「RPA（ロボティック・プロセス・オートメーション）」によって「定型作業」を自動化する流れが拡大している。さらに生成AIを活用したソフトウェアによって作業支援を行わせ、生産性を高めているケースもある。

　このように、デジタルやロボットなどの技術革新によって無人化省力化できる範囲が拡大している。オペレーションの見直しを含めて、こうした技術を活用することで「ヒトに頼らない業務体制」を作りあげることが求められる。もちろん中小企業では「労働集約的な業務」が多いことも事実である。しかし、固定観念に縛られることなく、ヒトの作業を機械やロボットに置き換え、ヒトではなくデジタルを走らせるような取り組みを増やすことが絶対に必要になる。こうした取り組みは、生産性の改善にもつながることから、人手対策にとどまらず、競争力強化の効果も大きい。

POINT.5　停滞企業や領域から成長企業や成長分野にヒトが移動できる仕組みを作る

　これは1企業で実現できることではない。産業政策として政府に検討してほしいテーマである。

　誤解を恐れずに言えば、「ゾンビ企業」から「成長企業」へ、「衰退産業」から「成長産業」へ労働力を移動させることで、**日本全体での労働力を最適化して産業力強化を図る政策**である。

　こうした話をすると必ずといっていいほど「中小零細企業はつぶれればいいのか」「厳しい環境のなかで何とかしようとしている経営者の気持ちがわからないのか」といった批判を受ける。実際にこうした論調が政治家を動かし、結果としてゾンビ企業を温存させ、過当競争構造を解消できずに低価格競争を蔓延させる原因になっている。日本全体でみれば「新陳代謝」の機能が働かず、国内での競争に明け暮れた結果、世界からみれば相対的に競争力を低下させる原因になっている。労働制約がますます鮮明になるなかで、こうした状況を放置することは許されない。

　当然だが、1社1社にはそれぞれの事情があり、それぞれの想いがある。また、自由主義経済において、経営の自由が尊重され、各社が都度「最善の判断」を重ねることで「現状の産業構造」が出来上がっていることも事実である。しかし、そうしたミクロな目線を強調することで、日本全体での最適化が進まない結果になっている。自由主義経済においては、競争力の差によって「淘汰」が常に起こりうる。こうしたダイナミズムが経済を活性化し、発展させる。そうしたダイナミズムを人為的に歪んだ形で阻止し、課題を先送りすることが問題なのである。各企業は持てる経営資源と創意工夫で市場に挑戦すればいい。その結果、勝者と敗者が出ることは自由主義経済の掟でもある。敗者は熱い魂で再度チャレンジすればいい。打ち折れてしまえば退出するしかない。それが自由主義経済の原則である。そこにダイナミズムを求め、経済発展の原動力を期待しているのではないか。

　生産年齢人口が減少し、就業者数が逓減する日本において「有限の労働力」をいかに活かすか、「各産業にどう配分するか」は致命的に重要な課題である。それを歪んだ形で止める壁があるとするならば、壁を打ち壊して自由主義経済の原則を徹底させるべきである。もちろん「自然な時の経過」によって淘汰が進み、結果として人材が流動化し成長分野に移動する可能性はある。しかし、そのスピード感で国力が維持できるのか、遅きに失するということはないのか、という話である。そういった意味で、業界再編や人材の流動化を促進する政策の実施が、日本の産業革新につながることを政府や為政者は考えてもらいたい。現状維持の慣性を打ち破るためには「日本を変化に強くする」という確固たる意思と、「時代を切り拓く勇気を持ったリーダーや人材」

の登場が必要である。これは経営の論点というよりも「日本再興」の論点である。

2. 資本投入の必要性

　第一部で説明した通り、日本企業の国内向け投資は十分とはいえない。人口減少による労働制約が強まるなかで、**資本投入（設備投資）によって供給制約の緩和を図る**ことが「第二の論点」となる。前項で示した通り「ヒトに頼らない業務運営」は、資本投入なしに実現できない。したがって、多くの経営者が「資本投入（設備投資）」について考え、計画的に実行しなければならない。設備投資を長期的な視点で検討することは、事業戦略を考えることと同義である。

　第一部で論説したが、2025-2030 年の GDP 成長率を 1.5% にするためには、供給制約の解消、そのための設備投資が不可欠である。

　資本投入すなわち設備投資を実施するうえで、企業が検討すべきポイントが 4 つある。とりわけ中小企業にとって留意すべき事項である。

① 投資に対する戦略性を高める
② マーケティングの精度をあげる
③ 投資資金を確保する
④ 投資効果を測定し、投資の有効性を高める（ROIC ＝投下資本利益率）

POINT.1　投資に対する戦略性を高める

　「投資」は「経営戦略」と一体不可分である。投資は「事業ビジョン」の実現のために行われる。経営戦略は「事業ビジョン」実現のための「道筋」を描く。当然、投資戦略は経営戦略の一部に組み込まれる。投資戦略だけが独立して存在するわけではない。中小企業はその点に留意してもらいたい。

　近年の国内投資は「更新（老朽代替）」がメインで、稼働状況をみながら「減価償却費の範囲内」で実施されることが多かった。「資本ストック（企業が保有する生産等ための設備）」がほぼ横ばいで推移している背景には、こ

うした運用があることをうかがわせる。誤解を恐れずに言えば「攻め」というよりも「守り」の設備投資が一般化しているのである。

　守りの設備投資であれば、計画の実行が「景気動向」に左右されやすいのは当然である。景気が下振れして先が見通せない、不透明感が強まることで企業心理が冷える。あるいは、期間損益が下振れする可能性があるなかで、まだ使える設備の更新を急ぐ必要はない、動向を見定めたい、といった保守的な心理が働くことは自然である。

　しかし、今後の設備投資は「従来の保守的な考え方」ではうまく行かない。まさに「戦略性」を高めなければ企業自体が生き残れない。過当競争構造のなかで「人手不足」という津波が押し寄せている。新興国を含めて競争力を持ったデジタル企業やイノベーション企業、ユニコーンが世界市場で存在感を放っている。このままでは日本企業の地盤沈下は避けられない。こうした点を十分念頭において、中長期的な設備計画のあり方を検討する必要がある。

　考慮すべき第一の点は、「設備を提供する側」も「人手不足といった供給制約を抱えている」ことである。例えば、今後デジタル投資は質量ともに増加する。デジタル関連のサプライヤーは多くの仕事を抱え、優先順序をつけて行わざるをえない。建物を建てるにしても建設現場を支える「職人不足」が指摘されている。従来は不況になれば安く発注できたが、職人減少が続くなかで受注能力は不安定化している。資材の価格も高騰しており、「見積書」の有効期限が1カ月しか持たないといわれる状況にある。「景気が好転したら設備投資をしよう」となっても、供給側の事情で仕事が受けられないといったことが起こりうる。つまり**供給サイドの事情も斟酌して、計画的な執行が必要**になる。

　第二のポイントは、設備投資を行う企業側においても「人手不足」が強まることである。既に多くの企業が人手不足を訴えている。労働集約的な仕事が多い中小企業において顕著である。「無人化・省力化」に向けた様々な投資を計画的に実施しなければオペレーションが維持できなくなる可能性がある。しかも設備投資を実施したからといって、現場ですぐに無人化が実現できるわけではない。新たな設備を組み入れた「オペレーションの再構築」や「安定運用・安定稼働」につなげるまでの試行や準備が必要である。製造ラ

インに組み込まれていた工具の配置換えや再教育も要る。すべて事前準備が必要であり、**景気動向と関わりなく中期的な視点で投資計画を進める必要が**ある。

　第三のポイントは、「技術革新」「経済安全保障」「グローバル・サプライチェーンの変容」など国際情勢や技術変化によって、**サプライチェーンそのものが変わらざるをえなくなる**ことがある。場合によっては「資材そのものが手に入らない」といった事態さえ起こりうる。こうなると「好不況」で設備投資の実行を判断するといった「短期的な視点」では、自社が描く有効な設備投資ができなくなる可能性がある。

　第四のポイントが「投資対象」である。従来、投資といえば「固定資産」が対象であった。工場・機械・機器・店舗・事務所など「有形のもの」である。しかし、今後は「インタンジブル（無形資産）」に対する投資が増加する。例えば、M&A といった企業買収も、設備だけでなく企業のノウハウや営業基盤を獲得するためのインタンジブル投資の一種である。こうした投資は「経営戦略そのもの」であり、思いつきでやるべきことではない。**攻めの投資**になればなるほど**「戦略性」が高まる**のである。そして、いまこそ事業ビジョン実現のための戦略が重視されていることを忘れてはならない。

　以上を踏まえれば、まず事業ビジョンに基づいて経営戦略をしっかりと構築する。その戦略を実現するための「設備投資」戦略を練りあげる。そのうえで、設備のサプライヤーや工事関係者と密接なコミュニケーションをとることで、機器や資材の確保、日程や予算の確定を詰めていくことが重要になる。大型投資になれば数年にわたって行うことになる。そういった意味でも時節や景気循環に影響されない戦略性を持たすことが重要になる。

　そして、**攻めの設備投資は、従来以上に「投資目的」や「リターン」の明確化が必要**である。攻める以上は「獲得目標」があり、それを実現するための「投資」である。グループ保有会社ならずとも ROIC（投下資本利益率）的な視点で設備投資の効果を検証することが求められる。

POINT.2 マーケティングの精度をあげる

　長期的な視点をもって「戦略的な設備投資」を行う場合に大事なことは、「長

期的な需要予測」と「長期的な供給力の予測」である。

両者は表裏一体の関係にある。各プレイヤー（競合企業）が、それぞれ独自の目線で需要予測や設備投資計画を策定する。お互いの読みが合った場合に「一斉に設備投資を行う」ことで供給力が過剰になるケースもある。難しい予測であるがゆえに、いかに**マーケティングの精度をあげて、需要サイドと供給サイドの両方を睨んだ読みを入れる**かが重要になる。

需要予測は、データを時系列で取得して行う方法、移動平均によって行う方法、回帰分析や多変量解析を使う方法など様々である。いずれにしても環境変化の変数が多岐にわたることから、的確に行うことは容易でない。陣容が限られる中小企業においては「勘と経験」に基づいて割り出されている場合が少なくない。しかし、近時はAIを活用して需要予測を行うシステムも増えつつあり、中小企業においても活用の余地が拡がっている。**「勘と経験」も無視できない要素だが、「データ分析」を交えた「二項的な判断」が中小企業のマーケティング精度を高める。**そういった意味で、中小企業セクターでも、システムを活用した需要予測に挑戦する姿勢が必要である。そのためにも、基礎となる社内データの基盤を構築することが必要になる。

当然のことながらAIシステムを活用しても不確実性は残る。データと勘・経験の二項的洞察を交えて「複数のシナリオ」を策定することが重要である。需要予測の初期段階は、体制を固める時期と捉えて「予測と実績」を踏まえながら、精度が高まる方法を模索すればいい。ゼロか100かではなく、需要予測をもとに「何段階かに分けて設備投資をする」ことでリスクを低減することもできる。まずはデータ分析も参考にしながら科学的手法を取り入れることが重要である。

本書において、中小企業にとって導入障壁の高い需要予測を求める背景には、マーケティングをもっともっと意識してほしいということがある。人口減少が多くの地殻変動を起こす。市場の縮小やプレイヤーの再編、異業種からの参入といったマーケットの変化が起きる。地元密着を基礎とする中小企業者は、従来「市場が眼前に見えている」ためマーケティングの必要性が薄かった。しかし、**地殻変動はマーケティングの重要性と必要性を教えてくれる**。中長期的な市場変動は、人口や企業数の変化、技術変化、価値観や嗜好

の変化などで起こる。こうした要素を頭に入れることで、需要予測の精度も高まり、それを基礎とした計画的な設備投資計画につなげることができる。

　また、供給能力の予測も重要である。冒頭指摘したような過剰生産能力を生み出すような状況を避ける狙いもある。あるいは、他社と差別化を図る機会にもなる。そうした意味で、競合企業の設備投資情報については出来るだけ具体的に把握することが重要になる。近時は、ホームページで情報開示している場合も多い。また、シンクタンクの調査、業界新聞のデータ発表、業界のなかでの意見交換などを通じて、現行の供給能力はもちろん、競合が目指す方向性などをしっかりと見極めることが重要である。

POINT.3　投資資金を確保する

　設備投資を行う場合には「投資資金の確保」が必要である。しかも長期的な視点で投資を行う場合には、段階的に投資が進んでいくため、最終的な効果の見定めが難しい場合がある。無形資産投資である「研究開発費」「M&A投資」については、担保の設定が難しい場合もあるだろう。従来主流であった老朽代替の更新投資であれば「置き換えかつスペックアップ」が通常であるため、金融サイドも納得しやすかった。

　しかし、事業戦略に基づく「攻めの投資」を行う場合には、過去に投資実績がない案件、不確実性が高い案件が増えることが予想される。そういった意味で「**財務部門のコミュニケーション能力**」が問われる。担保の伴わない「信用貸し（無担保）」においては、設定した貸出期間内にキャッシュによって返済ができるという「論理的説明」を「納得性高く」行う必要がある。

　中小企業セクターにおいては、長期にわたって金融機関の緩和的融資姿勢と、金利なき世界と呼ばれた低金利の恩恵を受けてきた。有力な融資先が限定されるローカルにおいては、「力（地元での影響力など）」で信用貸しを金融サイドに押し通す有力中小企業も少なくなかったと感じる。しかし、金融情勢が変化し、従来とは違った「攻めの戦略」による設備投資を行う場合には、簡単に話が進まない場合も増える。中小企業としては、財務部門と金融機関のコミュニケーションを密にするとともに、論理的な説明が行えるように「**管理会計の強化**」「**マーケティング（需要予測・販売予測・競合との関係）**

の強化」「投資目的と効果の関係」などの体制整備を進めることが重要である。

資金調達の「手段」を視野広く検討することも必要である。例えば、海外市場の開拓など一定の時間を要するようなリスクのある案件では「劣後ローン」「永久ローン」といった資本性の強い借入金を一定割合導入することで、返済の均衡を図ることも有効である。あるいは、金利の安さだけに着眼して、10年程度で回収を行うような有形固定資産の投資を「当座貸越枠」という短期資金で調達している企業も存在する。一定のリスクを伴う投資においては、回収期間と借入期間をマッチングさせて、長期固定適合率をあげることも必要である。あるいはクラウドファンディングなどを活用して、共感者による資金提供を受ける方法も一考に値する。

昨今は、様々な「補助金・助成金」はもちろん「投資減税」などの支援策が用意されている。そういった意味で、行政や支援機関とコミュニケーションをとることで自社にとって有益な情報をとることが必要である。当然だが、リスクの高い投資ほど自己資金を投入することが基本である。今後は「金利ある世界」に入る。支払利息は自然に増える。投資内容に対するワイズスペンディングと効率的かつ安定的な資金調達が重要な時代になる。

POINT.4 ▶ 投資効果を測定し、有効性を高める （ROIC＝投下資本利益率）

そもそも設備投資を実施した以上、その効果を測定することが「経営の基本」である。

しかしながら投資効果を測定し、効果を確認するというプロセスが曖昧かつ不十分である場合が多かったのではないだろうか。とりわけ中小企業ではそうである。特に、「ライフサイクル（導入から廃棄まで）」ベースで効果測定している事例はほとんどないように思う。

こうした背景には、「管理会計の導入や水準が十分でない」「IoTなど現場におけるデジタル導入が進んでいない」「データの蓄積や分析といった手法が確立できていない」「これらに象徴されるように経営者のマネジメント意識が十分でない」といった要因がある。

しかし、今後は投資効果を測定し、投資の有効性を確認し、投資戦略ひいては「経営戦略の有効性」について検証する経営手法と循環を確立すること

が重要になる。とりわけ「攻めの設備投資」を行ううえで、**投資効果を曖昧にしているようでは「戦略の意味」が薄まる**。

　あらためて投資効果を測定するためのデジタル環境の整備を「投資戦略の一部」に位置付けて並行して進める必要があるだろう。これは、製造業に限った話ではなく、非製造業においても重要な問題である。人手を中心にオペレーションを組み立てることが多い非製造業（あるいは非製造部門）だが、ヒトを走らせずにロボットや機械、そしてデジタルを走らせることで生産性を高め、人手不足に対応するオペレーションを構築する必要がある。何となく諦めムードが漂う企業もあるが、無力感に囚われることなく、「投資⇒効果確認⇒次の投資」といったプロセスを定着させることが必要である。そうでなければ生産性を上げることもできないし、支援をしてくれるステークホルダーを納得させることもできない。独りよがりの設備投資では次につながらない。

　今後 M&A といった企業買収も盛んになる。複数企業を買収して「企業グループ」を形成することが珍しくなくなる。こうした場合に、最終的には売上高・利益・企業価値といった財務的評価によって投資効果を確認することになるが、トータルの売上・利益のみで評価を行うことでは不十分である。**「ROIC（投下資本利益率）」といった視点で、1 社 1 社の投資効果を含めた評価を行うことで「全体の底上げ」につなげる必要**がある。あるいは「グループ企業」のシステムの統一を進めること、現場のデジタル化を進めることで効果測定やマネジメント改善に生かすことができる。M&A でグループ内の企業数が増えると、全体が「何とかなっている」ことで個別企業や部門評価、そしてマネジメントが緩むケースが散見される。投資効果を測定し、有効性評価を行い、課題を明確にしながら対処するという基本的なマネジメントサイクルを確立することが、投資効果を高め、ひいては経営戦略の実現に近づくことになる。

3. TFP（全要素生産性）を高める

　TFP（全要素生産性）は、「技術進歩」といった表現をされることが多いが、

労働投入量・資本投入量以外の要因として「供給力」に大きな影響を与える。少なくとも、この 20 年の成長率を支えた「主役」は TFP であることは間違いない。そして、引き続き TFP の成長率を高めることが、企業にとっても日本にとっても必要である。

つまり第三の経営の論点は「**TFP の成長率を高める**」である。

それでは、TFP を高めるためにどのような点に着眼すればいいのだろうか。具体的には、以下の 8 点がポイントになる。

① 人材投資（労働の質を高める）

② 労働環境の改善投資（モチベーションを高める）

③ デジタル投資（設備間連携強化、自動化無人化、全体最適化）

④ インダストリアル・エンジニアリングの追求（生産性を高める）

⑤ マーケティングの強化（ブランド化など価値高く売れるしくみ作り、市場開拓など）

⑥ 研究開発の強化（新しい付加価値を創造する）

⑦ スタートアップ企業との連携（イノベーションの活用・展開）

⑧ 総合的な経営力の向上（ガバナンス強化）

POINT.1 人材投資（労働の質を高める）

人材投資については、第 1 項の「労働力の制約」で触れているので多くは説明しない。ヒトが希少価値を増している。ヒトを使う以上は「適材適所」で活用すること、社員個々の「スキル・知識を高める」こと、によって「労働の質を高める」ことが重要である。社員個々のパフォーマンスを上げることが労働力の質を高めるとともに、創意工夫による技術進歩につながる。この点は多くの経営者が認識していることであり、あとは具体的に何をやるか、どう予算配分をするか、どう継続性を持たせるか、といったことが重要になる。

POINT.2 労働環境の改善投資（モチベーションを高める）

労働環境は、フィジカル面の改善だけでなく、ソフト面での整備が重要に

なる。

　第一は「**働き甲斐**」を高めるための施策である。働き甲斐に関しては、個人の労働観や価値観に影響を受けることから、いかにコミュニケーションの密度を濃く、個々のやる気の「発火点」をみつけるかが重要になる。また、ヒトが「社会的動物」であることを踏まえると「組織における本人の位置づけ」「他の社員との関係性」が極めて重要である。実際に退職理由を調べると、人間関係に関する悩みや自分に対する様々な評価が上位にあがる。

　人間関係が円滑になるコミュニケーションのあり方や、問題解決の仕組み、困りごとの相談体制など環境整備が必要になる。また「配置（どこで働くか）」「処遇（給与・賞与・ライフプラン）」「成長への支援」についても働き甲斐に大きな影響を与えることから、人事制度・研修制度などの整備も不可欠であろう。

　第二は「**仕事に集中できる**」環境作りである。典型的な例が「子育て世代の育児支援」である。共働きが一般化するなかで、夫であれ妻であれ、子供のことが気になって仕事に集中できないケースがあるはずだ。就業時間の弾力化にとどまらず、社内保育所、リモート勤務、子供の急な病気等への対応などを充実させることで、悩みは解消され生産性は必ず上がる。また、こうした取り組みは「採用」「定着」に大きなアピールになるだろう。子育てに限らず、介護問題、家事問題など人生の悩みは尽きない。仕事に集中できない事由に対して、きめ細かく対応することも労働の質を高めるはずだ。従来は「**家庭の問題**」**として処理されていたことを、「会社の労働力に影響を与える重要問題**」**と捉えなおす**ことで、社員のエンゲージメントやモチベーションは高まる。

POINT.3 デジタル投資（設備間連携強化、自動化無人化、全体最適化）

　デジタル投資に関しては、TFP成長率を高める「主役」になることは間違いない。中小企業セクターを中心に、いかに**導入の間口や活用範囲を広げるかがカギ**となるだろう。

　製造業に関しては、現場でデジタルを活用するケースは確実に増えている。具体的には、1台1台の機械にデジタルを搭載して自動加工させる、機械間

を連携させる、IoT を活用して機械全体の動きや稼働状況を把握する、さらにはラインの自動化範囲を拡げ無人化工場にする、といったことである。最終的には、自社の製造部門に限定することなく、**各部門をシステムで連携させて「社内の全体最適化」を実現する**ことが、ひとつの目標になるだろう。さらに外部を巻き込んでサプライチェーン全体をデジタル化することで「受注から製造・出荷」、さらにリバースチェーンにおける「製品の廃棄・回収・再利用」までの最適化を図ることが大目標になる。いずれにしても、製造業の現場はデジタル化による生産性向上が可能となる範囲が至るところにある。いかにデジタル方針を定め、最終形に向かって計画的にデジタル化を進めオペレーションや情報管理を高度化するかが重要な課題になる。

　非製造業あるいは非製造部門に関しても、営業・経理・人事総務・現場などの各部門のシステム統合による全体最適化が生産性を高める。無人店舗、ロボット事務など「ヒトを使わない」接客や会計・事務処理の範囲を拡げていくことで TFP は確実に高まる。

　デジタル投資に関しては、特に中小企業においてデジタル人材が少ないために導入が進まない事例が多い。逆にデジタル化が進んでいる企業をみると、経営者自身がデジタルに詳しく意欲の高い人物であることが多い。そういった意味で、**いかに企業内に「デジタル文化を持ち込むか」**がカギである。経営者自身が関心をもってデジタルデバイスに触れるとともに、デジタルに関心のある人材を外部の学校等で学ばせるなどの育成強化をあわせて行うことが必要である。近時、ノーコードやローコードといったシステムも増加しており、システムを自社の特徴に合わせて構築することも可能になっている。とにかくデジタルに関心をもって触れること、いろいろ見て回ることがスタートとして必要ではないか。

POINT.4 インダストリアル・エンジニアリングの追求（生産性を高める）

「IE（インダストリアル・エンジニアリング）」は、産業工学と訳され、従来から製造業の現場の生産性を高める基本的な考え方である。企業によっては「生産技術部」といった名称で、現場の生産性を高める設計や手法について研究開発している。

　IE に関する論点は、主だって 2 つある。

　第一が「IE の手法や考え方を製造業以外の企業にも拡げていく」ことである。IE は文字通り「産業工学」であって「製造業」だけのものではない。具体的には、「MPU」という 3 つの視点で現場の全体最適化を目指す。M はメソッドを意味し「最適な作業方法」を見つけ実行することを意味する。P はパフォーマンスを意味し「標準時間」を決めて稼働効率を高めるものである。最後の U はユーテライゼーションを意味し「不稼働」によるロスを避けるものである。こうした考え方は、何か製造業特有のように感じるが、飲食店などでのシェフの立ち振る舞いやシェフ同士の作業連携、動線、調理器具や調味料の配置など MPU に通じるものが多々ある。

　IE では、従業員活力と呼ばれる「カイゼン行動の活発さ」「技能伝承の実施」、5S と呼ばれる「整理・整頓・清潔・清掃・躾」、安全衛生・設備保全・治工具管理などに始まって作業パフォーマンスである「標準時間を下回る、維持する」努力、作業システムとしての「一人当たりの生産量」、設備稼働率や不良品率・歩留まりといった視点、工程管理やマテハンといわれる物流的視点など、非製造業や非製造部門でも頭に入れるべき内容が多岐にわたって含まれている。

　科学的管理法の父といわれる F.W. テーラーは「測定なくして管理なく、管理なくして適正なマネジメントなし」と言ったが、この考え方は全産業に応用できるものであり、ホワイトカラーの生産性が課題になっている**非製造業や非製造部門において、IE の導入を行うことは TFP の改善に必ず役に立つ**であろう。

　第二のポイントが「**製造業において、より多くの企業が IE を活用する**」ことである。製造業は、TQC（全社的品質管理）活動やカイゼン活動が活発で、IE が深く浸透しているように見えるが、実態としては「科学的アプローチ」の浸透という点では改善余地がある。製造業が、積極的に IE を学び、IE 人材を育て、生産技術に科学的アプローチを持ち込むことで、さらに TFP の成長率が上がることは確実である。中小企業においてはカイゼン活動自体は活発であるが、IE 人材を育て科学的なアプローチを行うことでもっと改善幅を大きくできるはずだ。

POINT.5 マーケティングの強化（ブランド化など価値高く売れるしくみ作り、市場開拓など）

TFP を高めるうえで、「マーケティングの強化」が重要な課題になる。

国内市場においては、成熟経済下における人口減少が市場を質量ともに変化させ、「モノが売れない時代」に入ったことを如実に示している。B2B であれ、B2C であれ、従来の営業戦略では成長は見込めない。さらにきめ細かいマーケティングを実施することで、顧客ニーズを掘り起こす、新たな市場開拓を行う、必要がある。

また、海外市場の開拓は成長に不可欠な要素である。成熟期にある日本市場では、なかなか力強い売上曲線を作ることは難しい。成長期にある海外市場を攻めることは理にかなっている。しかし、海外の市場ニーズや嗜好を知ることは簡単ではない。十分なマーケティング行わないまま市場進出しても、かつてのガラパゴス化商品のように市場から受け入れられることはないだろう。日本は技術開発やイノベーションが不得意というわけではないはずだ。市場ニーズに合った技術開発や商品開発がうまく出来ていないために、海外市場でなかなか力が発揮できないと考えられる。マーケティングを強化し、開発セクションとの連携を深めることで開発の効率性や実効性を高めるとともに、的確な市場でのポジショニングが可能となる。

中小企業においては、マーケティングの専担部署を持つ企業は少ない。自社のデータベースも十分でないため、データ分析に裏付けられたマーケティングも弱い。もともと地元密着で「市場もライバルの顔も見えている」ため、マーケティング的な手法をとらなくても、棲み分けができていた。しかし、既存の市場が縮小するなかで、売上の減少がボディブローのように効いてくるはずだ。閾値を超える前に、自社の商圏におけるマーケティングを強化して「地盤固め」をしなければならない。

さらに、持続的成長を目指すのであれば「商圏の拡大」が必須になる。しかし、どんな市場にも古くから営業基盤を確立した同業者が存在する。加えてナショナルブランドは大半の地域に進出しているため、プロパーを加えて過当競争構造が出来上がっている。こうした市場に割って入るためには、きめ細かいマーケティングによって、顧客ニーズをとらえた効率の高い営業、

同業他社とは異なる特徴をもつ必要がある。つまりマーケティングを行って立ち向かう以外ないのである。

　マーケティングの本質は、自社がターゲットとする顧客にとって価値あるものを作り、価値を伝え、利便性の高い方法で届けることで自然に売れる仕組みを構築することにある。そういった意味で、創意工夫の塊であり、技術革新の塊でもある。TFP が「向上しないはずがない」のである。

POINT.6 研究開発の強化（新しい付加価値を創造する）

　TFP は「技術進歩」や「新たな付加価値の創造」である。

　どの企業であっても、市場で生き抜くために何らかの技術開発やプロダクト開発を必ず行っているはずだ。明確に TFP を意識することはなくても、顧客に支持されるための方策は常に考えている。しかし、今後は意識して研究開発に力を注ぐ必要がある。それは市場の多様性や要求が過酷になっているからだ。進歩しないことは市場での死を意味する。

　それでは、経営資源が限られる中小企業は研究開発をどのように進めていけば良いのだろうか。具体的には「**事業化を前提とする**」「**オープンイノベーションを用いる**」「**デジタルを活用する**」「**補助金・助成金・税制を活用する**」**といった4つの観点で研究開発や体制整備を進める**ことが必要である。

　第一の「事業化を前提とする研究開発」については、経営資源が限られる中小企業だからこそ重要な意味をもつ。中小企業の場合に往々見られることが、事前の「マーケティング」が十分でないため「商品化に至らない」、「至っても売れない」といった事象が起こる。言い換えれば独りよがりにならない、お客様を意識して開発に当たるということである。そんな馬鹿なと思われるかもしれないが、プロダクトアウト的な開発が少なくないため、せっかく開発した商品が在庫の山と化すのである。もちろん近時は、万人に受けるようなものではなく、むしろ売り手の想いで市場を開拓せよといった考え方もある。しかし、経営資源が限られる中小企業だからこそ研究開発の軸にマーケティングを置き、その方向性のなかで研究開発を進めることが重要である。失敗ばかりでは研究開発セクションの意気は上がらず、予算を含め継続することも難しくなる。成功体験を積み上げるためにもマーケットの声を聴く、

リーン・スタートアップ式で段階的に商品を磨き上げていく、事業化を意識したアプローチが必要になる。

第二が「オープンイノベーションの活用」である。言い換えれば、他社・他機関の知恵やノウハウを借りることである。これは経営資源の補完という点にとどまらず、自社とは異なる着眼点や経験値を生かしあうという意味で有効な手法である。近時、自動車産業においても「SDV（ソフトウェアで定義された車）」の領域において、新興のベンチャー企業と組んで「ビークルOS」「フルOTA」等の開発を行う例が増えている。自社にない知見や技術は外部と組むことで時間の節約にもなるし、専門性のレベルを上げることもできる。「餅は餅屋」を徹底して開発にあたるということでもある。

オープンイノベーションは、むしろ中小企業にとって重要なキーワードである。経営資源や開発スピードを考えれば、積極的なオープンイノベーションの取り組みが求められる。しかし、一番の課題はパートナーシップを組む「相手を見つけにくい」ことである。もともと情報がクローズされており、ホームページを有している企業でもパートナーシップを組むに足りる情報を載せているとは限らない。それだけに「待ち」の姿勢では活路を開くことはできない。「本気度」を見せる必要である。例えば「ホームページ」に、自社のできる技術やノウハウ、得意とする分野などを可能な限り「詳細に記述する」ことである。また、組みたい相手に対する「具体的な条件も細かく記述する」といったことが必要である。世に増えつつある「マッチング・プラットフォーム」や「交流会」などに積極的に参加することも一案である。地元の大学や研究機関ともコミュニケーションを持つといった方法もあるだろう。そして「Win-Win の関係を徹底する姿勢」も重要になる。自社だけのことしか考えない相手とは誰も組みたくはないだろう。

第三が「デジタルの活用」である。研究開発におけるデジタル活用には、「データの活用・蓄積」「CAE ツールの活用」「PLM システムの活用」「メタバースの活用」「シミュレーションシステムの活用」「3D プリンターによる試作」「特許等の調査利用」などが想定される。

データの蓄積と活用はいうまでもなく研究開発の基本である。実験データや研究データを蓄積することで、研究の質が高まる。また、研究には「解

析（CAE＝機構・構造設計＝）」が必要であり、システム利用によって精度が高まり、時間の短縮化にもつながる。PLM は「製品ライフサイクル管理」を指すが、製品の入口から出口まで全体を統括して付加価値をつける「全体最適化」が重要な意味を持つ。技術開発においても、こうした全体的視点が欠かせない。さらに、フィジカルな世界では実験装置や場所など実施が難しいようなケースに、メタバースを活用して様々なパターンで実験を行うことができる。さらに、データ連携によって試作品を 3D プリンターで作ることもできる。そして、新技術について、既にある特許等の調査、あるいは先行論文の調査などデジタルや生成 AI 活用によって、生産性高く探索することもできる。このように研究開発領域においても、デジタルの活用を検討する段階に来ている。

　第四が「補助金・助成金・税制の活用」である。これは研究開発資金の確保という観点である。研究開発には資金が必要であり、とりわけ中小企業には重要な意味を持つ。国もイノベーションの創出に力を入れており、助成制度や税制といった支援策を用意している。情報収集先としては、中小企業基盤整備機構・中央会・商工会議所などの支援機関、経済産業省の出先（地方経産局）の窓口やホームページが想定される。また、他社との連携によって資金支援等が得られる場合もあるので、いろいろな角度から支援策を検索することを推奨する。

POINT.7 ▶ スタートアップ企業との連携（イノベーションの活用・展開）

　TFP を高めるうえで「**新しい力を活用する**」ことが有効である。産業全体で見れば、スタートアップ企業の存在そのものが「技術進歩」になっている。彼らは、イノベーションに基づいて事業化を行い、新しい市場を開拓しているという点で、TFP を高めている。

　スタートアップ企業の悩みは、いかに営業基盤を充実させるかである。新市場を拓くといっても必ず顧客が必要である。優れた商品・サービスであっても顧客に伝わらなければ売り上げにはならない。そういった意味で、スタートアップ企業も「連携先」を模索している。

　オールドビジネス側に立てば、こうしたスタートアップのニーズも踏まえ

て連携を行うことで、研究開発力を高めることができる。つまり、スタートアップのデジタル技術やイノベーションを活かして自社の技術開発に役立てるのだ。

連携の方法として「プロダクト（製品・サービス）を利用する」「パートナーシップを形成する」といったことが想定される。端的な事例は、スタートアップが開発した製品やサービスを自社のビジネスに組み込むといったことである。例えば、IoT や画像や AI を活用して工場全体のマネジメントを行うようなシステムを開発したスタートアップの製品を使うことで、自社だけでは作りえなかった工場の全体最適化が作れるかもしれない。あるいは物流や建設分野においてスタートアップ企業の製品を利用してオペレーションを再構築することで、フローの生産性を上げることができるかもしれない。

活用の段階をもう一段あげるとすれば「パートナーシップの形成」である。これは極めて広い領域で連携できる可能性がある。例えば、スタートアップは技術や製品があっても、営業基盤がないため販売に悩みを抱えている場合がある。こうした場合に「代理店契約により販路支援を行う」ことで自社のルートを活かした拡販によって TFP が上がることが期待される。あるいは、オールドビジネス側はアイディア・技術・資金はあるものの、デジタル化のノウハウがないため、システム化や同業者に販売する製品が作れないといった場合があるかもしれない。そういった場合に、研究場所の提供や設備支援といったことをオールドビジネス側が行い、製品・サービス化した後は販路開拓支援を行うといった連携方法もあるだろう。「ディープテック」といわれるスタートアップ企業では、一定の時間や費用が必要なビジネス化に取り組んでおり、持続性に課題を持っている。オールド側が、自社の事業強化の観点で連携を深め、シナジー効果を発揮できるような仕組みを作ることができるかもしれない。

新旧のビジネスが出会う機会、連携する機会が少ないが、こうした視点をもって交流を深めることで、各企業の TFP を高める機会を作ることができるだろう。

POINT.8 総合的な経営力の向上（ガバナンス強化）

　TFP の成長率を高める論点の最後にとりあげるテーマが「ガバナンス強化」である。言い換えれば「経営の高度化」である。そんなことが TFP を高める役に立つのか？と思われる向きもあると思うが、結局、**労働と資本（設備）を投入して、両者を効率的に活用することで生産力や生産性を高めることが経営の役割であり、それを的確に行うためにガバナンス強化が役立つ**のである。

　本書第一部で「日本経済 30 年の停滞理由」について触れたが、複雑な経営環境のなかにあって多様な選択肢を持つ経営者が、正しい答えを出すことは容易でない。多くの場合、短期的な視点やリスクオフの視点に立つ傾向がある。長期的な視点でモノを見ようとすれば、変数も多く、不確実性や曖昧さが増す。当然社内における将来の見方や認識も異なる。長い視点でビジネス上の判断を下すことは、非常に難しく、だからこそ基盤の揺るがないオーナー系企業の経営者のリーダーシップが際立つことになる。「先を読む経営」ということは簡単だが、社内の見方や意見を統一し、リスクを取って実現にまで持ち込むことが難しいからこそ、短期的・保守的判断に終始する結果になるのである。まさにガバナンスの問題なのである。

　TFP の強化も経営の考え方や方針が色濃く反映される。そういった意味で、長期的な視点、多角的な視点で、自社にとってとるべき本質的リスクが何なのか、あるいは経営戦略に見合う投資や技術革新の方向性は何か、どれだけの資源配分を行うか、といったことを **「決めきる力」が重要**である。やはり原点に戻る。経営の高度化、ガバナンスの強化こそが、経営のあらゆる領域に反映され、TFP を高めるための様々な施策につながっていくのである。

　ここまで「企業」が TFP を高めるうえでのポイントについて説明した。しかし、「日本全体の産業力強化」の視点に立てば、企業だけでは成し遂げられない TFP の改善アプローチについても考えるべきである。つまり、「国・地域」「業界全体」で検討すべきテーマである。

　具体的には、以下の 5 点が TFP の向上に役立つ。

① 人材の流動化
② 経営者人材の育成
③ 業界標準化に向けた支援
④ オープンイノベーション連携
⑤ 中小企業向けデジタル推進策

① 人材の流動化は、成長分野へ労働力を移行させることで成長を加速させる施策である。各業界の新陳代謝や再編を進めることに加え、社内独自の年金制度など転職を妨げる要素を緩和することが中心的な視点になる

② 経営者の意識改革やスキルアップも不可欠である。経営者は1社1社で育成することが原則であるが、海外視察や先進経営者との交流など1社単独ではできない仕組みを構築することで、長期的視点・攻めの視点で経営ができる人材を作る必要がある。これはガバナンス強化で触れたことと同じ意味をもつ。優秀な経営者を作ることはガバナンス強化にもつながる。

③ 業界の標準化も生産性を高めるうえで有効な施策である。物流のパレットや荷姿の標準化が典型である。日本では「行き過ぎたカスタマイズ」が生産性を著しく阻害している。パレットが標準化され、サービス範囲も統一されることで、驚くほど生産性が上がるはずだ。すべての企業が参加するEDI(ビジネスに関する電子データの交換の仕組み)が出来れば、標準的なフォームや帳票によってビジネスの効率化が進む。

④ オープンイノベーションについては、本項で説明した通り、相手先のマッチングが難しい。こうしたマッチングに関する統一的なプラットフォームは個社に任せるだけでなく、国や業界が考えることが必要である。

⑤ 中小企業向けのデジタル推進も600万社近い母集団があるだけにTFP効果が高い。中小企業のデジタル化推進は常に指摘され、様々な支援策や支援機関の対応なども現に存在する。しかし、中小企業セクターのデジタル導入は、まだまだ不十分である。国や業界が取り組むべきは、

経営者の意識改革とデジタルに関する基礎知識をもった人材を中小企業が抱えることができるための教育制度である。いまの時代だからこそネットでの教育体制の整備といった方法もあるはずだ。早期の体制整備が求められる。

日本の未来は「転職」が拓く

　転職を希望する就業者は、総務省の労働力調査によれば1000万人規模に達しており、就業者全体の15%に達している。転職する層は20代30代が多いが、近時は40代50代も増加傾向にある。転職理由の上位は「賃金・労働条件」「人間関係・仕事内容」の不満が占めており、転職することで賃金が1割以上上昇した労働者の割合は20代30代で3〜4割近くになっている。日本において「転職」が珍しくなくなったことは、日本の未来を拓く希望の光といっていいだろう。

　労働者にとって現在所属する企業において「給料を1割上げる」ことは容易でない。昇給の多くは「ポストや資格」が上がった場合に行われるが、組織の簡素化が進み「ポスト」は限られている。容易に昇進できないだけでなく、昇進を望まない若者も増えている。

　一方、転職はリセットの機会であり、「ジョブサイズが大きくなる」「職務能力の再定義が行われる」ことで、賃金が「上がる」場合も少なくない。募集をかけている企業は「人手を何としても確保したい」「高いスキルや実績をもった人材を得たい」と考えているので「値付け」も高めになる。

　言いたいことはこうだ。「賃金は転職によって上げる」という考え方を、サラリーマンのノルム（常識）としたらどうか。こうした考え方は人材市場にダイナミズムを生む。人手を欲している成長企業や高収益企業に「人材が移動する」のである。企業側には緊張感が生まれ、労働者側には選択肢が増える。それだけではない。「移動できない」ビジネスマンの危機感も生む可能性がある。自己のスキルや知見を磨かなければ、現状に甘んじるしかない。こうした動きは、日本全体にとって潜在成長率をあげる機会につながる。

　企業にとってみると2つの見方ができる。現状に甘んじて低収益低成長となっている企業にとっては淘汰される危険がある。人材流出を引き留めるために賃金を上げることができなければ、組織を維持できなくなる。一方で、成長企業や高収益企業にとっては「良質な労働力」を確保することで「供給能力」を高めることができる。こうした流れのなかで淘汰が進み、過当競争構造が解消され、新陳代謝が高まる。日本の産業力の強化につながる。

　「強い消費者」を作るという効果もある。日本の大企業は、この30年間、社員への「給

与配分（労働分配）」という点では無策であったといってもいい。理屈はある。物価も上がっていないのにベアはできない。成果型給与制度にしたので、成果があがらなければ配分はできない。しかし、企業は多額の内部留保を得ている。言い方を換えれば、儲けを出して蓄積を増やしてきた。しかし、儲けは社員に配分されることなく、海外市場への投資、借金の削減（財務強化）に使い、残りは内部に留保された。その証左として、企業価値や株価は上昇しているが、世界ベースでみた労働者の賃金水準は相対的に低下している。

　企業の利益を作り上げたのは社員であり、儲けに応じて労働分配を上げてもらうことに何ら不思議はない。物価上昇がなくても労働分配を高める対応は出来たはずだ。その結果、節約志向の強い消費者、将来不安に備えた予備的貯蓄に走る消費者、低所得労働者など苦しい台所事情のなかで少しでも補償的貯蓄に廻そうとする消費者を大量に作り出した。内需は常に弱い。GDPの5割強を占める個人消費の主役が「カネを使わない、節約するしかない」からである。転職の活発化は、必然的に企業に防衛的賃上げを行わせる。これが賃上げのドライバーになる。賃上げが活発化することで、消費に対する考え方も変わるだろう。

　そして「労働者自身の意識改革」にもつながるだろう。転職することは「自分のスキル・能力」の検定を受けることと同じである。また、スキルや能力がなければ転職先でやっていくことはできない。つまり、現在所属する会社において「実力を磨く」ことに熱心になるはずだ。これは仕事の質を上げることにつながる。また、将来の転職を見据えて「本業以外の勉強＝リスキリング＝」を行うことが想定される。転職することはリスクも伴う。リスクを緩和するためには「自分の能力」を高めることが不可欠である。こうしたことは、日本全体で見れば「労働者の質を高める」ことにつながる。

　このように「転職の活発化」は経済を活性化させる。労働者、企業、それぞれに健全な危機感を持たせることになる。成長分野に人材供給を行うことができる。企業の淘汰が進み、過当競争構造が解消され、新陳代謝が進む。内需の原動力である個人消費を底上げする可能性がある。日本の未来は「転職」の活性化、それも「全世代にわたる転職」の活性化がカギを握っている。

第3章

論点3：需要サイドの視点

　本章では需要サイドから「経営の論点」について考える。当り前のことだが、「供給能力」だけが増強されても「需要」が伸びなければ経済成長は実現できない。1日200食を提供できるレストランであっても、来客数が100人であれば供給能力を半分しか活かすことができない。企業とて同じことだ。縮小する国内市場において企業はいかに「需要を創造するか」、内外を問わず「新たな市場」をいかに拓くか、が問われている。

1. 既存市場へのアプローチ

　需要創造を考えるうえで「現在の主戦場」である既存市場からスタートすることが自然であろう。なぜなら最も市場に対する理解が深いと考えられるからだ。

　多くの既存市場が「縮小傾向」にある。その点を踏まえると「シェアの拡大」が基本的な戦略になるだろう。「**市場浸透戦略**」と呼ばれる自社ブランドを浸透させることによる「購入率の向上」が一般的ではある。しかし、市場が縮小するなかで「どれだけコストを投じるか」、「期待するリターンが見込めるか」という問題もある。当然競合相手も黙ってはいないだろう。

　そういった意味では、我慢比べ・長期戦に耐えうるのであれば「自然淘汰」を前提とする「シェアアップ作戦」が合理的だろう。人手不足起因での賃上げや待遇改善の強まり、諸経費などコストアップによる収益の下振れ、など業界を取り巻く環境は厳しさを増しており、体力のない企業、対応力のない企業が脱落する可能性が高い。時間はかかるかもしれないが忍耐戦の勝者になることでシェアアップが図れる。ただし、この作戦は需要創造というよりは、供給者の脱落を待つものであることに留意が必要である。

　次に「新製品開発戦略」もひとつの手段である。新商品によって購買者の新たなニーズや潜在的なニーズを満足させ、新しい需要を創造することができる。問題は、常に何らかの形で「新商品が投入される状況」にあって、他社を伍して自社製品の優位性を高めることは容易でないということだ。いかに顧客のシーズや潜在的ニーズを把握できるかだが、価値観の多様化や商品寿命が短期化している点に留意が必要である。中小企業においては大規模なマーケティングを行うことは難しいので、リーン・スタートアップ方式で**「MVP（最小の機能を持った製品・サービス）」**を市場に投入し段階的に正解を導くという方法も有効だが、棚を取れなければこの方法も機能しない。

　ここまで説明した２つのアプローチ、「市場浸透」「新製品開発」のいずれを採用するにしても、従来以上にマーケティングを強化する必要がある。「3C(自社・顧客・競合)分析」、「4P（製品・価格・流通・販促）分析」、「5F（自社・売り手・買い手・代替品・新規参入者）分析」、「PPM（商品構成＝成長率・占有率）分析」などに、「ポジショニング戦略」や「ランチェスター（弱者の戦略）の法則」などを組み合わせて、既存市場における自社製品の位置取りを考える必要がある。

　日本の多くの市場がダウントレンドにあり、売上増加につなげることは容易ではない。大きな視点、現場の視点で市場をよく観察・分析して需要創造につなげることだ。地域密着といっても、ナショナルブランドも浸透し、消費者の価値観や嗜好も多様化している。SNSの発達で、ちょっとしたところから情報収集ができるので、消費者は本当に賢くなっている。従来の延長戦上で需要創造はできないし、シェアアップも図ることはできない。マーケティングの強化によって市場を切り拓く必要がある。

　マーケティングにおいて重要なファクターが「顧客シーズ・ニーズ」の把握である。**お客様にとって「お金を出してでも解決したい、役立てたい」という「欲求・悩み・希望の光」を探すことである。**よく「お客様の困りごと」という表現があるが、こうありたいという欲求、何とかしたいという問題、こうなればいいという希望など、顧客のシーズ・ニーズは区々である。どういった角度でそれらを捉えるかが難しい。

　その一助として、顧客の範囲を拡げるという着眼点がある。例えば顧客を

「社会全体（社会問題）」と捉えれば、既存市場においても「さらに大きなシーズ・ニーズ」を発見できるかもしれない。需要創造の基本は、ヒトとは違う物の見方ができるか、顧客の真のニーズに気付くか、である。

2. 新しい市場へのアプローチ

　既存市場が縮小するなかで、新しい市場への進出はどの企業にとっても重要な課題である。トップライン（売上）を拡大するためには、既存市場だけでは不十分な状況にある。

　新しい市場といっても、「社業周辺の領域」にアプローチするのか、まったく「新しい市場」へアプローチするのかで、考え方や手段・方法が変わる。経営資源が限られる中小企業にとっては、**新市場開拓は経常的な課題でありながら、思うようにいかない問題**でもある。

　新しい市場への進出にあたって、以下の4点が重要である。
① 自社の強み、保有する知見や技術の「見える化」と活用
② エフェクチュエーションの視点
③ パートナーシップの形成
④ M&A の活用

POINT.1 ▶ 自社の強み、保有する知見や技術の「見える化」と活用

　新市場といっても「未開のブルーオーシャン」はそうそうない。イノベーションの創出によって現市場にはないプロダクトやコンセプトを提供する以外に「ブルーオーシャンを享受する」ことは難しいはずだ。多くの場合は、すでに競合企業が存在している「既存市場」を「新市場」として進出することになる。そのなかで**自社の「競争優位を主張」し、「的確なポジション取り」をすることで「市場を切り拓く」**しかない。

　新市場において的確なポジション取りをするためには、自社の強み・保有する知見や技術を「**見える化**」することが重要である。自社の強みを見極めたうえで、マーケティングによって「自社の強みを活かせる製品・サービス」

や「ポジション」を見極め、効果的に進出を図る必要がある。逆に、競合他社の強み、彼らにない自社の強みを知ることなく、商品開発やプロモーションを行っても勝算はない。

　自社の強みを明らかにする方法として、まずは「社内で評価してみる」方法がある。SWOT分析やKPIなど業界水準やライバル企業との相違点、社員の声、社内に蓄積してある顧客の声などを分析材料として用いる。自社評価の良い点は、情報収集や評価のプロセスを通じて自社の強みや弱みを考えることで、社内の意識が変わる点にある。暗黙知とされていたものを浮かび上がらせることで、自社の強みやそれをどう活かすかという知恵が生まれる。

　取引先や金融機関、支援機関などに「事業性評価を共有してもらう方法」もある。特に、金融機関では事業性評価の取り組みが強化されており、財務評価だけでなく非財務評価によってケイパビリティ（強み）を明確にしている場合が多い。自社で気づかない強みがみつかるかもしれない。また、「自社の取引先」に対する「直接面談による情報収集」は効果が高い。絶対にやるべき価値がある。**「強み」**とは**「顧客が求める価値を実現できるか」**である。「お金を出して自社のプロダクトを利用してくれるお客様」以上の評価はないだろう。もちろん、技術評価機関や経営コンサルタントといった専門家に依頼する方法もあるが、コストを要するため費用対効果を考えて行うことになる。

　そして、相反するようだが、強みをいったん忘れて「自社ができるかもしれないこと」を考えてみることも必要である。自社が強みと感じていることが新市場では通じない場合もある。「自社で普通にやっていたこと」が新市場では強みになる可能性もある。価値観や評価が多様化するなかで、何が強みになるかわからない面がある。「可能性を消さない」ことも必要である。

POINT.2 **エフェクチュエーションの視点**

　エフェクチュエーションは、ある意味で「中小企業のためのマーケティング手法」ともいえる。「コーゼーション（因果論）」と呼ばれる、ターゲットとする市場機会を特定したうえで、競合する企業・製品・顧客ニーズを分析するといった「体系的なマーケティング」手法は、大企業のようにマーケティ

ングの専担部署がないと難しい。この手法は、市場がある程度「予測可能」な場合に機能する手法でもある。

これに対して、**エフェクチュエーションは、明確な目標や市場機会が見えない状況であっても、手持ちの手段や資源で何ができるかを考える「手段主導のマーケティング」**である。とりあえず失敗した場合でもリスクが取れる範囲を決めて「出来ること」をやってみる。試行錯誤を繰り返すなかで、たまたま出会ったパートナーと連携することで手段を増やし、経営資源を補完する。あるいは偶然見つけた手段や目的を僥倖として、さらに新たな結果を生み出すという「起業家」的な発想で体当たり的なマーケティングを行う。

エフェクチュエーションには、「手中の鳥」「許容可能な損失」「レモネード」「クレイジーキルト」「飛行機のパイロット」といった5原則があるが、不確実性の高い新市場への進出は、こうした自らの手で未来を創造するというアプローチの仕方も重要であろう。エフェクチュエーションの5原則については、第三部で説明する。

POINT.3 パートナーシップの形成

他社や他機関と連携して新しい市場を切り拓く視点も重要である。

自社の強みだけを活かして「競争優位を築く」といっても、それほど簡単なことではない。まずもって「競合他社を凌駕できるだけの強みがあるか」、そして強みがあったとして「自社だけで製品化・サービス化が可能なのか」、「それを新しい市場に届ける手段があるのか」といった様々な問題が生じる。

特に中小企業においては、眼の前の事業で精一杯というケースが少なくない。一定の陣容を割いて新しい市場への「進出チームを作る」といったことができる企業は少数である。そういった意味で、志を同じくする企業同士、あるいは外部の力を借りて新市場を切り拓くという考え方は極めて合理的である。

連携の仕方も様々ある。マーケット調査や商品企画について連携する、商品の企画・製造について連携する、出来上がった商品の販路開拓で連携する、販売後の商品ケアで連携する、等々連携の仕方はいろいろ考えられる。

パートナーを探すに際しては、支援機関や金融機関のビジネスマッチング

の利用、経営者交流会などでの仲間づくり、ホームページでの募集、自らが探して連携を申し入れる、など方法はいろいろある。大事なことは「**自らが動く」という積極性**である。

M&A の活用

　新市場を開拓するためには、多くの手間や時間を要する。環境変化が早く大きい状況では、時間の経過とともに「目的や手段の変更を迫られる」こともしばしば起こりうる。近時、新事業の創出に「M&A を活用する」事例が増加している背景には、こうした事情がある。

　自社が進出したい市場やポジションに、既に A 社が存在するようなケースでは、A 社の営業基盤・投入商品・ブランドをはじめ、製造等の設備や人員を活用することができる。さらに自社の強みを A 社との統合によって活かすことができれば、相乗効果によってさらにシェアを拡大できる可能性も生まれる。

　あるいは、従来のエリア外である「新たな商圏」を拓きたい場合に、営業地域の異なる同業者を M&A することで一気に商圏を手に入れることができる。両社が統合することによって取り扱い商品やルートが拡大することで、新たな効果をそれぞれの市場にもたらす可能性がある。

　このように、新しい市場を切り拓く場合に「M&A」は有効かつスピード感を持った方法ということができる。現在はライバルでも、市場の変化によって「同志」となれる場合がある。あるいは、有力な企業に見えても、内部では事業承継の問題や成長戦略の限界を感じている場合もある。そういった意味で、今後は **M&A を視野に入れた新市場開拓を戦略ツールとして認識する必要**があるだろう。なお、中小企業の M&A は「隠れ負債」「隠れコンプライアンス違反」あるいは「統合の難しさ」などが指摘される場合がある。そういった意味では、会社の買い取りだけに拘らず、古典的ではあるが「事業譲渡」「業務連携」といった目的を限定した方法の活用についても頭に入れておく必要がある。

3. 海外市場へのアプローチ

　もはや事業投資・資源投資などが目立つ総合商社であるが、戦後から経済成長期にかけて「ロケットからラーメンまで」と言われるほど、幅広い商品を抱えて世界中を駆け回った「行動力」「市場開拓力」には敬意を表するしかない。こうした飽くなき挑戦心が日本の高度経済成長の一助となり、日本経済の基礎を築いた。資源の乏しい日本は「加工貿易」と呼ばれる「モノづくり（製造業）」と「輸出（海外市場）」をセットとしたビジネスモデルで、経済大国を作りあげたといっていいだろう。そうした意味で、**海外市場にアプローチする」ことは、日本の成長モデルの原点である。**

　ところが、世界第二位のGDPを誇り「経済大国」と呼ばれるに至った日本は、徐々に「挑戦心」を失い海外へ出て学ぼうとする若者も減っていく。輸出により貿易黒字を積み重ねる日本に対して米国など海外の風当たりも強くなり、自動車など主要製造業は海外での現地生産の比率を高めていくことになる。さらには、経済のグローバル化の進展により、安いコストを求めて適地生産が主流になる。海外進出を果たした大手製造業の「サプライチェーンに組み込まれた中小サプライヤー」も、こうした動きに追随して海外進出を果たすことになる。

　残念なことがあるとすれば、中小サプライヤーの眼は専ら当該大手メーカーへの供給に注がれ、現地における市場開拓がほとんどなされなかった点である。中国の自動車市場に象徴されるように中国の新興OEMの急成長とともに、日本のOEMのシェアが低下する。こうした影響は当然ながら中小サプライヤーに及ぶ。現地での市場開拓が十分できていない部品サプライヤーは厳しい経営を余儀なくされている。

　あらためて日本企業は海外市場へのアプローチを再考する時期にある。もはや「第二の戦後」といっても過言ではないほど、日本経済の相対的ポジションが低下している。いまなお経済大国ではあるが、落日の感が否めない。本来は、国内市場に甘えることなく、戦後の商社マンが泥だらけになって世界市場を拓いたような姿勢が求められるはずだ。しかし、1億人余りの「大きな市場が国内にある」ことに甘えて、海外市場へ挑戦しようとしない企業が

数多くある。

　中長期的に国内市場が縮小するなかで、このままの状態が続けば「過当競争構造」は解消されず、低収益のなかで希望のない競争を繰り返し、みんなが疲弊することになる。海外市場を制する者はチャレンジャーであり、創意工夫の塊である。ある意味で国内市場も制する可能性が高い。国内だけに依存する者は体力を消耗しつつ、ガラパゴス化するリスクがある。

　2025-2030年という時間軸でみれば、**成長志向の強い企業は「海外市場」を目指す**ことになるだろう。第二の「ロケットからラーメンまで」のハートで挑戦する時期になる。ASEANはもちろんのこと、グローバルサウスといった新興の成長市場が世界には数多く存在する。常に若さを保ち続ける米国も、引き続き大きな市場として存在する。日本が、こうした市場にチャレンジして、再び貿易立国としてプレゼンスを発揮できるかが、日本にとっても企業にとっても大きなカギになる。海外市場は、その成長力を日本に取り込む「需要創造」そのものなのだ。

　海外市場へ進出するに際して、特に中小企業が留意すべき点は、以下の6点であろう。
　① 海外見本市等への積極的参加
　② 情報収集・現地調査と支援機関の活用
　③ 自社の経営資源とリスクを踏まえた進出形態の設計
　④ パートナーシップによる団体戦で市場を拓く
　⑤ 米中覇権争い、経済安全保障など政治面への留意
　⑥ アジアのGX移行支援ニーズに着眼
　これらについて説明したい。

POINT.1 ▶ **海外見本市等への積極的参加**

　まずは「動き出す」ことが重要である。どの国のどの市場に行こうかと悩んでいてもキリがない。幸いにして、海外各地で見本市や交流会が開催されている。そこに足を運んで「感じてみる」ことから始めてみてはどうだろう。

　海外市場を拓いている中小企業をみると、経営者が積極的にこうした見本

市や交流会に参加している。「言葉の壁はどうするの？」と尋ねると、「まずは単語を並べて…」といったように、語学云々ではなく**「体当たりの精神」**で臨んでいる。こうした気持ちが、自然に連携可能な企業との交流につながっているようにみえる。ある程度、しっかりとビジネス展開をしたい場合には通訳を雇えばいい。まずはいろいろな国に行って、いろいろな見本市等に参加している間に「度胸・経験」も備わって、「見分・自信」が生まれる。海外に慣れること、経験を積むことから始めるのだ。

　このように動いているなかで、出会いが生まれ支援者やパートナーが見つかる場合も少なくない。先進の日本企業、国や支援機関が情報提供や具体的な支援をしてくれる場合もある。ある出会いから海外のパートナーが生まれることもある。こうした出会いが生れれば海外進出の意欲も高まる。

POINT.2　情報収集・現地調査と支援機関の活用

　海外での経験や知見を増やすことで、進出したい国や市場が見えてくる。こうした段階に到達できれば、次のステップは「市場調査」である。国によって独自の商習慣や文化・法律・税制が存在する。さらに政治・社会情勢・治安や労働事情、対日感情といった問題もある。当然だが、基本となる市場規模、成長性、競合状況といったマーケティング情報も欲しい。これらの情報は、中小企業単独で手に入れることには限界がある。そういった意味で、JETROや中小企業基盤整備機構といった支援機関、あるいは取引銀行（海外に事務所を抱えている、提携銀行がある）を活用することが有用である。場合によっては有力な海外進出の支援コンサルタント、税理士事務所等を紹介してもらうこともできる。

　こうした情報収集や現地調査を踏まえて「市場が明らかになる」と、具体的なビジネスモデルや進出形態について検討することになる。

POINT.3　自社の経営資源とリスクを踏まえた進出形態の設計

　どの市場に向かうか。自社のどの製品やサービスで勝負するか。市場でどんなポジションを目指すのか。**市場調査で得た情報に基づいて進出する形態やビジネスモデルを構築する**ことになる。進出にあたっては、自社の経営資

源を考慮に入れることは当然である。

　海外市場への進出形態は「単純な貿易（輸出）」「現地法人の設立」「海外代理店への委託」「商社経由の販売チャネル」「越境EC」など様々である。当然のことだが、難易度やリスク、帰ってくるリターンの大きさも異なる。まずはできることから始めて、経験を積むことで段階的な展開を図るといった考え方もある。

　このように、市場情報や自社の経営資源、進出の目的等に照らして「進出形態を設計する」ことが最後の壁となる。国や支援機関など輸出に対して力を入れているセクターが増えているので、こうした機関を利用しつつ、自社の体力に見合った形態を設計したい。

POINT.4 ▶ パートナーシップによる団体戦で市場を拓く

　海外市場進出においても「パートナーシップの形成」が有効である。

　ここまで見てきた通り、海外市場を拓くことは中小企業にとって簡単なことではない。リスクも山積している。そういった意味で**「団体戦で市場を拓く」**ことは中小企業にとって重要な意味をもつ。みんなで渡れば怖くない方式である。

　パートナーシップの形成には「同業者」「地域の仲間」「サプライチェーン仲間」といった様々な切り口がある。いずれの形態であっても「目線合わせ」や「目的」「リスク許容範囲」「見極め基準や時期」などを共有できる相手であることが望ましい。団体戦は参加者が「貢献度に応じたリターン」を得ることが納得感につながる。役割を決め、資金やノウハウなど何を提供するか、そういったことを明確にすることで揉め事が減る。同時に、全体をまとめるリーダーの存在も重要になる。団体戦である以上、リーダーを中心とする統一感のある活動が不可欠である。

　また、広く「日本の同業者全体」という切り口も考えたい。日本の場合、県単位や地区単位の同業者が集まって海外市場開拓しようとする動きがある。日本酒や牛肉などで特定の産地を冠した○○酒、○○ビーフといった形態である。しかし、新市場を拓く場合に「Japan」をブランド化したうえで、地域などの「個別銘柄の展開」を図るほうが円滑に進む場合がある。ワイン

が日本に入ってきたときも、個別銘柄というよりは、フランスワイン⇒ボルドー⇒5大シャトーといったマクロからミクロへの展開だった。最初から個別銘柄や産地で戦うよりは、国全体でブランド化を進める方法も考えたい。そういった意味で、同業者の全国組織には海外市場に団体戦で臨むことを考えていただきたい。

仮に足並みが揃わない場合には「有志」で進出する方法もある。いずれにしても1社で対応するよりは経営資源を補完し、リスクも応分に負担される。**有志でのパートナーシップの形成にあたっては「事業協同組合」というビークルに注目してほしい。**1社1票というガバナンスは、株式会社とは異なる「人的結合」を前面に出すもので「有志の挑戦」に適している。また、組合は国や県などからの様々な支援を得やすい。組合というとオールドビークルといった印象を持つ人が多いと思うが、良く調べると非常にユニークな形態であり検討に値する。

POINT.5 米中覇権争い、経済安全保障など政治面への留意

大企業・中小企業の別を問わず海外市場のなかでもシェアの高い「米中」市場については悩みも大きいと思われる。

米国は「政権の動向」によっては政策が大きく転換し、安全保障を理由にした関税等による障壁が設定されることが間々ある。中国は相手国との政治的対立が強まると、水産物輸入停止に見られるように、あっという間に築いたルートが途絶する。反スパイ法のように、改正や運用のプロセスが不透明で駐在員の安全に懸念が残る場合もある。経済発展に伴い「人件費の上昇」も懸念材料である。その一方で、輸出入ともに日中双方に上位に位置する、切っても切れない関係にある。日本企業の中国現地法人数は1万社を大きく超えており、日本企業を活用したサプライチェーン構築の余地も十分あると考えられる。また、各企業の拠点が多いだけに現地情報も集めれば膨大にあるという点で、市場調査も多面的に行うことができる。さらに、貧富格差が大きいとはいえ14億人の人口を抱え、富裕層の数が米国を抜いて世界一になったとも伝えられる一大市場であることは間違いない。

このように、プラスもマイナスもあることを理解したうえで、自社の海外

進出の目的や形態などを総合的に判断することが重要である。「中国はリスクが高そう」「共和党政権になると米国は強硬姿勢になりそう」といった表面的な感覚だけでなく、しっかりと情報収集を行い、自社の経営資源や進出の方法、リスクの取り方などを考えて行うことが大事である。そういった意味で、進出済の企業からの現地情報は実にありがたい。積極的に収集するべきであろう。

POINT.6 ▶ **アジアの GX 移行支援ニーズに着眼**

ビジネスニーズのひとつとして**脱炭素に向けたトランジション（移行）**がある。とりわけ世界の GHG 排出量の半分以上を占めるアジア各国の GX 推進は大きな課題である。政府は「アジア・ゼロエミッション共同体」構想における官民投資、「アジア・エネルギー・トランジション・イニシアティブ」による ASEAN 支援などを表明しており、支援ビジネスの機会がある。

こうした「共通かつ切迫した社会的ニーズ」は、海外市場開拓のひとつの着眼点であり、日本企業にとってもチャンスがある話である。関係機関から情報収集を行い、海外市場進出の検討材料として机に並べるべきテーマである。

4. 脱炭素市場へのアプローチ

国際エネルギー機関（IEA）によれば、脱炭素に向けて年間 4 兆ドル（600 兆円）の投資が必要だという。日本でも NEDO（新エネルギー・産業技術総合開発機構）に 2 兆円の「グリーンイノベーション基金」が造成されたほか、政府「GX 実現に向けた基本方針」によれば今後 10 年間で 150 兆円超の官民 GX 投資を実現するという（**図 2-3-1**）。

需要創造という点では、これだけ「**巨大な市場**」に着目しない理由はない。特に「脱炭素」は喫緊の課題であり、GHG の排出削減並びに経済への影響が大きいとされる「化学」「鉄鋼」「輸送機器」「電子デバイス・回路」「生産機械器具」「電気機械器具」「プラスチック・ゴム・皮革」といったセクター、エネルギー使用量の大きい「鉄鋼」「化学」「セメント」「製紙」「自動車」セ

【図 2-3-1】 GX 実現に向けた基本方針の今後 10 年のロードマップ

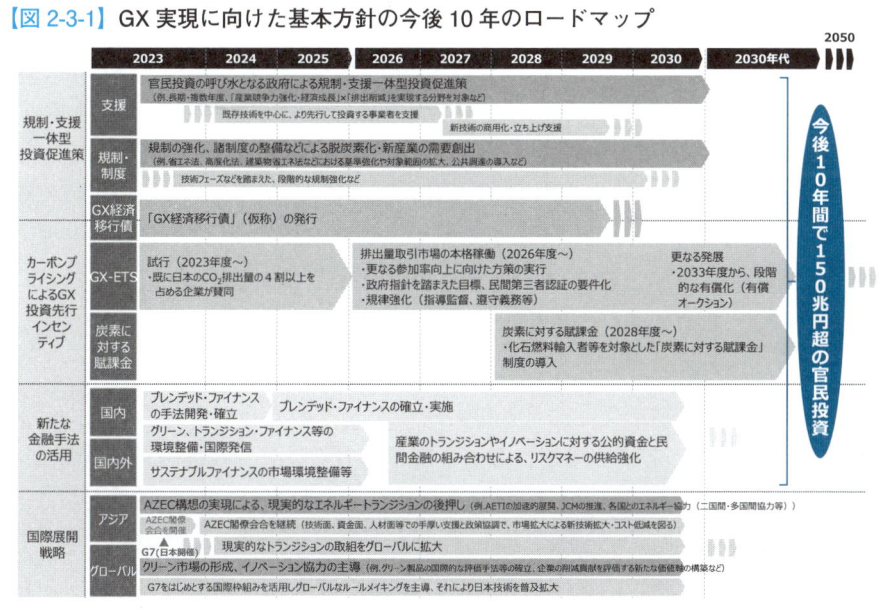

出典：経済産業省「GX 実現に向けた基本方針　参考資料」

クターでは、大きな需要が見込める。脱炭素の取り組みが遅れている中小企業セクターにおいても、GHG 排出量削減への要請が年々高まることは間違いなく、削減に向けた設備投資等による需要創造が期待できる。

　脱炭素市場へのアプローチとしてのポイントは、以下の 3 つである。
① 製品に着眼したアプローチの仕方
② 分野（テーマ）に着眼したアプローチの仕方
③ パートナーシップの形成と政府施策の活用

POINT.1 **製品に着眼したアプローチの仕方**

　工業新聞や産業新聞には「脱炭素」関連の製品やサービスを開発したとか、新たに販売を開始したといったニュースが毎日のように掲載されている。脱炭素市場への参入を考える企業がいかに多いかの証左である。脱炭素市場は前述の通り巨大な市場となりうることから、多くの企業が虎視眈々と機会を狙っている。

　脱炭素市場へ参入するに際して「どんな製品・サービスを作ればいいのか」、「顧客にどんな付加価値を与えることで支持されるのか」といった悩みがある。それに関して経産省「GX 製品のサプライチェーンにおける付加価値（3 つの類型）」（**図 2-3-2**）が参考になる。

　第一が「Scope3」、すなわち顧客 A 社のサプライチェーンの上流下流に位置する「GHG（グリーンハウスガス：温室効果ガス）」の排出量を削減することへの貢献である。例えば、物流業者であれば「水素エンジントラック」を導入することで GHG の排出量を削減できるので、これをもって脱炭素に貢献したといえる。しかしながら、水素エンジントラックを導入することで脱炭素に一定の貢献ができたことはわかるが「どのくらい貢献できたか」を説明できないと意味は半減される。まずは自社の GHG の排出量を「算定・開示」できることが「基本」になる。なぜなら、**脱炭素において重要なことはエビデンス（証拠）**である。独りよがりではなく、科学的に証明することが求められるからだ。水素エンジントラックを導入した物流業者は、最終的に取引先の「A 社サプライチェーンの総 GHG 排出量削減に貢献する」ことが重要かつ A 社の要請に応えることになるのだが、それには削減量を「見える化」しなければならない。そういった意味で、GHG の排出量の「測定・開示」を支援するビジネスは今後とも増勢が見込まれるだろう。

　第二が、原材料調達、生産、流通、販売、仕様・維持管理、廃棄・リサイクルで構成される「ライフサイクルステージ」のうち、「**原材料調達から生産（Cradle to Gate）**」まで、あるいは「**全プロセス（Cradle to Grave：ゆりかごから墓場まで）**」において顧客 A 社の製品の GHG 排出量を「削減することへの貢献」である。言い換えると GHG を大量に排出するような製品・サービスは今後使われなくなるという意味で、自社の製品・サービスが「グリーン製品」化することで、市場参入の道が拓かれる。脱炭素に限らず「エシカル消費（倫理的な消費）」は時代のキーワードであり、過剰包装や環境に負荷がかかる商品・サービスや付帯するものについて「倫理的」であるよう努めることが重要になる。

　グリーン製品であっても「GHG の排出量」が明示されていればなお良い（科学的証明がされている）わけで、「CFP（カーボンフットプリント）」を

【図 2-3-2】 GX 製品のサプライチェーンにおける付加価値（3 つの類型）

● 脱炭素製品が購入者に対して与える価値類型として、［類型①］**企業のScope3削減**、［類型②］**最終製品のCFP削減**、［類型③］**エシカル・プレミアム**※が存在する。

※「脱炭素に対する倫理的な付加価値」として定義

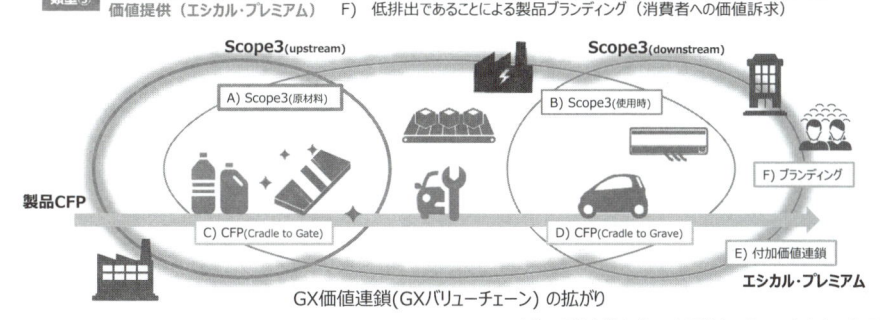

脱炭素製品の付加価値の類型整理		
類型① 顧客先のサプライチェーン排出量への価値提供（Scope3）	A） 低排出(製造時)であることによる顧客先Scope3カテゴリ1の削減 B） 低排出(使用時)であることによる顧客先Scope3カテゴリ11の削減	
類型② 最終製品の構成要素としての価値提供（LCA/CFP）	C） 低排出(Cradle to Gate)であることによる顧客製品の排出量の削減 D） 低排出(Cradle to Grave)であることによる顧客製品の排出量の削減	
類型③ GX製品であることによるブランド・価値提供（エシカル・プレミアム）	E） 低排出であることによる顧客製品への付加価値の付与（バリューチェーン） F） 低排出であることによる製品ブランディング（消費者への価値訴求）	

出典：経済産業省「GX市場創出に向けた考え方の整理」

表示しているかが大きな意味をもつ。今後、「サプライヤーエンゲージメント」と呼ばれる「期待する CFP 値の基準」が自社の顧客から示されるケースが増える。「**CFP」を取得することは GX 市場参入の大きな武器**になる。

第三が、GX 製品であることによる「価値の提供（エシカル・プレミアム）」である。これは、A 社にとって消費者へのアピール、ブランド価値を与える（消費者への価値訴求）ことを意味する。顧客 A 社にとっては「消費者とのコミュニケーション」「情報提供」が重要になる。そういった意味で、こうした支援に絡むビジネスもチャンスが生まれる。

POINT.2 ▶ **分野（テーマ）に着眼したアプローチの仕方**

政府の GX 実現に向けた基本方針によれば、様々な分野（テーマ）において脱炭素に取り組むことで「脱炭素社会」を実現する構想である（**図 2-3-3**）。NEDO のグリーンイノベーション基金で組成する 20 のプロジェクトも、こうした方針に沿うものである。また、経産省の「グリーン戦略」（**図 2-3-4**）においても「14 の重点分野」について「成長期待が高い」領域として示

【図 2-3-3】分野（テーマ）に着眼したアプローチ

分野	着眼点
省エネルギー	省エネ効果の高い製品やサービス （例：断熱窓、ヒートポンプ給湯器、家庭用燃料電池、省エネ家電、省エネ設備）
製造業の構造転換	非化石エネルギー、炭素循環型生産設備、関連する技術
再生可能エネルギー （主力電源化）	太陽光パネル、風力発電、地熱発電、バイオマス発電、次世代型太陽電池、家庭用蓄電池、太陽光パネル廃棄関連
原子力の活用	次世代革新炉関連（サプライチェーン）
水素・アンモニア	化石燃料との混焼、専焼技術、モビリティ関連、供給設備（水素電解装置）
電力・ ガス市場整備	発電設備効率化、蓄電池、CCS（二酸化炭素回収貯留）、カーボンリサイクル、系統整備関連
資源確保	石油・天然ガス・鉱物資源の確保、日本における開発や技術革新
蓄電池産業	蓄電池関連の材料、素材、製造技術、全固体電池
資源循環	循環配慮設計、プラスチック・金属の資源循環、同関連設備
運輸部門	電動車、次世代航空機、ゼロエミッション船舶、燃料電池鉄道車両、水素供給拠点整備、グリーン物流、MaaS 関連
デジタル投資	省エネ性能の高い半導体開発、光電融合、省エネデータセンター
住宅建築物	ネットゼロハウス、ネットゼロビル、省エネ性能の高い住宅、省エネ改修、木材や資材開発
インフラ	空港、道路、ダム、下水道の設計施工（脱炭素）
カーボンリサイクル ／CCS	カーボンリサイクル燃料、SAF（航空燃料）、合成燃料、バイオものづくり、CO2削減コンクリート、CCS 事業（適地開発）
食料・農林水産業	みどりの食料、脱炭素農林漁業、森林整備

出典：経済産業省「GX 実現に向けての基本方針」：（令和 5 年 2 月）より筆者作成

【図 2-3-4】グリーン成長戦略

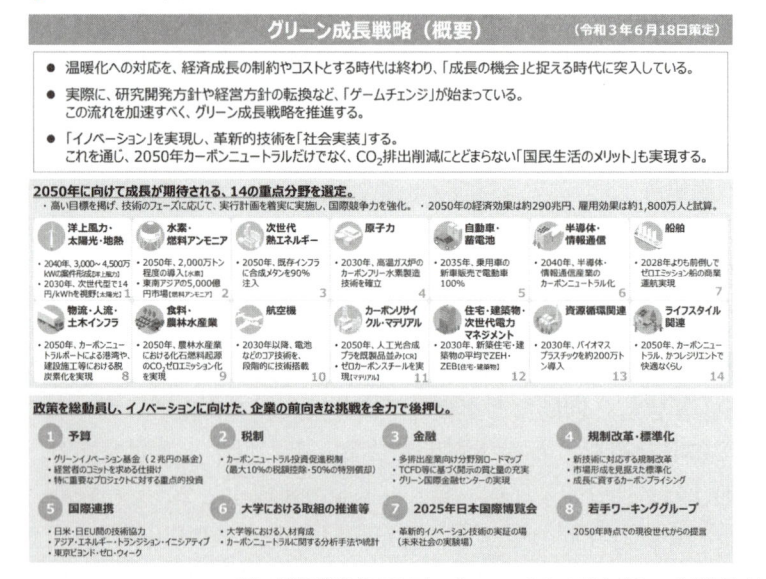

出典：経済産業省「2050 年カーボンニュートラルに伴うグリーン成長戦略」（広報資料）

されている。脱炭素市場へのアプローチは、こうした国の動きや支援も踏まえて検討することが有効である。特に自社の事業との関連性、自社の強みやプロダクトの転用、パートナーシップによるイノベーションなどを念頭に、進出すべき市場を選択するといいだろう。

POINT3 パートナーシップの形成と政府施策の活用

脱炭素市場へアプローチするためには、当然だが様々な準備がいる。例えば、「CFP（カーボンフットプリント）」の社内整備や、新たな製品・サービスの開発である。こうした準備を1社だけで行うことは容易でない。ここまで繰り返し強調してきたが、有志とのパートナーシップの形成を積極的に検討すべきである。

また「グリーン戦略」（図2-3-4）にあるように、政府は「税制」「金融」「規制改革・標準化」など政策的な後押しを行っている。人材・資金・技術など補完できるものを利用することで、脱炭素市場への進出の壁も多少低くなる。こうした施策は次から次へと用意されることになるので、定期的に調査を行い利用できるものは積極的に活用したい。

5. SDGs関連市場へのアプローチ

脱炭素は「SDGs（持続可能な開発目標）」のなかの「1つの目標（ゴール）」である。SDGsには17のゴール、169の下部目標が設定されており、その範囲は広い。SDGsは、先進国を含めた社会的課題を網羅したものであり、社会的なシーズ・ニーズそのものである。脱炭素に限らず、自社の事業にSDGsの視点を組み込むことで、社会貢献とビジネスを両立することができる。

実際にスタートアップ企業、ディープテック企業の多くが、こうした社会的課題を解決するためのビジネスモデルを構築し活動を行っている。当然だが、SDGsのテーマは簡単には解決できるものではない。腰を据えて中期的に取り組むべき課題が多いことを考えると、**「17のゴール」**と**「自社の事業や経営資源」**の関係性を紐づけながら、**新たな市場へのアプローチを検討する**ことが需要創造に役立つ。

　SDGs 市場へのアプローチを行ううえで考えておくべきポイントは、以下の 3 点である。

① 自社の事業活動と SDGs ゴールのマッピング（紐づけ）
② 取り組みの優先順序
③ ステークホルダーとのコミュニケーション

POINT1 **自社の事業活動と SDGs ゴールのマッピング（紐づけ）**

　SDGs のゴールは幅広い。どの市場にアプローチするかは、自社の事業活動を踏まえて絞り込む必要がある。そういった意味で「SDGs の 17 のゴール」と自社の事業の「マッピング（**図 2-3-5**）」を行うことで頭の整理ができる。

　事例にあるように、自社の担当部署が行っている事業活動と SDGs の 169 のターゲットを見比べて紐づけることで可能性が見えてくる。紐づけにあたっては、事業活動が SDGs のターゲットに対して与えている「正負のインパクト（良い影響・悪い影響）」や、実際に展開した場合の効果の大きさについて評価することで優先順序の比較がしやすくなる。

　特に、自社の「製品やサービスに着眼する」ことが最も重要である。自社の製品・サービスが持つ機能や価値が、具体的に SDGs にどう貢献可能なのかを考えることが重要になる。例えば、簡易トイレを製造しているような企業があるとしよう。国内市場は飽和しているとしても「衛生状態が劣悪な国」に持っていくことで社会貢献や市場創造ができる可能性がある。問題は、いままでどうして簡易トイレの市場がその国になかったのかを考えることである。製品価格が高すぎたのか現地に設置するためのチャネルの問題なのか、それとも国民の生活習慣の問題なのか。そうした課題をクリアにすることで SDGs 市場への参入のヒントが得られる。この例で「値段が高すぎて買えない」という課題があったときに、「日本人が品質に拘り過ぎてガラパゴス化した事例」を頭に浮かべるといい。日本で暮らす日本人が考える満足と、劣悪な環境で暮らす現地の人の満足が異なる場合が間々あるということである。

【図 2-3-5】 自社の事業を軸とした SDGs ゴールとのマッピング例

担当部署	業務・活動	部署	具体的な内容	SDGs	ターゲット	正の影響	負の影響	効果
総務課	雇用	総務部	障がい者雇用、高齢者雇用への対応	8-5	雇用と働き甲斐のある仕事、同一労働同一賃金を達成する		○	中
	健康	総務部	コロナ予防接種の休暇扱い、インフルエンザ接種補助	3-3	重篤な伝染病を根絶し、その他の感染症に対処する	○		中
	地域貢献	総務部	年2回の全社員による「海辺のごみ拾い活動」（ボランティア）	14-2	海洋・沿岸の生態系を回復させる	○		小
製造1課	原材料調達	購買部	製造に必要な原材料の調達（グリーン購入等）	12-2	天然資源の持続可能な管理及び効率的な利用を達成する		○	大
	産業廃棄物処理	製造部	製造によって排出される産業廃棄物処理	12-5	廃棄物の発生を減らす		○	大
製造2課	製品製造	製造部	省エネ対応	7-3	エネルギー効率の改善率を増やす	○		大
	配送	製造部	製品の包装組み立て・配送への対応（輸送計画の最適化）	9-4	資源利用効率の向上とクリーン技術及び環境に配慮した…		○	中
営業課	顧客対応	営業部	自社の SDGs 活動への理解促進	17-17	効果的な公的・官民・市民社会のパートナーシップを推進する		○	小
		営業部	取引先への訪問（すべて社用エンジン車で訪問）	7-2	再生可能エネルギーの割合を増やす		○	大

出典：一財）商工総合研究所「中小企業のためのサスティナブルファイナンス」（筆者）

POINT2 ▶ 取り組みの優先順序

　SDGs の長所であり短所でもあるのが「**領域が広い**」という点である。領域が広いだけに自社の事業活動に重なる部分も多い。それだけに自社の製品・サービスについて応用を利かすことで様々なゴール・ターゲットへアプローチができそうである。言い換えれば、**アプローチの「優先度」に迷う場合が多い**のではないだろうか。

　そこで、いくつかの「評価軸（**図 2-3-6**）」をもって、優先順序をつける必要がある。表の事例では、7つの評価軸によって総合点を算出し、優先度をつけている。具体的には「SDGs への該当性」「自社の企業理念との重なり」「自社のメリット」「社会への影響（インパクト）」「必要な資金」「必要な経営資源」「挑戦価値」である。

　まずもって「SDGs への該当性」確認は重要な意味をもつ。SDGs では「ウォッシュ」という戒めの言葉がある。「見せかけの」とか「やった振り」という意味である。表面的には該当しているが、何ら変化をもたらすものでもなく、良いとこどりをするような取り組みであってはならないだろう。

【図 2-3-6】取り組むテーマの優先順序をつける方法

No	SDGs項目	自社の課題（目的）	取り組み内容	取組に際しての評価							
				SDGs該当	企業理念	自社メリット	社会的影響	必要資金	経営資源	挑戦価値	優先度
1	3,12,13	CO2排出量削減（親会社指示）	GHGの排出量を把握できる体制を構築し、そのうえで基本的な方針を建てる（サプライチェーンで毎年4%のGHG削減の指示あり、2年以内の取り組み不可欠）	◎	○	◎	○	△（委託負担）	△	◎	◎（13点）
2	3,8	従業員の健康（組織風土改善）	商工中金の「幸せデザインサーベイ」を実施し、改善項目を決定し、基本計画を立てる（事業承継により新社長就任し、組織風土の改善を企図）	○	◎	○	△	○	○	○	○（8点）
3	12	グリーン購入率等改善（会社イメージ改善）	グリーン購入状況を把握し、グリーン購入率を前年度比較10%改善させる環境ラベル認定商品を優先的に購入する	○	△	△	○	○	○	○	○（6点）
4	7	社内電気使用量削減（コスト削減）	社内の電気使用量を前年度比10%削減する（3百万円の経費削減）社内空調温度の適温化（夏28°、冬20°）	○	△	○	△	○	○	○	○（5点）
5	7	バイオマス発電の建設（社内電気移行）	工場内にバイオマス発電装置を設置し、工場使用の電気量の5割をカバーする（3カ年）（サプライチェーンでの再生エネルギー使用向上への対応）	◎	○	○	◎	×（負担大）	×（PJ対応）	○	△（3点）
6	5	社内保育園の新設（女性の働きやすさ）	本社・工場敷地内に保育園・児童委託所を設置し、女性を中心とした働きやすい環境を作る（若い社員が多いことから働きやすさを改善し、人手不足への対応にも用いる）	○	○	○	○	△（負担あり）	×（保育士）	○	△（2点）

◎3点、○1点、△0点、×マイナス1点で評価

出典：一財）商工総合研究所「中小企業のためのサスティナブルファイナンス」（筆者）

　自社の企業理念との重なりは、自社の存在価値との一致を意味する。その取り組み、その活動がそもそも自社の存在価値と一致することは「やるべき仕事」を意味し、経営資源を集中しやすい。

　自社のメリットは言わずもがなだが、中小企業のなかにはSDGsをボランティア活動のように捉えている場合が多い。SDGsで大事なことは持続性であり、企業である以上「事業に対するリターン」があることが持続性につながる。きれいごとではなく、事業を通じて社会的問題の解決に貢献することが原点なのだ。

　社会への影響、その大小は大きなポイントである。やはり「社会的な影響が大きい」ということは、プロダクトとして社会貢献につながることを意味し、加えて支持が多ければビジネス上のリターンも通常は大きいことが多い。悪い影響を緩和すること、良い影響を増大すること、この視点は市場参入のポイントになる。ただし、財務的リターンに関しては、ある程度長期的視点で見ることが重要である。収益を焦ると短期的な視点が強まり、前述のウォッシュ的な活動に陥る危険がある。

さらに「経営資源・資金」の多寡は、取り組みの範囲や継続性を規定することになるので、投入の範囲やリスク許容度も念頭において取り組む必要がある。

最後の評価基準である「挑戦価値」という視点も大事にしてほしい。SDGs市場へのアプローチを考えるときに、いろいろな課題はあるが挑戦に値するという価値を見出すことは企業として「力を発揮しやすい」ものである。挑戦を忘れてしまえば、どうしても活動は小さくなる。

これ以外にも、自社の在籍する「地域の課題」であるか否かという点も優先度を考えるうえで重要であろう。地域への貢献は、「従業員の確保」「社会からの信頼」「営業基盤の維持」など様々な効果があり、自社製品・サービスを通じて新たな市場が開けるとすれば、これは大きな意味を持つ。

POINT3　ステークホルダーとのコミュニケーション

SDGs市場へのアプローチには**「社会的貢献」という視点**が外せない。そういった意味で、いかにマルチステークホルダーに対して「自社の取り組みをいかに理解してもらうか」が市場への参入や事業拡大という点で重要である。どれだけ良い取り組みをしても、良い製品・サービスを開発しても「認識されない」場合がある。取り組む以上は、社会にインパクトを与えるためには、できるだけ効果的にステークホルダーに自社の取り組みや製品・サービスを理解してもらう必要がある。そのための基礎となるのが「コミュニケーション」であり、効果的な活動を行うべきである。

例えば、**図2-3-7**のような「**SDGs活動報告書**」を作成し、取引先や金融機関、行政や支援機関、マスコミに伝えるような取り組みは一考に値する。組織的なコミュニケーション力を持つ大企業とは異なり、中小企業はSNSやホームページでアピールすることが一般的である。大事なことではあるが、なかなか見に来てもらうことも難しい。そういった意味で、まずは自社にとってコアとなる取引先や金融機関、地域の人々に活動報告書として届ける方法は確実に理解をえられる。まずは「知ってほしい」関係者に確実に発信し、コミュニケーションすることが大事だ。

また、新市場にアプローチする場合、できるだけ「ストーリー」で商品・サー

【図 2-3-7】 SDGs 活動報告書

SDGs 活動報告書

㈱○○○○

1.SDGsへの考え方・方針
地元の原材料を中心に、健康で美味しい食品を開発し、国民の健康で豊かな生活に貢献するとともに、持続性の高い生産活動ができるように原材料となる国産麦栽培農家の支援を行います

2. 取り組みの内容・目標、この活動を選択した理由・背景
①取組の内容
当社の主力製品である「アルミ鍋焼きうどん」とは異なる、新製品を開発し、市場に投入する。具体的には、単身者が増加する傾向を踏まえ、うどんでも栄養バランスが高い製品かつ美味しい製品を作る
②目標・KPI（指標）
1. 単身者向けの従来製品に比較して栄養バランスが高いうどん製品を開発する 2. 市場へ新商品を投入する（まずは口座を作る）
③選んだ理由や背景
当社の経営理念「食品を通じて健康と豊かな生活創造に貢献する」に加えてSDGsの健康的生活や栄養改善とも適合する。人口減少もあり、既存商品の販売低下もあり、新商品を投入することで販売増加を目指す

3. 活動内容と成果、良かった点・課題が残った点
①活動内容と成果
栄養士＋地元ちゃんこ店と共同で、栄養バランスの高い麺（練り込み）や食品バランスを踏まえた「鍋ちゃんこ」を開発し、コンビニと地元限定販売で協議中。新商品の開発はできたが、市場投入には至っていない。
②良かった点、課題が残った点
栄養バランスの高さをどうPRするか、消費者に印象付けるかが課題。加えて栄養バランスだけが強調されると美味しさに対する印象が弱くなるので、パッケージを含めて課題になる

4. 今後の方向性
まずはコンビニとの協議を前進させ、彼らのニーズも参考に商品改良やパッケージ改良なども検討する

出典：一財）商工総合研究所「中小企業のためのサスティナブルファイナンス」（筆者）

ビスを語ることが浸透につながる。あるいはブランド化に資する。そのためにも、自社の取り組みを「整理・整頓」して、できるだけ「ナラティブ（物語）」に理解してもらえるような伝達手段・表現方法を考えることがコミュニケーションの質を高める。

第4章

論点4：
いまこそ「業界の変革」が必要である

　ここまで「企業のあり方」「供給サイド」「需要サイド」の3つの角度から「経営の論点」について考察した。どのセクターにも「課題」はあり、どのセクターにも「希望の光」が見える。どちらに転ぶかは、今後の取り組み次第である。

　そのうえで、いまこそ「変革」が必要であることを強調しておきたい。いわば**2025-2030年における最も重要なメッセージは「変革」**である。

　「変革」が必要な理由はいくつかある。第一が「日本経済が大きな転換点にある」こと、第二が「世界に伍して戦うためには早急な構造改革が不可欠である」こと、第三は「いまならまだ間に合う」ことである。

　第一の**「大きな転換点」**は誰もが感じていることではないだろうか。経済にとって最も重要な要素である人口構造の変化である。少子高齢化と総人口の減少が当面続くことになる。人口減少を起因とする地殻変動が日本のあらゆるセクターを揺さぶることになる。それだけではない。技術革新が世界を変えていく。デジタル・通信技術をはじめとして、無人化自動化の技術、各セクターで様々な技術革新が生まれている。そして脱炭素・脱資源の世界的潮流。様々な産業分野で大きな転換が求められている。こうした変化にスピード感をもって対応する時期に来ている。

　第二の**「世界における競争力維持」**については、「夏休みが終わる1週間前」の状況にある。やり残した宿題が机の上にたくさん乗せられている。労働生産性の向上、デジタルの活用、イノベーション創出、次世代を担う4番打者の育成、過当競争構造の解消、新陳代謝の促進、ローカルの活性化、SXへの移行、など数えきれないほど課題がある。宿題を放置したまま学校に行くわけにもいかない。

　第三の**「いまなら間に合う」**は、その言葉通りである。ダウントレンドにあるとはいえ、いまでも世界第四位の経済大国である。労働観は多様化しつ

つあるが、優秀で勤勉な労働者が多数存在する。戦後 80 年で築き上げた企業群、資本ストック、金融資産、ノウハウ、海外資産など誇るものは多い。日本が保有する有形無形の資産、そしてノウハウを存分に活用することができれば、まだまだ世界にプレゼンスを発揮することが十分できる。日本経済が閾値を超えハードクラッシュをする前に、各セクターのリーダーが目覚めることができれば日本経済の再興は可能である。

　戦後 80 年が経過し、敗戦国が世界に冠たる経済大国に生まれ変わった。栄枯盛衰、驕れるものは久しからずというが、残念ながら日本も言葉通りになっている。Japan as No.1 という言葉に踊らされ、気が付いたときには新興の中国は手の届かない場所にいる。米国は GAFAM に代表されるようなデジタル大国として存在感を放っている。近隣の韓国は自動車・ハイテク産業で、台湾は世界的な半導体企業を抱え、大きな成長を遂げている。日本は「ガラパゴス化」という言葉に象徴されるように「内向き」で、保守的なビジネス社会を作りあげていた。ここまで構造化された問題を「カイゼン」で解決することはできない。痛みや混乱は招く可能性があるが「変革」が必要だ。

　2025-2030 年において最も重要なメッセージが「変革」であることを、ここまでの説明でわかっていただけると思う。

　一方で、「変革」という言葉は、いつの時代も言われ続け、「使い古された印象」がある。変革を合言葉に様々な政策や活動が行われはしたが、言葉とはおよそ距離のある結果で終わっている。**「変革」という言葉が「軽く薄く」扱われ、結果も軽いもので終わっている現状がある。**

　それでは、日本において「変革」を起こせない理由は何だろうか。

　答えはひとつではない。しかし、変革を起こす主体が「人間」である以上、**変革を起こすことのできる人間が現れなかった**ということが大きな理由だろう。それでは、変革を起こすことのできる人間は、どんな特徴や資質を兼ね備えているのだろうか。

　それは「変革」について考えてみればわかる。変革とは「パラダイムシフト」である。パラダイムシフトとは、それまでの「常識・規範・価値観・慣習」が劇的に変化することをいう。つまり「現状の否定」がスタートであり、

「現状を劇的に変える」だけのパワーや構想力を持つことが必要である。こう考えると「変革者」が現れない理由は、その要求水準の高さにあるのかもしれない。特に、パラダイムシフトの構想を描くこと、その構想を実現するパワーは、頭脳と政治力の両方を要求する。

第一部で日本経済の停滞の理由を考察したが、経営者の意識やガバナンスに大きな問題があることは明らかである。内向きで保守的な経営観が形成されるなかで、「大反対」を振り払って変革を断行できるリーダーが生まれなかったことは想像に難くない。仮に変革の必要性を感じたとしても「どうせ変わるはずがない」という諦め、無力感に支配されたことは否定できないだろう。口では「変革」を謳っていても、自分の任期や担当期間は「大過なく」安全運行したいと考える人間が大半である。そういった人が業界のリーダーを兼ねている以上、業界全体の変革も起こりようがないのである。

一方で、**各業界や個社個社において「やるべきこと」「挑戦すべきこと」は見えている**ことが多い。業界にいれば業界の問題点、あるべき方向性は普通に感じられるはずだ。しかし、そうした理想を実現するためには「現在を否定し、大きく変える」必要がある。それは「痛み」を伴うことが多い。場合によっては現在の「主業」さえ否定して「次の糧」を求めることになる。

変革する以上は、多くのステークホルダーを巻き込んで、大きな議論を粘り強くする必要がある。変革への「共感者」を増やさなければ夢は実現できない。「現在の体制に多くのメリットを享受している企業」の抵抗は大きい。変える必要があると考えている企業であっても、そうした考え方が「業界の主流になるはずはない」という無力感がある。こうした企業をまとめて変革に導くことは、とんでもなく大変な仕事である。中心になって進める「リーダー」には、多くの非難や中傷が集中する。大義を貫徹する気持ちがない限り「ほんとうにやりたくない仕事」でしかないはずだ。

推進する「リーダー」個人にとって「得となる」ことはおそらくない。「業界の発展ために働く」という気持ちがなければ絶対にできない。しかも社業で忙しい中で時間も手間も取られる。そんなことに時間を使うのであれば社業に励めばいいではないか。そんな考えになることを非難はできない。

その点、個社個社における変革は「会社の持続性を高める」という大きな

メリットがあるので、優秀な経営者が登場した場合には断行されることがある。特に、中小企業は「家業」としてバトンを渡すことがガバナンスとして機能している。あるいは「地域の雇用（社員の生活）」を守るといった一種の使命感もあり、生き残るための変革の抵抗は少ないかもしれない。ただし、オーナー経営といっても古参の番頭たちも存在し、そもそも変わることに消極的な社員も少なくないという意味では、簡単な仕事ではない。個社ベースでも大変な仕事を、「業界全体のため」を思ってできる人の存在は奇跡に近いのかもしれない。

　一方で、未来を変革する力を秘めた経営者が登場しつつある。彼らはこうした状況に「しびれ」を切らして「自社の経営改革」を断行している。その特徴は、**現在の業界の構造的な問題点に着眼していること**、**仕組みや枠組みを変えようとしていること**、**デジタルや無人化など最新技術を活用している**こと、勉強会・研究会といった形で**仲間づくりを行っている**こと、である。業界全体を変えてやろうといった野心があるわけではないが、自社の事業周辺でこうした新たな動きを展開している。こうした動きが点でなく、面となって日本全体に拡がっていけば、変革の夢も実現される可能性がある。

　新たな変革の芽が育ちつつあるなかで、相変わらず現状に甘んじている層が大半である。同一の業界にあって、経営者によって異なる「取り組み姿勢」が生み出す結果は容易に想像される。それは「企業間格差の拡大」である。「前に進もうと変革を続ける企業」、「現状を肯定し変革に踏み切れない企業」、「現状に埋没している企業」。「格差」は拡大する一方である。

　10年の単位でみると「変革を志向する企業」が業界を変えることになるだろう。具体的には、変革を遂げて「環境適合力」を増した企業が、「M&A」や「自然淘汰」を通じて「業界再編」の主役になる。業界再編の動きを加速させるエンジンが「人手不足」「事業承継難」である。この2つが地殻変動を起こし、対応できない企業の退出を促すことになる。収支トントンに甘んじて未来を描ききれない「ゾンビ企業」の廃業が進むはずだ。人手不足・事業承継難に加えて「金利ある世界への突入」が始まる。資金繰りを支えてきた金融機関にも再編の波が来る。金融機関の再編は中小企業融資のシェア調整や取引先の取引方針の見直しにつながる。ゾンビ企業がいまのままで生き

残る可能性は低い。ゾンビ企業だけでなく、変革意欲の少ない企業も生き残りは容易でない。人手不足・事業承継難、金融環境の変化に加えて、デジタル技術や様々な技術革新が進む。いまを前提に将来のビジネス環境を組み立てることはできない。**変革を志向する企業を中心とする業界再編は必ず行われる**と断言していいだろう。

　問題は、こうした「業界再編」のスピードである。

　自然淘汰に加え、M&A によって業界再編は進む。しかし、急ピッチで進む可能性は低いと考えている。その理由は、変革が「個々の企業の経営判断や体力」のもとで進められるからである。変革志向の企業が限られるうえに、そうした企業が取り組むことのできる M&A や業務提携には限界がある。とりわけ中小企業であれば、「PMI（M&A 後の経営統合プロセス）」を視野に入れれば限度があることは想像に難くない。加えて、中小企業の廃業が年間 5 〜 6 万社ペースで進むことから、緩やかではあるが「過当競争構造の緩和」も進む。そういった意味で、現行のままでも生き残ることができる企業も一定数見込める。こうした構造は変革のスピードを抑制する効果をもつ。

　日本の産業全体の競争力強化を図ろうとすれば、もっと速いペースで業界再編を進めなければならない。日本の変革を世界は待ってくれない。構造改革を急ぐことで世界と戦える体制を作らなければならない。日本は人口 1 億人を抱えているため、国内市場だけでビジネスが成立してしまうために危機感が醸成されにくい。しかし、世界の潮流は信じられないほど早く激しい。1 億人の市場で満足しているうちに、世界は一歩も二歩も前に行ってしまう。日本のプレゼンスを回復するためには、1 日でも早く国内の変革を断行し、新たなパラダイムのもとで競争力を高める必要がある。

　特に、中小企業は「危機感を共有する」必要がある。中小企業の大半が「国内市場」を主戦場としており、売上の過半を海外に依存している企業は少ない。それだけに「国内市場の動き」だけに目が向けられる傾向がある。そもそも**経営の成否は「どれだけ多面的な情報を取って的確な分析を行うか」「必要な勉強を行ってキャッチアップできるか」「時代の大局観を持てるか」「健全な危機感を持てるか」「チャンスを見極めることができるか」**といったことにある。残念ながら「中小企業経営者の高齢化」は着実に進み、こうし

た条件を必ずしも満たせていない状況にある。各業界のリーダーは基本的には「重鎮」といわれる年齢層であり、過去の勝利の方程式に基づいて経営を行っているような気がする。本来経営に年齢は関係ないが、変革を志向する者は 30 代 40 代の実力のある経営者が多い印象をもっている。

　話が回り道をしたが、**変革のペースを上げるためには「変革を志向する企業や経営者」に任せるだけでは足りない**ということである。**彼らの背中を押す者が必要**なのだ。変革を助ける者といってもいいかもしれない。

　その候補者のひとりが「国」である。産業行政を担う「国」が、ここまで遊んできたわけではない。彼らなりに「業界の未来図」を考え、そこに導くための施策を実施してもいる。しかし、正直「変革」が進んだとは言い難い。それは無理もないことである。国は所詮「輪の外」のプレイヤーだからだ。法律で罰則を設け、許認可等で揺さぶりをかけるなど「鞭」を使わなければ、業界は簡単には動かない。「飴」としての補助金や優遇税制なども使って企業を動かそうとするが、個別の成功事例は目にしても業界全体が動いている感じがしない。変革者の背中の押し方、変革の起こし方がズレているのではないだろうか。国はこの点を見直す必要がある。

　国が変革の「パトロン（支援者）」になろうとするのであれば、変革の本質を考える必要がある。

　変革は「業界を構成するプレイヤー自身」が危機感を共有して、自らで動き出さなければ実現することはできない。変革を真に実現できるのは「輪の中（サークル内）」にいるプレイヤーだけなのだ。そういった意味で、国が本気で産業界を立て直したいと考えるのであれば、**「業界の真のリーダーになりうる人材」を発見し、彼らの「後押し」となる方策を考える**ことである。変革ができない一番の理由は、ビジョンがないからではなく、「どんな反対や困難に負けないで断行できる大義をもった推進者（イネーブラー）がいない」からだ。「どうせ実現できない」「理想と現実は違う」と半分諦めてしまった人々からは何も生まれない。変革とはそういうものであり、変革によって起きる「地殻変動（＝業界再編）」は「勝者」と「敗者」を必ず生む。それが自由主義経済というものだ。そして、変革後の世界は「ビジョンの実現」に向けて意欲を燃やす「勝者」たちが築き上げる。変革を成し遂げた業界の

「競争力」は必ず高まる。世界を相手に戦える基盤ができる。

　国ができることは他にもある。**サークル内のプレイヤーの力だけでは実現できないことを探すことだ。**典型は、生産性を大幅に上げるために「業界全体で平準化を推進する」ことである。一例をあげれば物流業界の「パレット」の標準化である。日本は企業の数だけパレットの種類があるといっても過言でない。このために「積み込み」の計算も1社1社異なる。パレットが標準化されるだけで相当な生産性向上につながる。また、物流は「数字情報」が多い業界である。デジタルに馴染む業界なのだ。物流・商流情報を共有できる情報基盤やシステムが標準化されれば、つまり共通のプラットフォームとして実現できれば、荷物の共同配送、積載率を上げるためのミルクランなどいろいろな協働が可能となり、生産性は飛躍的に高まる。民間でもこの種のプラットフォームは幾つかあるものの、共通のツールにはなっていない。

　国ができる3つ目の仕事は**「旧習の打破」**に関する**「手助け」**である。値上げに関する監視制度の導入など、B2B取引に関する悪習を解消しようとして「努力している」ことはわかる。しかし、もっと大胆な法改正や行政指導が必要である。引き続き「物流」を例にとれば、「荷主が圧倒的上位」にあって、細かな負担を物流業者に負わせる体制を変える必要がある。ドライバーが店舗の内部まで荷物を運びこむような商慣行が世界の「標準」だとは思えない。荷主のヤードに入る待ち時間、荷下ろし荷揚げ、ドライバーの無償のサービスをどこまで継続すれば気が済むのだろう。もちろん行政指導をしていることは理解している。しかし、行政の眼の届かない部分が多すぎる。ドライバーの数は2030年には10年前の三分の二になるとの試算がある。こうした見通しは、荷主と物流の力関係を変える要因になりうるが、大事なことはスピードである。このままの流れに任せて日本は輸送量を維持できるのだろうか。物流はいつまで正常に機能するのだろうか。規制緩和だけが仕事ではない、規制強化も時には変革につながる。

　そして、もう一人の候補者（変革者を支援）として金融機関に大きな期待をしたい。

　金融は様々な政策推進の「ツール」として活用されている。直近でいえば「サ

ステナブル・ファイナンス」が典型である。SDGsを推進するために、国連にしても政府にしても「金融を飴と鞭」に見立てて枠組みを作っている。市場を動かす「ESG（環境・社会・ガバナンス）評価」や、正のインパクト創出や負のインパクト削減を評価して行うポジティブインパクトファイナンスなど、事例は数多くある。

　こうした「**インフラとしての金融**」「**企業経営の命綱である金融**」を「**変革**」**に活かすことができる**はずだ。多くの為政者が看破したように「金融が持つ力」は強力である。すべての業界にネットワークを通じている。「金融仲介機能」を通じて、企業の財務や非財務の情報を持ち、各業界の状況にも精通している。各業界に根を張り、状況や特質を理解し、金の力を持って後押しできる存在はそうそういない。金融機関が本気で「業界再編」や「標準化」「プラットフォームの提供」などで力を貸すことができれば、変革は必ずスピードアップする。

　そして、金融が「変革」の支援者になることは、金融機関自身にとってもメリットが大きい。国内の金融機関を取り巻く環境は、中長期的にみれば厳しいものがある。貸出の中心であった中小企業や個人の数が逓減し、「営業基盤」が弱まる。変革を推進する取り組みは、地域経済の新陳代謝を高め、企業のビジネスモデルの強化につながる。変革を支援するプロセスにおいて、M&Aやビジネスモデル再構築のソリューション提供、設備投資資金への対応が増加し、新たなマネタイズの機会を生む。失われかけていたプレゼンスを回復することもできる。

　多くの地域金融機関が、「地元密着」「サステナブル」「DX」「伴走支援」という旗印のもとで、新たな未来を創造しようとしている。地域商社を作る者、脱炭素支援を進める者、銀行自身のデジタル化とともに取引企業のシステム化を進める者、ビジネスマッチングや事業承継に力点をおく者。どの取り組みも着実に前に進めることが必要だが、残念ながら「変革」には程遠いと言わざるを得ない。**変革と呼ぶには、産業強化の青写真を描き、取引先と話し合い、様々な支援を通じて青写真に近づける戦略性が必要**である。単発の支援とは意味が異なる。

　金融機関には人材とネットワークがある。これが最大の強みである。これ

を活かして、批判を恐れることなく、地域を変革する「中核的支援者」を目指すのであれば、新しい市場を拓くことができる。中長期的な視点、大きな視点にたって取り組みを開始しなければならない。

しかし、金融機関が「**変革の中核的支援者（以下、イネーブラーと呼ぶ）**」になるためには、いくつかの条件を満たす必要がある。その条件を整理すると、以下の9つにまとめることができる。

① 経営として変革を進めることの決意と体制作り
② 変革推進のための専担部署の設置
③ 業界のあるべきビジョンや産業戦略を描く、そのための高いリサーチ力と分析力を持つ
④ 組織内部における共感者を増やす
⑤ 有志のステークホルダーとのコラボレーションやフレームワークの形成
⑥ 真のリーダーの発掘と後押し
⑦ オールドビジネスの啓蒙と意識改革
⑧ スタートアップの発掘とユニコーンに向けた支援
⑨ ミクロからマクロを見た全体インパクトの測定

条件1 経営として変革を進めることの決意と体制作り

まず**経営陣が「イネーブラー」になることを決意できるかが最大のポイント**である。

普通の感覚を持っている経営者であれば、産業強化につながるイネーブラーの取り組みについて「良い話だ、進めなさい」になるはずだ。しかし、新しい取り組みにはプラスもマイナスもある。いままでと同じ意識では「変革を支援できる」だけの施策も行動も起こすことはできない。真面目に考えれば考えるほど、役員会で議論すればするほど「そんなことできるのか」「地域や顧客の批判や反対が大きくなる」「マネタイズに時間がかかる」「社内に対応できる人材がいるのか」といった疑問や批判が噴出する。それは当然の疑問で、反対意見も出ないようでは表層的な議論に終始している証拠である。それほど難しい取り組みであることは間違いない。

　地域金融機関は地域経済の代表であり、それだけに「革新的な動き」には慎重にならざるを得ない。地域にとって様々な影響を与える可能性があるからだ。また、厚い営業基盤と貸出資産を背景に、いまだに地域の一流企業であり、社員の大半は保守的な意識が強い。産業界の変革を推進するということは「新陳代謝を促す」ことであり、地域に必ず「地殻変動」が起こる。地域にある大半の企業はオールドビジネスであり、地域の中核企業である。金融機関といえども「地域の顔役」である経営者に対して「意見をする」といったことはもちろんのこと、「変革を迫る」行動は過去したことがないはずだ。地域の重鎮から睨まれてしまえば金融機関も仕事がしにくくなる。

　しかし、イネーブラーを目指すためには「蛮勇」を奮うことを恐れてはならない。大義のもとに、業界全体の競争力を強化するという信念に基づいて、重鎮や抵抗勢力とも議論を重ねなければならない。それだけではない。産業変革は「未来ビジョン」という設計図なしには成し遂げられない。その設計図は 10 年単位で未来を俯瞰するものである。未来を描くためには、PEST分析に始まって綿密な業界リサーチが必要である。マーケティング的な視点をもって、未来の業界勢力図を描く必要もある。そうした未来ビジョンに照らした場合に、地域中核企業の経営戦略が符合するのか、生き残りが可能なのかを議論しなければならない。現状のままでは生き残れないとなれば「ビジネスモデルの転換」や「戦略の転換」を提案することになる。企業にとっては「寝耳に水」の部分もある。現状「安定運行」をしているにも関わらず、金融機関になぜ厳しい指摘をされなければいけないのか。金融機関が提示する未来ビジョンに同意できないケースもあるだろう。ある意味、このような「面倒で手間と時間がかかる」取り組みを金融機関はできるだろうか。地域の大物と「コンフリクトを生じる」ことに耐えられるだろうか。地域中核企業とのコンフリクトを乗り越えてでも、産業界全体の強化・最適化を視野に入れて「変革を促す」ことができるか、その「決意」が金融機関の経営者に問われている。これがイネーブラーになるための第一関門である。

　そして第二関門が**「変革を推進する体制」を作ること**である。

　金融機関も筋肉質な収支構造を作るために「人減らし」を進めた時期がある。昨今は、どこもかしこも人手不足で金融機関も例外ではない。そんな状

況下で「変革を推進する体制」に人員を貼り付けることができるのだろうか。しかも、変革を推進できるだけの資質を持った人材はそうそういない。また、変革を断行する以上は、思い切った「権限付与」を行うことで「スピード感」や「実現力」を高める必要がある。内部調整に多大な時間を要するようでは、変革のスピードは遅くなるばかりである。**変革を決意したからには、一定のヒトや資金、権限を付与しなければ意味がない**のである。ここまで含めた体制整備ができるかがカギになる。

条件2 変革推進のための専門部署の設置

条件1の延長線になるが、変革を行うには社内のコンフリクトも当然起こりうる。もちろん丁寧にコミュニケーションを重ねることで価値観や理念の共有を図る必要があるが、現実にはそう簡単な話ではない。やはり一定の権限付与が変革部署には必要で、リーダーも社長・副社長・専務といったトップクラスを当てる必要がある。

専門部署の役割は多岐にわたる。従来の金融機関では十分行われて来なかった「業界のリサーチ」や「マーケティング」、「未来予測」といった産業調査・マーケティングの精度をあげる必要がある。それに基づいて、業界全体の「戦略・戦術」を描き、顧客とのディスカッションの基礎とする必要がある。当然だが、こうしたリサーチや分析に長けた人材を確保する必要がある。

また「中核となって業界再編を行う企業」に対しては、当該企業の「事業戦略を共創」し、「再編構想を共有」する必要がある。こうした取り組みは、極めて経営マターの問題になるため金融機関の交渉役も知見と経験を兼ね備えた者が行う必要がある。1度2度の議論で、事業戦略を共創・共有できるはずがない。それなりの人材が、それなりの手間や時間をかけて取り組むことになる。

また、再編は「集約する」企業だけでは成り立たない。当然「集約される」企業があっての再編である。専門部署の役割は、10年先まで見据えて「企業価値が棄損する」前に、こうした再編に乗る、つまりM&Aの「被買収企業」を見極めて交渉することも含まれる。現時点では正常先である企業が少なく

ないはずだ。話を持ち掛けた段階で経営者の怒りを買う場合もあるだろう。しかし、M&A業務でいう「売り玉」を探す作業とは本質が異なる。業界再編による競争力強化を念頭において、1社1社の未来を考える。再編される側になることが不幸なのではなく、ぎりぎりになって企業価値を棄損し、対処の方法がなくなることが不幸なのだ。従来の金融機関は、業績が悪くなってから「経営改善」といった取り組みをしてきた。しかし対処できる企業数は限られる。また、マイナスをプラスに転換させる手間や時間は重い。**業界再編は、業績が悪化して企業価値が棄損する前に、未来の方向感や経営資源を的確に判断して、被買収企業が幸せにエンディングできるための取り組み**でもある。こうした活動は、専門部署の専門性と交渉力が欠かせない。

このように考えると、変革を推進するための専担部署の設置は不可欠であるだけでなく、そこに配置する人材も、変革に対する決意とスキルと視野をもっていることが前提になる。特に、**再編に関する交渉役は相当の力量が必要になる。新設部署にそれだけの人材アロケーションができるかがカギになる。**

条件3 業界のあるべきビジョンや産業戦略を描く、そのための高いリサーチ力と分析力を持つ

条件2で触れたように、変革は「未来図」なしに行うことはできない。来たるべき未来の産業界がどう変化するのか、外部環境・内部環境の変化について高度なリサーチと分析が必要になる。それに基づいて「あるべき業界の姿」がビジョンとして描かれ、そのビジョンに基づいて「あるべき姿への移行ストーリー（戦略）」が描かれることになる。

したがって、変革部署は「産業調査」「マーケティング」「事業性評価」の高いスキルが求められることになる。当然自行単独で描く未来図が適切かどうか検証する意味でも、外部の専門機関・調査機関・行政・業界団体・トップ企業等との情報交流が必要である。まさに、自らが産業調査やマーケティングを通じて「産業界の変化」、具体的にはプロダクトの変化、規制の変化、技術革新、市場の変化、などを具体的に積み上げて未来の全体像を描く。

その未来図のなかで、当業界が競争力を失わず、むしろ存在価値を高める

ために「どんな変革が必要か」のメニューについて棚卸しを行う。変革を積み上げたうえで出来上がる「**新たな業界図**」、具体的には「プレイヤーのポジション図」「キーとなる技術」「商品・サービスの潮流」などのビジョンを描くことになる。そして、ビジョン実現に行きつくために、どのプレイヤーが中心になるのが良いのか、どういったパートナーシップが適切なのか、標準化やプラットフォームをどう作りあげたら良いのか、といった様々な戦略を描くことになる。

こうしたマクロの設計図が出来れば、あとは中核となるプレイヤーの事業戦略が重要になる。まさにマクロからミクロへの展開、まさに個社別支援の世界である。そして、的確な戦略共創を行うためには、当社に関するクオリティの高い事業性評価が必要になる。特に「非財務的な情報」が決定的に重要である。製造業であれば、コアとなる技術が何か、その技術は業界でどのくらいのレベルに位置付けられるものか、保有設備の内容はどうか、生産技術や品質管理のレベルはどうか、など戦略を描くうえで必要な要素を掘り起こしていく。こうした事業性評価を行うためには、金融機関の知識レベルでは到底追いつかない。「業界の専門知識」や「IE（産業工学）」「マーケティング」「インタンジブル評価」など様々な知見を総動員する必要がある。

専担部署として、こうした高い知見と視野があるからこそ、事業再編を行う場合にもお客様が「この銀行であれば任せても大丈夫なのではないか」と信じてもらえる関係が作れる。「借りてください、お願いします」とは違うまったくの別世界。**専門性と未来に対する予測と戦略創造力といった「武器」を携えて顧客と対峙しながら変革を進める**のである。

条件4 組織内部における共感者を増やす

4つ目の条件が「組織内部の共感者」を増やすことである。おそらく変革を推進する初期段階においては、「声なき反対者」や「無関心層」が少なからず存在するはずだ。「お手並み拝見」「どうせうまく行かない」といった変革に消極的な声を切り捨ててしまうことは簡単である。しかし「主流派」が反対層・無関心層であることを考えれば、彼らを切り捨ててしまうことは「この事業がメジャーになれない」ことを意味する。金融機関の将来を考えれば、

変革を推進する事業こそがメジャーにならなければならない。そういった意味でも、組織内部の共感者を増やし、できれば支援者にまで高めることが成功のカギになる。

　また、発足当初の「変革専担部署」は規模も小さく、単独で活動を行うことは極めて難しい。協働・連携できる関係者なしにはスタートさえ切れないはずだ。そういった意味では、本部本店や営業店の別を問わず、協力してもらえる仲間づくりが欠かせない。

　そして、「顧客との接点」である「営業店との連携」は欠かせない。結局、変革は顧客企業を通じて起こすことになる。顧客企業を主管しているのは営業店である。変革専担部署が、顧客と直接「説明や議論」を行うとしても、アポ取りから始まって顧客情報の提供や同行含めて営業店の協力なしには成り立たない。したがって、変革専担部署が最初に行なうべきことが「営業店の理解・共感」を得ることである。しかしながら営業店は本部の組織改編に関心が薄い。融資や営業セクションなど関係が濃い部署を除けば、改編があったことさえ知らない場合もある。そういった意味では、丁寧な説明と関係づくりが必要になる。例えば、営業店のトップに組織改編や変革専担部署設立の趣旨を説明することはよくある。しかし、説明したことと理解できたことは別である。十分な意見交換や疑問に答えることで支店トップの理解を得ることが第一段階である。次に重要なことは、実際に顧客を廻っている「課長や担当者」の理解を得ることだ。現場が理解してこそ継続性と実効性が高まる。そのためには、通牒や電子掲示板での一方的な発信では足りない。取引先に実際に同行するなかで、変革専担部署がやろうとしていること、その姿勢、知識、交渉術、すべてを「見て感じてもらうこと」が必要である。

　そして、営業店だけでなく「本店・本部の関係部」の共感・理解者を増やす必要がある。それは、変革専担部署が成果をあげるために関係各部の協力が不可欠であること、また財務的なリターン獲得については長期的な視点が必要であることが理由である。専担部署は、リサーチを行い、戦略を練って、顧客と直接交渉を行う。そのなかで「変革の核」となる顧客を見定め、再編支援やイノベーション創出の支援を行うことになる。戦略実現のためには金融支援や高度な本業支援が必要であり、融資セクションや本業支援セクショ

ンとの連携が欠かせない。また、変革に必要な大胆な金融支援を行う場合には、経営企画セクションとリスクアペタイトフレームワークの造成、中長期的な財務リターンのあり方について理解を得る必要がある。とりわけ**財務リターンを急くようなガバナンスであれば「本質的な変革」を遠ざけ、「とりあえずの成果」を出すような動きになりかねない**。ここまで停滞が続いた日本経済や産業界を変革するには一定の時間が必要である。

そういった意味で、本支店における共感・理解を得る活動が不可欠になる。

条件5 有志のステークホルダーとのコラボレーションやフレームワークの形成

変革を行う場合に、金融機関一行だけですべてが行えるわけではない。産業界全体を変革しようとすれば、想いを同じくする有志のステークホルダーとつながる必要がある。**いかに有志のステークホルダーを発見できるか、コラボレーションできるか、そしてネットワークを形成できるかが変革実現の大きなカギになる。**

第一が「リサーチ」や「将来ビジョン（未来図）」の共創である。ある程度の金融機関であっても「産業調査セクション」の規模は限られる。一方、産業変革を行うための業界リサーチは高い専門性が求められる。言い換えれば**「業界の未来図や変革図」が描けるだけのレベル**である。そういった意味で、専門性をもったステークホルダーとの共創が欠かせない。

第二が**「戦略の創造」**である。業界をどう変革すれば競争力強化や持続性が高まるか。その道筋をどう描くか。これもひと仕事である。業界を管轄する国、業界団体、業界トップランナーなどの意見や考え方も重要なヒントになる。また、同じ戦略を描ける者とは実行段階での連携も可能となることから、この点も考慮する必要がある。

第三が**「プラットフォームの共創」**である。例えば「標準化」「データ共有・活用」による変革を企図した場合に、有効なプラットフォームを作ることが役立つ。しかしながら、プラットフォームの創造には資金や技術、人材が必要である。また、プラットフォームをより多くの企業に利用してもらうための啓蒙・広報・営業が必要になる。プラットフォームを作る団体や業者は当

然いるわけだが、「メガプラットフォーム」がなかなか出来上がらない背景には、**大同団結や一本化に向けた努力が不足している**ことが考えられる。金融機関には、こうした関係者の「まとめ役」が期待される。

第四が「金融機関の共創」である。ある企業を中核として業界再編を行う場合に、必ず資金の問題が生まれる。多額の借り入れによって一時的に財務が弱くなる場合もある。**変革を支える金融団を組成することが、持続性の高い変革を演出**する。そういった意味で、変革を理解する金融機関と連携することも重要なポイントになる。金融機関はプライドが高く、お山の大将になりたがる。しかし、大義のために大同団結できる道をみつける必要がある。そして、その核となる金融機関とリーダーの存在が欠かせない。

条件6 真のリーダーの発掘と後押し

金融機関にとって最も重要な仕事が「**変革の核**」**となる企業や経営者を発掘すること**である。もちろん業界の重鎮と言われる経営者が、その役割を担ってもらえることが最も効率的かつスピード感が出る道筋である。しかし、変革は現状否定につながる場合も少なくないので、現在の環境において受益が大きい企業や経営者は「変革に肯定的でない」場合がある。あるいは「動き出しにくい」面がある。

また、今後の変革にあたって「DX（デジタルトランスフォーメーション）」や「SX（サステナビリティ・トランスフォーメーション）」は不可欠な要素になる。デジタルに関心や知識を持っている経営者の多くは30代40代の経営者である。また、サステナビリティに関しては、特に中小企業では危機感が薄く、これをビジネスに活かす、仕掛けるといった経営者は少数である。脱炭素の問題は「世代間闘争」とも言われ、将来の世代のためにいまを変える必要がある。そういった意味で、筆者自身が現場を廻ると経営者の感覚に「世代間の違い」があるように感じている。

また、**変革を図るためには**「**新陳代謝**」**を活発にする必要**がある。特に、ニュービジネス、イノベーションを事業化することで未来を変えようとするスタートアップ企業の支援が欠かせない。特に、日本では少数である「ユニコーン」候補となる企業の発掘が重要である。

　金融機関は、オールドビジネスやニュービジネスを問わず、「変革の核」となるリーダーを発掘することで、変革のスタートを切ることになる。しかし、こうしたリーダーの発掘は実際にディスカッションをしてみないとわからないことが多い。企業の戦略を公にしているケースがない訳ではないが、突っ込んだビジョンや考え方は会ってディスカッションすることで初めてわかることが多い。そういった意味で、変革専担部署は多くの候補企業をリストアップし、1社1社と「議論を重ねる旅」を続ける必要がある。地道な活動だが、変革を実現するために必要なプロセスである。

　そして「変革の核」が発掘された次のステップは「いかに変革の後押しをするか」である。つまり、変革の実行に取り掛かるということである。**金融機関が最初に行うべき「後押し」は、ビジョンと戦略の共創**である。そして、それに沿った戦術メニューを計画として落とし込み、資金的な支援や伴走支援を次々に行っていくことである。この段階までくれば、財務的なリターンが多少なりとも見込まれることになる。

条件7　オールドビジネスの啓蒙と意識改革

　変革の核となる企業を中心に、業界再編や標準化、装置産業化、DX・SXなど様々な変革を始めることになる。その一方で、「変わろうとしないオールドビジネス」を金融機関としてどう考えるかが重要である。

　選択肢は「変わる方向に働き掛ける」「相談があれば対応する」「放置する」といったところだが、そう単純な話でもない。金融機関の貸出エクスポージャーの大半が、こうしたオールドビジネスに集中しているからである。こうした企業が環境変化に対応できなければ、金融機関の信用リスクは増大することになる。中長期的に見れば、地域の営業基盤が細る可能性がある。そういった意味で、「変わる方向に働き掛ける」が望ましいことは間違いない。しかし、「働き掛ける」ことは、時間や手間を要する。しかも「変革意識」が薄い経営者を変えることは簡単ではない。どこまで時間やコストを投じるか、難しい判断を求められる。

　こうしたなかで「現実的な対応」は、まずマスで「啓蒙」を行うことである。例えば、講演会やセミナーの開催、その後の相談会といった形態である。

こうした顧客企業を担当する営業店は通常業務で手一杯であり、1社1社について担当者が「啓蒙」の役割を担うことには限界がある。まずは、こうした講演会・セミナーを一定頻度で実施しつつ、全体での意識改革に努めることが重要である。

　また、多額のエクスポージャーを抱えている取引先については、コンフリクトを恐れることなく働き掛ける必要もある。こうした場合には、将来の環境変化やビジョンに対する専門性の高い説明が必要になるため、変革専担部署に同行してもらう方法もある。いずれにしても、**営業店では業界変化も踏まえたマーケティング的発想で、顧客マネジメントを行うべき**である。変わってもらわなければ困る顧客企業はどこか、しっかりと見定めたうえでメリハリある対応を行わなわなければならない。

条件8 スタートアップの発掘とユニコーンに向けた支援

　新陳代謝は産業界に不可欠である。特に、スタートアップ企業がユニコーン化すること、ユニコーン企業が増えることは、産業界を活性化するだけでなく、国家の競争力を高めることにつながる。

　中国のEV業界はその典型である。高度なすり合わせ技術と多層的なサプライチェーンを必要とするICE（内燃機関）市場で挑戦するのではなく、いわゆる「電動車（EV・PHEVなど）」の領域で、新興企業を育てる産業政策をとったことで多くのユニコーンが誕生しただけでなく、BYDなど世界をリードするEVメーカー群を創出するに至っている。飽和市場で勝負するのではなく、アーキテクチャーの革新によって、サプライチェーンの内製化やソフトウェア・通信技術の強化で「新たな市場」を構築したのである。こうした産業政策には見習う点が多い。

　日本においてもスタートアップの育成が強化され、ユニコーン企業と呼ばれる企業数も徐々に増加しているが、米中をはじめ海外との比較ではまだまだ少数といわざるを得ない。そういった意味で、変革専担部署の大きな使命が「**スタートアップ企業の発掘とユニコーン化に向けた支援**」になる。スタートアップ企業の発掘に関しては、ベンチャー支援ファンドやCVC（コーポレートベンチャーファンド）などとの連携が有効である。その一方で、金融

機関による「デットファイナンス」は道半ばといえよう。デットファイナンスを増加させるためには、イノベーションや新技術に対する評価、マーケティング、コーポレート評価をさらに高度化する必要がある。同時に、融資手法の高度化、融資後の伴走支援によるリスクの低減行動が不可欠である。これらは専門性が求められる仕事であり、変革専担部署が担うべき仕事でもあろう。

スタートアップの発掘と支援を変革専担部署が行うメリットに、オールドビジネスとの融合という視点がある。変革専担部署は既存企業の変革を行っており、変革においてスタートアップが有する商品・サービスや技術をマッチングすることで変革が加速する可能性が高い。金融機関の多くがスタートアップの専担部署を設置しているが、こうした相乗効果についても検討する必要がある。

条件9 ミクロからマクロを見た全体インパクトの測定

金融機関が「変革」の当事者となって、しかも「強力な推進者」となる場合に、「マクロからミクロへ、ミクロからマクロへ」といった視点を持ってもらいたい。

この視点は、ここまで説明してきた変革プロセスを象徴するものである。まずは業界をリサーチし、未来の環境変化を予測する。環境変化に応じて「業界」が全体として強化されるためにどんなビジョンを描けば良いか、ビジョンを実現するためにどんなストーリーを描けば良いかを考える。そのうえで、業界の再編図や提携図、プラットフォームや設備の全体像などを描く。ここまでがマクロの視点、鳥の眼である。そのうえで、変革を実現するためのキーとなるプレイヤーやステークホルダーが誰なのか、現実的な解を探索する。日本全体を視野に入れて、訪問や議論を繰り返し、こうしたキープレイヤーが発掘できれば、大きなビジョンも踏まえつつ個社個社の事業戦略を共創し、再編や投資の計画策定を行う。あとは、実行段階である。大胆な金融支援、高度な本業支援を通じて、キープレイヤーを核とした変革を推進する。これがミクロでの活動である。

そして、ミクロの活動をマクロで評価することが必要だ。定期的に各地で

行われている活動を日本地図全体で検証し、そのインパクトをマクロで測定する必要がある。金融機関が伝統的に行ってきた「個社別支援（金融支援・本業支援）」に留まらず、日本全体、産業界全体で変革の効果を測定するのである。イネーブラー（変革の支援者）になるということはそういうことである。パブリックマインドを持って変革にあたる。1社1社の変革支援をミクロとして行う。ここにマネタイズの機会もある。

　業界を変えようとする使命感、役割の大きさ、プレゼンスの発揮を新しいビジネスモデルとして確立することがイネーブラーたる金融機関のあるべき姿である。こうした活動は、従来の「待ちの支援」から「攻めの支援」に金融機関を変え、金融が本来有するリスクアペタイト機能を活性化する。こうした活動は、持続性の高い産業構造を実現する。まさに金融機関自身のSX（サステナビリティ・トランスフォーメーション）であり、社会に正のインパクトを与えるであろう。

変革は誰が起こすのか

　日本において最後に「変革」が起きたのはいつだろうか。

　筆者は歴史家ではないので当否を保証できないが、ひとつは「黒船来航を契機に鎖国を止め、大政奉還から明治政府につながるアンシャンレジームの打破と近代化」は大きな変革といえよう。もうひとつが、「太平洋戦争に敗れ、米軍主導の民主化や財閥解体に象徴される新たな経済体制、そしてもはや戦後ではないとされた高度経済成長至る昭和20〜30年代」は、明らかに変革期であろう。2つの変革に共通することは「外国起点（外圧）」であること、「社会全体の枠組み」が大きく変わったことである。

　もちろん起点の如何を問わず、変革を引っ張った日本人がいることは間違いない。結局、変革は日本人自身が起こさなければ実現しない。そして、変革者が行ったことは「日本よりも優れた技術・仕組み」を海外から学んだことである。「日本が遅れている」ことを率直に認め、「輝かしい日本を作る」という一点で、苦難に耐えて変革を成し遂げた。こうした変革のリーダーの健全な危機感と熱い想いが、日本の産業改革を成し遂げたといえよう。

　翻って現在の日本はどうだろうか。本書でも説明した通り、日本は変化に強くならなければならない。産業の革新が必要な時期に来ている。このまま行けば世界における存在感は低下し、豊かな生活が維持できるだけの稼ぎを得ることができなくなるかもしれない。

　しかして「変革」が起こる気配が見えない。平均的な国民の危機感も薄いように見える。

　国の産業政策は何十年も前から「日本経済の再興」を唱えているが、残念ながら成功したとは思えない。無駄にお金と時間を消費してしまったようにも見える。お隣の中国のように、アリババやBYDに代表されるような新しい市場を拓き、国の経済成長の大きなエンジンになるような新興勢力も生まれていない。オールドビジネスを革新して、第二創業といわれるような新しいビジネスモデルを提示してくれる次世代型企業も登場していないように見える。

　人口減少、国内市場の縮小を踏まえた「産業の新陳代謝」「デジタル化」の促進、「生産性の向上」「人材投資」などやるべきことは見えているが、国全体や業界全体で解決しなければならない「標準化」「規制の見直し（緩和だけではない）」「インフラ改革」などは一向に進まない。

　簡単に言ってしまえば「お題目を唱えるヒト」はたくさんいるが、「泥をかぶって推進するリーダー」がいないのだ。業界もバラバラなところが多い。総論賛成となっても

各論で進まない。利害がぶつかって膠着状態に陥り、無力感が支配する。

　こうした状況を踏まえると、日本のこれからの「変革」は穏やかなものでは済まない。ハードランディング（難着陸）さえ覚悟せざるを得ない「デコボコ道」を進むことになるだろう。大きな視点に立って「大同団結」することができなければ、それは仕方がない。経営者は覚悟を決めなければならない。もう穏やかな棲み分けなどない。やるか、やられるか。世界観とスピードが勝負を分ける。

　そのうえで、産業界に変革をもたらすリーダーは誰になるのだろうか。

　答えがあるとすれば、①全産業に広くネットワークをもつ、②とんでもないほど純粋に変革を信じて行動する、③変革の論理・世界観を示し、共感者を得られる。④変革を押し進められるだけの実装力をもつ、この４点が「変革者」の条件になるだろう。

　願うことであれば「変革者」になりたい。罵声を浴び、血にまみれても、変革を進める勇気と行動を持ちたい。半世紀に１回のチャンスがいまここにある。日本を変化に強い国にして、再び世界で輝く産業立国を作らなければならない。

第三部

経営の論点
（各論）

第三部では、経営の論点を12の領域に分けて考察する。
中小企業の経営課題は「百社百様」とはいうものの、各社に「通底する課題」も少なくない。2025-2030年という期間において、中小企業が避けては通ることのできない共通の課題を集めている。

パーパスと
事業ビジョンの構築

　VUCA と呼ばれる時代に「パーパス」「事業ビジョン」の2つが、いままで以上に重要になる理由は「変化が止まらない」「変化の幅が大きい」「変化が複雑である」「変化に対する意味付けが難しい」からである。パーパスと事業ビジョンは、こうした環境下における**経営の「軸」と「航海図」を持つ**ことを意味する。時に嵐が吹き、時に速い潮流に巻き込まれる。航海に際して、目的地に向かって迷うことのないように航海図を手にして進むことの合理性は誰もが納得するはずだ。

1. パーパスの意味と効用

　昨今「パーパス経営」という言葉が産業界を席巻しているようにみえる。大手企業や外資系企業で多くの成功事例が紹介されている。パーパスとは、企業が社会にあって「どんな貢献ができるのか」、「どういった存在意義があるのか」について明確な旗を掲げることで、「社員共通の目線合わせ」「ベクトル合わせ」を行うことができる。あるいは、「投資家や株主」といったステークホルダーに対しても重要なメッセージを示すことができる。当社が重視する価値観、そこから生まれる経営方針や経営戦略、それに共感できるか否かの判断基準になる。

　世界に拠点を有する企業にとって、多様な価値観や文化をもつ社員の目線を一致させて「がんばる意味・目的」を知らしめることは確かに効果があるのだろう。国内の企業においても、社員の価値観が多様化するなかで、かつてのような「阿吽の呼吸」を期待することはできない。パーパスを丁寧に説明し浸透させることで、会社へのロイヤリティやエンゲージメントを高める必要がある。

　パーパス経営が流行する背景には、「企業の規模の拡大に伴い目線合わせによるベクトルの一致が必要になっている」こと、「多様なルーツやカルチャーや価値観を持つ社員が増加している」こと、「利益だけでなく社会的な貢献が求められる新たなビジネスルール（例：ESG、SDGs）が浸透しつつある」ことが影響している。しかし、中小企業ではかなり古くから「遺訓」「社是」「社訓」「理念」といった形で、会社の存在意義や方向性が示されている。「近江商人の三方良し」、「渋沢栄一の論語と算盤」に代表されるような、「自社の利益のみを追求する経営」とは一線を画す「経営観」が育まれて来た歴史がある。そういった意味で、中小企業の経営者に向かって「パーパス」を重視すべきという論調は的外れかもしれない。

　それでも「パーパス」を経営の論点に置く背景には、パーパスの重要性を「再確認」する意図がある。冒頭でVUCA時代の企業経営を「嵐の中での航海」に喩えたように、変化の激しい時代には経営が向かうべき目的地を示す必要がある。言い換えれば**「経営の軸」**が必要である。その軸こそが「パーパス」なのである。

　それでは、なぜパーパスという「軸」が必要かつ有用なのか。

　第一の理由は、**「経営判断の的確性を担保する」**ことができるからである。**「ガバナンスの強化」につながる**といっていいかもしれない。変化が大きい時代には、多様かつ複雑な選択肢から選択を迫られることが増える。環境変化によって前提条件が変わり「方程式」は難解さを増す。しかもビジネスのスピードが増している。迅速な経営判断が求められる。いってみれば「経営の難易度」が増しているのだ。そうした経営環境において、より的確な判断を行うためには「大きな視点」「大きな軸」を持つことが必要である。大きな視点や大きな軸に基づいて判断することが「間違う確率」を減らす。筆者は東日本大震災の際に、復興隊として金融機関の仙台支店長を務めた経験がある。被災地の現場において「大きな判断軸」で決断した経営者の成功をいくつも目にした。究極の状況において、とりわけ「自社の復興最優先」という心理が働きやすい環境にあっても、大義を重んじることで未来を拓いた経営判断が実に多かったことを知っている。**難しいときこそ「大きな軸」で判断することが大事**なのである。

　第二の理由は「**現場の動き方を変える**」ためである。変化が大きい時代は、現場の臨機応変な判断や対応が不可欠であり、ビジネスの質とスピードを落とさない秘訣でもある。ひと昔前は「マニュアル化」の重要性が叫ばれた。社員の仕事の質を高め、「標準化」して質を維持するためにもマニュアルが不可欠であると認識された。ファストフード業界では「綿密なマニュアル」が話題になったこともある。一方で「標準化する」ことは「ハコをかぶせる」ことでもある。社員の行動基準はマニュアルを飛び越えることはない。一定の品質が維持される反面、自由度が減り、創造性を働かせ「ハコ（ルール）」から飛び出そうとする社員は減る。マニュアル違反が怖いからだ。しかし、時代や環境は常に動いている。既存の標準化されたルールが適合しないケースも増える。VUCA の時代は、仕事の標準化以上に「現場の臨機応変な対応」「ベストより迅速かつベターな対応」が求められる。しかし、「自由を与える」ことは「無秩序になるリスク」もはらんでいる。各人がそれぞれの判断基準で行動することで全体の秩序が維持できなくなる可能性がある。その欠点を「パーパス」が補う。社員が現場で臨機応変に仕事と向き合ううえで「**当社の社員として大事にしなければならない価値観**」を**与える**ことで、ベクトルを合わせる。**ルールベースでなく、プリンシプルベースで仕事をする**といっていいだろう。社員にとっての「判断軸」が「パーパス」である。

　第三の理由は「ステークホルダーの理解を助け、共感を得る」ことである。中小企業といえども「自社の利益」のみを考えていれば許される時代は終わった。地域、取引先、仕入先・協力業者、業界や官界、多様なステークホルダーに対する「三方良し」の姿勢を持つ必要がある。中小企業が長く経営を続けるためには、ステークホルダーから自社の姿勢や考え方に関する理解や協力を得ることが不可欠である。しかし、自社の考え方や価値観を説明することは、言うほど簡単ではない。くどくど説明できない場合が多い。そういった背景を考えれば「パーパス」を示すことで「**自社が何者で、どういう方向に向かって社会に貢献するか**」を、**簡潔に説明することができる**。

　第四の理由は「事業ビジョンの創造」の前提になるからである。パーパスは「パーマネント（半永久）な目標」であるが、事業ビジョンは「一定の時間軸を持った目標」である。**事業ビジョンを作るうえでパーパスは目標となる**

方向性にある大目標である。事業ビジョンは「環境を踏まえて、いかに環境に適合し、自社の強みを活かして利益の増大や社会貢献を行うか」を構想するものだが、「パーマネントな目標」と路線の異なる目標であっては会社の存在意義を失う。事業ビジョンに通底する軸がパーパスである。

以上が、VUCA の時代にパーパスが重要になる理由である。

2. 事業ビジョンの必要性と効用

それでは「事業ビジョン」がなぜ必要で有用なのか。あらためて理由を確認しよう。

第一が「**経営を高度化**」するためである。一定規模の企業であれば「中期計画」は策定している。しかし、必ずしも「明確な事業ビジョン」があるとは限らない。あるいは、パーパスが明示されていても、事業ビジョンを抜きに中期計画に飛んでいるケースもある。「順を踏んでいない」のである。経営を高度化するということは「経営の質を高め、目的とする成果をあげる」ことの確率を高める体制作りをすることである。事業ビジョンを作るということは、「パーパス」⇒「事業ビジョン」⇒「経営戦略」⇒「年度計画」といった論理立てた展開を経営に持ち込むことで、着実に「パーパスの実現を図る」目的がある。パーパスはパーマネントな目標であるから、一種の抽象性をもつ。それを具現化して「数年後の事業やビジネスモデルはこう構築する」ということを内外に示す役割を事業ビジョンが担っている。事業ビジョンを実現するために、「数年にわたるストーリー」としての経営戦略が立てられ、人事・組織・設備・財務といった個別（サブ）戦略に展開される。事業戦略のストーリーの1段1段を「毎年の年度計画」でさらに具体化するフローである。こうした経営のフローは間違いなく「経営の質を高める」。事業ビジョンがない場合と、事業ビジョンを具現化する経営体系がある場合との差を想像すれば容易に理解できるはずだ。

第二の理由が「**社員をはじめとするステークホルダーの理解と共感**」を得るためである。これはパーマネントであるパーパスとは違って、中期的な時間軸かつビジネスの具体的な姿を描くものである。5年後10年後に当社の

事業をこういう形にする、という姿が目に浮かぶものでなければならない。社員にとっては、**会社が「自分たちを連れて行こうとする世界」を知る**ことになる。同時に、その世界で自分が活躍するためには、どのようなスキルや知識が必要かという手掛かりを与えてくれる機会にもなる。企業サイドからすれば「社員をこういう世界に、こういった手順で連れて行く。その時にはこういった幸せや遣り甲斐を享受できる」という、「社員とのコミュニケーションツール」の役割を果たす。株主やサプライヤーに対しては、「事業の方向性を具体的に示す」ことで、彼らが当社と「どう向き合っていくかを理解する」助けになる。当然だが、ビジョンに共感してもらうことで「新たな支援を得る」こともできるだろう。

　第三の理由が「経営の柔軟性を高める」ためである。「明確な航海図」を描いてしまうと、それに拘束され柔軟性を失うと考えるヒトがいるかもしれない。実際に中小企業の経営者になかには、事業ビジョンや経営戦略を敢えて作らない理由に「環境変化が激しく絵に描いた餅に終わる」⇒「よって無駄な作業である」ことをあげる人がいる。しかし、世の中に失敗をしない絶対的な航海図など存在しない。航海の前提条件が変われば「環境適合」のため「修正」を行い、航海の安全性や効率性を高める。当り前のことである。だからと言って「航海図はいらない」という結論が正しいのだろうか。「環境は変わるから航海図はいらない」という意見も乱暴で科学的ではない。通常であれば「航海図」を作るにあたって、前提となる環境や条件について「複数のシナリオ」を置いて検討する。複数の選択肢のなかで「メインシナリオ」として「当初の航海図」を描く。事業ビジョンという航海図は、いくつかの検討を重ねたうえで出来上がるが、航海後に予想していなかった変化があれば、柔軟に修正することが自然である。当初の航海図にしがみついても「成功の確率が下がる」からである。**航海図である事業ビジョンを描くからこそ「頭の整理」ができる**。環境変化の状況を複数のシナリオで描く段階で、様々な変化を考えている。縛られた思考ではない。複数の選択肢を考え抜いて決めた航海図だからこそ、環境変化があれば他のシナリオに柔軟に移ることができる。**事業ビジョンは経営を縛るのではない。経営の柔軟性をむしろ担保する**。しかも、事業ビジョンの先にはパーパスが存在し、事業ビジョンはパー

パス実現のためにある。だからこそ環境変化に柔軟かつ寛容でいられる。

3. パーパスと事業ビジョンを構築する

　ここまで説明したように、「経営の論点」の第一が「パーパスと事業ビジョンの構築」である。中小企業の多くが創業者等による社訓や経営理念をもっている。それらを「パーパス」と位置付けることで良いのだが、あまりに抽象的である場合にはアレンジした方が理解を得やすい場合もある。例えば「社業をもって社会に貢献する」といった理念を目にすることがあるが、あまりに凝縮されているため、解釈が多義的になる。「貢献の具体的な内容」をもう少しブレークダウンするといったことも検討するといいだろう。

　事業ビジョンについては、3年でも5年でも「自由に決めればよい」ことではある。あえてヒントめいた話をするならば**「中小企業の経営は長期政権である」「時代は腰の据わった対応を求めている」**ということを頭において期間を決めるべきである。大企業であれば、経営者の任期や市場の理解を得やすい期間設定を行うこともあるだろう。しかし、中小企業にはこうした制約がない。だからこそ「腰の据わった中長期的な期間設定」をすべきである。例えば「脱炭素」に向けた対応には実は相当の時間が必要である。デジタル化の実現も目標が高ければ高いほど様々なステップを踏む必要がある。そういった意味で、5年7年といったタームは極めて自然な期間に見える。実際に「ビジネスモデルの再検討・再構築」を行うとすれば、同じような時間を必要とするのではないだろうか。

パーパスは大企業に浸透するのか

　ホームページをみると、多くの大企業が「パーパス経営」に取り組んでいるようだ。パーパスの意義を考えれば喜ばしいことであり、より多くの企業でパーパスが浸透することを願う。

　一方で、パーパスを掲げてはいるものの、なかなか浸透に苦労している企業も少なくないと考えている。ホームページやメールの署名にパーパスの文言が掲げられているのを目にするが、どこか表面的というか、染み込んでいない印象がある。

　教科書やコンサルタントによれば、パーパスは上から押し付けるものではなく、社員全員が考えることで共有や浸透が図れるという。確かにそうかもしれない。しかし、正しいプロセスを踏んだとしても浸透していない実態はある。口悪く言えば「一部の社員だけのお祭りとしてプロセスが進み、投票という形で全社員の参加による合意形成されたかのようになっている」のではないか。筆者の仮説はさておき、実際現場に出てみると「パーパス、What?」になる。そして、日常の業務において、パーパスが貫徹されているようにはとても見えないのである。

　ある経営者に言わせると「焦ってはいけない。パーパスは時間をかけて浸透させるものだ。企業文化が簡単に変わることはない。ジワジワと浸透させることが重要だ」。その通りかもしれない。長年かけて根付いた意識を変えることは容易でない。しかも「民主的なプロセスで合意形成された」ものであったとしても、多くの社員からすれば「上から降ってきた」ものに変わりはない。

　多くの企業で「パーパス経営」の成功事例が語られてはいるが、聞きたいことは成功ではない。根付いた企業文化や社員の意識をどうパーパス色に染めていったのか、その悪戦苦闘のプロセスを知りたい。そして、もっと聞きたいことは「どれくらいの社員にパーパスが染み込んでいるといえるのか」である。パーパスは、日本の大企業に浸透するのであろうか。

デジタルを活用した
経営環境の高度化

中小企業のデジタル化推進については、政策面も含めて従来から指摘されてきたテーマであり、「目新しい論点ではない」と思われる読者も多いだろう。しかし、2025-2030年という時期を踏まえると、従来とは違う「重要性」と「緊急性」が見えてくる。

1. デジタル化の重要性・緊急性

それでは、デジタル化の重要性や緊急性が増す背景について考えてみよう。

第一に「**人手不足**」を踏まえた「**ビジネス・プロセス・リエンジニアリング（BPR）」の必要性が急速に高まる**ことである。

中小企業は「必要に迫られて動く」傾向が強い。この背景には「経営資源が限られている」こと、「実利を重視する」こと、「先を見る余裕がない」こと、等々があげられる。しかしながら、こうしたことを言っていられない事情が、2025-2030年というタイムホライズン（期間）において起こる。具体的には人手不足感が、より広く、より深刻になるということである。

労働市場は「女性の労働参加率上昇」を受けて「就業者数は微増」傾向にあった。しかし、女性の労働参加率も相当高い水準に達しており、生産年齢人口の減少も確実であることから、就業者数の減少が始まるはずだ。いまでも人手不足感の強い業種・職種が、さらに厳しい状況に陥る。そして、その大半が中小企業セクターに存在する。

中小企業も手を拱いているわけではない。人手がなければ、それに対応するしかない。具体的には「**マルチタスク（多能工）**」化によって、この事態に対応する企業が多いと考えられる。あるいは「**業務プロセス**」を見直して、不要なもの、省略できるものを探して対処するはずだ。そういった意味で

「業務プロセスの再設計（BPR）」が必然的に増加する。業務プロセスの再設計に際して、業種を問わず「中核となる手段」が「デジタル化」である。社員をマルチに活用するためにはデジタル化を進めて、各作業域の情報の共有化を図るとともに、作業の標準化とチェック体制を進める必要がある。パッドを持ち歩く世界になる。

　また、「ヒトを使って効率化する」ことには限界がある。「**デジタルを走らせる**」ことが現実的だ。デジタルを走らせるためには、社内のデジタル環境を整備しなければならない。こういう状況になると、中小企業における「デジタルの食わず嫌いの段階」を跳び超えて、「積極的に活用しなければならない、マストの段階」に入る。これがデジタル化の重要性と緊急性が増す大きな理由である。

　第二が、「**法の要請**」を起点に変化が生まれる可能性が高いことにある。すでに「インボイス制度」「電子取引電磁的保存」が義務化され、アナログ処理から一歩踏み出した中小企業も多い。「法対応を契機」として経理廻りだけでなく、顧客管理や勤怠管理など「デジタル活用の範囲」を拡げた企業もあるはずだ。いったんデジタルの世界に踏み込めば「慣れ」も生まれ、「デジタルに対する抵抗感」も下がる。

　また、自社はデジタル化に取り組んでいなくても、取引先のなかには「FAXをやめてメールや EDI 取引に転換する」企業が出てくる。必然的に「商取引のインフラ」がデジタル化される。徐々に外堀がうまっていくわけだ。必要に迫られないと決断できないことが多い中小企業にとって、法制化という強制力を活かして「デジタル化の潮流」が拡大する。これが第二の理由である。

　第三の理由が「**デジタルメニューの充実**」と「**導入事例・成功事例の増加**」である。各業界向けの専用アプリケーションやシステムが増加している。例えば、建設業界では「i-construction」を合言葉にデジタル化を推進し、ドローンや VR・AR などを活用した技術革新が進んでいる。何でもそうだが、導入初期はアプリケーションの数も限られ、利用者も先進者が中心になる。しかし、利用者が増えて成功事例が増加し、ベンダーのノウハウも増えることで、導入してみようと考える企業が増える。利用者の増加は「導入コストの低下」にもつながるので、さらに好循環が生まれる。

特定のシステムやデジタルの利用は、一定の閾値を超えると加速度的に利用者が増える。スマートフォンはその典型である。いずれにしても「閾値」を超え、デジタル化を進める企業が増えることで、推進の「ギアが上がる」はずだ。

　第四の理由が「**ノーコード /RPA（ロボティック・プロセス・オートメーション）の普及**」である。第三の理由と類似するが、やはり日本企業は「カスタマイズ」を好む。本来システム化は「標準化を指向する」ことであり、ヒットしているアプリケーションには、いろいろな企業のニーズや知見を集約したノウハウが集約されている。だからこそ、それを使うことで事務レベルや生産性が上がる。一方、システム化は進めたいが「自社の仕事のやり方を変えたくない」「自社なりのシステムがほしい」という「現場の意識」が日本企業は強い気がする。こうした「抵抗勢力」に対して、ノーコードやローコードのアプリケーションを使うことで、カスタマイズの余地が拡がるという点はメリットであろう。また「RPA」の普及も大きな意味をもつ。中小企業では大半の事務をパソコンで行っており、パソコンに関する作業の自動化には抵抗感が少ない。パートやアルバイトを使って、大量の伝票を打ち込んでいる会社もあるだろう。そういったケースでは、打ち込みを行っている担当者自身がRPAを歓迎する。まだまだ中小企業において「RPA」の知名度は高いとはいえないが、一定の業務量を抱える中堅クラスから順次導入が進むとみている。

2. 管理会計強化の必要性

　デジタルを用いた経営環境の高度化が必要な理由は他にもある。そのひとつが「**管理会計の強化**」である。

　中小企業では想定以上に「管理会計の導入や活用」が遅れている。経理・財務は、中小企業において最もデジタル化が進んでいる領域とはいえ、それをもって管理会計的な経営手法が浸透しているとはいえない状況である。

　一方で、中小企業は管理会計を強化しなければならない状況に迫られている。

　第一の理由が「**価格転嫁**」から「**価格マネジメント**」への**脱皮を図る段階に来ている**ことがある。2023年に入って原材料の高騰を背景に中小企業セクターの価格転嫁が進んだ。つまり「財」に関する「値上げ」である。2024年も好調な春闘を背景に、さらに「人件費」の転嫁も進みつつある。こうしたモメンタムを2025年以降も受け継ぎ、脱デフレの流れ、普通に値上げ交渉ができる商慣習を定着できるかがカギになる。日銀が言う「物価と賃金上昇の好循環」の確立である。

　B2Bビジネスにおいて「価格転嫁」を行うためには、常に「交渉」が必要である。「周りが値上げしているから」「人手不足だから」といった抽象的な理由で「値上げの恒常化」することはできない。時季を超えて、普通の商習慣として値上げ交渉を定着するためには「根拠」「ロジック」「自社の努力」に関する説明が必要である。こうしたロジカルなプレゼンを行うためには、自社の諸データ収集や分析のためのデジタル化とともに、管理会計の強化による「**原価管理の高度化**」や「**自社の努力をロジカルに示せる体制**」の構築が不可欠である。管理会計の強化なしに値上げを恒常化することはできない。

　管理会計強化のもうひとつの理由が「**労働生産性の向上**」である。

　喫緊の課題である「人手確保」のために「賃上げ」は不可欠であるが、中小企業はもともと「労働分配率が高い」うえに、「収益性に課題を残す」企業が多い。労働生産性をあげることで、「賃上げ原資の確保」と「収益性の改善」の2つの課題に応える必要がある。

　そのためには、労働生産性に関連する指標を「見える化」して、科学的に原因の分析を行わなければならない。労働生産性改善の特効薬は「値上げ」による「利幅の改善」である。しかし、値上げをするためにも、収益を改善するためにも管理会計の強化が必要なのだ。管理会計の本質は、「経営の高度化」にある。労働生産性にしても、収益性にしても、経営を高度化することで適切な対処ができる。さらに言えば、経営環境が複雑化するなかで、勘と経験だけの経営には限界がある。中小企業といえども、科学的な経営を少しずつ取り入れる必要がある。**管理会計強化とデジタル化は相性の良いテーマ**である。デジタル化と管理会計強化を並行して進めることが、中小企業の大きなテーマになる。

3. M&A とデジタル

M&A とデジタルと聞いて「どういう関係だろう?」と思われた読者も多いだろう。

ここ数年「M&A(企業の買収・合併)」の件数が逓増しているが、2025年以降その流れが加速することは間違いない。その理由は「人手不足」「後継者不足」「市場不足」といった「○○不足」に起因する「業界再編の動き」が活発になるからである。

各業界で相当のマグマが溜まっている。人手不足、後継者不在、市場の縮小、これらに「騙しだましの対応」で中小企業は凌いでいる。しかし、根本的な解決は遠く、無力感さえ漂っている。限界点を迎えつつある企業群が少なくない。溜まったマグマは必ず爆発する。2025-2030年が、その臨界点なのだ。

マグマの爆発は、多くの廃業とM&Aによる業界再編を生む。企業価値の認められる企業は、M&Aによって力のある企業に収斂される。M&Aが増加することでクローズアップされるテーマが「**PMI(M&A後の統合業務)**」である。意外に知られていないことだが、M&Aで最も重要といっていいプロセスが「PMI(統合業務)」である。

M&Aは、買収合併による「シナジー効果を期待する」目的で行われることが多い。しかし、異なる組織や文化、そして仕事のやり方をする企業を統合して、シナジー効果をあげることは実務的に難しいことである。組織・文化に関することは別として、経営のマネジメントをどう行うかは常に頭を悩ませるところである。遠隔地にある場合には、たびたび足を運ぶことも難しい。そこで、デジタルを活用したマネジメントが重要になる。同時に、会計レベルの格差も問題になる。管理会計を導入しマネジメントが高度化できている企業もあれば、その度合いが低い企業もある。会計レベルを一致させることが、マネジメント上の重要な課題になる。

当然だが、リモート会議、経営資料の共有、柔軟なコミュニケーションなどデジタルを活用して行えるPMIは数多くある。かつ、近時PMIにおいて問題となることが多いテーマが「システムの統合」である。買収企業と被買収企業が使っているシステムが全く違う、デジタル対応している領域や範囲

が異なる、といった問題はよく起こる。ある意味で前述の会計レベルの格差と同じ問題である。こうしたシステム問題を解決することも PMI の論点なのだ。加えて、最終的にはグループ間のシステムの統合、「ERP（企業資源計画）システム」と呼ばれる統合システムで情報の一元化を目指すことが、全体最適化を実現して統合効果を最大化する方法でもある。

　そういった意味でも、管理会計強化、デジタル化は 2025-2030 年において重要な課題になる。本章で指摘した幾つかの論点を踏まえてデジタル環境の整備、管理会計の強化を図ることが経営の論点となる。

M&A、業務提携による業界再編の加速

　第三部における3つ目の論点は「M&A等による業界再編の加速」である。本書で指摘する論点のなかでも、大きな論点だと考えている。

　それでは「業界再編」が起こる原因は何だろうか。

　大きな視点に立てば「**プレイヤーが大きな危機を認識したときの対処**」である。市場が縮小する一方で、過当競争構造が残存しているといった場合が典型であろう。あるいは、「海外から強力な競合者」が市場に参加することで、国内のパワーが分散していては対抗できないといった問題意識を持つ場合もあるだろう。大きな技術革新が起きて、それに対処するために1社だけでは開発投資の資金や人材が捻出できない場合もある。このように危機感が業界再編という地殻変動を起こすことが多い。

　ミクロの視点に立てば「人手不足」「事業承継者の不在」「市場の縮小」を原因として、それに対処できない企業が「M&Aによって経営交代」を図るという「個社事情」に基づく要因もある。その裏腹ではあるが、こうした環境を見越して「自社の成長戦略」として、企業買収を進めるといった態様もある。さらには、近時隆盛を誇るM&Aのブティックが、自社の成長戦略としてM&Aを積極的に呼びかける（営業する）ということが、結果として業界再編につながる。

1. 業界再編が加速する理由

　それではあらためて業界再編が加速する「8つの理由」について考察しよう。

　第一が「**市場が縮小するなかで過当競争構造の解消に向けた動き**」が加速**する**ことである。こうしたパターンは多くの業界にあてはまる。特に「国内

市場をメインにしている業界や企業」ではジワジワとこの傾向が強まる。つまり「中小企業が属する大半の業界」で再編が加速するということである。過当競争構造の解消は「体力勝負」のレースであるが、「人手不足による事業環境の悪化」、「経営者の高齢化と後継者の不在」、「野心的な経営者が描く成長戦略」、「技術革新によるビジネスモデルの脆弱化」「主要設備の再投資ができる未来図が描けない」「金融機関の再編等による支援姿勢の変化」が、そのスピードを上げる要因になる。

　第二の理由が「**技術革新**」や「**SDGs などの国際ルールの浸透**」を起因として、「**製品・サービスが大きく変わる**」ことである。

　典型は「脱炭素」起因の「電動車」の開発や販売競争である。自動車業界は、欧州・北米・中国・日本にある「OEM（自動車メーカー）による競争」と、HEV・PHEV・EV・FCV・48VM-HV さらに ICE（機関エンジン車）といった「製品別・製品間の競争」が当面続く可能性が高い。この「電動車（xEV）問題」は、擦り合わせ重視のガソリン車の生産方式を大きく変えようとしている。ある意味で xEV が「電気製品」化しており、利用者の「楽しさ・便利さ」などのコンセプトが重要になっている。近時「SDV（ソフトウェアに定義された車）」という言葉がクローズアップされる背景には、ハードウェア以上にソフトウェアの重要性が高まっていることを示している。こうしたコンセプトの変化は、設計思想の変化を生む。つまり OEM（自動車メーカー）にとって、アーキテクチャー（設計思想）が重要な役割となっており、それが生産方式やサプライチェーンを大きく変容させる原因にもなる。実際に、中国における EV 開発を見ると「得意分野を持ち寄った異業種部品メーカー」が、コンセプトを議論しながらベンチャーのようにアーキテクトしている。それだけに止まることなく、市場の大きさを利した「大量生産によるコスト削減」にも力を入れており、サプライチェーンを OEM が内製化する動きがみられる。

　こうした海外 OEM の動きを背景に、日本国内の自動車メーカー（OEM）の生き残りが問われている。どの市場に、どの製品で、どのような居場所を作るのか。経営資源に限りがあるなかで、莫大な開発費を EV に投じるのか、

PHEV に投じるのか、それとも残存者利益を狙って ICE（機関エンジン車）も対象とするのか。トヨタ自動車のようにマルチパス（すべてを対象）とするのか。ある意味、不透明感が高まっている。当然サプライチェーン傘下にある中小企業は動向を見守るしかない。内燃機関関連部品など長期的に減少が見込まれるサプライヤーは、別の分野に進出する体制作りといった準備もしながら、いま受けている受注にも対応しなければならない。長期的な戦略が立てられないまま、動向を見守りつつ「いまの仕事」に対応するしかない状態が続いている。

自動車業界の事例でみたように、「技術革新」や「ルールの変更（脱炭素）」によって業界が大きく変わらざるを得ないケースが、今後間違いなく増える。脱炭素対応に関して 2030 年はひとつの「区切りとなる時期」であり、今後脱炭素に向けた要請や対応が加速度的に増えることは間違いない。中小企業の多くは、右往左往しながらも「新たな道」「生き残りの道」を模索することになる。こうした動きが大きな業界再編につながる。

第三の理由が「**人手不足**」による再編である。中小企業にとって人手不足は頭の痛い問題で、ここ 10 年の悩みの種である。2025 年以降、この問題がさらに変わるとみている。

まず「就業者数」が減少に転じることである。従来「生産年齢人口の減少」が問題とされてきたが、実際の「就業者数」は女性の労働参加率の上昇もあって微増していた。しかし、女性の労働参加率も相当高い水準に達しており限界に近い。若年層はますます減る。高齢労働者も体を使う仕事はいつまでもできない。必要とされる就業者、つまり社員が確保できない状況が加速する。

中小企業において「人手不足」で困っている業種は「ヒトに頼らざるを得ない」肉体を使う仕事が多い。例えば、運送業界ではドライバーの数が 2030 年までに 3 割減ると試算されている（2020 年対比）。ドライバーの不足を埋める手段は、別の業界から人材を取り込むか、自動運転車やドローンを導入するか、手段が限られる。運送業界だけでなく人手に頼る他の業種でも、同じように「無人化投資」や女性・高齢者に就業してもらうための負担軽減につながる治具などの「環境整備」が必要になる。こうした投資負担に耐え

られる企業は限られる。

　さらに人手不足は、相対的に労働者の価値を上げるため「賃上げ」が必要になる。人手不足解消のためには、給与・賞与をはじめとする労働条件の改善が不可欠である。それを裏付けるように、労働者が「賃金水準」を重視する傾向にあることはデータで明らかである。賃金を引き上げるためには、収益力を高める必要がある。もともと労働分配率が高い中小企業にとって労働生産性を高め、一人当たりの付加価値額を増やす以外に「安定した賃上げ」はできない。こうなると労働生産性の低い企業は不利になる。コスト引き下げによる収益改善だけでは限界があり、付加価値向上のための様々な対策が必要になる。このように「人手不足」を原因とする「投資負担」や「賃上げ」という W パンチが中小企業を襲う。必然的に「廃業」や「業界再編」を加速させることは疑いがない。

　第四の理由が「**経営者の高齢化**」である。中小企業経営者の高齢化は確実に進んでいる。それだけではない。中小企業の多くが後継者不在または未定なのである。バトンを渡すあてもないなかで、経営を続ける高齢の経営者の孤独感はいかばかりだろう。借金の整理が出来て「自主廃業」できる場合は問題ないが、社員や借金を抱えた企業はやめるにやめられない。さらに「後継者」がいたとしても、経営環境の難しさが増す中で「神輿に乗っているだけで良い」中小企業がどれだけあるだろう。後継者の「資質や手腕が問われる時代」である。

　こうした状況を踏まえれば、「**優秀な経営者の下に事業を収斂させる**」ことで、「**雇用・地域・産業を守る**」ことの必要性が高まる。後継者不在を起因とした「M&A」という視点だけでなく、雇用や地域を守るために「事業の集約」をする必要がある。すでに経営者の最も多い年齢層は 70 代である。2025 年以降、高齢化はさらに進む。業界再編は必然的に加速する。

　第五の理由が「**時代を読む眼を持った経営者**」の存在である。時代を読む眼を持った経営者は「殻を破りたい」という積極性と、「市場の縮小が自社の危機を招く」という危機感を、両方持ちあわせている。経産省は「100 億

円企業」というキャッチ―な言葉で、中堅企業を増やす施策を発表している
が、「100億円」という金額は多くの業界において盤石な規模とはいえない。
大企業の厚い壁を崩すことは容易でなく、多くの100億円企業が「不安定な
立ち位置」を感じているのではないだろうか。当然だが、「規模の大きさ」
だけで持続性を担保することもできない。しかし、過当競争構造が続くなか
で「M&A」を活用して業界再編を行うことは、価格競争による疲弊を回避し、
生産性を高める機会となる。

　このように、危機感と積極性が「時代を読む眼を持った」企業を軸とする
業界再編を後押しするはずだ。こうした企業は**生き残りをかけて「野心的
な成長戦略」**を描く。2025年以降、世界の混乱に拍車がかかり、経営者の
心理も揺れ動くだろう。成長戦略はスピード感が勝負をわける。積極的に
M&Aを活用し、業界の地図を書き替える動きを時代を読む眼を持った経営
者が作り出していくだろう。

　第六の理由が「**大型投資**」を巡る業界再編である。数多くの業界や企業で、
数十年に1回といった「大規模な設備更新」が待ち受けている。景気循環に
おいて「クズネッツの波（20年）＝20年毎に建て替える＝」という考え方が
あるが、現実には償却期間を過ぎても長く使い続けている実態があり、老朽
化が相当進んでいる。一例をあげれば「ローカルの観光旅館・ホテル」であ
る。彼らは「耐震基準の改定」の際も、耐震補強対応で苦労している。まして
「建て替え」といった大型投資においては「休館期間」「多額の資金調達」「返
済原資の確保」といった難題が待ち受けており、それが投資を迷わせる要因
になっている。こうした状況は各業界とも同じであり、限界が近づいている
ともいえる。そういった意味で「次の大型投資」に耐えられる企業がどれだ
けあるかが、「再編」の爆薬庫と化す可能性を秘めている。投資に耐えられ
ない場合には、事業継続を諦めるという選択肢だけでなく、「設備の共同利
用」といった選択肢をとることも考えられる。こうした流れが業務提携から
合併への道筋を描くことになるだろう。

　第七の理由が「**金利ある世界**」への突入である。2024年に日銀の金融政

策は「YCC廃止」「マイナス金利解除」という方向に舵を切った。マイナス金利という「異常事態」を経て、ようやく「金利ある世界」に向かって正常化の道を歩むことになる。こうした変化は中小企業に少なからぬ影響を与える。中小企業は失われた30年のなかで「債務削減による自己資本の充実」を進めて来た。筋肉質な財務構造を築いた結果、従前に較べれば「金利ある世界」への抵抗力は増している。しかし、大型投資が不可欠な装置産業にあっては、金利負担の増加をしっかりと読み込む必要がある。また、大型投資とは言わずとも、無人化・省力化投資、デジタル投資、SX投資など中小企業の設備投資の機会は必ず増える。そういった意味で、金利水準次第では経営者のマインドに微妙な揺らぎを生む可能性がある。

　第八の理由が**「金融機関による再編主導」の活発化**である。金融機関の多くが「伴走型支援」を加速させる。伴走支援の大半は、「販路開拓（いわゆるビジネスマッチング）」といったお手軽なサービスに留まると考えられるが、時代に対する世界観をしっかり持った幾つかの金融機関が、かつての興銀よろしく鞍馬天狗となって「業界再編」や「産業変革（IX）」に舵を切ることが予想される。金融機関は各業界にネットワークを持っているので、本気で業界再編に取り組もうとすれば大きな成果をあげることができるはずだ。

　ただし、こうした取り組みに名乗りを上げることができる金融機関は限られる。その条件をあげるとすれば、①確かな産業調査力と再編地図を描く力をもつ、②経営トップの高い見識と決断力、③プロジェクトを実現できるだけの人的資源とノウハウやソリューション提供力を持つ、④共感をもつステークホルダーとの連携ができる、といったことが想定される。

2.　業界再編の動きに中小企業はいかに対処すべきか

　それでは一歩踏み込んで「業界再編の荒波」に、中小企業としていかに対処すべきかについて論考したい。

　まずは**「大きな方向感を決める」**必要がある。**「自社の立ち位置をどう決**

めるか」である。

ひとつは「再編を仕掛ける立場」、ひとつは「再編を受け入れつつ主張を残す立場」、ひたすら「独立独歩を目指す立場」、「Let it be で泰然自若を決め込む立場」、どれも容易ではない。唯一言えることは、荒波に巻き込まれるとき「優柔不断な姿勢」では簡単に溺れてしまうということである。

自社の立ち位置を決めるにあたって重要な観点は、**「彼を知り己を知れば百戦危うからず」（孫子）**である。言い換えれば、「経営環境の変化、業界の潮流をしっかり見極めること」「競合企業の状況、新規参入や代替品の出現の可能性を予測すること」「自社の経営資源や強みを把握すること」に尽きる。特に「環境変化を読む」ことが重要であり難しい。生き延びるためには「環境に適合する」必要があり、前提となる環境変化をいかに的確に読むかがポイントになる。環境変化を読むための秘策はない。丁寧かつ多面的に潮流を分析することである。業界における行政や法制の動き、自主規制やスタンダードの流れ、競争の決定要因の変化、競合するプレイヤーの考え方や動き、技術動向、商品・サービスのトレンド、こうしたことを丹念に予測する以外に方法はない。

そして、大事なことは**「業界を離れた視点」**を持つことである。業界人は「業界に精通している利点」もあるが、視野が狭くなるマイナスもある。変化の振幅が大きい時代には「とらわれずに見る」ことで、大きな視座や冷静な視点に立つことができる。そうした眼で前提条件や仮説を立て、自社のポジションを描く。これが、これからの業界再編に立ち向かう基本的な心構えである。

第二の心構えは**「時機を逸しない」**ことである。これは再編を行う立場であっても、再編に身を任せる立場であっても変わりはない。

再編を仕掛ける立場を志向するのであれば、再編の大きな設計図を描くことで判断が研ぎ澄まされる。自社の設計図があれば惑わされることなく時流を見ることができる。設計図の前提に変更が生じた場合にも再構築できる。基準を持つことが、判断に軸を与える。

自社の力だけでは生き残れないと判断するのであれば**「企業価値を棄損させない」**ことである。提携にせよ、M&A にせよ、企業価値を棄損させては

事を有利に運ぶことはできない。発言権の裏には相手がほしい価値が不可欠である。そして、M&A に身を任せるのであれば「基準」をもつことである。「**絶対譲れないもの」を明らかにすることで「基準」はできる**。ただし、その絶対譲れないものが身の丈に合っていないとすれば、時機を逸することになる。そういった意味でも「彼を知り己を知れば百戦危うからず」を旨に、自社の事業性評価をしっかり行うことである。

　最後に「何となく行けるのではないか」という考えを持つ経営者については、「行ける」と判断する根拠を自分自身に提示することを勧める。幻想で会社の経営を誤ってはならない。いまのビジネスモデルは 5 年後 10 年後も利益を出すことができるのか、独立独歩で歩むことが可能なのか、そのエビデンスを示すことである。エビデンスを抽出するプロセスで、いろいろな気づきが得られるはずだ。考えることが未来を拓くことにつながる。

危機管理の高度化

　VUCA の時代は変化が止まらない。変化の振幅も大きく、いろいろな事象が複雑に交錯する。不透明性が高く、自社に対する正負の影響も予測が難しい。

　こうした世界においては「リスクが多様化」する。自然災害、流行病、資源の枯渇、政治的対立、宗教や民族の対立や分断、テクノロジーの進化への乗り遅れ、経済の複雑化、国際ルールの変化、価値観の多様化などキリがない。

　その一方で、厄介なことがあるとすれば、1 日を単位とすれば「変化は微々たるもの」で見逃されやすいということである、同様に、情報過多で本質がつかみにくく、気がついたときには「川下に桃が流れてしまって手に入れることができない」状況になっていることがある。また、世界が密接に関連付けられているため、世界のどこかで起きたことが日本のローカルにまで影響を与える可能性がある。つまりリスク管理の幅があまりにも広いのだ。

1. 中小企業の危機管理のあり方

　中小企業といえども、この変化から逃れることはできない。**VUCA の時代に生き残る者は「危機管理」に長けていなければならない**のだ。2025-2030 年における重要な経営の論点が「**危機管理の高度化**」である。

　それでは「危機管理の高度化」とは何を指すのであろうか。中小企業がなすべき「危機管理」のあり方はどのようなものなのだろう。そもそも「BCP（事業継続計画）」の策定さえ行っていない中小企業が多いなかで、「高度化」などというのは時期尚早とはいえないか。

　結論からいえば**「身の丈に合った危機管理」**を**「始める」**ことである。BCP を策定していない中小企業であれば BCP を作るところから始める。ゼ

ロを1にすることは「高度化」に他ならない。

　BCP を策定しているが、リスクシナリオが1つである企業は複数のリスクシナリオに広げてみることだ。1が3になるのであれば、これも「高度化」と呼べる。自社にとって大きな危機が描けているのであれば、毎年の定期訓練を踏まえて「予防措置」「発生時対応」「事後対応」の内容を磨き上げることである。これが中小企業における危機管理のあり方である。

2. 危機管理に全体最適の視点を入れる

　身の丈に合った危機管理を行うことが中小企業に求められる第一の要件である。そのうえで、**危機管理に「全体最適の視点」を組み込む**ことを第二の要件として提案したい。「全体最適」は「部分最適」の対義語である。部分最適とは、特定の領域や特定のプロセスに絞った最適化を目指すことを指す。一方、全体最適は、会社全体やプロセス全体が一番良い結果を出せるように各領域やプロセスの連携や均衡を図ることを意味する。

　ビジネス社会にあって「部分最適」を避けることは、ある種の「常識」となっている。一方で、部分最適を避けて「全体最適」を実現することは極めて難しい。これは「規模の大きい組織」や「大規模なシステムやプロセス」を想像すれば理解できるはずだ。組織には、必ず目的とヒトが存在する。目的は「役割や目標」を規定し、これを実現するためにヒトは「役割や目標」に集中する。まずは「所属する組織に貢献することが優先」であり、その度合いが強いほど「組織間の対立」を生みやすい。組織間の対立を解消するために「調整コスト」を払って何とか全体の均衡を図ろうとする。中小企業であっても組織である以上、課間の小競り合いはどうしても生じる。営業課はモノを売ることを大事にするが、製造課はモノを安定かつ計画的に生産することを優先する。これらの調整には、**その上位にある「より大きな目的や価値観」をメンバーが共有し優先する**ことが不可欠である。全体最適を実現することが難しい背景には、こうした事情がある。

　全体最適であることがなぜ重要なのか。この点については討議する必要もない「定理」のように扱われているが、しっかりと腹落ちさせる必要がある。

危機管理とは、リスクを「良い塩梅」にコントロールすることだが、「良い塩梅」とは危なっかしい均衡の上に乗っている。何かを重視すれば、何かが疎かになる。いわゆる「トレードオフ」の関係を生じることになる。特定の部署やプロセスのリスクコントロールには適しているが、その対策を行うことで他の部署やプロセスにマイナスを生じる場合がある。良かれと思ってやった危機管理が、別の危機を誘発し増幅させる危険があるのだ。言い換えれば「メリットとデメリットを比較検証」しないまま危機管理を行うことは、結果として会社全体のリスクを高める可能性があるということだ。全体最適を実現するとは、こうした「**トレードオフのパズルを一元的に解き明かしつつ実行策を練る**」ことにある。この点を忘れてしまうと常に「無益な部門間調整を重ねる」ことになる。

また、全体最適を図るためには、事前の計画を超えた「一種の臨機応変さ」が必要になる。VUCA の時代の環境変化は曖昧かつ複雑で読みにくい。当初想定したこととは違う場面が顕れることが珍しくない。予測が外れた場合でも「全体最適を素早く実現する」ためには、組織調整コストが最少で済むような「仕組み作り」や「ベクトル合わせ」が必要である。

そのためには「優先すべき価値観」や「あるべき姿（ビジョン）」をメンバー全員で共有する必要がある。しかも、そうした価値観やビジョンが危機時に自然に現れるように、日頃からメンバーに浸透させておく必要がある。危機管理の高度化というと「想定するリスクの明確化」「それに対する事前の備え」「発生した場合の行動」「定期訓練」といったことが浮かぶが、何より大切なことは「**組織全体として最優先する価値観やビジョン**」**を社員に染み込ませ、何かあった場合に素早く社員が臨戦態勢に入れる環境整備**なのだ。

危機管理に全体最適の視点を入れることが高度化に役立つ。それは、特定の対策のメリット・デメリットを比較検証し、常に全体が最高のパフォーマンスを発揮できる視点に立って全体を調整することにある。さらに全体最適を実現するカギは、メンバー全員が優先すべき判断基準を共有し、普段から意識の奥に染み込ませることなのだ。危機管理の全体最適化を実現する主体は社員全員である。

3. 全体最適による危機管理の実現方法

　それでは中小企業において「全体最適による危機管理」を実現するためにどうすればいいか、具体的な進め方について説明する。

　危機管理は「企業価値を保護する（毀損させない）」こと、「企業価値を創出する」こと、この2面があることに留意しなければならない（詳しくは拙著『事業性評価を起点とする企業価値向上マニュアル』第7章：同友館）。いわば「守りと攻めの両面」で考えることが全体最適につながる。

　危機は多様である。「戦略リスク」「コンプライアンスリスク」「オペレーショナルリスク」「製品・サービスに関するリスク」「システムリスク」「有形資産リスク」「信用リスク」「財務リスク」「税務リスク」「ガバナンスリスク」「カントリーリスク」「自然災害・気候変動リスク」「サステナブルリスク」「風評リスク」などキリがない。

　こうした危機をコントロールするためには、「特定のリスク」が自社にとってどんな「重みやインパクト」があるかを「見える化」することから始めなければならない。いわゆる**「リスクの洗い出しと評価」**である。

　中小企業においては「BCP（事業継続計画）」を作成している企業そのものが限られる。前述の通り、まずはそこから始めることだ。基礎がないところに柱は立たない。身の丈に合わないことをしても成果は出ない。BCPでは、自社の事業を止めてしまう「重大なリスク」を特定して、そのリスクが顕在した場合のストーリーを前提に「予防」「発生時対応」等を検討する。自社にとって重大なリスクを特定する際に、前述の「多様なリスク」を思い出してもらえればよい。

　そして「発生確率」や「自社への影響の大きさ」、「自社の経営資源」に照らして「どう対処するか」を考えることだ。そうした基準に基づいて「優先度をつける」際には、「全体最適の視点」を忘れないことが重要である。**「会社の持続性」、「会社が絶対に失ってはならないもの」、**それらを念頭に対処すべきリスクを決定する。

　取り組むリスクが決まれば「早期復旧」を可能とする「事前準備」「発生時の対応」「管理体制」「訓練」について詰めることになる。これも細部まで

作り込む必要はない。細部にとらわれ過ぎると柔軟性を失う。「プリンシプルベース」といえば大仰だが、実際に起きてしまえばマニュアル通りにいかないこともあるので、できるだけ「行動の指針」「考え方の基本」を大事にすることである。そして「本気の訓練」をすることだ。軍隊が災害現場に復旧活動に赴くことは、ある種「軍事訓練」そのものである。過酷な現場を経験することで気付きが生まれ、実践的な行動様式が深まる。軍隊は究極の危機管理組織であるが、一般の企業も「本気で訓練に臨む」のでなければ高度化のヒントを得ることもできない。こうしたサイクルを繰り返すことで高度化は進む。そして、自社のマネジメントの成熟度合いに応じて「対処するリスクシナリオ」の数を増やすことで「次の高度化」を目指す。これが大まかな流れである。

そして、ある程度のレベルに達したときに、「ERP（Enterprise Risk Management）」に挑戦することを勧めたい。いわゆる「**統合型リスク管理**」である。その意味合いは、自社を取り巻く様々なリスクを全体最適の観点から「見える化」「リスク評価」して、「一元的に管理する」ことである。コントロールの仕方には「回避」「防止」「削減」「分散」がある。「回避」は活動を止めることでリスクを遮断する。「防止」は予防措置を講じることでダメージを防ぐ。「削減」はリスクが顕在化する前に拡大を防ぐ。「分散」はリスクそのものを分散することでダメージを弱める。

こうした取り組みは、危機管理の高度化のみならず「ケイパビリティ（組織能力）」を高めることにつながる。ケイパビリティが高まることで「企業価値」も向上する。これこそが「危機管理の高度化を通じた企業価値の向上」という相乗効果の創出である。

第5章 労働生産性の抜本的改善

コロナ禍以前、新聞の経済欄には連日のように「労働生産性の改善」が掲載されていた。言うまでもなく**「労働生産性」は、30年の長きにわたって日本産業界に通底する経営課題**（図3-5-1）であり、日本の競争力低下を象徴する指標でもあった。

労働生産性には「付加価値」労働生産性と「物的」労働生産性の2種類があり、前者は「労働者1人当たりの付加価値額」、後者は「労働者1人当たりの生産額」をさす。いずれもリソース投入に対して、どれだけ効率的にアウトプットできたかを示す指標である。「株式会社」において生産性が重視される背景には「効率よく儲ける」ということが組織の大きな目的だからである。少ない投入で多くの産出を生む、これは「株式会社」が背負う経済合理性の追求である。

【図 3-5-1】 労働生産性の推移

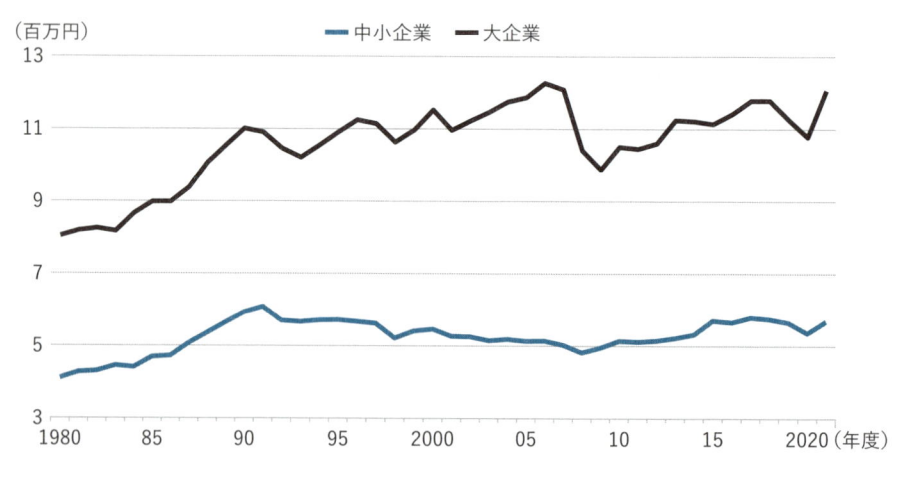

出典：一財）商工総合研究所「図説日本の中小企業 2023-2024」

1. 労働生産性の改善が必要とされる背景

近年、労働生産性が語られる背景にはいくつかの課題が存在する。

ひとつが「**競争力の低下**」である。先進国の経済成長率に比して日本の成長率は見劣りすると言わざるをえない。個人所得の格差も拡大している。「Japan as No.1」といわれた時代は遠くなり、様々な世界ランキングにおいて日本の地位が低下し、存在感が希薄になっている。そして、経済の基礎となる日本企業の競争力の低下要因として指摘されている指標が「労働生産性」である。

日本の労働生産性は、先進国のなかでも低位にある（**図表 3-5-2**）ことは事実で、OECD 平均の 8 割水準にある。労働生産性が低いうえに労働分配率も横ばいで推移しているのであれば、就業者の所得が国際的に見て高いものにはならない。ドルベースに引き直せば、なおさら所得の伸びを感じることはできないだろう。

付加価値労働生産性は「**付加価値額÷社員数**」で表現される。つまり「社

【図 3-5-2】労働生産性の国際比較 2021

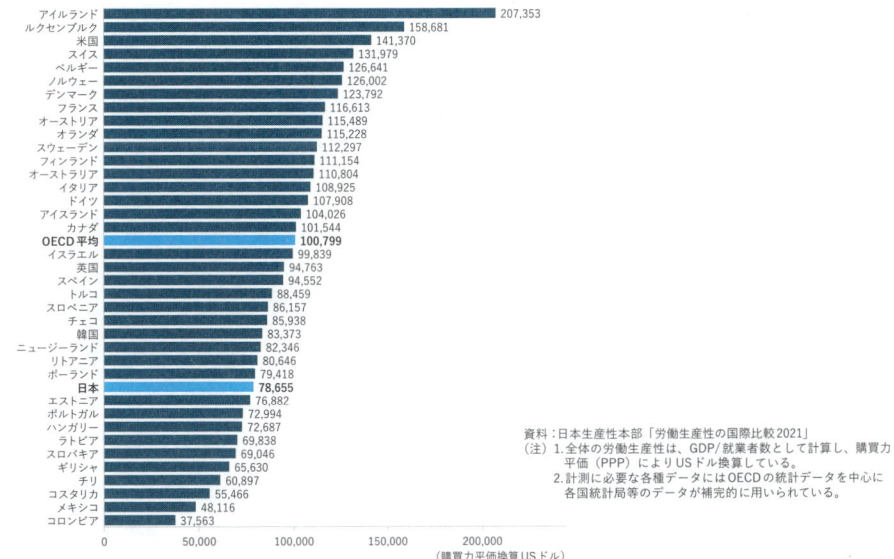

資料：日本生産性本部「労働生産性の国際比較2021」
（注）1.全体の労働生産性は、GDP/就業者数として計算し、購買力平価（PPP）によりUSドル換算している。
2.計測に必要な各種データにはOECDの統計データを中心に各国統計局等のデータが補完的に用いられている。

出典：中小企業庁「中小企業白書 2022 年版」

員一人があげた付加価値額」である。高ければ高いほど生産性が高いことを意味する。付加価値額の内容については、いくつか方式があるが、自社が生み出した価値、「売上高から外部購入額を差し引いた数字」がシンプルで分かりやすい。あるいは、「人件費＋支払利息等＋動産・不動産賃借料＋租税公課＋当期純利益」といった積み上げ的に計算する方法もある。いずれにしても、付加価値額を増やすためには、トップラインやマークアップ（利幅）を高める必要がある。労働生産性を高めることは、企業の競争力を高め、トップラインやマークアップに反映させることにつながる。多くの日本企業は、「インプット（コスト）」を減らす努力を優先し、「損益分岐点売上高（損益がゼロになるときの売上高）」を下げることで収益率を高めてきた。しかし、今後「力強い成長」を実現するためには縮小均衡ではなく、投資など「投入（インプット）」もしっかり行ったうえで、トップラインやマークアップが拡大できるような経営に転換する必要がある。そのためには、ビジネスモデルを磨き、自社の製品やサービスのブランド化を進めるなどマーケティング強化や、研究開発に力を入れる必要がある。さらには、デジタル化・無人化に向けたダイナミックな資本投入とオペレーション改革を進めることで「競争力」を高める必要がある。

　背景の2つめとして「**人手不足**」の問題がある。時節的には、こちらのインパクトの方が大きいかもしれない。

　それでは「人手不足と労働生産性」がどうつながるのだろうか。社員が確保できない状態を想定するとわかりやすい。例えば10人でオペレーションを組んでいた場合に、メンバーが1人減り、2人減りして8人で対応しなければならない状態なったとしよう。おそらく従前と同じ方法ではオペレーションそのものが成り立たないか、産出量を落とすことになる。多能工化を図ることでカバーするとしても教育期間が必要であり、慣れるまで時間がかかる可能性もある。今後人手不足が深刻化するなかで、人員が確保できない場合に付加価値額を落とさないためには、労働生産性を上げる以外に道はない。いまは製造業の事例で説明したが、これが飲食店の給事といった仕事であればダイレクトに供給制約につながる。配膳できないために、売上が確保できない、あるいはお客様が嫌気して来店数が減ってしまう、といったこと

が起きかねない。このように人手不足と労働生産性は密接に関連する問題である。

背景の３つめが「**賃金の上昇による消費拡大**」、「**消費拡大による経済成長**」**といった構造を作るためにも労働生産性を上げる必要**があるという問題意識である。日本では家計の消費支出がなかなか拡大しない。問題はひとつではないが、「実質賃金が改善しない」ことが大きな要因である。日本の家計は「賃金に依拠」している。一般的なサラリーマンは「配当収入や不動産収入など副収入がない」ので、毎月の賃金が生活の頼りである。日本では運用資産の大半が「預金」であり、長い低金利下にあって利子収入も微々たるものであった。政府が預金から証券へと長期運用を促す背景には、預金以外の資産形成手段を持ってもらうためだ。そういった訳で「実質賃金」が上昇しない限り消費に資金が回せない。しかも実質賃金が「毎年継続して上昇する」という「安心感」がなければ、「凍った消費マインド」を変えることは容易ではないだろう。

さらに付言すれば、税金や社会保障費を差し引いた「実質可処分所得」が継続して増えることが「次の課題」になる。日本の消費支出は長期にわたって横這いだが、「直接税／社会保険料」といった非消費支出の上昇が「実収入の伸び」を上回る（**図表 3-5-3**）状況にある。実質賃金がプラスに転換し

【図 3-5-3】 **実収入・消費支出・直接税／社会保険料の推移**

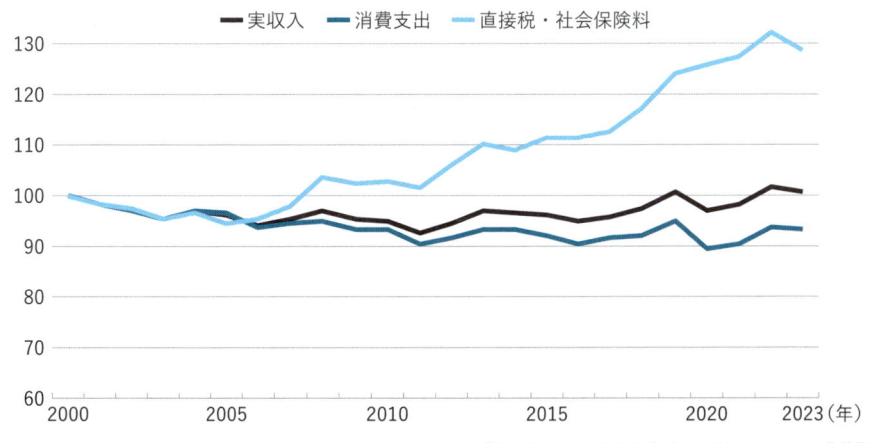

出典：総務省「家計調査」 から筆者作成（2000 年を 100 として指数化）

てそのモメンタムが続いたとしても、「非消費支出の重みが増す」ことで消費拡大に水を差す可能性がある。実質賃金だけでなく実質可処分所得も重要な要素である。

　それでは「消費支出の基礎」となる「実質賃金の上昇」を継続させるためには、何が必要なのだろう。実質賃金は「名目賃金（実額）から物価上昇分を割り引いたもの」と考えればいい。言い換えれば、物価上昇を重荷に感じることのない「物価抵抗力をもった賃金水準」である。実質賃金を継続して引き上げるための条件は幾つかある。「企業業績（原資）」「物価上昇」「価格転嫁」「労働者需給」「経営者の考え方」である。

　第一の「企業業績」は、賃金を支給するうえでの原資を確保するうえで重要なポイントである。企業業績が悪化し、赤字になるようでは賃上げなど覚束ない。第二が「物価上昇」である。定例給与の「賃金表そのものを改訂する」ベースアップは、通常「物価上昇」に対応することが主眼におかれている。日銀が「物価と賃金上昇の好循環」という背景にも、健全な物価上昇が賃金に適切に反映されるという考え方がある。したがって、かつての「デフレ」や「過度の物価上昇」が起きた場合には、実質賃金に歪みを生じる可能性が高く、適切な金融政策で対応する必要がある。第三が「価格転嫁」である。これは第一の「企業業績」とも関連するが、企業物価や人件費の上昇を個別の企業が適切に「販売価格に転嫁」できなければ給与の原資は確保できない。とりわけ人件費の転嫁が重要になる。長期のデフレ経済下にあって「コスト上昇は自助努力で吸収するもの」といった商習慣が出来上がり、いまなお B2B 取引においてこうした論理を振りかざす企業がある。もちろんコスト吸収力は重要な経営課題ではあるが、行き過ぎた論理の押し付けは価格転嫁を阻み、健全な経済発展を阻害する要因になる。価格転嫁を進めるためには、自らが管理会計の高度化等を通じて「対外的なコスト説明力」を高めるとともに、行政が G メン的なモニタリングを行ってフェアトレイドを促進する必要がある。第四の「労働需給」も実質賃金の引上げの基礎になる。日本は今後構造的な人手不足に陥るため、景気循環による「一時的な人員過剰」を除けば恒常的な人手不足が予想される。人手不足を解消するためには賃金の引上げが必要である。最後が「経営者の考え方」である。具体的

には「労働分配率」に現れると考えている。中小企業の労働分配率はもともと80%を超える時代もあったが、現在は70%近傍まで低下している。大企業は50%近傍と比較低位にある。現預金の増加など企業の利益蓄積が顕著である一方、社員のベースアップはコロナ禍前までは抑制されてきたと言っていいだろう。優秀な人材確保、物価上昇への対応といったことから「従来に比べた大きなベースアップ」を行う企業が増えてはいるが、ステークホルダー経営を標榜する多くの経営者には、是非「社員へのアロケーション（配分）」を増やしてほしい。これも継続的な賃上げ要因になる。

　ここまで説明した5つの要素が、継続的に実質賃金を上昇させるカギである。同時に重要になる要素が「転職」、いわゆる「人材の流動化」である。20代を中心に年々転職率は上昇し、10%を大きく超える状況にある。その一方で40代以降の転職率は10%を割り、低い水準にとどまっている。転職は「給与」が大きく上がる機会でもある。社内のベースアップはもちろんだが、人材の流動化がさらに進むことで、雇用者所得は確実に上昇する。人手不足は、企業を大きく揺さぶる。賃金アップや福利厚生を含めた処遇向上に耐えられない企業も増加する。こうしたことを背景に、人材の流動化が確実に始まる。2025-2030年は、人手不足起因による企業再編、人材の流動化が進む期間である。長々と説明したが、これらを実現するためには「労働生産性」を上げることが必要になる。

　さて、労働生産性が語られる4つめの背景が「**地方消滅**」**を防ぐ視点**である。労働生産性がそこまで大きな話になるのか、と考える人もいるだろう。しかし、ローカル企業にとって「域内の人手不足」は深刻な問題であり、①人手を確保するための給与など「処遇改善」、②人ではなくデジタルや機械を走らすことで労働力をカバーする「労働生産性の改善」が生き残りに大きな影響を与える。①を実現するためには「給与原資を上増し」する必要があり、②の労働生産性改善が避けて通れない。つまりローカル企業の生き残りは「労働生産性の改善」にあるといっても過言ではない。

　人手不足については、就業者数の減少が更なる転換点になるだろう。日本の就業者数は女性の労働参加率上昇もあって（**図表3-5-4**）、何とか減少を避けることができたが、ここ数年は伸び悩みがみられる。女性の労働参加率も

【図 3-5-4】 就業者数の前年対比増加率

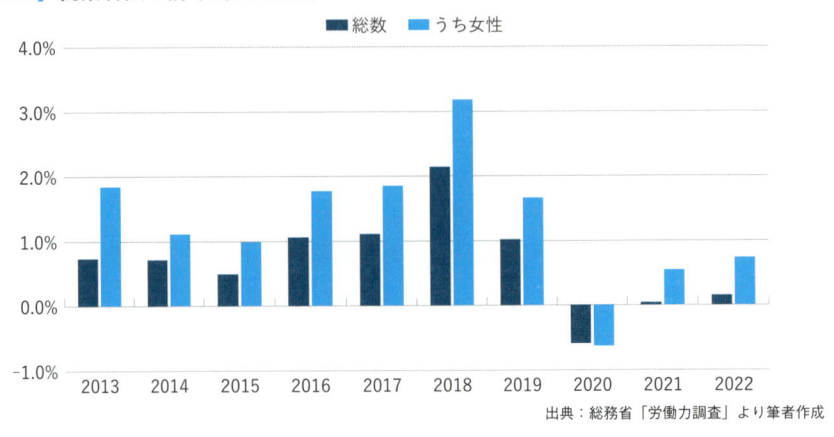

出典：総務省「労働力調査」より筆者作成

欧米並みの水準まで達しており、それをもって生産年齢人口の減少をカバーすることが難しくなっている。そういった意味で、人手不足の傾向は強まることがあっても弱まることは期待できない。東京の一極集中化の問題は常に語られて来たが、ローカル企業が弱体化することで「雇用する力」が落ちてしまえば、若者や働き盛り世代の流出を止めることは難しくなる。雇用問題はローカルの人口減少に拍車をかけ、税収も落ち込み、行政サービスの低下を招くリスクがある。こうなると市町村の合併はもちろんのこと、行政サービス効率化のための都市部への移住促進といったことも起こりうる。まさに「地方消滅」が現実になる可能性がある。そういった意味で、域内の中核企業を中心に経営力を高め、産業構造の強化を図る必要がある。その基礎が1社1社の「労働生産性の向上」にあることは言うまでもない。1社1社が強くなってこそ地域の経済基盤が確立される。

2. 労働生産性を高めるためのアプローチ①

　それでは、労働生産性を高めるために中小企業は何に取り組めばいいのだろうか。

　労働生産性を高めるためのアプローチ（**図表 3-5-5**）は、2つの視点に立って「3つの方法」で行う。生産性をあげるためには「より少ないインプットで、

【図 3-5-5】 労働生産性を高めるためのアプローチ

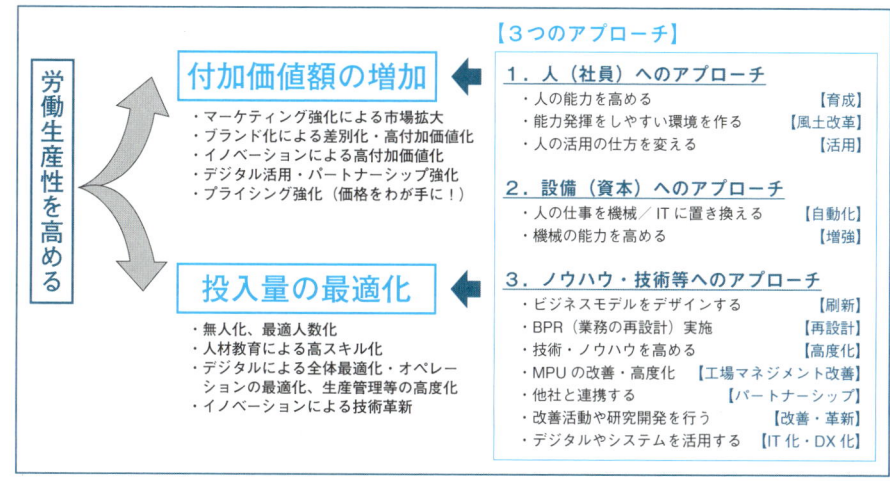

筆者作成

より大きなアウトプットを創出する」ことが基本になる。したがって、労働生産性を高めるうえでは、**分子である「付加価値額」をいかに高めるか、分母である「投入量」をいかに最適化するか、**この2つの視点で検討する必要がある。そのいずれの場合においても「**人（社員）**」「**設備（資本）**」「**ノウハウ・技術等**」の3つをどう効率的に高めるかが問われる。

　まずは「**付加価値額を増やす**」視点で考えよう。

　付加価値額を増やすためには「値上げ」が有効である。「価格の適正化」「価格転嫁」と言い換えてもいいだろう。値段が上がれば販売数量が変わらない限り「トップライン」が上がる。コストが変わらない状況で値上げすれば「マークアップ（利幅）」も大きく改善する。ここ30年で「コスト増加は努力で吸収する」「価格転嫁などもってのほか」といった考え方が商慣習となり、デフレ経済の要因にもなった。とりわけB2Bのサプライチェーン下にある多くの中小企業は値上げなど出来ようはずもなく、爪に灯をともすようなコスト削減を繰り返してきた。B2Cにおいても、可処分所得の増えない消費者をマジョリティとするなかで、「値上げは売上減少に直結する」といった方程式に怯え、値上げを言い出す中小企業は少なかったといえよう。

　値上げをするためには、いくつか整備しなければならない条件がある。具体的には「マーケティングの導入・強化」「イノベーションやブランド化による高付加価値化」「デジタルを活用した原価の見える化・管理会計強化」「顧客とのコミュニケーション強化」の4条件である。

　まず「マーケティング」についてだが、必ずしも中小企業に「馴染みがあるもの」とはいえない。中小企業は地域密着の生業として歴史を刻んできたこともあって、大企業のように「STP（市場細分化・市場標的・位置取り）」や「3C（自社・顧客・競合）」を敢えて議論する必要性もなかった。そういった分析をするまでもなく、目の前に市場が見えていたのである。しかし、人口減少や価値観の多様化など「需要創造が困難な時代」にあって、**市場に自社の居場所を作る**ためには何らかの形で「マーケティングを導入する」ことが急務になっている。

　マーケティング活動のなかで「適正な価格（価格戦略）」や、顧客との「コミュニケーション（販促などコミュニケーション・ミックス戦略）」のあり方を考える必要がある。市場における「居場所作り」は容易ではない。デフレ明けの日本にあって「価格の適正化」を進めるには知恵と勇気と根拠が必要である。そういった意味で、マーケティングの導入は重要な条件になる。

　第二の方法が「イノベーションやブランド化」を通じた「製品・サービスの高付加価値化」である。価格は「顧客にとっての価値」を端的に表わす。それゆえ顧客にとって価値のないものを高い値段で売ることはできない。価格を主張するためには顧客価値を高めなければならない。その代表的な手段が「新しい価値を生み出す（イノベーション）」ことである。そして、顧客からの認知が簡単になるような「ブランド化（差別化）」も有効な策といえよう。価値観が多様化し、情報の洪水に溺れそうになる市場にあって、顧客にとっての価値を適正に伝えることの意義は年々大きくなっている。顧客は自分にとって意味があるものにお金を払う。製品やサービスを通じて得られる自分なりの意味や満足を、広い世の中で探すことは簡単ではない。事業者側が従来以上にマーケットに入り込んで「価値を説明する」必要がある。

　第三の方法が「デジタル」の活用による「管理会計の強化」である。価格を上げることは容易でない。とりわけB2Bの世界では、論理的に「価格の

妥当性」を説明する必要がある。加えて「コストの最適化」に関する「自社の努力」についても説明を求められる。説明のロジックを担保するためには「管理会計」の観点が必要だ。そして、スピードや展開力を高めるという意味で「デジタル」活用の観点がいる。中小企業はこの2つが遅れている。だからこそ早急に環境整備を図る必要がある。値上げは労働生産性を高める特効薬である。しかも長年凍結されてきた経緯があり、解凍には努力がいる。その環境整備が「デジタルを活用した管理会計強化」なのである。

第四の方法が「顧客とのコミュニケーション強化」である。価格の適正化には「交渉」「認知」が不可欠である。B2Bであろうが、B2Cであろうが、顧客の納得なくして価格の適正化は実現できない。コミュニケーションもマーケティングの一環ではあるが、手段も多様化しており、自社の経営資源、顧客のペルソナ、そうした点を考慮したコミュニケーション手段を見出し、内容の充実を図っていく必要がある。

労働生産性を高める2つめの視点が「**投入量の最適化**」である。

投入するものには「ヒト」「モノ」「ノウハウ」など様々な要素があるが、「ヒト」に関して言えば、「最少人数化」や「無人化」といった量的な対応が考えられる。あるいは、ヒトの「スキルや能力」をレベルアップすることで「やれることの範囲・質・量を増やす」ことが考えられる。近時「人材投資」「人的資本」などが話題になる背景には、インプットのなかでも大きな位置を占める「ヒト」をどう高度化するか、アップデートするかという問題認識がある。

投入量を最適化するうえで「デジタル」は不可欠のツールである。ヒトでは不可能なスピードで処理し、休むことなく情報を吸い上げる処理力を持つ「デジタル」を活用して、オペレーションの最適化や生産管理の高度化を図ることは「言い尽くされた感」さえする。その一方で、デジタルの重要性に関する認知・理解は高まっているとはいえ、中小企業のデジタルの活用レベルは相当遅れている。デジタル活用を拡げることが投入の最適化を実現することにもつながる。中小企業のデジタル推進のカギは、オーナーである社長の理解や関心にかかっている。いかに経営者の理解と危機感を深め、デジタル導入を加速させるかが中小企業政策の一丁目一番地ではないだろうか。

　そして「TFP（全要素生産性）」の代表格である「イノベーション」の促進が「投入の最適化」に欠かせない。イノベーションというと「大発明」的なイメージを持つ人が多いが、**自社にとっての新機軸**と理解すればよい。インプットに関するもの、例えば「オペレーション」に新たな工夫を加えることで「TFP（ノウハウなど技術進歩）」は高まる。生産技術の開発も TFP を高める。

　問題は、こうしたイノベーションを創出するための体制作り、外部とのパートナーシップ、をいかに構築するかである。

3. 労働生産性を高めるためのアプローチ②

　ここからは、労働生産性を高める 2 つの視点を実現するための「3 つのアプローチ」（図表 3-5-5）について説明する。「ヒト（社員）」「モノ（設備・資本）」「ノウハウ・技術・デジタル」といった 3 つを対象とするものである。

　「ヒト」へのアプローチについては多くの書籍や論考が出回っている。多くは「意識改革」「どう育成するか」「ビジネスモデルに符合するスキルをどのように身に着けさせるか」といった点に集約される。第二は「社員が活き活きと能力発揮ができる環境をどう整えるか」である。「働き方改革」、「ウェルビーイング経営」、「心理的安全性の確保された組織文化の醸成」など多様な観点がある。第三が「社員をどう活用するか」という観点である。一例をあげれば「多能工化（マルチタスク対応）」によって「配置できる作業域」を拡げる方法がある。「DEI（ダイバーシティ・エクイティ・インクルージョン：多様性・公平性・受容性）」や「ジェンダー平等」を推進することで、従来活用されてこなかった領域に才能のある人を登用するとか、分け隔てなく仕事を任せるといった「ポジション活用」につながる。人材活用は、まさに経営戦略の問題である。さらに、近時はそもそも論として「人材をどう確保するか」という、人手不足時代ならではの問題も生じている。いずれにしても人材の高度化や環境整備、そして柔軟な配置によって労働生産性を高めるのである。

　「モノ（設備・資本）」については、長期にわたって投資が抑制されてきた。

バブル崩壊以後問題になった「過剰設備」の解消を進める観点、デフレ経済下で投資しても回収のめどが立たないゆえに「減価償却の範囲内での更新投資」にとどめる観点、こうした背景があったと思われる。

設備投資は「未来を創る」ためのものであるから、「未来が描けない」「戦略が描けない」といった状況では、どうしても消極的になる。この30年の日本は「老朽化に伴う更新投資」「投資回収が確実な投資」が中心で、「消極性を裏付ける」ものであった。しかし、2025年以降は様相が一変しよう。「人手不足対応」「デジタル対応」「GX（グリーントランスフォーメーション）対応」といった投資が加速度的に増加する。もはや「労働集約的業種」における「高齢者や外国人」頼りは鮮明で、ローカル企業ほど限界に近付いている。限界突破のひとつが「デジタルを走らせる」ことで「生産性」を上げて人手不足に対応する方法である。国際的な競争力維持の観点からも「攻めのデジタル投資」が増加する。さらに「脱炭素・脱資源」といった国際ルールの浸透を背景に、「グリーン投資」が拡大する。現時点では、脱炭素の中間目標達成もかなり厳しい状況にあり、2027年頃から脱炭素を推進する政策や法対応が強化される。これらの投資は、労働生産性の向上にも資する。必然的に「モノ（設備投資）」へのアプローチが生産性を引き上げることになる。

最後が「ノウハウ・技術・デジタル」といった「無形資産投資」を通じたアプローチである。この分野の「手段・ツール」は多様かつ無限である。創意工夫の発揮場所といっていいだろう。ここでは、いくつか例示をすることで、その多様性や可能性を示すことにしたい。

ひとつが「ビジネスモデルの再構築」である。**ビジネスモデルは、自社にとって利益を稼ぎ出す勝利の方程式**ではあるが、環境変化によって無力化・弱体化することがある。環境変化はジワジワと進むため「痛み」に気づきにくい。定期的にビジネスモデルをチェックし、課題に対処することが重要になる。ビジネスモデルの再構築は「付加価値額の増加」「投入の最適化」の両面で大きい意味がある。自社製品の競争力や付加価値が落ちているとすれば、販売量や値幅が下がる。メインのチャネルが機能せず、情報やコストの両面で負担になっている。これは「サプライサイド」を適正化するチャンスになる。

　「BPR（ビジネス・プロセス・リエンジニアリング）」は、一昔前に流行した言葉であるが、労働生産性を高めるために必要なアプローチである。自社の製品・サービスを創出する業務の流れは標準化されることが多い。いわゆるマニュアル化である。マニュアル化は、オペレーションの水準と品質を引き上げ、ミスを減らすという意味で重要ではあるが、「固定化」することで「変化に弱い」面は否定できない。常に「ベターなオペレーション」「環境への適合」といったことを念頭に再設計を図る必要がある。再設計に際してのポイントは、デジタルを活用することで全体最適化を図ることである。また、基本である「IE（インダストリー・エンジニアリング）」を活用することも重要である。特に「MPU」という生産性の良否を決める3つの要素を「再設計の視点」におくことである。Mは「メソッド（作業方法や手順）」、Pは「パフォーマンス（作業遂行度）」、Uは「ユーテライゼーション（計画・管理起点の不稼働）」である。最適な作業方法を構築し、標準時間をロスせず、計画や管理を適切に行うことで不稼働時間を低減する、というMPUの3面から問題点を明らかにすることが良い示唆を与える。

　そして「技術革新」「ノウハウの高度化」は付加価値を高めるうえで不可欠のアプローチである。中小企業は、これらを単独で行うことが多い。しかし、今後は「パートナーシップ（連携）」について考える時期に来ている。その効用として「異文化・異組織との共特化（経営資源の組み合わせによって新たな価値を創出する）」の原理が働くことがある。VUCAの時代に、多様な価値観、止まらない進化、変化の振幅や速度が複雑に絡み合い、1社だけで新たな価値を創造することが難しくなっている。技術はもちろんノウハウも同業者だけで深められるとは限らない。まったく違う業種だからこそ別のアプローチで技術革新やノウハウの高度化を図ることが可能になる。「見え方が異なる」ことで新たな付加価値が生まれる。胸襟を開いて飛び込む勇気が必要である。

人的資本経営

　人的資本経営という言葉が大流行している。経済産業省では「人的資本経営コンソーシアム」を 2022 年 8 月設立し、2023 年 9 月時点で約 550 社が会員となって、有効事例の共有、連携や情報開示のあり方などについて研究を深めている。これだけ短期間に多くの企業が参加する背景には、人的資本経営の重要性が認識されているということであろう。

1. 人的資本経営とは

　経産省によれば、**人的資本経営とは「人材を『資本』と捉え、その価値を最大限に引き出すことで、中長期的な企業価値向上につなげる経営のあり方」**であると定義付けられている。少し長くなるが「人材版伊藤レポート（令和2 年 9 月）」から、その問題意識を見てみよう。「企業価値の持続的成長を実現するため、わが国では 2010 年代に入ってコーポレートガバナンス改革が進められている。重要な事実は、企業価値の主要な決定因子が有形資産から無形資産に移行していることである。無形資産の中でも人的資本は経営の根幹に位置づけられるべきものである。その意味で、人的資本の価値創造は企業価値創造の中核に位置する。にもかかわらず、平時や順境にあるときは、人的資本に関わる問題を本質的に捉え、抜本的に考え直す姿勢がどうしても弱かった。しかしそれでは、グローバルな企業価値競争の世界で淘汰されてしまうだろう。コロナ禍は、「常識」を疑い、「慣性」に抗い、大きな変化のムーブメントを起こす好機でもある。これからは、人的資本の価値を最大限に引き出す方向に創造的かつ柔軟に変われる企業と、そうでない企業との間には、埋めがたいほどの企業力の差を生じるであろう」ということである。この論考のポイントは、企業価値を決定するうえで無形資産、とりわけ人的

資本の重要性が高まっていること、しかし人的資本の本質や問題を抜本的に見直す企業の姿勢が弱いこと、グローバルな競争環境において企業価値を高めるうえで人的資本の価値を最大限に引き出すか否かが勝負の分かれ目になること、である。

　そのうえで、「経営戦略と人材戦略の連動（**図表 3-6-1**）」「現状と目指すべき姿のギャップ把握」「企業文化の定着」「人材ポートフォリオのダイナミズムを伴う計画策定や実現」「ダイバーシティ＆インクルージョンの実現」「リスキル・学び直し」「社員のエンゲージメントの向上」「柔軟な働き方」等をテーマとしてあげている。

　一方、中小企業の経営者にとって「人的資本経営」という言葉は、少しの違和感と大いなる共感を与えるのではないか。大企業の「すき間を埋める」ビジネスを主体とする中小企業では、必然的に「労働集約的な仕事」が多くなる。「ヒトの活用」や「ヒトを活かす経営」について昔から向き合って来たのは「われわれである」という矜持と、「ようやく理解してもらえる時代になったか」という一種のもどかしさを持っていよう。大企業のように「企

【図 3-6-1】 経営課題と人材戦略上の課題は直結

環境変化	経営上の優先課題（例）	人材戦略上の優先課題（例）
グローバル化	・ **高成長の海外市場**におけるシェア獲得や**多様化する顧客ニーズ**への対応 ・ グローバルな組織ガバナンス	・ **企業の存在意義（パーパス）の明確化** ・ グローバル成長を牽引できる経営人材をはじめとした、**多様な人材の育成・確保** ・ 職務やスキルに対応した**「ジョブ」型の促進**など柔軟な人事制度の構築や運用
デジタル化	・ **winner takes all**の経済に移行、"すり合わせ"の競争優位が低下 ・ **競争力や勝ち筋の再検証** ・ テクノロジーの**変化スピード**への対応	・ **イノベーション創出をリードする人材**の育成・発掘・獲得、既存オペレーション人材の強みとの両立 ・ ビジネスモデル変化に対応した**人材の再教育・再配置**
少子高齢化/人生100年時代	・ **シニア人口増加・若年人口減少**への対応 ・ **社会で活躍する期間が長期化**し、個人の**キャリア意識が向上**	・ **人材や価値観の多様化**への対応 ・ 従業員の**自発的貢献意欲（エンゲージメント）**の向上 ・ **自律的なキャリア構築**の支援、成長機会の提供
新型コロナウイルス感染症への対応（New Normal）	・ **新型コロナウイルス感染症**が拡大する中での事業活動の継続	・ **スピード感をもって変化に対応できる変革力** ・ 時間、場所にとらわれない働き方の環境整備 ・ **リモートワーク環境**下におけるコミュニケーション、アイディア創出など**個人・組織の活性化**

出典：経済産業省「持続的な企業価値の向上と人的資本に関する研究会報告書」（令和２年９月）

業価値向上」や「ガバナンス」を直接的に意識することはないにしても、常に「社員を成長」させて、「会社の戦力」になってほしいと考え、人材育成や活用に取り組んでいる。

歴史は繰り返すというが、「社員は会社の宝」とは昔から言われてきた普遍的真理である。令和のいま、あるいは2025-2030年というタームにおいて、あえて「人的資本経営」と衣装を変えて再定義する意味がどこにあるのか。何が経営の論点になるのか。それを本章で論考したい。

本章では、敢えて「人的資本経営」をタイトルとしたが、本音を言うと「ヒトを走らすなら人材への高度化投資を！ヒトを活かすならウェルビーイング視点での環境整備を！」というタイトリングがふさわしいと考えている。その理由は、人手不足が深刻化し、デジタル等の技術革新が進むなかで、できるだけ「ヒト以外の生産要素」を活用することが望ましいと考えているからである。そのうえで「人的資本が無形資産の中核」であることは認め、ヒトを活用するのであればヒトしかできない仕事に従事してもらうこと、ヒトの意欲や能力を高める投資を行うことが重要だと考えている。

人的資本の高度化投資は、**中小企業が「持続性や企業価値を高める」ために「社員」という存在を会社のなかでどう位置づけて人材戦略を組み立てるか**、という問題に帰着する。ここでいう「人材戦略」は広義であり、自社のビジネスモデルに相応しい「社員像（価値観・スキル・特性）」をいかに描くか、描いた社員像を実現するために社員の「育成」をどう行うか、さらに「社員のエンゲージメント」を高め、いかに活き活きと働いてもらうか、社員の「活用（配置）」をどう行うか、社員の働き甲斐や納得感を得るための「評価」をどう確立・運用するか、そして「採用」力をどう高めるか、多様な価値観を持つ社員をどう「マネジメント」するか、といった様々な要素で構成される。

あらためて人的資本経営を考えるとすれば、シンプルに「ヒトを活かす」経営、それをどう実現するかと捉えていいだろう。古くて新しい恒久的なテーマである。そして、VUCAの時代に「ヒトを活かす経営」がフォーカスされる背景には、①デジタルや機械といった「ヒト以外の戦力」と「ヒト」をどう均衡させて成果をあげるかが大きな経営課題となっている、②就業者が減少するなかで「ヒト一人の価値が上がっている」、③変化の振幅や速度が速

く「ヒトの能力」をアップデートすることが難しい環境になっている、④無形資産の価値がフォーカスされるなかでヒトは「中核的な資産」であり、だからこそクオリティアップが求められる、⑤SDGs・ESGといった国際的ルールの下で「ディーセントワーク」「人権」といったことが重視されるなかで社員の満足度や公平性をどう高めるか、⑥そもそも働くヒトの価値観が多様化しており単一的なマネジメントや制度設計では成果をあげることが難しくなっている、といったことがある。

　こうした状況のなかでも、経営者は「ヒトを活用」して成果をあげ、企業価値を高め続けなければならない。そういった経営者、とりわけ中小企業経営者に向けて、本章のテーマである「**ヒトを走らすなら人材の高度化投資を！ヒトを活かすならウェルビーイング視点での環境整備を！**」の2つを通じて、人的資本経営のあり方、論点について考えたい。

2. ヒトを走らすなら人材への高度化投資を

　このフレーズには「ヒトを使う以上は、高い付加価値を生むビジネスモデルを設計したうえで、それにふさわしい人材戦略を作るべきである」というメッセージを込めている。人材戦略には、前述の通り、「社員像の定義」「採用」「定着」「活用」「育成」「評価」「マネジメント」「エンゲージメント」といった要素が含まれている。

　大企業においては「HR（ヒューマンリソース）」部といった専門部署があって、こうした課題について研究を深め、「人事制度」や「研修育成制度」等に反映させることができる。また、社内の経営資源が不足していれば「人事コンサル」の活用、冒頭の「人的資本経営コンソーシアム」といったイニシアティブでの情報取得、といった多様な手段を活用できる。一方で、中小企業と大企業は「格差が大きい」といわざるを得ない。定まった給与表も人事制度も存在しない企業が多数ある。零細企業は特にそうだ。一方、中堅企業になれば大企業にも負けない人事制度や研修体制を構築しているところもある。したがって、ターゲットをどこに設定するかで「論点」も変わる。

　まず「零細小企業」について考えよう。

　こうした小規模の企業は、「経営トップがプレイヤーとしても大きな比率を占めている」「社員全員の顔が見える」「制度や仕組みというより経営トップの考え方や接し方で対応する」「情報不足もあって外部資源の活用が十分でない」「人的投資にあてる予算や内部資源が不足している」「そもそも経営者に明確な人事戦略やビジョンがあるとは限らない」等の特性がある。こうした特性をもった企業に対して「ヒトを走らすなら人材の高度化投資を！」と言われても「現状とのギャップ」が大きすぎて思考停止に陥る可能性が高い。

　それでは「Let it be（なすがままに）」で良いかと言えば、あまりに無策である。そこで、高度化投資の意味するところ、高度化の「本質」をシンプルに考えて対応すればよいだろう。具体的には、①自社の商売が成り立っている「強み・要因」が何なのかを考える、②自社の商売を今後とも継続するための「決定要因（決め手）」を考える、③前記①②を踏まえた「商売のあり方（ビジネスモデル）」を考える、④目標とする商売のあり方を実現するために「社員に変わってもらいたいこと、変わらずに続けてほしいこと（新たな社員像)」を考える、⑤新たな社員像を実現するために「自社でできる教育や環境整備」、支援機関など「外部に助けてほしいこと」を考える、これらをひとつのパッケージとして、「経営戦略と人材戦略の連動」を図るのである。

　さらに、①現在在籍している社員がなぜ勤続してくれるのか、辞めないのか、彼らの想いを把握する、②社員にとって現状「不満に思っている」ことは何かを把握する、③社員が願う「会社のあり方」について考えていることがあれば把握する、④そのうえで、①〜③を満足させるために「自社の経営資源や支援機関などのサポートを含めて何ができるか」について考える、以上がもうひとつのパッケージで、「働き甲斐を含めたエンゲージメント」をテーマとするものである。

　1つ目のパッケージは、自社の理想とするビジネスモデル（事業ビジョン）を実現するための「社員像」を明確にしたうえで、できている部分と出来ていない部分（ギャップ）を把握する。そのうえで現状と理想のギャップを埋めるための「育成」「活用」のあり方を考えるものである。2つ目のパッケー

ジは、零細小企業がもっとも悩む「人手確保」に関する環境整備の問題である。零細企業ゆえに経営資源の制約は大きいが、人的資本経営の本質をシンプルに捉え、シンプルに思考して、シンプルに対処することを主張するものである。

いま説明した「人的資本経営の本質」をいかに「身の丈に合った形で実行する」かが大切である。零細小企業の場合、多くが「労働集約的な業務」であり、「ヒトを走らす」ことがメインとならざるを得ない。その場合に、難しいことではなく、「自社が生き残るための仕事のあり方、社員をどう確保し育て活用するか」について、腰を据えて考えてみることがスタートになる。

次に「中規模企業」について考えてみよう。

イメージする規模は、「係や課」といったセクションがある組織で、社員20 〜 100 名くらいである。こうした企業は、「社員の顔は見えるものの、係長・課長・部長といった階層が存在する」「社長は自分の時間を営業や財務など個別業務に配分しつつ、経営全般を見ている」「税理士など専門家の力を借りる場合もあるが、財務資料など一定の経営マネジメント・ツールをもっている」「体系立てた人事制度や研修制度はないが、柔軟な人事運用や教育が行われている」等の特性を持っている。零細企業に較べると「個業レベル」からは脱して、「一定の組織レベル」の対応ができている。しかし、詳細に見ていくと、組織を支えている「プレイヤーの個人の力に頼っている」ことも少なくない。組織はあるが、個業的な要素も大きな影響がある企業体と考えればいいだろう。

こうした特性のある中小企業に対して「ヒトを走らすなら人材の高度化投資を！」というテーマを投げかける場合に大事なことは、「VUCA の時代は社員一人の相対的価値が上がる」「その結果、高い給料や福利厚生などの環境整備をする必要がある。そこまでして社員を雇う意味を考える」ということに尽きる。「ヒトを走らすなら」という問い掛けは、「**どこまでヒトに頼ったオペレーションを続けますか？**」という問い掛けでもある。

人的資本経営という言葉は、ある意味で「ヒトに投資して企業価値をあげることのできる力量を持った企業」に向けられているテーゼといっても過言

ではない。真面目に考えれば中小企業にとっては「荷が重い」面がある。特に、ローカル経済においては、労働市場が「ゼロサムの関係」にある。むしろ労働市場は年々縮小する一方である。ゼロサムから脱するために「外国人研修生」や「Uターン」「移住者」といった「市場外」にヒトを求めるが、それを実現できているローカル企業は限られる。つまり「ヒトに投資する」以前に、「ヒトを確保する」ことで精一杯の状況なのだ。

そうした意味で「ヒトを走らす」以前に、ヒト以外の「デジタル」「機械」といった「新たな働き手」をオペレーションに組込むことを考えた方が合理的なのかもしれない。

そうした対応も並行して考えながら「ヒトへの投資」を本気で考えることだ。現状のオペレーションを見直した後、「残った社員」は「ヒトしか出来ないこと」、「ヒトが対応したほうが付加価値があげられること」に活用すべきである。言い換えると、**ヒトしかできない仕事は何か、ヒトに適した仕事は何か、機械等ではカバーできない仕事はなにか、**といった視点でオペレーションを組み直したうえで「ヒトの活用を考える」ことになる。あるいは、「より大きな付加価値を上げるためにヒトの活用を考える」という視点での検討になる。

こうなると「人材投資」に先んじて、「ビジネスモデルの点検や再構築」が優先される。多くの中小企業が勘違いしている点は、「人材活用」は「部分最適」に過ぎないということである。本来、ヒトを育て活用する目的は「会社が利益を上げ、プレゼンスや持続性を高める」ことである。自社のビジネスモデルを実現するために「最適なスキルや能力を持った人材を作る」ことが大事で、人材育成や人材投資だけで企業価値は上がらないということである。こうした話をすると「有用な人材を作ることは社会貢献になる、これが当社の理念である」と反論する経営者がいる。こうした理念は誠に立派であり、否定する理由はない。しかし、こうした理念を継続するためにも、収益をあげ、企業価値や持続性を高める必要がある。

ローカルに存在する中規模企業は、非常に厳しい環境に立たされている。目指すべきは生き残りであり、そのためのビジネスモデルの再構築、オペレーションの再構築が必要である。「人的資本経営」という言葉に踊らされるこ

となく、ベースとなるビジネスモデルの再構築、業務オペレーションの見直しといった順序をしっかりと踏んで、そのうえで「貴重なヒト」を新たなビジネスモデルに適合する形で「育て活用する」ことを考えるべきなのだ。これこそが中規模企業に相応しい人的資本経営であり、「ヒトを走らすなら人材の高度化投資を！」の前提条件でもある。

そのうえで人材の高度化投資について考えてみよう。ポイントは幾つかある。**①再構築するビジネスモデルに適合する社員のスキルや能力・適性は何かを明確にする、②育成に際して社内・社外の経営資源の活用方法を考える、③求める人材が育成できたと判断できるだけの明確な基準をもつ（評価制度）、の３点が重要である。**

第一の「必要なスキル・能力・適性を明確にする」は「社員の評価基準」を作ることと同義である。そして、その基準はコストをかけて大仰なものである必要はなく、自社にとって必要なスキルをシンプルに明示することが大事になる。大企業の評価基準は、給与や登用などに反映される。中小企業も同じ運用をすることも多いとは思うものの、**中小企業の場合は「全員野球」であり、選別や差別化を前提とするのではなく「育成を全面に出して評価基準を作る」ことが理に適っている。**

雇用確保が優先するなかで、選別的な人事では全員野球は難しい。ローカルの中規模企業は、社員に寄り添い、円満な人間関係のなかで社員を育むことが優先される。そうした視点のなかで、社員が目指すべきスキルや能力を明らかにして、人材投資を行うことがポイントになるだろう。

第二の「育成方法」だが、「落とし穴がある」ことを忘れてはならない。それは、VUCAの時代は変化が激しく、前例踏襲では「勝利の方程式」をつかめないということである。中規模企業の人材育成の大半は「OJT（社内の現場での育成）」である。「上司・先輩」が「先生役」になる。自社をここまで支えてきた技術やスキルのなかで、未来にわたって重要性が変わらない技術・スキルは「上司・先輩が先生」であることに理がある。しかし、新しいビジネスモデルにおいて「社内では培ってこなかった技術やスキル」については、社内では対応できない場合が増えるはずだ。典型はデジタル人材である。こうした知識やスキルの先生役は外部に求める必要がある。そこを見

極めなければ「人材の高度化」は実現できない。

そして「外部の先生役」に関しては、支援機関や専門機関はもちろんだが、「先進企業」や「異業種企業」、「学界や官界」に求めてみることも一案である。ヒトが成長するうえで重要なポイントに「視野を拡げる」こと、「柔軟な思考をもつ」ことがあげられる。**「意識改革」が行われてこそ、ヒトは「自らを高めようとする」**のである。狭い世界での固定観念、古い世界観に染まっている状態で「新たなスキルや技術のみを導入しよう」としても身につかないことが多い。

以上のような点を踏まえつつ、自社の組織の規模や実情に応じた「人材の高度化投資」について考えてみるといいだろう。

3. ヒトを活かすならウェルビーイング視点での環境整備を

「およそ人を扱う場合、相手を論理の動物だと思ってはならない、相手は感情の動物であり、しかも偏見に満ち、自尊心と虚栄心によって行動することを心得よ」（「人を動かす」D.カーネギー；創元社）はヒトを扱う場合の箴言である。機械やデジタルは、命令に文句も言わず「24時間」働き続ける。ヒトはそうはいかない。「高度化投資」によって「高いスキルや能力」が身についたとしても、素直に会社に貢献してくれるとは限らない。スキルを身につけた途端「転職します！」という話も少なくない。労働の需給関係がタイト化して「働き手に有利に働く」局面が増えている。当然だが、職場へ求めることも増える。社会のルールも変わる。SDGsの「誰一人取り残さない」という「人権尊重」の考え方は、底辺の底上げだけでなく、社員の処遇や組織文化まで変化を生むことになる。

前置きが長くなったが、言いたかったことは「人材への高度化投資」が済めば終わりではなく、**「貴重な社員を定着させ、働き甲斐をもって仕事をしてもらう」**こと、さらには**「持続的な企業価値向上のエンジンに社員をすること」**の重要性である。

社員が定着して長く働く環境ではないとすれば「人的資本」といった「資本扱い」では呼ぶことは不適切である。**「資本」**とするためには、①社員が

定着すること、②社員がモチベーション高く働くこと、③社員の能力・スキル・意欲が年々蓄積されることで資本が増えること、④社員の活躍をエンジンとして持続的に企業価値が高まること、この 4 点が条件となるのではないだろうか。

そこで重要になるのが「ウェルビーイングを基軸とする労働環境の整備」である。それこそが、いま示した 4 条件の①②③を充足させるカギであり、「人的資本化」を進めるポイントである。言い換えれば、ヒトへの高度化投資に加えて「ウェルビーイング投資」を行うことが必要不可欠である。

それでは、ウェルビーイングとは何だろうか。なぜ重要な意味を持つのであろうか。

ウェルビーイングを直訳すれば「良い状態（well-being）」である。世界保健機関（WHO）は、1946 年の WHO 憲章のなかで「健康とは病気ではないとか、弱っていないということではなく、肉体的にも、精神的にも、社会的にも、すべてが良い状態にあること」と説明しており、「SDGs（持続開発可能な目標：国連の合意）」においても「ウェルビーイングな社会」を目指す方向性として位置づけている。したがって、本来ウェルビーイングは、地球環境・社会・経済・政治・デジタルを包含する広義の「良い状態」を指す。

こうした中で「ウェルビーイング」の考え方が経営に持ち込まれた背景には、SDGs や WHO の健康増進会議といった世界的な潮流はもちろんのこと、企業の「メンタルヘルス対策」、「従業員の満足度向上によるエンゲージメントアップ」、「働き甲斐の高い職場による生産性向上や付加価値創造」等々のニーズが強まっていることがある。2021 年に「日本版ウェルビーイング・イニシアティブ」といった取り組みを「アジェンダ（行動計画）」とする「企業コンソーシアム（共同体）」が立ち上がるなど、企業の関心も高まっている。また、最近多くの企業で「心理的安全性」といった考え方が提唱されている。Google が創造した概念で「自由に発言できる環境を作ることで創造性の発揮につなげる」目的としているものだが、国内企業の多くが「自由に発言できない心理的壁」を抱え、若い社員や中間層の「働き甲斐」や「満足度」を下げる要因になっていることが窺い知れる。

本章の冒頭でふれたが、「ヒトの活用」や「ヒトを活かす経営」について

昔から向き合って来たのは「労働集約的な業務」を担ってきた中小企業である。中小企業は、大企業のような給与・賞与を支払うことができないため、社員の満足度を上げることで離職をつなぎ止め、頑張って働いてもらってきた経緯がある。そうした意味で「いまさらウェルビーイングを基軸とする労働環境の整備」といわれる筋合いはないと考える経営者も多いかもしれない。

しかし、あえて「ウェルビーイング」を中小企業が考える意義もあると感じる。それは中小企業の特性や環境変化に由来するものである。

第一の意義は「中小企業はオーナーシップ制であり、オーナー社長が考える以上に社員は本音を言わない」、つまり中小企業の経営者が得意と信じてきた「社員の心情を慮る」ということができなくなっている可能性があるということだ。「生殺与奪の権利」を持ち、反論や思い切った意見を言えばクビとは言われないものの「居場所がなくなる」ことを知っている社員は「本音を隠す」のが当たり前である。社員が会社にどれだけ満足しているかを客観的に知ることは難しく、気がつくと「退職が相次いでいた」ということになりかねない。近年「モラルサーベイ（社員の意識を測定・分析）」が流行る背景には、こうした状況を理解した経営者が問題意識を持ち、改善の端緒としている可能性がある。

第二の意義は「社員の意識の多様化が進んでいることと経営者の意識ギャップ」を明らかにすることである。高度成長期のように、会社の目標に疑問を持つことなく突き進む「単一的価値観」は幻と化している。社員一人一人の価値観やヤル気スイッチがバラバラの時代である。そういった状況のなかで、中小企業の経営者の高齢化が進んでおり、どうしても「昔の価値観」「昔の接し方」で対応する傾向がある。社員と経営者の意識差が年々大きくなっている可能性がある。これでは、社員の満足度を上げることはできない。つまり、経営者の「旧式の人心掌握術」が通じないのである。

第三の意義が「社会ルールや慣習の変化」への対応である。前述の「ウェルビーイング・イニシアティブ」といった取り組みや「SDGs」の浸透を背景に、社会全体の考え方が変わりつつある。こうした影響は、企業に対する「社会的評価」や「採用活動」に必ず現れる。一例をあげると、近時の大学生は「SDGsに取り組んでいる企業への就職を優先する」ので、SDGsに理解・認知

のない中小企業は採用活動に支障をきたす可能性がある。社員の意識や考え方を踏まえた対応や環境整備をしなければ、効果もないということになる。

　第四の意義が「攻めのウェルビーイング」によって企業価値を上げることである。社員が健康で、会社に満足して、良い状態で働いてもらうことは「Win-Winの関係」になる。せっかく人材の高度化投資をしてスキルアップを図っても、「肉体や精神の健康を損なう」ことで社員の能力を発揮できないとしたら、それは大変な損失になる。むしろウェルビーイングを推進することで「高度化した能力をフル発揮」してもらう方が絶対にメリットがある。そして、それが社員評価、社会評価につながることになる。

　こうした4つの意義が、中小企業に「ウェルビーイングを基軸とする職場環境の整備」を促す。人材の高度化投資とウェルビーイングのための投資はセットで考えるべきものだ。

　それでは、中小企業がウェルビーイングを基軸とする職場環境の整備を行ううえでのポイントを説明する。ポイントは3つある。

　第一が「**社員のウェルビーイングの現状を把握する**」ことである。現状を知らずして適切な対策は打てない。現状を把握するための「社員の幸福度・満足度をサーベイ」する手段は数多くある。筆者がフェローを務める商工組合中央金庫では「幸せデザインサーベイ」というツールを開発し、多くの企業に好評を得ている。大事なことは「社員が何に満足し、何に不満があるか」というファクトを把握し、その原因を理解することである。特に「不満の背景」は複合的に形成されていることが多い。直線的に対策を打つのではなく、「不満の構造」を把握することで、レバレッジ（梃子）の効いた対策、いくつもの不満を解消する対策を策定することが重要である。

　第二のポイントが「**優先度を意識する**」ことである。当たり前ではあるが、対策の優先順序をつけることなく、不満が多い項目から「手あたり次第に対応する」といったやり方をする企業が多い。「経営資源の制約」「解決の難易度」「構造的に解決すべき問題」など、直線的にやっても効果を得られない場合もあるので、しっかりした基準をもって「優先度評価」をしたうえで対策を打つことを勧める。具体的な評価基準として、「緊急性」「影響範囲」「コスト」「継続性」「対応の難易度」「自社メリット」といったことを用いるとよい。

　第三のポイントが「**粘り強く継続して行う**」ことである。こうした取り組みは「急激に改善することは少ない」のが実態である。場合によっては、良い対策を打っても次年度のサーベイ結果が悪化することさえある。良い状態（ウェルビーイング）といっても、社員の感じ方や意識に差がある。劇的に改善することは難しい。むしろ簡単に良い結果がでることも怖い。「従来の対応に余程の不満があった」ということも考えられる。あるいは「1年だけ改善しても継続できるのか」といった心配もある。そうした意味で、粘り強く地道に継続することが必要である。

人は資本になれるのか

　人的資本経営とは「人材を『資本』と捉え、その価値を最大限に引き出すことで、中長期的な企業価値向上につなげる経営のあり方」であるとされている。

　一方、「資本」は生産の3要素といわれ、労働・土地・資本のひとつである。資本には「金」「設備」「ヒト」があるとされ、金融資本・物的資本・人的資本などと呼ばれている。したがって、人的資本経営とは、特に「人的資本」を重視した経営ということなのだろう。

　天邪鬼の筆者としては、「今頃になってそんなことを言うのは、いままでヒトを大事にしてこなかった証拠だな」「資本という前に若者が流動資産化して辞めているけど」「資本というからには『終身雇用主義』に立ち返ったか」などと独り言ちる。

　そしていつものことではあるが、『人的資本』という流行にのって「自社のやりたいこと」をやっているだけではないか、「そこに愛はあるんかい」とも言いたくなる。だいたい「かっこいい話」は信用できない。どこかうさん臭さを感じる。「CHRO（チーフヒューマンリソースオフィサー）」といった言葉も感じが悪い。相変わらず日本護送船団方式にも見える。そして、誰も何も言わないことが気持ち悪い。「会社は学校じゃない。会社がヒトを育てるなんておかしくないか。プロとしてサラリーマンをやっているのだから、自分で自分を育てなよ。学校でもっと勉強して来いよ」。

　そんな声はどこからも聞こえてこない。

　会社は単純に「機会」を与えれば十分ではないか。プロである以上、自分のスキルをデザインする主体は自分である。もっとサラリーマン自身の自立を促すべきだ。自分は自分がデザインし、教育計画は自分で立てる。会社は機会を与えてくれれば十分だ。

　そして、ヒトは仕事のなかで成長する。難しい、しかし遣り甲斐に満ちた仕事。挑戦を受け入れてくれる体制。武者修行。多くのヒトとの切磋琢磨。会社がやるべきことは事業強化である。事業強化のなかで、挑戦、困難さ、遣り甲斐、交流、切磋琢磨があればいい。

　強い会社、成長できる会社とは、プロ集団が良きリーダーとともに歩む組織である。日本のサラリーマンにいかにプロ意識を与えられるか。したり顔で論理を振りかざすエリートではなく、現場で汗と涙とともに苦闘するような人間が会社を作っていくような気がする。

サステナブル経営 （SDGs/ESG）への移行

1. サステナブルな社会と経営への影響

　サステナブル経営を直訳すれば「持続可能な経営」である。これは、中小企業に限らず「全ての企業」が望むことであろう。一方、サステナブルという言葉は「環境用語」として用いられてきた経緯がある。1984年に国連において設置された「ブルントラント委員会（環境と開発に関する世界委員会）」が、世界を動かすイニシアティブとなった契機である。この会議体は「日本の提言にもとづく賢人会議」で、環境の酷使やエネルギーの過剰消費等を背景に「地球規模での環境破壊・汚染が進行している」ことへの危機感や問題意識がベースになっている。この後、同委員会では「Our Common Future（地球の未来を守るために）」という報告書を発表し、環境基盤と資源保全を基礎とする開発のあり方について「将来世代のニーズを満たしつつ、現在世代のニーズも満たす」という道筋を示すことになる。

　こうした長期的な取り組みは「世代間の対立や不均衡」を生じやすい。将来の環境のために「今の生活を犠牲にする」ことは避けたい、しかし現役世代がワガママを通せば未来の世代が「何倍も苦しむ」ことになる。**環境と経済の均衡だけでなく「世代間の満足を調整する」ことが、サステナブルな社会を構築するカギになる。**こうした考え方は、1992年の地球サミット（国連環境開発会議）、2002年のヨハネスブルグ・サミット（持続可能な開発に関する世界首脳会議）に引き継がれていくが、世界の共通目標という形では、2000年の「ミレニアム開発目標（MDGs）」を経て、2015年の「持続可能な開発目標（SDGs）」に結実する。

　このように「地球の限界を超えない、健全で安寧な社会を作る」が、VUCAの時代の世界共通の課題として共有されている。地球が健康であれば、

その上にある社会も健全でいることができる。健全な社会があれば「誰一人取り残さない」という人権尊重の底上げも可能である。まさに「地球・社会・人間」が、「健康かつ安寧で良い状態（ウェルビーイング）」であれば、それぞれが末永く繁栄を享受できる。これこそが目指すべきサステナブルな世界である。

当然のことだが、SDGsのような「世界的合意」は、各国の「政治・行政」のあり方、「法律」、「社会やビジネスの規範や慣習」、「個人の生活様式」さえも変える。こうした社会の変化は、様々な課題を解決するための「ツールや技術」を企業に求める。こうした潮流がビジネスの世界に「リスクとチャンスの両面」で大きな影響を与える。

リスクという観点でみると、ビジネスの価値観やルールの変更が「企業の営み」に従来とは異なる評価を与える恐れがある。近年「ESG（環境・社会・統治）」と呼ばれる「中期的な企業価値の評価基準」が市場に浸透しており、その評価がファイナンスやガバナンスに影響を与える。脱炭素や脱資源、自然破壊・公害などへの取り組みが、社会に負の影響を与える可能性があり、それが企業のビジネスの持続性に関わる。

チャンスという観点でみると、サステナブルな社会を構築することへの貢献を企業がいかに行うかで「成長機会」とすることができる。あるいは、財務的リターンのみならず「環境や社会に良い影響を与えるビジネススタイル」に転換することで、「持続性」や「企業価値」が高まるので市場、地域社会、産業界、金融機関から大きな評価を得ることができる。さらに問題解決に向かって「新たなノウハウや商品・サービスを創出する」ことで新たな市場を拓き、財務的なリターンを得ることになる。サステナブルな課題に積極的に取り組むことで、成長機会や新たな収益機会を得ることができ、自社の持続性を高めることができる。

問題は、2025-2030年というステージに移行したとき、こうした「潮流がどう変化するか」である。SDGsは2015年を起点として2030年をゴールとする目標である。この時期は目標達成に向けた「最終局面」と位置づけられる。とりわけ「脱炭素」に関する問題は、国連気候変動枠組み条約に基づき定期的に締約国会議が開催されて議論されている。現状「排出量削減」の進

捗状況が思わしくない。全世界が一斉に脱炭素に向けたアクセルを踏まなければならないはずだが、例えばトランプ大統領の再登場によって「時計が逆回り」になるなど「各国の足並みが乱れる」可能性も否定できない。非常に読みにくい複雑な方程式である。

こうしたなかでも日本は目標に向かって淡々と「コトを進める」ことが想定される。日本のお国柄といってしまえばそれまでだが、総理大臣を本部長とする「SDGs推進本部」は真面目に公約を果たすことを考えるだろう。そうした意味で、①いままでは「努力義務規定」だった事項が「罰則を伴う強制規定」に変わる、②脱炭素を進めるための税制（炭素税、炭素国境税）が強化される、③J－クレジット（削減された温室効果ガスをクレジットとして国が認証し、売買ができるようにした仕組み）制度や市場整備が推進される、④公共入札などにおけるカーボンフットプリント（全ての商品サービスの製造から廃棄までのライフサイクルにおいて排出された温室効果ガスの量を表示したもの）が義務化される、⑤上場製造業をトップとするサプライチェーンにおいて下請け企業を含めた全体への脱炭素目標が展開される、といった様々な動きが加速する。

中小企業においても、脱炭素問題を中心に「対応せざるを得ない時期」が本格的に到来する。したがって、2025-2030年において重要なことは、どれだけ早く**「サステナブル経営の端緒につく」**かである。脱炭素であれ、脱資源であれ、あるいは人権・ウェルビーイングの充実であれ、範囲が広く、時間を要する取り組みが多い。

自社の課題を明確にして、事業強化に役立つテーマを優先的に選択して取り組む必要がある。現時点でも「太陽光発電を導入している」、「省エネ政策を導入している」、「働き方改革や従業員満足を高める取り組みをしている」といった中小企業は少なくない。しかし、ここでいう「自社の課題を明確にして事業強化に役立つテーマを優先的に選択して取り組む」という意味は、「とりあえずの対応」や「部分最適の対応」ではなく、「全体最適かつ事業強化に役立つ体系的な取り組み」をさす。この点の解釈を誤ると、計画性のない形だけの取り組みになって実益を得られない。**サステナブル経営への移行は「攻めと守り」、「チャンス創造とリスク管理の両面」でとらえる必要がある。**

2. 中小企業のサステナブル経営

　ここまで説明した通り、サステナブルな社会を構築するための取り組みが世界の潮流となって、日本や企業に大きな影響を与えている。企業は、攻守両面の観点で「サステナブル経営」への移行を指向せざるをえない状況である。

　それでは中小企業のサステナブル経営に関する「認識や理解度」は、現状どの程度の水準にあるのだろうか。結論から言えば「認識や理解は年々深まっている」ものの、全体でみれば「未だ十分な比率・水準とはいえない状況」にある。まして「サステナブル経営への移行」について考えている経営者は少ないというのが実態であろう。2025-2030年が「対応せざるを得ない時期」に突入するとはいっても、中小企業の「意識や理解」と「やるべきこと」のギャップが大きいのである。

　それでは、中小企業に「サステナブル経営」への移行を促すためには何が必要なのだろうか。

　前述のギャップを踏まえると3つの条件が浮かび上がる。具体的には、①サステナブル経営の本質を理解する、②サステナブル経営に向けた「第一歩」を踏み出す、③計画性高く活動を加速させる、の3点である。そして、いかに速く「③のステージ」にまでステップアップするかが中小企業共通の経営課題になる。

　ここからは、3つの論点について論考する。

　第一が「サステナブル経営の本質」を理解することである。サステナブル経営は、文字通り「持続性の高い経営のあり方」を指す。具体的には、自社の経営課題に「環境・社会問題」を組み入れ、そうした問題解決に貢献できる経営体制を確立することである。こうした経営体制を確立するための条件は、経営者自身が「サステナブル経営の本質」を理解・得心して、それを実現する行動を起こすことにある。

　それでは、サステナブル経営の本質とは何か。それは、企業が健全な環境や健全な社会を作るためビジネスや企業活動を通じて貢献することで、**社会への正のインパクトと企業収益を「両立できる経営体制」を構築する**ことに

ある。

　本章の冒頭で説明した通り、健全な地球が担保され、健全な社会が構築されることで、健全な経済活動の基盤ができる。企業は「経済を担う中核的なプレイヤー」であり、こうした健全な世界を作ることが「自社には関係ない」と片づけてしまえば、経済界は無法地帯に陥って社会からの信頼を得られないばかりか、中長期的にみれば自社の首を絞めることになる。企業は経済社会における1プレイヤーであるが、社会においては一人の市民でもある。サステナブルな環境や社会を建設する義務を負うこと、問題解決の枠組みに組み込まれることは「当然の論理」である。より中長期的な視点、より大きな視点、すべてのステークホルダーに対して健全なインパクトを与える視点、これらが揃ってこそ「持続性の高い経営」が成り立つ。したがって、**サステナブル経営の本質とは、自社の持続性や企業価値を高めるために、財務的リターンのみを指向するのではなく「地球環境や社会全体の健全性に役立つこと」を自社のビジネスや活動に組み入れる**ことである。

　中小企業だけでなく、あらゆる企業が経済の荒波を生き抜くために様々な努力を行っている。従来のビジネスは「儲けを出して、経営が持続するための原資を得る」ことを重視していた。日本において「既存市場が縮小・変質」し、「需要創造難しい状況」が続いている。中小企業が生き残るために「売上や利益をあげよう」とすることは当然である。しかし、中長期的には利益指向のみで企業の持続性を維持することができなくなりつつある。儲けだけでなく、「地球や社会の問題解決に役立つアウトカムを創出する」ことが社会から求められている。

　サステナブル経営に移行するためには、自社のビジネスモデル、バリューチェーン、各事業部門の課題を丁寧にチェックして、**「自社の事業強化」と「地球・社会の健全性の維持」という2つの要請を両立できる課題を特定して、経営として取り組んでいくことが必要**である。経営として2つの課題の両立を目指し、自社の経営のあり方や体制を変革すること、これこそがサステナブル経営の本質である。

　第二の条件は「サステナブル経営に向けた第一歩を踏み出す」ことである。

　まずは、経営者が本質を理解し具体的な行動に移そうと決意すること、これがスタートである。

　しかし、これだけでは会社全体を動かすことはできない。社員をはじめとするステークホルダーに同様の理解を得ること、そして動機づけることで「サステナブル経営」に向けた具体的な活動を始めることが必要である。

　図表3-7-1は「SDGsを経営に組み込むためのステップ」に応じた活動を図式化したものである。サステナブル経営に移行するための「PDCA」と言い換えてもいいだろう。このPDCAを廻す体制作りをすることが、サステナブル経営に向けた第一歩といっていいだろう。

　PDCAで重要なことは、「会社全体の問題」として、社長以下の経営陣や社員が「腹落ちする」ことである。「社員全員」が一度に理解することは困難であるが、まずは経営陣、次は核となる社員といった順序で理解者を作らないことには始まらない。SDGsは、近時頻繁にテレビ・SNS・メディア等に登場するので、聞いたことのある社員は多い。一方で、詳細な内容を理解している社員はほぼいないといっていい。したがって、何らかの研修や社長

【図 3-7-1】 SDGs 活動の全体図（サステナブル経営の PDCA）

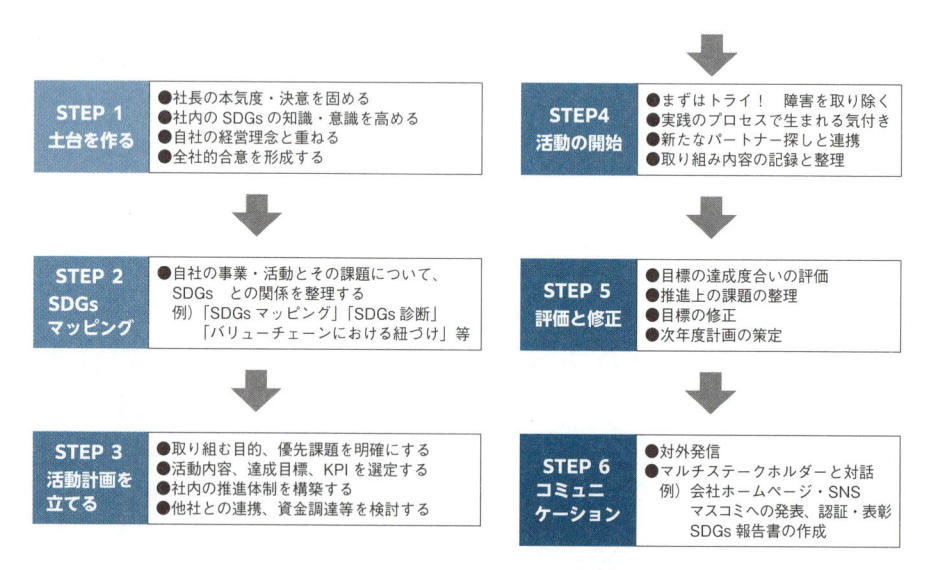

出典：一財）商工総合研究所「中小企業のためのサスティナブルファイナンス」（筆者）

の想いを説明する場を設けて、社員の啓蒙を図る必要がある。「なぜSDGsに取り組むのか」、「なぜ会社全体で取り組む必要があるのか」、「会社や社員にどういったメリットがあるのか」、こうした点に社員が腹落ちしない限り、会社全体の課題として理解してもらうことはできない。仮に活動を始めても、結局は「表面的な活動で終わる」か「尻すぼみになる」可能性が高い。

サステナブル経営においては、自社のサステナブルな取り組みを「対外的に公表」して認知を得るとともに、「透明性の高い取り組み」であることを証明することが重要である。そうした際に一番怖いことは「**ウォッシュ（やったふり、実態を伴わない取り組み）**」と評価されることである。

ウォッシュは社会的信頼を失う行為である。こうしたことを回避するためにも、「会社全体の課題」として経営陣や社員が理解するという「土台作り」が必要である。

PDCAの次のステップが「**マッピング**」である。マッピングとは、自社の事業活動や経営課題を「SDGsの各ゴール（達成目標）」と紐づけすることである。マッピングの仕方はいろいろあるが、一例をあげれば「自社のバリューチェーンを見える化」したうえで、SDGsのゴールと紐づけする方法がある（**図表3-7-2**）。この方法の優れている点は、全体観をもって効果的なマッピングができる点にある。バリューチェーン全体を俯瞰することで「自社の付加価値がどこにあるか」、「どのプロセスに取り組めば効果がより大き

【図 3-7-2】 バリューチェーンによるマッピング

企画設計	調達（購買物流）	生産・製造	輸送（出荷物流）	販売・流通	消費・使用廃棄
・SDGsを意識した場ライフサイクルの設計や規格を意識する ・社員全員参加やマルチステークホルダーとの連携を意識する	・環境負荷の少ない原材料を探して使用する ・工場で使用する水の使用量を削減する ・原材料輸送における排気ガスの削減をはかる	・環境負荷の少ない生産体制を構築する ・再生可能エネルギーを利用する ・GHGの計量と削減可能な体制を作る	・環境負荷の少ない輸送体制を作る ・過積載などで道路の破損による都市破壊を防止 ・ドライバーの長時間運転による事故防止	・販売における環境負荷の少ない方法を検討する ・非正規販売の雇用や労働環境を守る ・販売拠点の環境改善を考える	・当社製品の不適切な廃棄を防止する ・当社製品のリサイクルを構築する

出典：一財）商工総合研究所「中小企業のためのサスティナブルファイナンス」（筆者）

くなるか」、「正のインパクトを社会に与えられるか」、といった絞り込みができる。限られた経営資源のなかで、財務的リターンと環境・社会への正のインパクトを両立し最大化するためには「優先順序」をつけて取り組む必要がある。こうしたマッピング手法は、サステナブル経営を実現するうえで必要なプロセスであり、経営の高度化にも役立つ。

　マッピングの次のステップで「活動計画（取り組むテーマ）」を作成し、活動を開始することになる。この場合に重要なことは、前述の通り、優先順序をつけてテーマ選定を行うことにある。

　評価方法の一例（**図表 3-7-3**）では、7つの評価項目を設定して合計点で優先順序をつけている。①SDGs該当性は、17のゴール（目標）、169のターゲット（下部目標）との関連性である。ここを意識することで環境・社会への貢献のあり方や大きさが見えてくる。②企業理念は、自社のパーパスであり、環境や社会との接点を含むことが多い。また、パーパスの実現は会社全体の大きな推進力になる。③メリットも活動の持続性を担保する基礎になる。株式会社である以上、財務リターンはもちろんのこと、自社にとってメリッ

【図 3-7-3】テーマ選定における優先順序のつけ方

No	SDGs項目	自社の課題（目的）	取り組み内容	取組に際しての評価							優先度
				SDGs該当	企業理念	自社メリット	社会的影響	必要資金	経営資源	挑戦価値	
1	3,12,13	CO2排出量削減（親会社指示）	GHGの排出量を把握できる体制を構築し、そのうえで基本的な方針を建てる（サプライチェーンで毎年4%のGHG削減の指示あり、2年以内の取り組み不可欠）	◎	○	◎	○	△（委託負担）	△	◎	◎（13点）
2	3,8	従業員の健康（組織風土改善）	商工中金の「幸せデザインサーベイ」を実施し、改善項目を決定し、基本計画を立てる（事業承継により新社長就任し、組織風土の改善を企図）	○	◎	○	△	○	○	○	○（8点）
3	12	グリーン購入率等改善（会社イメージ改善）	グリーン購入状況を把握し、グリーン購入率を前年度比較10%改善させる環境ラベル認定商品を優先的に購入する	◎	○	△	○	○	○	○	○（6点）
4	7	社内電気使用量削減（コスト削減）	社内の電気使用量を前年度比10%削減する（3百万円の経費削減）社内空調温度の適温化（夏28°、冬20°）	○	△	○	△	○	○	○	○（5点）
5	7	バイオマス発電の建設（社内電気移行）	工場内にバイオマス発電装置を設置し、工場使用の電気量の5割をカバーする（3カ年）（サプライチェーンでの再生エネルギー使用向上への対応）	◎	○	○	◎	×（負担大）	×（PJ対応）		△（3点）
6	5	社内保育園の新設（女性の働きやすさ）	本社・工場敷地内に保育園・児童委託所を設置し、女性を中心とした働きやすい環境を作る（若い社員が多いことから働きやすさを改善し、人手不足への対応にも用いる）	○	○	○	○	△（負担あり）	×（保育士）		△（2点）

◎3点、○1点、△0点、×マイナス1点で評価

出典：一財）商工総合研究所「中小企業のためのサスティナブルファイナンス」（筆者）

トがなければモチベーションを失う。④社会的影響とは、環境や社会に与える「正のインパクト」、すなわち「社会的価値の大きさ」である。SDGsウォッシュ（みせかけの社会貢献）といわれないためにも、できるだけ客観性や測定可能性をもって考えることが重要になる。この場合、「IMP（インパクト・マネジメント・プロジェクト）」によるインパクトの大きさをみる視点が参考になる（図表3-7-4）。⑤必要資金は、プロジェクトを実行するための原資の大きさであり、制約要因となりうるものである。研究開発費・事業開発費といった側面もあり財務的な影響がある。例えば良いアイディアであるが、資金負担が重くて実行に移せないといったケースもある。⑥経営資源は、ヒト・モノの世界である。⑤の必要資金と並ぶ評価項目である。中小企業の場合、専任者を配置することが難しい場合も多い。設備も含めて制約要因になることから評価基準におく。⑦挑戦価値は、①〜⑥を通じて、最終的に決断をするうえで重要なポイントである。自社にとってはハードルが高いが、これを乗り越えることができれば「成長」「企業価値向上」「大きな社会貢献」につながると考えれば、挑戦することの意味も明確になる。何よりも会社全体に

【図 3-7-4】 社会的インパクトの測定（IMP）

インパクトの大きさ	インパクトデータの分類	内容
何が	1. 期中のアウトカム水準	当該事業のステークホルダーが経験する成果水準。その成果が正または負の影響となるか、あるいは意図したか、意図しないものか。
	2. アウトカムの閾値	ステークホルダーが正の影響があったかを判断する成果水準。この水準を下回るいかなるものも負のものと判断される。この閾値が合意できる基準となりえるか。
	3. 関係者へのアウトカムの重要性	ステークホルダーが（他の関連成果と比して）重要かどうか思えるか。
	4. SDGまたは他のグローバル目標	SDG'sまたは関連する他の国際的目標。
誰に	5. ステークホルダー	成果を享受するステークホルダーの類型。
	6. 地理的境界	ステークホルダーがどの場所で社会的環境的成果を享受するかの範囲。
	7. ベースラインにおけるアウトカム	当該事業に関連するか、さもなくば影響を受ける以前の成果水準。
	8. ステークホルダーの特徴	ステークホルダーに関する有効に分類できる社会人口統計、行動特性、生態系特性。
いくら	9. 大きさ	成果を享受できる人数。
	10. 度合い	ステークホルダーが経験する変化の度合い。
	11. 期間	成果をステークホルダーが享受しうる期間。
貢献度	12. 反事実的状況の度合い	この事業がなかりせば生まれなかったと見積もられる変化の度合い。
	13. 反事実的状況の存続期間	この事業がなかりせば続かなかったと見積もられる成果の存続期間。
リスク	14. リスク類型	人類や地球にとって期待される成果がなければ弱体化につながったであろうリスク。
	15. リスクの水準	人類や地球にとって発生可能性のあった、ないしは重大な結果をもたらしたであろうリスクの水準。

（出所：Impact Management Project 「Enterprises and investors can assess their impact performance」を筆者が仮訳

出典：一財）商工総合研究所「中小企業のためのサスティナブルファイナンス」（筆者）

活気を与えることにつながる。こうした7つの側面からテーマの優先順序をつけることで、迷いなく取り組むことができる。また、「次善策」に代替する場合も参考になる。

　活動計画策定と実施のステップを終えれば、「1年間の活動に対する評価」「対外的コミュニケーション」といったステップに移行する。活動評価を行ううえで大事なことは「客観性」である。**SDGsにおいて重要なことは、自己満足で終わることなく「客観性」「科学的測定」といった透明性を持たせること**にある。そのためには、活動計画の段階でアウトカムの明確化、KPI（重要業績指標）の設定といった基準をもつことが役立つ。そのうえで「なぜできたのか？なぜできなかったのか？」といった分析を加味し、経営陣が共有することがポイントになる。経営に組み込むということは経営会議や取締役会の議題になるということである。さらに成果に関して「対外的なコミュニケーション」を行うことが必要である。環境や社会に対して貢献する、全社をあげて経営として行う、これだけのことをする以上は社会に対してしっかりと語り掛けることが重要である。そして、社会やステークホルダーから「評価や批判を受ける」ことがさらに重要である。こうした循環が「透明性」を生み、社会的貢献のレベルを上げることにつながる。中小企業においても「SDGs活動レポート」を公開している会社がある。こうした具体的かつ透明性のあるコミュニケーションこそが経営に緊張感を生み、サステナブル経営の移行を助けるのである。

　サステナブル経営移行の第三の条件が「計画性高く活動を加速させる」ことである。これは難しいことではない。前述したPDCAをしっかり廻すことを意識する。特に、Do（実行）に関しては、未経験者が多い初期段階において、何らかの原因によってプロジェクトが止まることがある。専担者を設置しにくい中小企業では「兼務」「プロジェクトチーム（各部門から兼務）」といった形態で取り組むことが一般的で、所属部門の仕事が優先されてSDGs活動が後回しになるケースがある。経営者は何が「障害」になっているかを見極め、都度解決策やサポートを行う必要がある。

　そして「加速」させるためのポイントは「成功体験」を積むことにある。

小さなことでいい。会社と社会に対して貢献できているという感覚を参加者が得ることができれば活動は加速する。したがって、軌道化するまでには経営者のみならず「核となって推進するリーダーの存在」が不可欠になる。「計画性」という点では、取締役会・経営会議といった「ボードによるチェック」が重要になる。ここでいうチェックの意味は、役員がこの問題に強い関心を持ち、そのうえで自社の活動の実態を客観的に見て、どういうサポートや修正が必要かを考えることである。社員だけが一生懸命に動いても会社全体の活動にはなりえない。ボード全体が本気になることが、サステブル経営を加速させる。

エントロピーと SDGs

　ここでいう「エントロピー」は、社会の秩序ある状態が不可逆的に無秩序な状態になっていく意味で用いている。いったん壊れてしまえば強い力が働いて元の状態に戻すことが難しいもの。そして、無秩序で乱雑な状況が高まっていることを「エントロピーが大きい状態」としている。冒頭から理屈っぽい話になり恐縮である。しかし、エントロピーを持ち出した理由がある。

　SDGs（持続可能な開発目標）のなかで、「共通価値創造」や「三方良し」の話題が出ることがある。いずれも、個人の願望や満足だけでなく社会全体の満足との調和を図ることの重要性を説明するときに使われる。脱炭素は典型である。いまを生きる人々がいまの生活を満足させるために、何ら気にすることなく大量の GHG を排出すれば、不可逆的に地球の気温は上昇する。生物多様性の問題も然りである。多様性のある自然界が乱獲や廃棄物投棄、温暖化や森林伐採などによって「破壊」され「喪失」する。いずれもエントロピーが高まり、不可逆的な流れが止められない状況といえる。

　脱炭素や脱資源の問題を引き起こした根本的な原因は、悪意なき人間の「欲望」である。欲望の評価が難しい点は、欲望があるからこそ経済成長や発展が成し遂げられる側面があることだ。もっと豊かになりたい、もっと儲けたい、こうした人間の願望が経済を大きくする動機になっている。ある意味で「無邪気かつ根源的なもの」だが、無邪気であるがゆえに罪も大きい。つまりエントロピーを高める大きなエンジンになっているのだ。人間の願望が制御されない限り、こうした無秩序な状況は不可逆的に進んでいく。そしてそれは強力な何かが働かない限り止めることができない。

　経済学では「外部不経済」の問題として語られる。つまり「市場取引」の副次的効果が第三者に悪い影響をもたらすのである。脱炭素も脱資源の問題も、悪意なき欲望の結果である。そして、外部不経済のメカニズムは、より広範に拡がっている。迷惑を被る「第三者」の範囲が、いまや地球全体になっている。

　それでは、こうした不可逆的な流れを「SDGs」によって止めることができるのだろうか。

　結論からいえば「相当難しい」と考えざるをえない。今日の無秩序を生んだ大きな原因は人間の欲望である。しかも欲望が「より短期化」「より個別化」している。短期化は「いまの満足を優先する」ということであり、個別化は「個人の欲望が多様化・カスタマイ

ズされている」ということである。無秩序な状況、つまりエントロピーが高まり続ける
なかで、遠い将来や全体の幸福のために、いまの幸福を劣後扱いして面倒くさいことを
継続して行うことができるだろうか。まさに不可逆的に進行するのだ。

　それでは無力感に陥り、自暴自棄になって破滅を迎えるしかないのか。何か良い手立
てはないのだろうか。

　解決策のひとつは「希少性」を強制的になくすことである。「空気はタダ」といった
感覚を止める。快適な気温はエアコンと電気代で実現できる。自動車は誰もが簡単に乗
れる。こうした「いまの当り前」を何らかの手段で止めるしかない。例えば、空気利用
税であり、エアコン利用税であり、自動車利用税である。この税率を状況に応じて高く
することである。しかも「富の保有」状況によって累進課税的に対応することである。
目的は「行動変革」につなげるためである。累進としている理由は、金持ちにとって痛
くない税率では行動変革につながらないからだ。しかし、こうした政策には当然限界が
ある。未来の人間ではなく、いまの幸福を享受する人間の批判があるからだ。

　別の方法もある。「欲望の短期化・個別化」を排除する「個々の心」を作りあげるこ
とである。ひとつは「宗教」、神の教えである。ひとつは「教育・啓蒙」である。宗教
は大きな力を持つ。信者の行動変革のスピードも教育よりは遙かに早いだろう。一方、
教育啓蒙は 100 年の計になる。もちろん「そんな時間はない」のだが、ヒトの心を変
えることはそれほど時間がかかる。

　エントロピーが高まる時代に、破滅に向かう不可逆的な流れを止めることができるか。
悩ましいが、人間の根源に迫る対策を打たない限り、本質的な解決は難しい。

1. 中小企業にマーケティングが求められる背景

中小企業に「本格的なマーケティング」が求められている。

理由はいくつかある。第一に中小企業の大半が足場を置いている「国内市場が縮小する」こと、第二に「消費者を含めて国内市場が変質している」こと、第三に人手不足など供給制約が厳しくなるなかで「戦略的な営業体制作りが必要」なこと、第四にこうした点を踏まえて中小企業の多くが「ビジネスモデルをアップデートする必要に迫られている」こと、第五に中小企業の大半が「マーケティングに取り組んでいない」こと、第六がデジタルをはじめ「技術革新が進んでいる」こと、があげられる。総じていえることは「**厳しい国内市場にあって自社の居場所を確立する**」**ことが生き残りに直結するが、それにはマーケティングが役立つ**ということである。

それでは前述のマーケティングが求められる6つの理由について、具体的に考察しよう。

第一の理由は「**国内市場の縮小**」である。企業活動基本調査等によれば、中小企業の売上に占める輸出額の比率は5%弱であり、売上の大半は国内市場に依存している。しかし、人口減少・少子高齢化が進むなかで「国内市場は確実に縮小する」ことが見込まれている。市場が縮小するなかで「過当競争構造」が恒常化する可能性が高く、ますます「売上・利幅」の確保が難しくなる。

第二の理由である「**市場の変質**」だが、高度成長期を経て日本経済が「成熟期」に入っていることは既定の事実である。一定の財が各家庭に備わっており、新興経済のように消費のダイナミズムは生まれにくい。価格の高い耐

久財はもちろんだが、衣服などの半耐久財もタンスに十分在庫されている状況である。そうした状況に加えて、消費者の「所得レベル」「嗜好の多様化」「高齢化」という変化が表れている。

　消費者の所得環境をみると、全世帯の所得は平成6年（1994年）の664万円をピークに令和3年（2021年）には546万円と低下基調にある（**図3-8-1**）。2023−24年に大幅なベースアップが実施されてはいるものの、先進諸国（G7）と比較すれば「実質賃金・名目賃金」ともに「おいてけぼり」の状況といわざるをえない（**図3-8-2**）。「貧しい消費者」とは言わないまでも、「1億総中流」といわれた時代の「購買力は失われた印象」がある。可処分所得に関しても、名目ベースでみると平成10年（1998年）と左程変わらないレベルであり、実質についても大きく伸びたとはいえない状況にある（**図3-8-3**）。さらに、今後「社会保障費」等の現役負担が増すことで、ますます「生活防衛的な消費者」を増やす可能性がある。近年、景気回復のエンジンは「外需」に頼ることが多く、消費をエンジンに力強く回復といった形はまず見られなくなっている。

　さらに消費者の「嗜好の多様化」は、爆発的なヒットや長期的なヒットを

【図 3-8-1】 **各種世帯の1世帯当たり平均所得金額の年次推移**

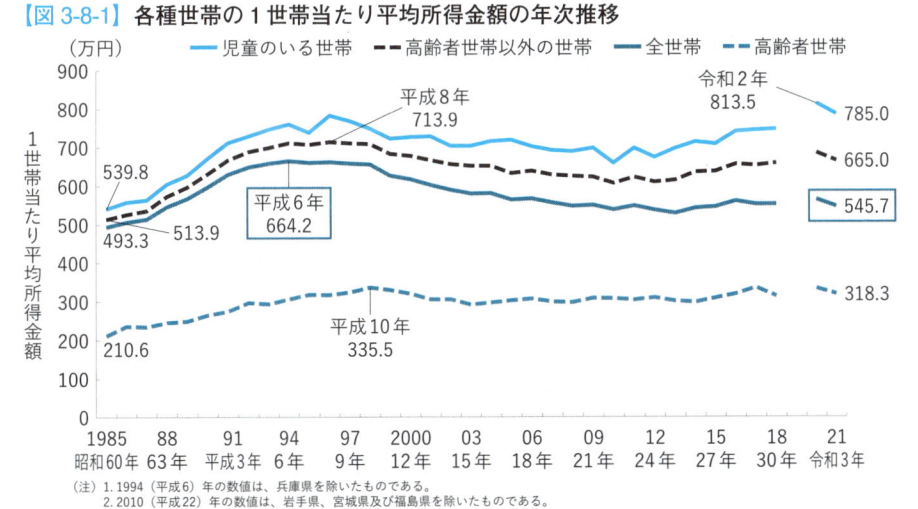

（注）1. 1994（平成6）年の数値は、兵庫県を除いたものである。
　　　2. 2010（平成22）年の数値は、岩手県、宮城県及び福島県を除いたものである。
　　　3. 2011（平成23）年の数値は、福島県を除いたものである。
　　　4. 2015（平成27）年の数値は、熊本県を除いたものである。
　　　5. 2020（令和2）年は、調査（2019（令和元）年の所得）を実施していない。

出典：厚生労働省「令和4年国民生活基礎調査の概況」

【図 3-8-2】G7 各国の名目・実質賃金の推移

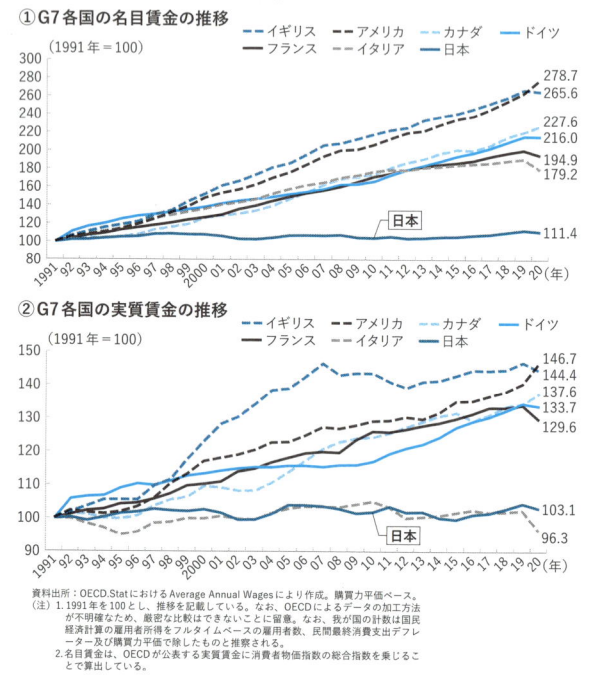

① G7 各国の名目賃金の推移

② G7 各国の実質賃金の推移

資料出所：OECD.Stat における Average Annual Wages により作成。購買力平価ベース。
（注）1. 1991 年を 100 とし、推移を記載している。なお、OECD によるデータの加工方法が不明確なため、厳密な比較はできないことに留意。なお、我が国の計数は国民経済計算の雇用者所得をフルタイムベースの雇用者数、民間最終消費支出デフレーター及び購買力平価で除したものと推察される。
　　　2. 名目賃金は、OECD が公表する実質賃金に消費者物価指数の総合指数を乗じることで算出している。

出典：厚生労働省「令和 4 年版　労働経済の分析」

【図 3-8-3】可処分所得の推移

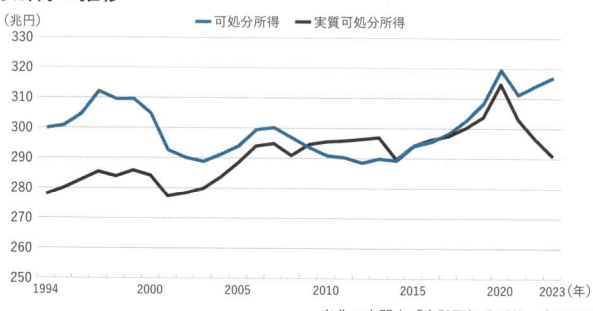

出典：内閣府「家計可処分所得・家計貯蓄率四半期別速報」

生みにくくしている。多品種少量かつ低価格指向は、生産の面でも問題になる。もちろん嗜好に合った商品・サービスであれば価格は気にしないという二極化傾向もみられるが、消費者のニーズがかなり分散することで、ヒット商品が生まれにくい状況になっている。

　また、消費者の「高齢化」が進んでおり、これが「消費額の低下」にもつながる（**図 3-8-4**）。全体の平均水準と比較すると、70 歳以上の世帯は 7 〜 22% ほど消費額が減少する。また、消費の核となっている「45 歳から 59 歳」の層が、年々減少することによって「牽引力も低下する」可能性がある。

　第三の理由である**「戦略的な営業体制作りが必要」**についてだが、中小企業の人手不足が影響を与えている。

　端的にいえば「営業部門」の人手不足である。営業担当者の確保が難しくなるなかで、従前と同じ営業体制を維持することはできない。しかも「モノが売れにくい時代」である。少ない人数でモノの売れにくい市場に立ち向かう必要がある。そうした意味で、中小企業は「戦略的かつ効率的な営業体制」を構築しなければならない。

　営業の戦略性とは、従来の「全取引先への御用聞き」といった営業ではなく、顧客と向き合って「シーズ・ウォンツ・ニーズといった顧客の欲求」を的確に把握し、顧客が「商品・サービスに求める価値」が何か、「何が購買の決定要因」になるのか、「製品・価格・チャネル・プロモーションをどう組み合わせる」ことで勝利を得るか、といったことを考えて**「メリハリのある営業」**を行うことである。

【図 3-8-4】 年齢別の消費支出額（2 人以上の世帯）

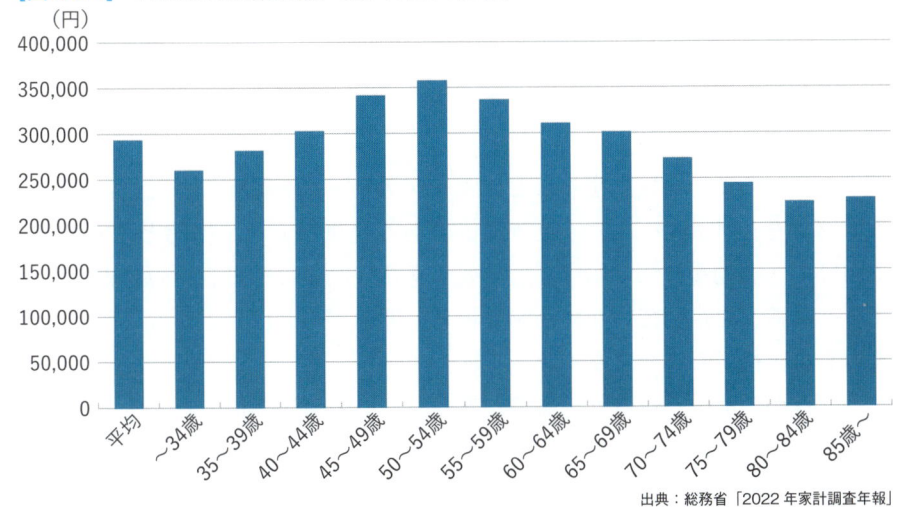

（円）

出典：総務省「2022 年家計調査年報」

それだけではない。近年 SDGs に象徴されるような社会的課題が増加している。営業においても、社会的課題の解決を視野に入れた活動を考える必要がある。近年、社内に向けた「インターナル・マーケティング」、「社会的責任を含めたマーケティング」、持続性の高い顧客との関係構築のための「リレーションシップ・マーケティング」といった考え方（これら全体を『**ホリスティック・マーケティング**』＝総合的マーケティング＝と呼ぶ）が生まれている。こうした背景には「幅広いステークホルダーに対して価値あるものを提供する」といった考え方が浸透しつつあることを表している。

営業の視野を広くもつ一方で、マーケット（顧客）にしっかりと向き合って深度とメリハリを両立した営業手法を確立しなければならない。営業の体制や運営を大きく変える時期に来ている。

マーケティングが必要とされる第四の理由が「**ビジネスモデルのアップデート**」**が必要**とされていることにある。ビジネスモデルとは「儲けを出すための仕組み」を意味し、以下の 5 つの要素で構成される。

- ⅰ）どのような市場で、どのような顧客をターゲット（標的）として
- ⅱ）どのような立ち位置（ポジション）で、競争優位を確立することによって
- ⅲ）どのような商品・サービスに、どんな顧客価値をつけて
- ⅳ）どのような価格で、どのような関係者とのコミュニケーションを行って
- ⅴ）どのようなルート・方法（チャネル）で届けるか

この 5 つの要素を検証することはマーケティングを行うことと整合的である。儲けを出すためには、「顧客価値のある提供物」を「標的とする顧客」に向けて「有効な方法で届ける」必要がある。企業は常に 5 つの要素に目を光らせ、綻びを生じていないかを監視し、問題があれば修正することで「競争力」を維持することになる。

ところが、前提となる外部環境が変化することで、従前のビジネスモデルが「力を失い、毀損する」ことがある。「企業 30 年説」の背景には「従前のビジネスモデルが環境変化に耐えきれず、アップデートを行わないために無

力化する」ことで、企業がなくなることを意味する。2025-2030年のタームにおいて、環境変化は時に大きく、時にゆっくりだが確実に進む。マーケティングを強化することによって「ビジネスモデルの毀損」を防ぎ、「変化に適合するアップデート」を行う必要性が増しているのである。

第五の理由は「**中小企業がこれまでマーケティングに十分取り組んで来なかった**」という背景がある。中小企業がマーケティングに取り組んで来なかった背景には、「地元密着型のエリア営業」という属性が影響している。多くの場合、自然発生的に「生業」として地域に生まれ、限られたエリア内でビジネスを行って来た中小企業は「顧客の顔が見えている」状態であり、他社との棲み分けも自然に行われていた。それで十分生業は成り立ったのである。

しかし、需要創造が難しく「簡単には売れない」時代になると様相は一変する。従来競合企業との間で成り立っていたパワーバランスが崩れる。しかも人口減少も相まって営業基盤が細くなっている。こうなると過当競争構造が出来上がり、「安売り」で対抗するか、「従来の商圏を越えて」営業活動を行うことになる。こうなると「顧客の顔」は見えなくなる。商圏が異なればそこに新たなライバルも存在する。いままでの論理でモノを売ることができなくなっている。まさに「マーケティングが必要不可欠」な状況なのである。

第六の理由が「**技術革新**」である。典型がスマートフォンに代表される「デジタルデバイス」の進化であり、それに付随するアプリケーションなどソフト面・コンテンツの充実である。こうしたデジタル革新によって「個人の生活様式」が劇的に変化している。また、B2Bといわれるビジネスの世界でもデジタルによってオペレーションはもちろんのこと、経営戦略の立て方、経営管理、バリューチェーンのデジタルマネジメントといった変化が生じている。これは「企業のビジネス様式」を変える。

個人であれ、企業であれ、その行動様式が大きく変わることによって、「シーズ・ウォンツ・ニーズといった欲求」も従来とは異なるものに変わる。当然だが「顧客価値」も変わる。これらの変化は「商品・サービス」「価格」「コミュニケーション」「チャネル」を否応なく変える。**デジタルを中心とする技術革新が、マーケティングを行うことを促している**のである。

デジタルの技術革新は、中小企業にとってプラスの影響もある。人的資源

やノウハウを十分持たない中小企業にとって、マーケティング専門部署を設置して体系的なマーケティングを行うことは難しい面がある。しかし、デジタル技術の進展によって「**デジタル・マーケティング**」といった手法が生まれている。身近な例でいえば「POS（販売時点情報管理）」によって、販売情報を管理・分析し、リアルタイムで活用することが可能になっている。また、「ウェブ（web）」を活用した情報収集やコミュニケーションを可能とする環境がある。ウェブやメールなど様々な手段によってマーケティングを素早く行うことができる。また、様々なマーケティング・アプリケーションも販売されている。まさに「**攻めのマーケティング**」を中小企業が行うことが出来る時代が来たのである。

　中小企業にマーケティングが必要な理由について、6つの観点から考えてきたが、総じて言えることは、マーケティングを行わずともビジネスが成り立った時代が終焉を迎え、マーケティングを積極的に取り入れることで勝利の方程式を手に入れる時代が到来したということである。現状、マーケティングに対する中小企業の意識は高くない。「マーケティング」的なことを実施している企業もあるが、そのレベルや方法が十分とはいえない。2025-2030年の経営の論点として、「マーケティング」は極めて重要なポジションを占めることになる。モノが売れない市場に対抗する視点、もっともっとモノを売りたい伸長市場に挑戦する視点。中小企業はマーケティングについて改めて学び直す時期にある。

2. マーケティングとは何か

　それでは、あらためて「マーケティングとは何か」を確認することから始めよう。

　公益社団法人日本マーケティング協会では「マーケティングとは顧客や社会と共に価値を創造し、その価値を広く浸透させることによって、ステークホルダーとの関係性を醸成し、より豊かで持続可能な社会を実現するための構想でありプロセスである」と定義している。さらに幾つかの注記がされており「主体は企業のみならず、個人や非営利組織等がなり得る」「関係性の

醸成には、新たな価値創造のプロセスも含まれている」「構想にはイニシアティブがイメージされており、戦略・仕組み・活動を含んでいる」としている。

米国マーケティング協会では「マーケティングとは、カスタマー、クライアント、パートナー、そして一般社会にとって価値のある提供を、創造し、伝達し、届け、交換するための活動であり、一連の制度、プロセスをいう」と定義している。顧客に対象を限定することなく「社会全体を視野」に入れている点、商品・サービスや助言・アイディアといったものに限定せず、広く「提供されるもの（offerings）」を包含している点が特徴である。

こうした2つの定義は、マーケティングを考えるうえで様々な示唆を与えてくれるが、これからマーケティングを始めようとする中小企業にとっては「イメージしにくい内容」である。2つの定義を頭に入れつつ、もう少しシンプルにマーケティングを考えることが初心者にとって良さそうである。

本章の冒頭で説明したように「厳しい国内市場にあって自社の確固たる居場所」を作ることが生き残りにつながる。生き残るためには「自社の製品・サービスをお客様に選択してもらうこと」、「購入してもらうこと」が不可欠である。できるだけ効果的に、しかも一時的ではなく持続性をもった形で、自社製品やサービスを購入してもらえる仕組みを作りたい。これらをマーケティングと考えたらどうだろう。言い換えれば「**できるだけ効果的かつ持続性をもった形で、自社の標的とするお客様が、自社の商品・サービスを選択し購入してもらえる仕組み作り**」をマーケティングと定義し、マーケティング活動を経営に組み込むことを本章の「経営の論点」と位置づける。

3. マーケティングのプロセス

マーケティングの定義を理解したところで、次のステップである「マーケティング活動を始める」ことに着手しなければならない。「始める」うえで必要なことは、マーケティングを「学ぶ」ことである。

中小企業の場合、「販売を伸ばしたい」ので「マーケティングの専門家」に「仕組み」を作ってもらうという「直線的な発想」を目にすることがある。専門家を活用することを否定はしないが、目的を成就するためには「依頼の具体

的な内容」が重要である。そして、具体的な依頼をするためには、「マーケティングの枠組みや手法」をそれなりに理解し、依頼の意図や背景を正確に伝えられるようにすることが大事になる。

　また、コンサルティングを依頼するにしても莫大なコストを要する。中小企業にとって軽くない負担である。そうした意味で、まずは「他社に頼る」のではなく「自社でできること」から始めてみることが重要であり、それが社内の知見やノウハウを蓄積することにつながる。

　まずは、「標準的なマーケティングのプロセス（マーケティング・マネジメント・プロセス）」について学ぶことから始める。大枠は、以下の５段階である。

STEP1 市場環境の調査・分析と課題の抽出
STEP2 STP の決定
STEP3 マーケティング・ミックス（4P の組み合わせ）の決定
STEP4 計画の策定と実行
STEP5 実行計画の評価とフィードバック

3.1 　**STEP1** 市場環境の調査・分析と課題の抽出

STEP1 は以下の３つのプロセスで構成される。
① 自社の市場のリスクとチャンスを洗い出す
② 自社の経営資源の強み・弱みを洗い出す
③ ①②を通じて、マーケティング上の課題を抽出する

　第一の**市場のリスク評価**であるが、「**外部環境の分析（いわゆる PEST 分析＝政治・経済・社会・技術＝）」が基本**になる。これを中小企業で大々的に行うことは難しい。そうした意味で、経営者が日頃から各種情報を収集し、自社にとっての影響について「意味付け」をする習慣を持つことが重要である。特に業界に関連する「規制・慣行の変更」、市場のニーズの基礎となる「社会の変化」、自社の属する業界に関係する「技術」、代替となりうる「技術変

化」に留意する必要がある。

　また、「ファイブフォース分析（5F 分析）」といわれる「サプライヤーとの力関係」「顧客との力関係」「新規参入業者」「代替品の出現」「業界内の脅威」に関する分析は、自社が属する業界の構造やリスクを「見える化」するうえで有効である。また、「3P 分析」といわれる「顧客の変化」「自社の経営資源評価」「競合他社の変化」を洗い出すことは、外部環境と内部環境を立体的に把握できるので、大きな方向感を考えるうえで有効な手法といえる。さらに「マーケティングの 4P（4P 分析）」である「製品」「価格」「流通」「販売促進」は、競合する他社の「商品・サービスを分析する」ことになるので、自社独自の商品作りや「アイディア作り（USP= 独自の販売提案）」をするうえで役立つ。また、自社内部に関わる分析として「PPM 分析（プロダクト・ポートフォリオ・マネジメント）」がある。誰もが聞いたことがある「花形製品」「金のなる木」「問題児」「負け犬」といった形で、自社製品の市場における「成長性や占有率」を軸としたセグメントを行ったうえで、自社製品の「位置づけ」を明確にする手法である。さらに「顧客分析」として、「顧客数（市場の大きさや属性）」「顧客ニーズ」「購買決定プロセス」「購買決定要因」を分析することも調査・分析の基本である。

　こうした分析手法は数多くあるので、自社のマーケティングの目的に適合する手法を選択して、STEP1 の目的である「マーケティングにおける課題の発見」につながるようにすることが重要である。そのためには第二のプロセスにおいて、こうした**「市場の変化（チャンスとリスク）」に対する「自社の経営資源（強みと弱み）」を照らし合わせる**ことが重要になる。自社の経営資源については、「ヒト・モノ・カネ」はもちろん無形資産といわれる組織に備わるノウハウ、対外的なネットワーク、特許などの知的資産などを洗い出す必要がある。近年、金融機関が事業性評価に力を入れていることから、金融機関の評価を参考にすることも一案である。

　以上のプロセスを経て、最終的には「マーケティング活動によって実現したい課題」を抽出することになる。

3.2　STEP2　STP の決定

　STEP1 において明らかになったマーケティングの課題に対して、いかに有効にアプローチをするかを検討するプロセスが STEP2 である。STP の内容だが、S は「Segmentation（市場の細分化）」、T は「Targeting（標的とする市場）」、P は「Positioning（市場における自社の位置取り）」をいう。これらはマーケティングの大家である米国のフィリップ・コトラー博士が提唱した手法である。

　まず「S：市場の細分化」であるが、これは市場を幾つかの「切り口」によって、同じニーズやウォンツをもったグループに「選り分けていく」ことをいう。例えば「食品」の市場を考えた場合、人間は誰でも食事や間食をするので、国民全員が市場を構成する顧客になる。しかし「味の嗜好」は、関東・関西といった地域で異なることが多い。さらに所得の差によって「高級品」「大衆品」といった選別が働く。このほか、年齢・性別・家族構成・職業・ライフスタイル・価値観・使い方などによって選択する商品やサービスは大きく変わる。こうした切り口によって、「共通のニーズやウォンツをもったグループに細分化する」ことができる。細分化された特定の市場に「対象を絞り込む」ことで、その後の「自社の位置取り」の検討も容易になる。

　次のプロセスが「T：標的とする市場」を決定することである。標的を定める理由は、「限られた自社の経営資源を最大に活かす必要がある」こと、「勝ちにつながる商品・サービスなどの価値提供を行う」こと、「規模・収益性・成長性等できるだけ魅力のある市場で勝負したい」こと等があげられる。そして、標的を絞り込むうえで重要なことは、**「市場の属性」「自社の経営資源」「環境変化」**の 3 つである。

　市場の属性に関しては「サイズ（規模）」「競争状況」「ステージ（段階）」「アクセスの容易さ」「検証可能性」といったことが重要である。まずサイズに関しては、大きければ良いという問題でもない。自社の経営資源、必要な投入コスト、見返り（リターン）などを踏まえた適切な選択が必要である。競争状況はライバルの数、有力な競合者の存在である。レッドオーシャンという言葉があるように魅力的な市場は参加者も多く飽和傾向にある。ステージとは「成長段階にある市場」なのか、「衰退的な市場」なのか、あるいは「新

しく生まれた市場」なのか、といった観点である。いまは小さくても有望な市場であれば、早い段階で参入するといった選択肢が生まれる。アクセスの容易さも見逃せない。標的としたい市場であっても、そこに確実にアクセスできなければ適切なマーケティング活動は実施できない。容易さとは簡単という意味ではなく、「アクセスできる可能性の高低」をさしている。検証可能性については、標的とした市場に取り組んだ結果をできるだけ「定量的に把握して効果を検証できるか」という観点である。

2つめの「自社の経営資源」については、当然だが「制約要因」になる。標的とした市場において自社が競争優位を築けないのであれば、標的とする意味がない。「自社の強みを活かせる市場」、「弱みを克服しつつ対応可能な市場」でなければならない。ここを見誤るとコストだけかかって、成果が得られない。

3つめの「環境変化」は標的の絞り込みに必要な観点である。環境変化によっては「顧客ニーズが一変する」可能性がある。また、近年は「SDGs」の観点から「**倫理的な消費（エシカル消費ともいう）**」が拡大する傾向にあり、そうした変化を読み誤ると進出した市場で批判を受ける可能性がある。「ブラウン・タクソノミー（環境に悪影響を与える領域）」という言葉があるように、環境負荷や過剰消費を避けるといった視点を念頭におく必要がある。

以上3つが、ターゲットを絞り込むうえで重要な観点であるが、直線的に標的が決まるわけではない。セグメントの「順序づけ」を行ったうえで、標的市場を最終的に決定することが望ましい。

そのためにも「市場の属性」、「自社の経営資源」、「環境変化」など多様な評価軸を自社なりに考えることが必要になる。

そして標的市場の選択にも幾つかの方法があることに留意したい。

例えば、「数あるセグメントのなかで1つだけに集中する方法」、「フルラインのセグメントを選択する方法」、リスク分散の観点から「複数のセグメントを選択する方法」、余力や競争力があれば「フルカバーで市場全体にアプローチする方法」もある。こうした方法を頭に入れて「標的市場」を決定する。

STEP2の最後が「P：ポジショニング（位置取り）」である。位置取り

をする意味は、他社との比較において「自社の製品・サービスを選択してもらうための優位性を示す」こと、「顧客に認識してもらう」ことである。位置取りをするうえで「**購買決定要因（キー・バイング・ファクター）**」を明らかにすることが重要である。例えば「経済性重視」が主要要因であれば「値段」をどう設定するかで位置取りが変わることになる。

位置取りを考えるうえで有効なツールが「**ポジショニング・マップ**」（図**3-8-5**）である。図表の例では、購買決定要因を「価格とデザイン性」と見て「軸」に設定している。他社製品の位置取りは「分散」している。B社はデザインを標準レベルとして価格も中間的位置づけとしている。セグメントのなかでも広い層にアピールする狙いがあるのかもしれない。C社は価格重視で攻めている。D社は高級路線を走っている。こうした各社の位置取りを踏まえつつ、当社はデザイン性を重視しつつ値段を抑え目にした位置取りを選択している。

ポジショニング・マップを活用した位置取りの方法は以下の通りである。まず「製品・サービスなどの属性の洗い出し」を行う。「機能」「デザイン」

【図 3-8-5】ポジショニング・マップ例

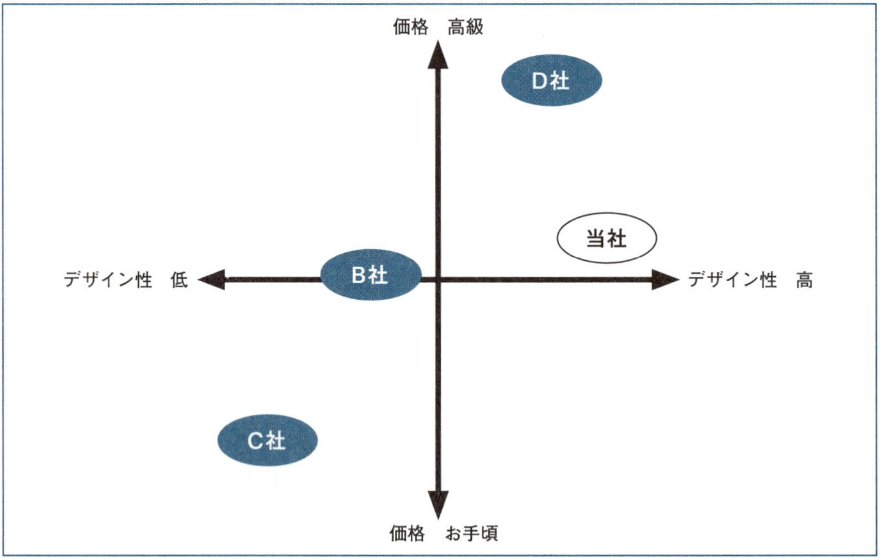

筆者作成

「価格」「顧客の感じ方・心地」など様々な観点がある。消費者のウォンツやニーズを基礎に置きながら「特性となる観点」を選ぶことが重要である。洗い出しが終われば「マップの2軸となる属性の選択」を行う。まさに顧客の「購買決定要因」である。絞り込みを行ううえで大事なことは、決め打ちせずに「属性を入れ替え」ながら、何が顧客の共感を呼び決定要因となりうるかを考えることである。そのうえで「他社製品」を決定したマップにプロットする。このプロットを正確に行うことが自社の位置取りを考えるうえで重要になる。他社製品よりも自社製品が魅力的に映るためには、他社製品の位置取りを正確に行う必要がある。他社製品のプロットが済めば「自社製品の位置取り」を検討する。当然だが、自社の経営資源や顧客への訴求などを念頭において、できるだけ明確に差別化できるような位置取りをすることが望ましい。その際、「競合が真似できない、追随できない」ポジションはどこか、「自社の現在の位置取りの強化につながる」ポジションはどこか、「自社製品群が共食いとならない」ポジションはどこか、を念頭におくといいだろう。

3.3 STEP3 マーケティング・ミックスの決定

マーケティング・ミックスとは、4Pといわれる「製品（Product）」「価格（Price）」「流通（Place）」「販売促進（Promotion）」を、いかに戦略的に組み合わせてマーケティングの目的を達成するかをいう。あるいは、顧客の視点でみる「顧客ソリューション（Customer Solution）」「顧客コスト（Customer Price）」「顧客とのコミュニケーション（Communication）」「利便性（Convenience）」といった「4C」という組み合わせもある。

いずれにしても4つの要素を戦略的に組み合わせることで「できるだけ効果的かつ持続性をもった形で、自社の標的とするお客様が、自社の商品・サービス等を選択し購入してもらえる仕組み作り」を行うことが、マーケティング・ミックスの本質である。

4つの要素は、それぞれ製品戦略・価格戦略・流通戦略・販促戦略として立案される。大事なことは、4つの戦略をバラバラのものとして策定するのではなく「相乗効果が発揮」されて、「経営戦略と整合する」視点を持つことである。「ミックス（組み合わせ）」の妙を発揮するためには、いかに4つ

の戦略を密接に関連させるかがポイントになる。

　それでは簡単に４つの戦略の要諦について、以下説明する。

　「製品戦略」で重要なことは、**製品を「顧客満足の実現に必要な便益の集合体」として理解する**ことである。配達やアフターサービスなどを含めた「ホールプロダクト（理想の製品）」として、拡張的に捉えるといっても良い。製品には「機能やデザイン」といった中核的な顧客価値がある一方で、周辺を埋める「配達・サポート・保証・アフターサービス」といった便益も重要な価値として認識されることがある。「トータルで顧客満足度を高める製品」を考える必要がある。マーケティングの格言である「ドリルを買いに来た顧客が欲するのは、ドリルではなく穴である」は、顧客の期待する便益（ベネフィット）を起点に、「中核的な価値」や「周辺価値」を考えて製品戦略を作る必要性を比喩するものである。

　「価格戦略」は、「製品の価値を表わす」「収益に直結する」「需要と供給の関係で変化する」「競合製品との関係性が高い」「スイッチング（切替）コストも影響する」といった点を念頭において策定することになる。価格の決め方は幾つもあるが、下限となる要素が「製造コスト（原価）」である。上限を規定する要素が「顧客にとっての価値」である。製造原価が同額であっても、「ブランド商品」はとんでもない値段をつけても売れる。特定の顧客にとっては、とんでもなく高い価値があるからである。したがって「**顧客価値（カスタマーバリュー）**」をどう捉えるかが、価格を決定するうえで重要な要素になる。顧客価値は、競争環境・需給関係・交渉力関係などに影響を受けるので、トータルで評価する必要がある。

　価格を設定する方法は数多くある。代表的なものを紹介すると、「実際にかかったコストに利益を上乗せする方法」、「売れる価格帯をリサーチして顧客が適切な価格であると認識できるような設定を行う方法」、「競合製品の価格を考慮して決定する方法」、「新製品など早く市場に浸透させるために安い価格を設定する方法」、「細分化されたセグメントの属性に応じた価格を設定する方法」などである。どの方法を選択するかは、マーケティング・ミックスの均衡など総合的に検討する必要がある。

　近時「流通戦略」の重要性が指摘されている。優れた流通システムを確立

できれば、中長期的に競争優位を得ることができる。Amazonが作り上げた流通システムは同社の優位性の原点である。

　流通戦略を策定するうえで重要な点は、「**顧客の属性・製品の特性・競合状況**」を総合的に検討して「**最適な流通経路を構築する**」ことである。また、中小企業の場合は自前で流通を構築することが難しいので、「コスト」や「設計変更の硬直性」など難しい点がある。こうした条件下で、いかに「効率的で安定的な仕組み」にできるか、「市場や顧客からタイムリーに情報収集」ができるか、といった点に配慮しつつ流通システムを構築する必要がある。

　流通のチャネルには「卸」を挟まない「ゼロ段階チャネル」もあれば、多くの卸業者や小売業者を挟む「多段階チャネル」まで多様な「長さ」が存在する。また、利便性や安定供給の観点からチャネルの種類や数を変える「幅」を考慮する必要がある。こうした流通チャネルの「長さや幅」を決めるためには、「顧客の利便性」、「製品の特性」、「コスト全般」、「競争力」といった点に考慮する必要がある。また、近時は「オムニチャネル」と呼ばれるチャネル構成が生まれている。顧客の購買行動のあらゆる局面（例：商品探索・商品理解・購入・受取り）において「継ぎ目のない、自分の好みにあった選択」ができるように「ネットとフィジカル（実店舗）を融合する仕組み」である。

　「販促戦略」は、「**コミュニケーション戦略**」と呼ばれることが多い。単純に「販売促進」だけを行うのではなく、製品の価値を正しく伝達し、顧客と良好かつ長期的な関係を構築するためのコミュニケーションが重要であることに起因している。言い換えれば、様々なコミュニケーション手段や機会を活用して顧客満足度を高め、好ましい評価を得ることで中長期的な関係を構築して「継続的な購買につなげる」ことにコミュニケーション戦略の本質がある。

　コミュニケーション戦略を策定するうえで重要なことは、購買意思を決定するプロセス、つまり「顧客の状態に応じて適切なコミュニケーションを行う」こと、「コミュニケーション目標を設定する」ことである。購買意思決定に関する代表的なモデルに「AIDMA」がある。「注目（Attention）」⇒「興味（Interest）」⇒「欲求（Desire）」⇒「記憶（Memory）」⇒「行動（Action）」という流れである。顧客が自社製品を知らない状態から、まずは「知る（認

知)」、そして「興味をもつ（評価）」、さらに「欲しいと思うようになる（ニーズ喚起）」、それを「心にとめる（記憶）」、最後は「購買に至る（行動）」というプロセスである。プロセスに応じて、適切なコミュニケーション目標を設定することで、コミュニケーションのタイミングを考えることにつながる。また、コミュニケーションの手段には、「広告・販売促進・営業活動（人的販売）」に加えて、近時は新聞やメディアなどの「パブリシティ」、「クチコミ」といった手段も重視されている。

3.4 　STEP4　計画の策定と実行

　「計画の策定と実行」は、前段の「マーケティング・ミックス」を実現するための「具体的な活動」について計画・実行することである。当然のことだが、「誰が何をいつまでにどのようにやるか」、「投入する予算」、「想定される売上や利益」、について活動計画に盛り込む。さらに、計画を実行するうえで、進捗を確認するための「モニタリング方法や指標」、さらには軌道修正を行うか否かのタイミングについても考慮しておくと効果的である。

3.5 　STEP5　実行計画の評価とフィードバック

　「実行計画の評価とフィードバック」とは、STEP4 の延長線で「PDCA を廻すために実際の効果を測定し、関係者全員が共有する」ことをいう。これによって計画や方法の修正、あるいは更なる強化を行う。

　以上がマーケティング・マネジメント・プロセスの全容である。この５段階のプロセスを適切に運営し、「できるだけ効果的かつ持続性をもった形で、自社の標的とするお客様が、自社の商品・サービス等を選択し購入してもらえる仕組み作り」というマーケティングの目的を実現するかが問われている。

4. エフェクチュエーション

　ここまで説明してきたマーケティングの５つのステップは、いわばマーケティングの王道で「因果論（Causation）」と呼ばれ、「目標や市場機会があ

る程度予想可能な場合に活用できる手法」である。この手法を丁寧に実施しようとすれば一定の資源投下が必要になる。

　一方で中小企業の場合、マーケティングに割くことのできる経営資源も限られている。また、昨今の市場は不確実性も高く読み難い面がある。そこで、**「明確な目標や市場機会が見えない」**なかでも、**「いま手元にある手段で何ができるか」を考える「手段主導のマーケティング」**が、エフェクチュエーションである。

　エフェクチュエーションは、「手持ちの手段」でスタートする。したがって「手持ちの手段」を評価することが重要になる。自社は何者なのか、どんな知見を持っているのか、どんなネットワーク（関係資産）を持っているのか、といった点である。ある意味で「己を知る」ことである。

　そのうえで「とりあえずやってみる」のだが、野放図に進めるわけにもいかない。中小企業は経営資源も限られる。そこで役立つのが「損失可能範囲」という枠組みである。「期待収益」を目標に進めるのではなく、「致命的なダメージを得ない範囲」で何ができるかを検討する。こうなると一種の安心感も生まれて、できるところまでやってみようという姿勢になる。

　始めてみれば分かることだが、手持ちの手段だけでは「できることに限界」がある。そこで、「できることを増やす」ために「連携可能なパートナー」を探すことになる。パートナーと経営資源を補完しつつ、「新たな手段」「新たなできること」を獲得する。

　このプロセスにおいて、「失敗」もあれば「思わぬ成功」も生まれる。こうした「偶然の産物」もパワーに変えて「できること」を増やしていく。こうしたプロセスを循環させることによって、自社にとって「望ましい成果」を得る。

　ここまで説明したプロセスは「手中の鳥」「許容可能な損失」「レモネード」「クレイジーキルト」「飛行機のパイロット」と呼ばれるエフェクチュエーションの5つの原則として示されている。

　マーケティングの最後に「エフェクチュエーション」を紹介する理由は、「ないからできない！」という消極的な発想ではなく、「まずはあるものでやる、それで何がやれるか」を考える姿勢、挑戦する姿勢を中小企業に持って

ほしいからだ。そして、「体系的なマーケティング手法」でなくても、パートナーシップによる外部資源や偶然の産物も活かして、リスクコントロールを忘れずに自らの手でマーケティング的な成果を得ることである。エフェクチュエーションは、米国のサラスバシー教授がエキスパートな起業家に共通する論理を抽出したものある。中小企業にとって参考になる考え方だと思う。

第9章 未来を拓くための イノベーションと創造的連携

　イノベーションの必要性が説かれて久しい。イノベーションは「未来を拓く」という意味で、経営にとって普遍的テーマである。

　本書が対象とする 2025-2030 年という時間軸において、イノベーションが持つ意味は従来のそれとは違った意味をもつのだろうか。答えはイエスである。時代性がイノベーションに新たな意味を吹き込むと考えている。

　長期にわたったデフレ経済下において「値上げは認めない、努力で増加コストを吸収する」といった商習慣が形成された。ある意味で「付加価値」のマネタイズを認めない、不合理な考え方が日本のビジネス界を支配した。日本経済の長期停滞や国際的地位の低下は、こうした商慣習が新たな付加価値を生むモチベーションを奪ったことも要因のひとつであろう。また、過剰なコンプライアンス意識、過剰な分析や精密な計画にこだわる余り「スピードや挑戦を遠ざける企業文化」が知らず知らずのうちに形成された。「若者・よそ者・ばか者」を受け入れる「度量」も「評価」もビジネス界からは消えていった。挑戦はリスクを伴う。リスクをとって挑戦するためには「動機」が必要である。内向きの姿勢、保守的な姿勢は、こうした動機を奪うに十分であったといえよう。

　あらためて、「**間違いや失敗をしない者を信用してはならない**」「**優れているほど多くの間違いを犯す。優れているほど新しいことを試みる**」というドラッカーの言葉を胸に刻まなければならない。

　一方で、「アニマルスピリット」をもった若者を中心に、ニュービジネスが徐々に開花しつつある。「ユニコーン」と呼ばれる企業の数は、米国や中国に較べて少数ではあるものの、AI・フィンテック・モバイルなどの分野を中心に「新しい芽」が育っている。ニュービジネスで成功している経営者を見ると「従来とは異なる着眼点をもっている」「顧客価値をよく考えてマ

ネタイズしている」「デジタルを活用している」「積極的な連携を志向している」といった共通点があるように見える。これらの点については、今後どうイノベーションを創出するかのヒントとなるので、後に詳しく説明する。

いずれにしても、イノベーションはこの時代にとって致命的に重要な意味を持っている。それは日本が長期的低迷を克服し、再び有力なプレイヤーとして世界市場でプレゼンスを発揮する最後の機会になるからだ。これ以上、世界のトップから離されてはならない。追いつき追い越すために与えられた時間は限られる。イノベーションの創出は日本を救う唯一の道である。

1. イノベーションとは何か

イノベーションとは何だろう。わたしたちは毎日のようにこの言葉を耳にする。多くの人が持つイメージは「大発明」「世界を変えるような技術」であろう。

こうしたイメージが、イノベーションを遠ざける原因になっているのではないだろうか。そんな大きな発明を自社や自分が起こせるはずがない、そんな資金も人材もいない、まずは地道にカイゼン活動で一歩一歩進むべきだ。そんな声が聞こえてくる。真面目で、完璧を目指す日本人の気質が悪い意味で保守性を生み、「大それたこと」や「リスクの大きい」ことを避ける土壌を作っている。

イノベーションの定義はひとつではない。「オープンイノベーション白書（発行 JOIC/NEDO）」によれば「開発などの活動を通じて、利用可能なリソースや価値を効果的に組み合わせることで、これまでにない（あるいは従来から大きく改善された）製品・サービスなどの『価値』を創出・提供し、グローバルに生活様式あるいは産業構造に変化をもたらすこと」が、企業などの活動実施主体が実現するイノベーションであると定義づけている。米国クリステンセン教授は、イノベーションを「技術の変化」として、「技術」は開発・製造領域における技術に限定するのではなく、「インプット（イノベーション創出のための諸活動）」に価値をつけて製品・サービスという「アウトプット」を創造し、顧客にそのアウトプットを届けるまでの「活動すべて」を含

むとしている。そして、イノベーションには「持続的イノベーション」と「破壊的イノベーション」の２種類があり、前者は顧客の満足度を高めるために既存の製品・サービスの性能やレベルを持続的に向上させるもので「既存企業に有利なもの」であるとする。後者は、従来とは異なる着眼点で顧客に受け入れられる製品・サービスの創出で、「既存のビジネスや市場を破壊する」という。

　少し理屈っぽくなったが、経営者が詳細な定義にこだわる必要はない。要は、イノベーションの本質を理解し、自社のビジネスのなかで実践することに意味がある。ここまでの議論で大事な論点は、「**従来とは違った着眼点やアイディア**」によって、「**顧客や社会のお悩みや不満足を解決する**」こと、それによって「**生活や産業に変化が生まれること**」がイノベーションであるということだ。したがって、テクノロジーに光を当てればイノベーションが生まれるわけではない。ローテクの集合体であっても、アウトプットが顧客や社会にとって「いままでになかった価値＝問題解決の方法＝」であればイノベーションとなりうる。ソニーの「ウォークマン」は、従前からあったカセット式のプレイヤーを「携帯できる形にした」ことで、場所を選ばずに音楽を聴きたい顧客のニーズを捉え、爆発的ヒットになった。もちろん「小型化」するために数多くの技術開発が行われたことは想像に難くない。技術的な裏付けは当然あるのだが、大事な点は「いつでもどこでも」という顧客ニーズを「携帯可能なサイズ」というアウトプットで問題解決したことにある。

　ここで強調したいことは、**イノベーションの本質には「顧客や社会の悩みや不満足」というニーズやウォンツに目を凝らす「マーケティング的な視点がある」**ことである。これこそがイノベーションの出発点であり、中小企業であっても取り組むことができる理由なのだ。

　そして「**従来とは違った視点をもつ**」ことが第二の本質である。付加価値の多くは「着眼点の相違から生まれる」ことが多い。当たり前とされていることを一旦否定して、違ったアプローチや違った組み合わせによって、さらに優れた問題解決ができないかと知恵を絞ることにある。「両利きの経営」といわれる考え方に、知の「深化」と「探索」がある。これらは「従来とは異なる視点」、「組み合わせの妙」によって、どの企業であってもイノベーショ

ン創出の機会はあるということを示している。

　未来を拓くためには「時代の変化のなかで自社が活躍できる、存在感を示すことのできる場所を作る」ことが必要である。イノベーションは「従来なかった形で社会や顧客の問題解決を行う」という点において、それを実現する大きな力になる。長期停滞から抜け出し、再び世界で輝く日本を作るためには、イノベーションの創出がどうしても必要である。これが 2025-2030 年においてイノベーションが持つ新たな意義である。

2. イノベーション創出に向けた取り組み

　それでは、イノベーションを創出するために中小企業はどのように取り組めばいいのだろうか。中小企業は「いま」を生きることに必死で、「経営資源」の制約が大きい。新しい取り組みをしたいと考えてはいても一歩を踏み出すことができないまま時間を浪費している企業も少なくないのではないだろうか。こうした疑問に対して、「中小企業の特性を活かすことで、十分チャンスはある」ことを説明したい。中小企業がイノベーションを創出するための取り組みのカギは 6 つあると考えている。

1) 経営者自身が意識を変えて自社をイノベーション体質に変えていく
2) 経営にマーケティングを組み入れる、マーケティング体質を構築する
3) 自社の強み・武器を洗い出す
4) デジタルの活用を積極的に行う
5) オープンイノベーションを志向する、創造的な連携を行う
6) スピードをあげる、リーンスタートアップを志向する

2.1　経営者自身が意識を変えて自社をイノベーション体質に変えていく

　経営者の姿勢がイノベーションを創出するうえで最も大事なポイントといっていいだろう。ここまで説明した通り、過剰な「安全重視」や「規則重視」といった保守的姿勢、過剰な「完璧主義」、過剰な「失敗への恐れ」、こうした姿勢が「挑戦」を遠ざける企業文化を形成した。

　安全重視は「前例踏襲」を生む。規則重視は「ルールから外れる」ことを極端に嫌う。完璧主義は「リーンスタートアップ」と対極にあり、スピードよりも完全を重視する。こうした姿勢が「いままでと違うことをして失敗する」よりは、表層的であっても「要領よくまとめて綺麗に見せる」技術を磨かせる結果になった。社員をこうした思考回路に追い込んだ責任は、経営者の姿勢にあるといっても過言ではない。

　その証左として、大企業の「変革」と呼ばれるものの大半は「外圧」によっておきている。「ROE を上げなさい」「建設的対話をしなさい」「ESG を評価基準に置きなさい」「女性を登用しなさい」「PBR を 1 倍超にしなさい」。「言われたからやる」という姿勢がいかに多かったかである。もちろん常に例外はあり、創業オーナーであるカリスマ社長といわれるヒトは、ベンチャー精神を失うことなく様々な挑戦を行っている。しかし、サラリーマン経営者の多くは、自分の任期中は「間違いがないように」といった姿勢で「事業計画」を描いているのである。口では変革や挑戦を言いはするが、社員はすべてお見通しである。そうした事業計画からはイノベーションが生み出されることはなかった。

　翻って中小企業はどうだったろう。スタートアップといった新興企業ではなく、いわゆるオールドビジネスに属する中小企業においてイノベーションを創造できた企業がどれほどいただろうか。

　結論からいえば、まだまだ質量ともに十分でない状況といっていいだろう。確かに、「第二創業」といった形で「新事業」に取り組む経営者はいる。カイゼン活動を熱心に行い、生産性やオペレーションの変革に取り組む経営者もいる。しかし、「中小企業全体」を俯瞰したときに、イノベーションの動きが「波動となり潮流を起こす」といった状況にはならなかった。役所の「成功事例集」に掲載される企業はあっても、それが次のイノベーションを連鎖的に喚起するような動きにはなっていない。この点、多くの中小企業は反省が求められる。大企業のみならず、中小企業も「挑戦を避けて安全運行を行う体質」になっている可能性がある。さらに言えば、行政こそが事例集といった「点」で成果を誇示するような姿勢を恥じるべきだ。「面」の動きを作らずして政策とは言えない。

　そうした意味で、イノベーション創出の第一歩は「経営者が本気でイノベーションに取り組み、未来を拓くという覚悟をもつ」ことである。これ以上、これ以下でもない。これがすべてである。

　日本の企業文化において、経営トップが本気にならないことを部下たちがやるはずがない。自社でイノベーションが創出できなかった理由は明らかである。

　経営者の意識を変えるという意味では、自分一人で自省しているだけでは足りない。例えば、スタートアップの経営者やイノベーターと交流する、米国・中国のユニコーン企業を研究する、といった取り組みが必要である。自分とは何が違うのか。経営に対する考え方、イノベーションに関する取り組み。すべてが参考になるだろう。結局、ヒトを動かす力はヒトである。

　経営者の意識が変われば、次のステップは「社内の意識変革」である。これは、ある程度時間をかけて行わざるを得ない。倒産といった危機に直面すれば社員の意識も急激に変わらざるを得ないが、「平場」のなかで社員の意識を変えることほど難しいことはない。「今日からイノベーション創出企業に転換する」と社長が宣言したところで、社員はポカンとするだけだ。「何か良いことあるの？」「成果主義を強化するための代名詞なのでは？」疑念は次から次へと湧く。しかも一番変わろうとしないヒトが、トップの傍にいる役員たちである。口ではイノベーションと言いながら、心から納得しているわけではない。社長が力を入れているから「同調している」に過ぎない。そうした意味で、社内の意識変革は上から順番に行わなければならない。

　また、意識改革は「トータルで進める」必要がある。トータルという意味は、啓蒙や学習といったソフト面だけでなく、経営戦略や社内の諸制度（予算・人事・評価）まで「一貫性を持たせて行う」ということである。言い換えれば、イノベーション創出企業に転身することに「ウソがない体制や運営を行う」のである。担当者が一生懸命挑戦しようとしても、直属の課長に「余計なことをしないでノルマを果たせ」と言われれば、あっという間に挑戦の気運を消滅する。さらに社長の宣言があるだけに「社長の言っていることは表向きに過ぎない」という失望を生み、部下の意識は「ゼロではなくマイナスに後退」する。左程に意識改革は時間と手間を要する。

イノベーション体質に変えるということは「お客様の悩みや不満を、従来の延長線ではなく、違った視点から見直してみる」「失敗は当然あることで、挑戦しているから失敗もする」「挑戦する社員は宝である」「前例踏襲はやめて何か新しいものを付加しよう」といった考え方が社員にとって当たり前になることである。ここまでのレベルに達するためには、多くの「リスクテイク」「承認体験」「成功体験」を積み重ねる必要がある。啓蒙に始まって諸制度の整備、実際の運用まで時間のかかる取り組みになるが、長期的な視点に立てば絶対に必要である。

2.2　経営にマーケティングを組み入れる、マーケティング体質を構築する

中小企業がイノベーション企業に転身するためには、マーケティングを理解し、マーケティングを経営のなかで実践しなければならない。従来とは違った着眼点やアイディアによって、顧客や社会のお悩みや不満足を解決すること、それによって生活や産業に変化が生まれることがイノベーションである。

まずは顧客や社会のニーズやウォンツ、場合によってはシーズに目を凝らす必要がある。そして、それらを「より高い次元で満足させるアウトプット」を創出するための研究開発に取り組む。従来とは異なる付加価値をインプット（投入）に付加する必要もある。開発したアウトプット（製品・サービス）を的確な手段で顧客や社会に届ける必要もある。**イノベーションは極めてマーケティング的である**ことがわかる。

これを象徴する話が「ガラケー」である。携帯電話に日本独自の様々な機能を付加し、世界標準とは乖離したスペックが生まれた。独自の進化という意味で、ガラパゴス諸島にちなんで「ガラケー」と名付けられた。この話で重要なことは、様々な付加価値をつけたにも関わらずグローバルな変革も需要も呼び起こすことはできなかったという事実である。スマートフォンとは対照的な結果である。この原因は「マーケティング的視点」を欠いたまま開発に猛進し、顧客にとっては余り使わないような機能まで載せて「進化」したつもりになっていたことにある。自己満足の開発である。

ニーズ、ウォンツ、シーズ、いずれにしてもアウトプットの価値評価は「お客様の満足度」でなければならない。どんなに高次元の技術革新であっても、

それが「生活様式や産業構造を変革する」ものでなければイノベーションとはいえない。**イノベーションは「顧客や社会のお悩みや不満足を解決する」からこそイノベーションになる。**ここが致命的に重要なポイントである。

　そうした意味で、マーケティングを経営に組み入れ、会社全体をマーケティング体質に変えることは「イノベーションの土壌」を醸成することであり、「イノベーションの基礎」になる。「マーケティング体質」とは、営業に限らず「あらゆるセクターの社員がマーケティングを理解」して、持ち場においてマーケティング的思考で動くことをいう。4Pといわれる製品戦略・価格戦略・流通戦略・プロモーション戦略はそれぞれが深くつながっており、セクターの別を問うことなく社員は戦略的に行動する。イノベーションは「技術の変化」ではあるが、「技術」の内容には開発・製造領域における技術に限定してはならない。「インプット（イノベーション創出のための諸活動）」の領域にも、製品・サービスという「アウトプット」の領域にも、顧客にそのアウトプットを届けるまでの活動すべての領域において、イノベーションの精神が発揮されなければならない。あらゆる場所、バリューチェーンのどこにおいてもイノベーションの可能性が秘められている。

2.3　自社の強み・武器を洗い出す

　中小企業においては「見える形」、「言語化された形」で自社の強みを洗い出している企業が少ない。見えないものはマネジメントできない。外部と連携するうえでも相手が連携するメリットを説明できない。そうした意味で、自社の事業性を評価し、自社の経営資源、とりわけ「無形の資産」に着眼して「VRIOの視点」で表現すると価値が見出しやすい。Vは経済的価値、Rは希少性、Iは模倣可能性、Oは組織としての持続力といった視点である。つまり、お客様がお金を払ってくれるだけの価値をもったものか、競合他社にないものか、簡単にはマネできないものか、そうした強みを継続的に活用できる組織力があるか、といった視点である。

　自社の強みや武器を洗い出す意味は、「社員を含めた会社全体で共有する」ことによって社員が強みを意識できるようになることである。前述の通り、イノベーションはバリューチェーンのあらゆる箇所で創出することが可能で

ある。社員が自社の強みを自覚し、そうした強みを活かす意識をもつことが「イノベーション体質を醸成する」ことにつながる。強み・武器を洗い出す過程で、弱みを考えることにもなる。弱みは制約要因であるが、弱みがあるからこそ外部との連携によって資源補完を行う動機づけにもなる。イノベーションの原動力となる経営資源の強み・弱みを理解し、活用することでイノベーションの歩みが加速する。

2.4　デジタルの活用を積極的に行う

　21世紀型のイノベーション創出に欠かせないツールがデジタルである。デジタルによって処理速度や展開する速度が飛躍的に拡大する。一瞬にして「ワールドワイドな展開」を可能とするツールがデジタルである。イノベーションの価値をグローバルな範囲で認知させることで、より多くの人々にそのプロダクトを利用してもらうことができる。

　デジタルを活用するうえで重要なことは、第3部第2章で記述しているので、そちらを参照してもらいたいが、ここでは特に「ニュービジネス」「テック企業」との連携に触れたい。近時、デジタル技術を活用しつつ、オールドビジネスの課題を的確に突いたスタートアップ企業の台頭が目立つ。オールドビジネスは既に一定の基盤やインフラを抱えて業務を行っているため、新しい業務が既存業務との共食いになってしまう懸念、既存業務そのものを否定しかねない懸念がある。それが障害となって「新業務」に踏み込めない面がある。一方、ニュービジネス側は、アイディアやデジタル技術はあっても、営業基盤が弱いため販売面で苦労する場合がある。そこで連携による相互補完が役立つ。オールドビジネスは、スタートアップのアイディアやデジタル技術を活かし、また、ニュービジネス側はオールドの営業基盤やインフラを借りる。そこで、いわゆる○○テックといった新しいビジネスが創造できる可能性がある。

　デジタルを一から構築し、強みに変換するまでには一定の時間や社内教育を要する。当然、それはそれで進めていくべきことではあるが、イノベーションという観点からは「ニュービジネスのノウハウや知見」を借ることで、よりスピーディに新たな世界を拓くことができよう。

2.5 オープンイノベーションを志向する、創造的な連携を行う

オープンイノベーションは、日本の産業にとってカギとなるパートナーシップである。

近時は大企業であってもデジタルに優位性をもつベンチャー企業を買収することがある。いわゆるテック企業である。人手不足の現在、とりわけ「デジタル人材」の需要が急増するなかで、社内で一から人材育成をしている時間はない。そうした意味で外部の経営資源を内部に取り込むことは時間の節約になるだけでなく、新たな武器や強みを手に入れることになる。当然だが、経営資源の制約が大きい中小企業ほど真剣に外部との連携を考える必要がある。

それでは「オープンイノベーション」とは何か。対極にあるのが「クローズドイノベーション」である。クローズドはまさに閉じられた世界であり、自社の経営資源のみを活用してイノベーションを創出する考え方である。一方で、オープンイノベーションは、20年以上前から言われている考え方で「**垣根を取り払って外部の経営資源を活用してイノベーションを創出する**」ものである。

それでは、中小企業におけるオープンイノベーションの現状を確認する。**図3-9-1**は業務分野別の外部との連携に関する取り組み状況である。一目瞭然だが、分野を問わず「連携なし」が大層を占めている。また、業務委託といった一方通行ではない連携のあり方は、製造業の「研究開発」領域において15%弱で、非製造業の同じく「販売・サービス」では11%といった水準にとどまっている。

次に直接「オープンイノベーションの取組状況」を示したものが、**図3-9-2**である。全体として取り組みは低調である。アウトサイドイン型とは「外部技術を外から自社に取り込む」もので、インサイドアウト型は「自社の知識・技術を社外に発信することで連携を促す」タイプである。さらに多対多の連携型は「両方を併用し広く連携先を募るタイプ」である。製造・非製造業を問わず、比較的に多いスタイルは「アウトサイドイン」である。つまり「他社からいただく」タイプである。順に「インサイドアウト」「多対多」となるように、オープン度を高めて「自社の技術や知識を流出させる」ことには心理的制約があるようにみえる。

【図3-9-1】分野別、外部連携の取組状況（2013年以降）

(%)

	製造業				非製造業			
	資本提携	業務提携（パートナーシップ）	業務委託（アウトソーシング）	連携なし	資本提携	業務提携（パートナーシップ）	業務委託（アウトソーシング）	連携なし
①企画	1.7	6.6	4.7	87.0	0.9	6.0	7.1	86.0
②研究開発	1.9	14.6	7.1	76.3	0.6	7.3	5.5	86.6
③設計・デザイン	1.7	9.6	13.5	75.1	0.5	6.8	16	76.7
④調達	2.2	7.8	8.2	81.8	1.0	7.5	9.8	81.6
⑤生産	2.4	10.7	26.2	60.7	1.2	7.4	14.2	77.2
⑥物流	1.5	6.0	25.1	67.4	1.8	6.8	16.3	75.1
⑦販売・サービス	2.8	9.1	8.4	79.7	2.1	11.3	12.0	74.6

出典：中小企業庁「中小企業白書（2020年版）」第2-1-96図より筆者作成

【図3-9-2】オープンイノベーションの取組状況（2013年以降）

		製造業	非製造業
アウトサイドイン型	取り組んでいない	81.0%	83.9%
	取り組んだ	19.0%	16.1%
インサイドアウト型	取り組んでいない	88.0%	91.6%
	取り組んだ	12.0%	8.4%
多対多の連携型	取り組んでいない	95.8%	95.5%
	取り組んだ	4.2%	4.5%

出典：中小企業庁「中小企業白書（2020年版）」第2-1-102図より筆者作成

オープンイノベーションの取組効果については、「知識・ノウハウの蓄積」「人材育成」「新規の技術開発や製品・サービス化」「新たな顧客ニーズの発見」「新たなアイディア・発想」「イノベーションの創出」に役立つという点で効果があったとする（**図3-9-3**）。つまり「イノベーションの創出」に役立つような効果が確実にあったということである。こうした成功体験をもつ企業は、その後もオープンイノベーションを継続するだろう。しかし、オープンイノベーションを行わない中小企業はその果実を享受することができない。

【図 3-9-3】 オープンイノベーションの取組効果

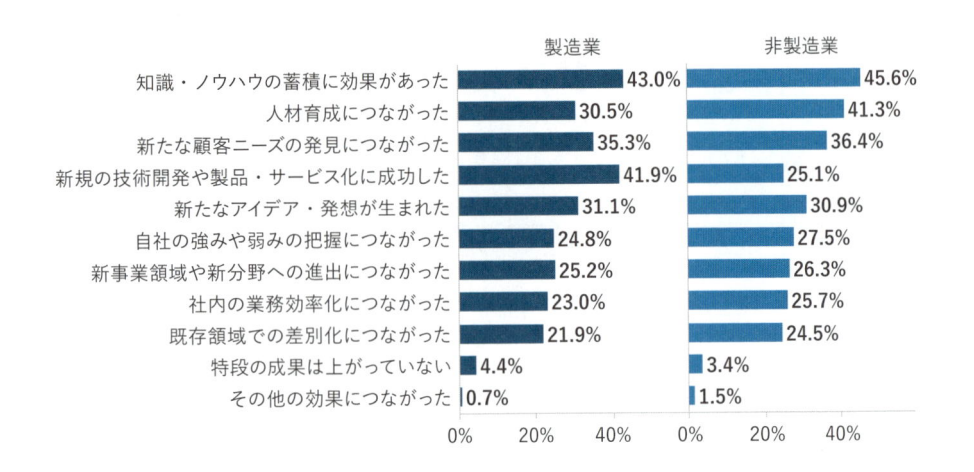

出典：中小企業庁「中小企業白書（2020 年版）」第 2-1-104 図

　それではなぜ取り組みに消極的なのだろうか。**図 3-9-4** をみると、一定数「技術やノウハウの流出の可能性」を懸念する声はあるものの、大部分は「（理由は）特にない」、あるいは「人員」「技術やノウハウがない」といった経営資源の不足を理由にしている。オープンイノベーションを推進するためには、こうした消極性をどう払拭するかがカギになる。**図 3-9-5** は、オープンイノベーションに取り組んだ契機を示しているが、「自社が提携先に直接働きかけた」が、製造・非製造業問わず最も多い。つまり、「どう決意して行動に移すか」がポイントになる。

　ここまでオープンイノベーションに関する中小企業の現状をみてきたが、あらためて整理すると①全体に取り組みが低調である、②取り組んだ企業は一定の成果があがっている、③取り組まない理由は自社の消極性や経営資源の不足や強みが明確になっていなことが原因である、④自ら働きかけることがオープンイノベーションの機会を作る、である。あらためて「経営者の意識改革」「経営資源の見える化」がオープンイノベーションの推進に役立つことが証明されたといっていいだろう。

【図3-9-4】 オープンイノベーションに取り組んでいない理由

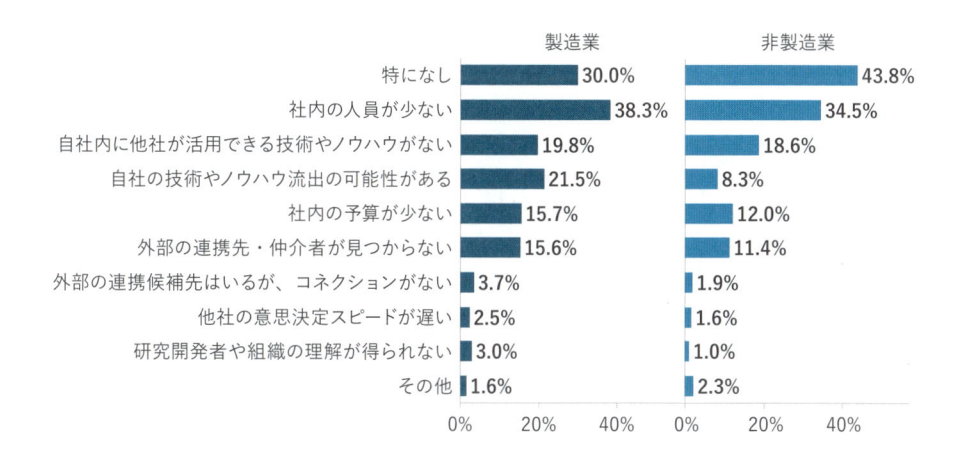

出典：中小企業庁「中小企業白書（2020年版）」 第2-1-110図

【図3-9-5】 オープンイノベーションに取り組んだきっかけ

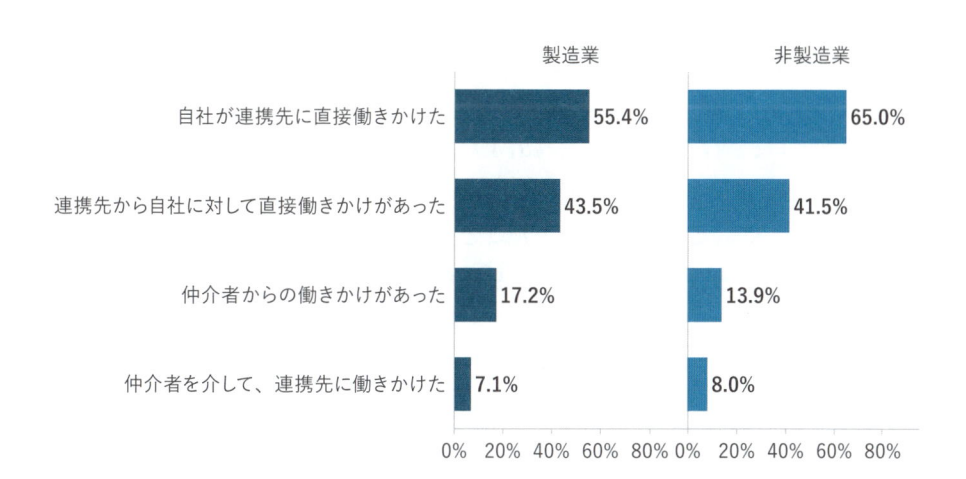

出典：中小企業庁「中小企業白書（2020年版）」 第2-1-111図

　それでは、あらためてオープンイノベーションの「課題と対応」について整理しよう。

　第一が「**技術・知識・ノウハウの流出懸念**」への対応である。確かにこのリスクはある。そういった意味で、連携を行う際に「どこまで情報開示をするのか」を社内で明確にするとともに、「守秘義務契約や利用範囲のルール化」によって懸念を緩和する必要がある。

　第二が「**自社の経営資源の見える化**」である。内部で活動しているうちは阿吽の呼吸で済んでいたことが、外部と交流する際には「言語化」「見える化」が必要である。とくに「出会い」を作るためには、相手の経営資源や強みの具体性が明らかになっていることが重要である。事業性評価等を通じて、より具体的かつ「相手の立場に立った視点」で経営資源や強みを明示する必要がある。

　第三が「**社員の意識**」である。交流を行う主役は社員である。したがって、社員自身がオープンマインドでいることが重要である。自社のノウハウや知見はできるだけ隠して、相手のノウハウや知見だけを得ようという姿勢では有効な交流にはならない。Win-Win の姿勢があるからこそ、お互いが知恵や知見を出して新たな何かを生み出そうということになる。また、それこそが人材育成にも役立つ。

　第四が「**本気で連携する姿勢**」である。これを「**創造的連携**」と呼びたい。創造性とは、従来はそこになかった価値を作ることである。したがって**創造的連携とは、新たな価値を生み出すためにパートナーシップを組むことを**いう。さらに言うならば、創造することを目的に連携するといってもいい。創造的連携とは、新たな価値を生むことを目的として外部と連携して、それぞれの資源補完を行いつつ双方の知見や技術を喚起・融合することで、いわゆる「**共特化（2つ以上のものを融合・結合させてより大きなメリットを得る）**」を生むことにある。共特化はダイナミックケイパビリティ論で語られる理論であるが、イノベーションの創出にも役立つ考え方である。「本気で連携する姿勢」があるからこそ「有志の連携先」がみつかるのである。中途半端な気持ち、オープンであることに迷いをもったまま連携を呼びかけても、本気の相手が来てくれるわけがない。仮に出会うことができたとしても「継

続性は低い」はずだ。イノベーションの創出に本気で取り組む、そのために本気で四つに組んでくれる相手を探す。互いに有益な目的を共有して、主体的な取り組み姿勢のもとで、役割や責任を明確にして成果を生むための最大限の協力を行う。これが創造的連携であり、イノベーションの創出に不可欠な要素である。

第五の課題が「**出会いの場の創造**」である。**図 3-9-6** は、オープンイノベーションを誰が仲介したかを示している。多くは「企業」であり、「研究機関・大学」「支援機関」も一定数存在する。こうした事例からみると、まずは同業・異業種の交流会への参加、あるいはターゲットとする企業への直接のアプローチ、ホームページで募集（より具体的な要件表示）をかけることが足がかりになろう。そのうえで、地元の大学や研究機関、支援機関に飛び込んでみる方法もある。いずれにしても自社が主体的に動かないことには出会いの場は創造できない。

【図 3-9-6】 オープンイノベーションの仲介者

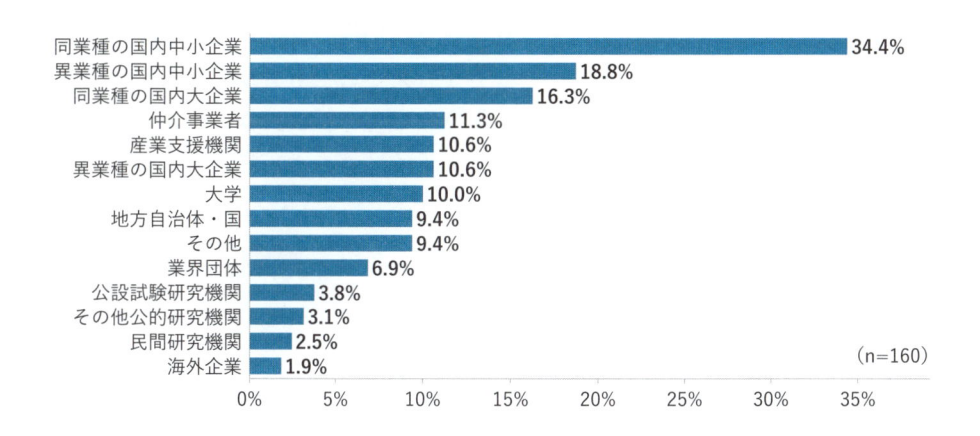

出典：中小企業庁「中小企業白書（2020 年版）」第 2-1-112 図

2.6　スピードをあげる、リーンスタートアップを志向する

　イノベーション創造のための第六の取り組みが「スピードをあげる、リーンスタートアップを志向する」である。ここまで繰り返し「従来とは違った着眼点やアイディアによって、顧客や社会のお悩みや不満足を解決すること、それによって生活や産業に変化が生まれることがイノベーションである」ことを説明した。つまり起点には「顧客や社会のお悩みや不満足」があるということだ。しかも、ここで重要なことは、それらが多様化・複雑化している「掴み難いもの」だということである。簡単に答えがみつからないと言ってもいい。

　そうした状況で「リーンスタートアップ」という方法が有効になる。まずは一定の仮説に基づいて最低限の価値を具備したアウトプットを市場にぶつける。そこでの反応に基づきカイゼンで足りるのか、再構築が必要なのかを判断する。いわばスピード重視で市場の悩み・不満足を捕捉する方法である。完璧を期してインプットに時間をかけたあげく「悩みや不満足」の回答になっていないとしたら大変なロスになる。中小企業において、いかにコストや時間を抑えつつイノベーションを創出するかが、取り組みの持続性につながる。

　一方で、リーンスタートアップも万能ではない。技術に関するイノベーションの類は、一定の時間を投下しなければならない場合もあるだろう。自社が目指すイノベーションに応じて、やり方を替えることも必要ではある。しかし、それが「ガラパゴス」と言われるような顧客や社会の悩みや不満足から乖離してしまっては意味がない。いかに素早く「悩みや不満足」に到達できるか、そこも重要な要素である。

第 10 章

経営力強化につながる
ガバナンス改革

1. 昨今のガバナンス事情

　昨今「ガバナンス改革」の話題が尽きない。2023 年は、東証が「PBR（株価純資産倍率）1 倍割れ」の企業に対して異例の改善要請を行ったことが話題になった。本来 PBR の改善は、企業自身が企業価値を意識して高める努力をすべきことである。それを証券取引所が行う背景には、上場企業の 4 割が PBR 1 倍割れという事情があった。1 倍割れは「株価が純資産を下回る」状態なので、市場が「あなたの会社には魅力がありません」と言っていることと同義である。1 倍割れを「良し」としている経営者はどんな考え方でいるのだろうか。

　思えば「株式の持合い」による「互助会的なガバナンス」が永く続いてきた日本にあって、「株主の顔」が全面に出て来た背景には幾つかの要因がある。ひとつは環境変化によって「ファイナンスの担い手」が銀行から株式市場に変わったことである。また、会計基準の国際化によって「グループ連結やキャッシュフロー重視」の考え方が生まれた。さらに金商法や会社法の制定による「四半期報告制度や内部統制報告制度」は、ガバナンスに対する意識を確実に強めることにつながった。こうしたなかで「ファンド」といわれる投資集団が、貯め込んだ企業の内部留保を目当てに「乗っ取り」を画策し、日本の株式市場を嵐に巻き込んだ。これを契機に、経営者が「株主」や「ガバナンス」のあり方を考えざるを得ない状況に追い込まれたといっていいだろう。

　ガバナンスが変わった第二の要因が、世界と較べて日本企業の「利益」「配当」「生産性」が劣るため「海外投資家」が株式市場に寄り付かなくなり、日本企業の成長性に大きな疑問符がついたことがあげられる。「儲けも出せ

ない」、「有効な投資もやらない」、「株主に配当もしない」。こんな国の企業に投資できるかという話である。日本の国際的な経済地位も低下し「日本再興戦略」の必要性が話題になるなかで「経営者のマインド改革による世界水準の ROE 達成」がアベノミクスでも指向された。まさに日本の経営者、日本のガバナンス改革を求める声は国内からも上がっていった。

　ガバナンス改革を求める第三の要因が「企業不祥事」である。2010 年代には目も覆わんばかりの不祥事が相次いだ。ある意味で「やりたい放題」で、特に「オーナー社長の暴走」を止める手段がないことが明らかになった。あるいは、「長期にわたる粉飾」がステークホルダーには知らされない、経営陣のあり方や情報開示のあり方、会計のあり方など、真面目だと思っていた日本の大企業のガバナンスが機能停止状態にあることが判明した。こうした暴走や不正を誰が止められるのか、ガバナンス改革が急務であることが確認された。

　そして、近年は「ESG（環境・社会・統治）」と呼ばれる企業価値の「評価基準」がガバナンス改革を後押しする。こうした動きは、「スチュワードシップ・コード（機関投資家向け）」、「コーポレートガバナンス・コード（企業向け）」の制定という形で進化している。機関投資家のあり方を定め、それをバックボーンに企業自身の統治機構の整備を求めている。

　このように、ガバナンスに関する話題を目にしない日はない。その一方で、中小企業にとって「ガバナンス」はどこか「他所事」のような印象がある。もちろん公開と非公開の差はあるとしても、中小企業の危機感が薄いようにも感じる。どうしてこのような差が生じるのだろうか。

　それは大企業と中小企業の環境を見比べるとわかる。

　要因のひとつが、中小企業の「ファイナンスが相変わらず銀行主体」であること。大企業は銀行離れが進み、間接金融から「直接金融」が主体になっている。「銀行（デット）ガバナンス」から「市場監視」に移行している。大昔のように「床の間を背にした金融機関」を拝み奉るような関係は薄らいでいるが、中小企業の資金調達の中心的担い手として銀行との関係は強固である。銀行も政策的保有として中小企業の株式を取得しているケースがあるが、ガバナンスを効かすというよりは「関係強化」が目的である。銀行が本

格的にデットガバナンスを発揮する機会は、「企業再建」「経営改善」など業況低迷にあってターンアラウンドが求められる企業に対してである。経営改善計画の策定やチェック、モニタリングといったプロセスを通じて経営のあり方をチェックする。そうした意味で、経営悪化時に限って銀行のデットガバナンスが機能するのであり、平場において「口出しされる」ことはほぼないといっていいだろう。

2つ目の要因は、中小企業が「オーナーシップ（株主）」に基づく経営であること。経営者一族が100% 保有する中小企業は珍しくない。最低でも「普通決議」が可能な議決権割合の株式をもっている経営者が一般的である。事業承継においても「経営権の集約」は重要なテーマであり、最低でも半数超、できれば特別決議ができるような三分の二以上の株式を集約することが意識されている。このように中小企業は「オーナー経営者」が過半であって、「株主」を意識することは通常ない。もちろん「取引先企業」が株主となっている場合もあるが、大企業株主は「持合い解消」の流れにある。中小企業株主は「互助会」的でアクティビスト的株主ではない。したがって、中小企業の経営者の大半が「長期政権」であり、20 年以上の社長経験者が半数以上を占める状況にある。言い換えれば**「社長を辞めさせる」ガバナンスは中小企業にほぼ存在しない**ということである。

3つ目の要因が「情報の閉鎖性」である。株式を公開していない以上、上場企業のように情報開示を行う必要はない。情報開示のレベルも企業に任されている。例えば、財務情報であっても銀行へは決算書のみ提出し、附属明細や納税申告書等は非開示の企業もある。試算表を提示しない企業もある。情報開示は、経営の舵取りを判断するうえで重要なモニタリング資料である。多くの場合、借入の必要性から金融機関には資料の提出を行うが、それ以外は主要取引先や与信を受けている商社等の求めに応じて開示する程度ではないだろうか。オーナー家以外の株主へは株主総会で決算書の提示のみで、大半が少数株主であるため概ね「シャンシャンの状態」にある。従業員に対して決算情報を開示するケースが増えているが、これは経営に対するチェックというよりは、会社の実情を理解してもらうことでモチベーションやベクトルの方向性を一致させることが主眼である。

　学会において経営学の立場からガバナンスが研究テーマになることがある。ただし、中小企業は情報が取りにくい面もあってか、研究対象は上場企業が中心である。中小企業のガバナンスを論じている場合、その問題意識は「オーナー経営の継続によって非効率な経営が温存されるリスク」「内部監査の困難性に起因する不祥事防止や正常化機能が発揮しにくい体質」といった点が論点になっているようにみえる。VUCAの時代に、誤らない経営、より良い経営を促すためにも、中小企業のガバナンスが論じられることの意義は大きい。本書で「ガバナンス」を経営の論点として取り上げた理由もここにある。

2. ガバナンスとは何か

　あらためて「ガバナンス」とは何だろうか。

　通常は「企業統治」と訳され、「企業を誰が支配し、治めるのか」といった堅苦しい議論が頭に浮かぶ。東京証券取引所の「コーポレートガバナンス・コード」によれば、「『コーポレートガバナンス』とは、会社が、株主をはじめ顧客・従業員・地域社会等の立場を踏まえた上で、透明・公正かつ迅速・果断な意思決定を行うための仕組みを意味する」とある。この定義には、いくつかのキーワードが含まれている。ひとつは株主をはじめとするマルチステークホルダーの利益を想定している点、二つ目は透明性や公正性を軸におきつつスピードと勇気ある決断ができる体制の確立を志向している点、この2つを「ガバナンスの要諦」と考えているようだ。企業の不祥事を防止しつつ、持続的成長のための投資や経営改革を促す考え方が見てとれる。

　一方で、中小企業のガバナンスを論じる場合は、前述の中小企業の「特性」や「取り巻く環境」を理解する必要がある。

　筆者は、**ガバナンスを「不確実性が高い環境下にあって、難しい課題や多くの選択肢の中から選択を迫られた場合でも、中小企業経営者が長期的な視点から『企業価値の向上や持続性』を高めるために、『適切な判断』を行うことができて、会社全体が向かうべき方向に力を集中できる仕組み」**（拙著「中小企業のためのサスティナブルファイナンス」）と定義している。そのう

えで「企業統治というよりは、ステークホルダーが協力し合い、最適な判断と最適な行動をとるための協業体制」といった説明をしている。少し説明を加えると、これらの表現は「金融機関向けのサステナブル診断」のうちガバナンスに関する説明として行っているものである。中小企業のガバナンスを判断する附属要素として「企業理念などの判断軸」「SDGs・ESG の経営へのビルトイン」「経営者の暴走を止めるご意見番や仕組み」「戦略的かつ迅速な判断や実行」「後継者の存在」といった5つをあげている。そうした意味で、中小企業の経営者にとって必ずしも分かりやすい表現や定義になっているとはいえない。そこで、本書では中小企業の理解を助けるという意味で「シンプルかつ分かりやすい定義」を試みたいと考えている。

まず概観的にいえば「**経営の舵取り**」を支える基盤がガバナンスである。どんな悪天候であっても目的地に安全かつ迅速に到着できる運航を行うこと、その全体を「舵取り」という。したがって、ガバナンスの大部分は船長役であるオーナー経営者に向けられたものである。

あるいは「**千年企業と呼ばれるような持続性の高い企業である仕組み**」と定義してもよいと考えている。中小企業はファミリービジネスであり、親から子へ、子から孫へバトンを渡していくことを使命と考えている。地域の中核企業や社歴の長い企業ほど、こうした想いが強いと考えられる。実際に**中小企業経営者のガバナンスは、バトンを良い形でつなぐことに依拠している**と感じることが多い。

ファミリー企業の持続性を高めるためには、「地域・取引先・社員から信頼を得る」とともに、顧客に対して「確かな価値や便益（ベネフィット）を提供し続ける」必要がある。法令違反などの不祥事は致命的な信頼失墜となる可能性があり、コンプライアンス体制を構築することが重要な視点になる。社長が暴走し、あるいは放漫経営を続ければ、あっという間に衰退の道を辿る。これを防がないことには千年企業の道もない。そして、難しい環境変化のなかで、環境に耐え、環境を活かし、環境に自社の経営資源を適合させること、つまり「**経営のアップデート**」が必要になる。経営のバトンをつなぐためには、もっとも身近な子息が「自社を継ぎたい」と考えてもらう必要がある。それが出来ないのであれば、所有と経営を分離して社員や専門経営者

に事業を繋いでもらう必要がある。このように「千年企業と呼ばれるような持続性の高い企業とする仕組み」作りを指向することこそが中小企業のガバナンスの王道であり、わかりやすい定義ではないだろうか。

この2つの定義、「経営の舵取り」「千年企業と呼ばれるような持続性の高い企業とする仕組み」をもって、本書における「ガバナンスの定義」としたい。そして、中小企業がいかにして「ガバナンス」を高めることができるかが、VUCA と呼ばれる時代の「経営の論点」になる。

3. 中小企業のガバナンス構築

それでは、大企業とは異なる特性をもった中小企業が「より良いガバナンス」を構築するためにどうすればいいのだろうか。

筆者は金融機関において40年近く中小企業の経営者と間近で接してきた。現在は、シンクタンクにも在籍しており、経営学的な視点から中小企業の経営を考えることも多い。そうした意味で、「経験論的な所見」も踏まえて中小企業のガバナンス構築について論考したい。

中小企業のガバナンスを考えるうえで重要なことは、中小企業がもつ特性が「良い方向に働く場合」と「悪い方向に働く場合」の2つがあるということを認識することである。前者を伸ばして後者を回避できる仕組みを考えることが、中小企業のガバナンス構築に役立つと考える。

それでは、中小企業の特性の2つの働き方に関して具体的に考えてみたい。

【中小企業の特性が良い方向に働く場合】
- 組織の階層が少ないため、経営者次第で「迅速かつ果敢な意思決定」ができる
- 長期安定政権であり、「中長期的な視点」から経営判断や課題解決に取り組むことができる
- ファミリー継承に対する使命感が、「自己規律」を生み「暴走や放漫」を遠ざける
- 長く受け継いで来た「パーパス（理念）」が、プリンシプルベースの柔

軟な思考や選択を生む
- 地域の経済団体や同業者組合等で培った経営者の交流によって「師匠役」「ご意見番」的な相談相手を得ることができる。
- 大型投資や重要な経営課題の判断に関して、銀行など金融機関の知見を借りることができる
- 株主の過度の要求や干渉を気にすることなく、独自性のある果敢な意思決定が可能である
- ファミリービジネスの自覚を持った後継者が、英才教育・親の働く姿勢を見聞きすることで、「次の経営者」が育つ環境ができる

【中小企業の特性が悪い方向に働く場合】
- 経営の舵取りが「経営者の資質や姿勢」に負う部分が大きいため、経営の成果や水準が経営者個人に依拠してしまう（相談相手がいない、組織としての議論ができない）
- 株主等のステークホルダーの意見や牽制が働きにくいため、経営の規律は経営者自身がいかに自らを規律するかに依る。経営者の資質次第で、規律が甘くなる可能性がある
- 長期オーナー政権であり「経営の不振や停滞」を招いても経営者交代に至ることはない
- オーナー経営者に異を唱えることは、最悪「退社」を意識せざるを得ず、役員・社員から耳の痛い指摘や意見が出にくいため「暴走・放漫」といった状況を止める体制が構築しにくい
- 経営情報が公開されない、されていても限定的であることから、内部の実情が把握し難く、外部からのモニタリングやチェックが十分できないため、早期の経営改善が行われにくい
- トップダウンによる一方的伝達になりやすく、多様な議論やリスクチェックが働きにくいため、粉飾やコンプライアンス違反などの不祥事、あるいは過剰な投資を回避しにくい
- 零細企業においては、経営者＝主力プレイヤーであることが大半で、そもそも経営に割ける時間や経営に関する知識も十分でないことが多く、

経営レベルが低くなってしまう

・オーナー家から事業承継者を出すことに拘泥すれば、能力や意欲に欠ける承継者が経営を継ぐリスク、社員から信頼を得られないリスクを生む
・金融のデットガバナンスは経営悪化の際に機能しても、平場においては機能しないことが多い。金融機関の「建設的対話」による気づきをいかに与えるかが課題になる。

　これ以外にもいろいろなケースが想定されそうだが、こうした長所短所を踏まえたうえで「中小企業のガバナンス構築」を考える必要がある。つまり「長所を伸ばし、短所を克服する」形で、中小企業に適した「舵取りの仕組み」を構築するのである。この点に関しては、上記の「悪く働く事例」から幾つかのキーワードを抽出することができる。具体的には、「経営者の資質」「相談相手」「止める」「情報開示」「トップダウン」「チェック」「金融機関・建設的対話」である。そして、究極のガバナンスである「経営者の交代」についても触れることにする。

3.1　経営者の資質を高める

　中小企業は「経営の舵取り」の大部分をトップが担う。つまり、経営者個人が与える影響が大きい点が特徴である。したがって、資質の高い経営者であれば「迅速かつ果断な意思決定」によって大きな成果を得られる可能性が高まる。同様に「透明性や公正性」を重視する「自己規律」も機能する可能性が高い。言い換えれば、大企業が「組織」「体制」「仕組み」としてガバナンスを構築する意味が大きいのに対して、**中小企業では「経営者の資質を高める」ことこそが、最大のガバナンス構築**になる。

　それでは「経営者の資質」とは何か、どのように資質を高めれば良いか、という議論になる。大上段に振り翳せば専門書1冊分に相当する内容であろう。ここでは「舵取り」「ガバナンス」という点に着眼して、**①リスク・マネジメントという「守り」の側面、②戦略創造と実行という「攻め」の側面**、この2つに絞って考えることにしたい。

　第一のリスク・マネジメントとは、「自社を取り巻く脅威・機会」を把握

して、それを「予防」する方策、顕在化した場合にリスクを「削減・移転・分散」する方策を考えて、計画的に執行することをいう。リスクの種類は多様である。事業リスク、戦略リスク、コンプライアンスリスク、オペレーションリスク、製品・サービスリスク、システムリスク、資産リスク、信用リスク、財務リスク、税務リスク、災害リスク、風評リスク、カントリーリスクなどキリがないほどのリスクがある。したがって、まずは**「自社を取り巻く脅威・機会」を適切に捉える**ところがスタートになる。リスクの軽重、自社における優先度、リスクの意味付けを行う力も要る。リスクを感じ取る情報感度も重要な資質である。さらに「予防」「削減・移転・分散」を図る方策に関しては、自社の経営資源だけでなく、外部資源をどう活用するかといった中小企業ならではの視点も必要である。さらに一歩踏み込むとすれば「グッドリスクをとる」という考え方も必要である。守りだけで企業は成り立たない。**自社の経営理念や事業の本質に照らして「挑戦に値することはリスクをとって動く」**必要がある。これもリスク・マネジメントの側面である。

　こうした資質を磨く一例としては、リスク・マネジメントに関する知識をまずは習得することである。それをバックボーンとして、何らかの「投資プロジェクト」に携わる、あるいは「BCP（事業継続計画）」の策定・実施といった「実践的な経験を積む」ことが有効である。リスクの予防は事前の準備で対応できるが、発生時には「臨機応変な削減・移転・分散」といった対応が求められる。これこそは実践的な経験がものをいう。また、経営者同士の異業種交流や海外とのビジネスに取り組むことも、こうした感性を磨くことに役立つであろう。

　第二の「戦略創造と実行」とは、**「なりたい企業像・事業像」を描いて、それに向かって「現状とのギャップ」を埋める方法を考えて計画的に執行する**ことをいう。まさに「攻め」の資質に関するものである。やはり「できる経営者」の特徴は、未来を見て自社の事業像を描けること、そこにたどり着くための具体的な道筋を描けること、そして社員やステークホルダーを説得して現実に走り出すこと、この３つに長けていることである。

　戦略を創造し実行することは、経営を科学すること、経営のレベルを上げることにつながる。中小企業でも「年度計画」を策定して、計画的に活動す

るプロセスをもっている企業は少なくない。しかし、3年単位の「中期計画」となれば、その数は絞られる。中小企業のなかには「未来は変数が多く、また下請けの身では自社の思うようにならないことが多い。中期計画など作っても意味がないし、神棚に飾っておくようなものである。むしろ臨機応変に動ける体制を作った方がいい」と考えている経営者が少なくない。臨機応変に動くという意味では「OODA的な発想」ともいえる。OODAとは、観察（Observe）、状況判断（Orient）、意思決定（Decide）、実行（Action）といった意思決定の循環を指し、アメリカ空軍が発案したものとされている。しかし、限られた経営資源のなかで、OODA的取り組みを実践することは簡単ではない。

　戦略創造は、変化が確実に進む時代だからこそ意味を持つ。戦略を考えることは「未来を考える」ことに直結するからだ。未来を考えることは「外部環境の変化」を考えることにつながる。その変化をメインシナリオ、サブシナリオといった形で複数洗い出すことで視野も広がる。大事なことは、前提とする環境変化において、自社の経営資源をどう再構築して競争力を失わないようにするか、むしろ事業強化できるかを考え抜くことである。

　そうした姿勢は「経営の舵取り」に柔軟性を与える。計画性が高いということは、臨機応変さも兼ね備えている。それは環境変化の内容を前提として計画を作りあげているからこその柔軟性である。描いた環境変化と実際が異なった場合、計画の修正が必要なことは「当然の前提」としている。中期計画は絵に描いた餅ではなく、未来を考え抜いて複数の選択肢から選んだ道なのである。

　それでは「戦略を創造する能力」をいかに磨けばよいのだろうか。

　戦略創造に関する能力についても、「社会科学」として基礎を学ぶ（図3-10-1）ことが重要である。基礎があるから応用ができる。基礎を身に着けたうえで、多くの経営者と未来に関する「世界観を議論する」ことが成長につながる。特に優秀な経営者の世界観や、形成に至るファクト判断などを聞くことは大きな学習材料になる（図3-10-2）。そのうえで、自社の経営戦略を「実際に構築」してみること、計画と実行を通じて経験を積み重ねることが資質を高める。さらに、戦略創造を行ううえで、社内のデータをいかに活

【図 3-10-1】 経営者が行っているリスキリングの取り組み内容

(n=1,156)

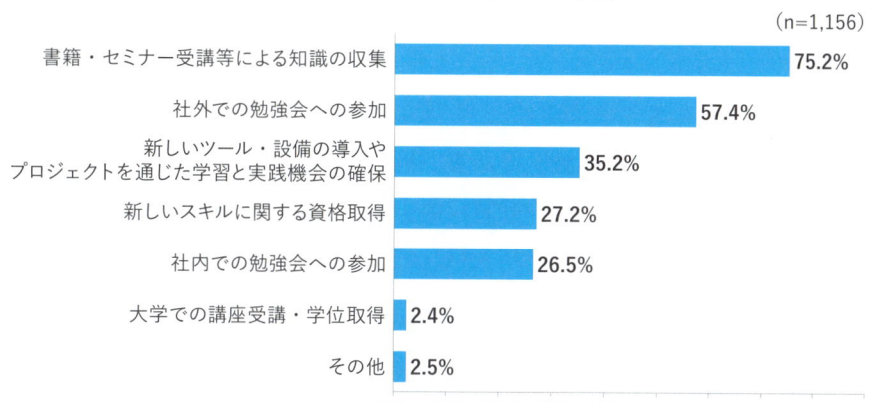

資料：㈱帝国データバンク「中小企業の成長に向けたマネジメントと企業行動に関する調査」
（注）1.ここでいうリスキリングとは、今の職業で必要とされるスキルの大幅な変化に適応するために、必要とされるスキルを獲得することを指す。
2.経営者のリスキリングの取組状況について、「取り組んでいる」と回答した企業に聞いたもの。
3.複数回答のため、合計は必ずしも100％にならない。

出典：中小企業庁「中小企業白書（2023年版）」 第2-1-30図

【図 3-10-2】 経営者就任前・就任後において、成長意欲を高めることにつながった交流先

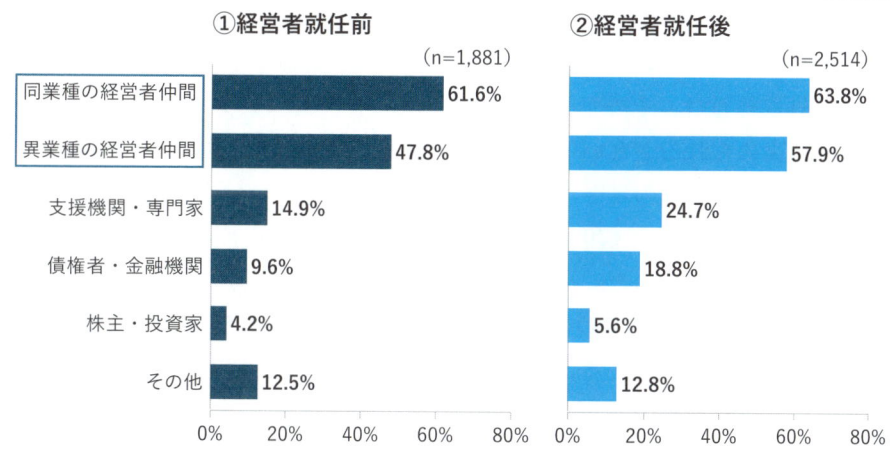

資料：㈱帝国データバンク「中小企業の成長に向けたマネジメントと企業行動に関する調査」
（注）1.「経営者就任前に成長意欲を高めることにつながった交流先」は、経営者就任前において、第三者との接触・交流や、第三者からの支援・助言により、自社の成長に向けたモチベーションが高まった経験について、「よくあった」、「時々あった」と回答した企業に対する質問。「経営者就任後に成長意欲を高めることにつながった交流先」は、経営者就任後において、第三者との接触・交流や、第三者からの支援・助言により、自社の成長に向けたモチベーションが高まった経験について、「よくあった」、「時々あった」と回答した企業に対する質問。
2.複数回答のため、合計は必ずしも100％にならない。

出典：中小企業庁「中小企業白書（2023年版）」 第2-1-28図

用するかが重要になる。そういった意味で、前段として社内のデジタル体制を構築することも大きな経験値となり、資質向上に役立つはずだ。

3.2　相談相手を作る

　中小企業の経営者は「孤独」である。極端なことを言えば「全てを一人で背負っている」。自分にとっての経営に関する「得意・不得意分野」は当然ある。しかし、**あらゆる領域の最終責任を自らが負って、一人で判断している**。この点は、中小企業のガバナンスの最大の課題である。

　一定規模の中小企業になれば、番頭役となる役員や取締役会での議論といった「一人ではない」形がある。しかし、「すべての責任を負う者」と「他の者」の間には「大きな川が流れている」といわざるを得ない。責任の所在は「決意の大きさ」でもある。部下も、こうした事実を知っているからこそオーナー経営者の判断や行動に意見を言いにくい面がある。

　そうした意味で、経営のクオリティを上げようと思えば、中小企業こそが**「社外取締役」を導入する**ことが有効である。ただし、大企業のガバナンスでいうところの「経営のチェック」、「社長を最後はクビに出来る」といった役割をイメージしているわけではない。まさに「**相談相手**」である。中小企業の社外取締役は、その企業の本質や限られた「経営資源の実態」、いかに持続性を高められるかといった「中期的な視点」で経営に助言を与えることが重要である。余程のことがない限りは「社長の替えはいない」のが中小企業であり、だからこそ**「現体制のなかで持続性を高める」方法をいっしょに考える**ことが重要なのだ。社外取締役は、社長の考え方が「外からどう見えているか」を映す「鏡」の役割であり、「社長の立場に立ったとき何ができるか」をいっしょに考えることでもある。これが中小企業のガバナンス向上に役立つ社外取締役のあり方である。どんなに素晴らしい高等な意見であっても「自社が実現できないようなもの」では意味がない。中小企業という「器（ビークル）」をよく理解したうえで議論しなければ、中小企業において社外取締役導入が拡がることもないし、社長の相談役として機能することもない。

　社外取締役以外の「相談相手」を持つ選択もある。先輩経営者の意見、金融機関のアドバイスもありがたい。**図3-10-3**は、右腕人材を選定した際に

【図 3-10-3】 経歴別に見た、右腕人材を選定した際に重要視した要素

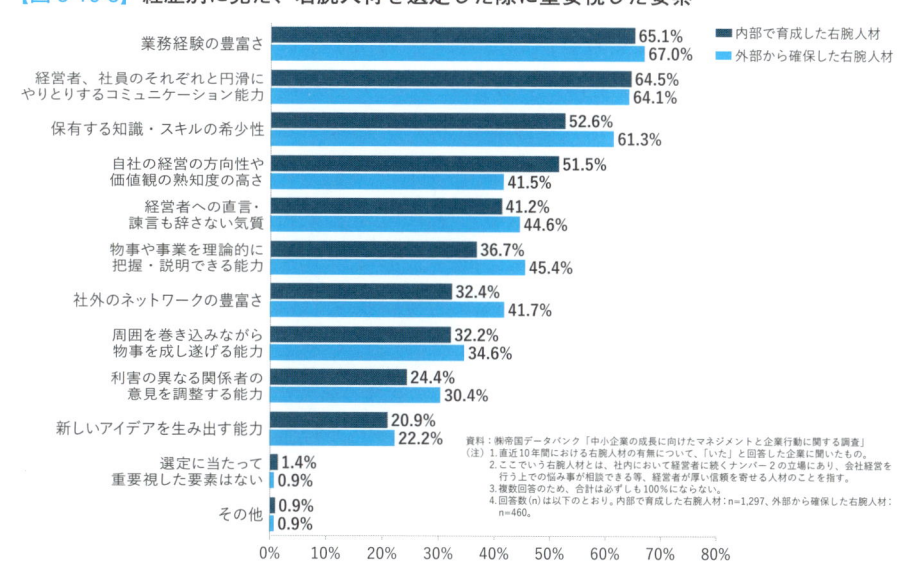

出典：中小企業庁「中小企業白書（2023 年版）」 第 2-1-46 図

重視した要素をあげたものである。経験・知識・スキル・コミュニケーション力といった要素が上位にあがっているが、経営者への直言、論理性、社外ネットワークといった要素も重視されている。社内外を問わず「相談相手」の求めている素養がわかる。そのうえで「ガバナンス構築」という観点からすれば、経営に「組み込まれている」ことが望ましい。そうでなければ「嫌なことは相談しない」、「意見を聞き流す」といったことにつながる。これでは「舵取り」の品質があがるとは思えない。そうした意味で、経営に組み込むことのできる内部役員や社外取締役は重要な相談相手といえるだろう。

しかしながら、一番の課題は「**中小企業を深く理解した相談相手を見つけることができるか**」ということであろう。

3.3　暴走・放漫を止める

議決権割合の過半を持つ経営者を「止める」ことは極めて難しい。また、オーナーの「子飼い」かつ「プレイヤー的役割」を担うプロパー役員で構成される「取締役会」がクーデターを起こすといったことも考えにくい。中小企業

で社長を「クビ」に出来るのは、親という立場にある「会長」だけではない
だろうか。実際、子息である社長を会長が退任させ、自らが復帰するケース
はある。しかし、「持続性」という点で良いガバナンスとはいえないし、そ
もそも子息である社長に株式を承継済みであればクビに出来ない場合もある
だろう。

　唯一第三者が社長をクビに出来るとすれば「事業再生」である。再生プロ
セスにおいて、社長の「経営責任を問う」形で、メインバンクや引き継ぐス
ポンサーの意向で社長交代が行われる。言い換えれば、中小企業において任
期途中での「ソフトランディング」はない。行くところまで行って社長交代
になるというパターンが常なのだ。

　このように、経営のプロセスや体制において「社長の暴走・放漫を止める」
ことは難しい。そうした意味で、**暴走・放漫に至らないように「どう予防す
るか」が重要**である。これに関しては前述の「相談相手」の存在が有効だと
考えている。社長のそばで、定期的に経営の内容を把握できる立場で、社長
の相談相手になれる存在があれば、一定の歯止めにはなるはずだ。問題は、
こうした人物をどうやって探すかである。やはり社長が一目置く人物でなけ
れば聞く耳をもってもらえない。

　そうした意味で、社長自身が「自分を理解しつつも、率直な意見を言って
もらえる人物」を探してくることが求められる。そして、そうした人物が取
締役会といった経営の意思決定をする機関にいることが更に望ましいという
ことになる。まずは「ヒト」、その次に「組織」といった形で歯止めが効く
仕組みが作れることが中小企業のガバナンス強化に役立つ。

3.4　情報を開示する（透明性）

　中小企業のガバナンス強化をするうえで「**経営者が緊張感をもつ**」ことが
必要である。何をもって緊張するかは、個人の性格にもよるので決めつけら
れない面はあるが、「チェックされる」「評価される」といった機会は緊張感
を与えるはずだ。経営のトップになると「注意される」「叱責を受ける」機
会はほぼなくなるといっていいだろう。上場企業のトップが、株主総会や取
締役会に緊張感をもって臨む背景には、様々なステークホルダーのチェック

【図 3-10-4】 従業員規模別にみた、経営の透明性を高める取組の実施状況

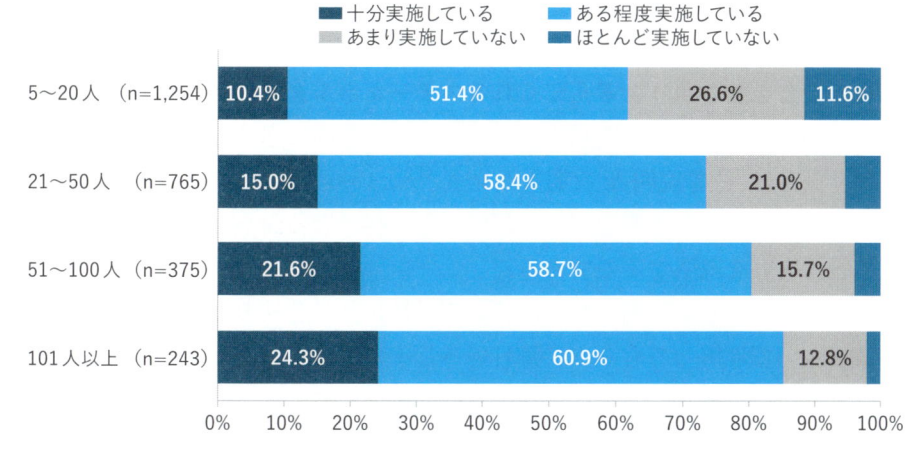

凡例：
- 十分実施している
- ある程度実施している
- あまり実施していない
- ほとんど実施していない

従業員規模	十分実施している	ある程度実施している	あまり実施していない	ほとんど実施していない
5〜20人 （n=1,254）	10.4%	51.4%	26.6%	11.6%
21〜50人 （n=765）	15.0%	58.4%	21.0%	
51〜100人 （n=375）	21.6%	58.7%	15.7%	
101人以上 （n=243）	24.3%	60.9%	12.8%	

資料：㈱帝国データバンク「中小企業の成長に向けたマネジメントと企業行動に関する調査」
（注）ここでいう経営の透明性を高める取組とは、経営計画や経営課題、決算情報の共有、意思決定
　　　プロセスや人事制度、報酬制度の明確化等を指す。

出典：中小企業庁「中小企業白書（2023年版）」 第2-1-61 図

や監視を受けるからである。「**変なことはできない**」「**説明ができないことは
やらない**」といった緊張感を持つのは当然である。

　一方で、中小企業の情報開示に対する取り組みは十分とはいえない。**図
3-10-4** は、経営の透明性を高める取り組みに関する調査である。十分実施
しているという回答は、100 人以下企業で 2 割程度となっているが、筆者の
現場経験からすれば経営者の意識と外部の眼のギャップは大きいと感じてい
る。

　もちろん「情報を非開示」としていることで「あれこれ言われることなく
初志貫徹できる」「思い切った挑戦ができる」といったことがある。様々な
ステークホルダーとの調整コストに力を削がれるのではなく、例えば「将来
性があるもののリスクも大きい案件に取り組みたい」といった意向も十分理
解できることではある。

　問題は「その行為は暴走なのか、挑戦なのか」を判断する見極めが難しい
ことにある。中小企業の経営者からすれば「オレの会社なのだから好きにや
らせてくれ」という偽らざる気持ちもあるだろう。しかし、中小企業も社会

にあって地域の人間を雇用しているという点では「社会の公器」である。だからこそ「ガバナンス」が問題になるのだ。

　そこで「**中小企業らしい情報開示**」を行うことを提案したい。「らしさ」とは、**自社のことをしっかりと考えてくれるステークホルダーに限定して情報開示を行うこと**を意味する。開示内容についても、目的に応じて柔軟に決めればよい。例えば「決算説明＆次期計画発表会」といった名称で全社員を集めて、そこに銀行関係者、主要取引先、信頼できる経営者仲間を加えて、株主総会風に経営内容を説明するのである。

　まずは、いっしょに闘ってくれている「社員」に会社の実情やこれからの方策について理解してもらう。毎日いっしょに働いている仲間をごまかすことはできない。そして、会社に健全な危機感や助言をしてくれる「外部関係者」を加える。ここで大事なことは、参加するだけでは意味がないので、外部関係者から説明内容に関する意見や感想をフィードバックしてもらう立て付けを「説明会の次第」に盛り込むことである。日本の企業文化においては、「外部の人間」が取引先の会で批判めいた発言はしない。趣旨を説明したうえで、忌憚のない意見をいってもらう形を作ることで感想を聞くことができる。最初は厳しい意見は出ないかもしれないが、会を重ねる毎にいろいろな意見が出るようになる。社員に対して、こうした「外の声を聴かせる」ことは視野を拡げる意味でも有益である。

　そして、**情報開示の効果を確認しつつ、ステークホルダーの範囲を徐々に広げることで「経営の透明性を高める」ともに「外の眼に耐えうる経営内容を志向する」ことがガバナンス強化**につながる。情報を開示することは、良い意味での緊張感や独り善がりにならない監視の眼を得ることになる。

3.5　一方的なトップダウン体制のデメリットを緩和する

　オーナー経営者による一方的なトップダウン方式が、心理的安全性を阻害し、自由な意見（反対を含む）を社員に言わせない要因になっている可能性がある。社内の意見を封鎖してしまう手法は、「社長を孤立」させることにもなる。会社に難題が持ち込まれたときに、社長一人が孤高の判断を下すのではなく、社員の多様な意見や議論を判断材料として活用することは「舵取

りのレベルを上げる」ことに役立つ。

一方で、トップダウンにこだわる社長の気持ちも理解する必要がある。「社員の意識が低い」「自分の仕事だけという社員が多い」「会議をしてもほぼ意見が出ない」といった社長の愚痴めいた話が多い。ある社長から「上場企業は優秀な社員で構成している。中小企業は社長がしっかりリードしないと業務を進められない」と言われたことがある。こうした考え方がトップダウンの肯定材料になっている面はあるだろう。

しかし、**より良いガバナンスを構築する視点からすれば、「いかに社内の多様な意見を吸い上げるか」、「経営に対する意見具申を増やすか」、が重要な論点になる**。こうした文化改革は「**ダイバーシティ＆エクイティ＆インクルージョン（DEI）**」による事業強化、「**心理的安全性を確保した健全な職場環境作り**」といった観点からも重要な意味をもつ。

こうした相反する事情を考慮すると、「社長がトップダウンとせざるを得ない事情」と「社内の意見を反映する場を作る有益性」を調和させる方法を考える必要がある。一案であるが、社員向けの「匿名サーベイ」といった実態把握から入る方法もある。オーナー経営者に面と向かって本音を話すことは難しい。だから出来るだけ「本音を言える場」、「吸い上げることのできる場」をサーベイに求めるのである。そして、サーベイを定例化して「定点観測」ができるようにすることが改善の度合いを知るうえで有効である。あるいは、トップダウンを逆手にとって「横断的に社内の課題を議論する場を設ける」ことも一案である。当然だが、社員や組織文化の改善は一朝一夕ではできない。そうした意味で、**社内の意見を吸い上げることのできる仕組みを作ることが文化改革に役立つ**。さらには、社長への批判を含めて「社長の姿勢を正す」機会になるはずである。

3.6 経営の状況をチェックする

中小企業の現状を考えると、経営のチェックができる人間は限られる。ひとりは「顧問税理士」、ひとりは「金融機関」、契約があるとすれば「顧問」そして「監査役」である。しかし、これらの人々のチェック内容にも課題がないとはいえない。

　顧問税理士は「雇われているヒト」である。過度に「正義の士」となれば経営者に疎まれる可能性がある。会計のチェックはもちろんするが、経営全般に対する意見具申までする税理士は少ないはずだ。金融機関は「カネを貸すヒト」なので「ビジネス」が絡む。他行との競争が激しくなるなかで経営者に「耳の痛いことを言う」担当者は少ないだろう。顧問は立場次第で変わる。社長が請うて就任してもらった先輩経営者であれば聞く耳は当然持つ。しかし「顔役」として形だけ顧問になってもらっている場合もある。まさに個人の立場と資質で変わる。監査役はミッションからしても「最も適切なチェック役」ではあるが、実際には「夫人」「元経理部長」といったヒトが就任していることも多い。形式上チェックする立場であっても、実際に機能するかどうかはわからない。この点が中小企業のガバナンスの難しさでもある。

　これに対するひとつの回答が、前述の「相談相手」としての社外取締役を機能させることである。もちろん「雇われている」という点は類似するわけだが、任期や立場を踏まえれば「切られることを恐れる人」は社外取締役に就任しないだろう。そこに賭けたい気持ちがある。

　第二の回答は「金融機関」が**原点に帰って**「**デットガバナンスを効かす**」ことである。VUCAの時代は「金融機関の矜持が試される時代」だと考えている。融資を伸ばしたいから経営者の耳に痛いことには触れないといった姿勢では間違いなく淘汰される。中小企業の持続的価値向上を掲げ、そのために真に役立つことを行う。そういった矜持を持った金融機関でなければ、地域中核企業や成長企業から相手にされなくなる。デットガバナンスを効かしつつ、企業価値向上を通じてビジネスでもサクセスを得る。そんな金融機関像を描いてもらいたい。

3.7　金融機関による建設的対話

　前項の流れに沿う形になるが、デットガバナンスのあり方として金融機関の「**建設的対話**」が中小企業のガバナンス向上に役立つ。建設的対話は、日本版スチュワードコード・シップのなかで、機関投資家のエンゲージメントのあり方として説明されたもので「**企業の企業価値向上や持続的成長を促すことにより、顧客・受益者の中長期的な投資リターンの拡大を図る責任**」を

果たす手段と位置付けられている。これをデットガバナンスの担い手である金融機関に置き換えれば良い。つまり、中小企業の企業価値向上や持続的成長を促す観点から経営のチェックや助言を行う。それは、地域や預金者、金融機関自身のメリットにもなる。そして何よりも、当該企業のガバナンス向上に資する。

金融機関が行う建設的対話とは、**中小企業の特性を理解したうえで、否定（ダメ出し）で終わるのではなく、至らない点について改善を促して、より良い方向に企業が進めるように伴走的な支援を行うこと、あるいは双方向で新しい戦略や価値を共創すること**をいう。

一例をあげるとすれば中小企業において現状「ESG的な視点」が不足しているケースが散見される。例えば脱炭素問題である。本来であれば、計画的なGHG排出削減対策が求められるが、中小企業は切羽詰まらないと動き出さないことが多い。ある意味でガバナンスの弱さの現れでもある。こうした問題に対して、長期的かつ社会的な視点を提示し、事業性評価を踏まえた合理的な助言、あるいは移行に関する資金提供を行って実効性を高める。こうした建設的対話とファイナンスによる実装を併せ持つことは、間違いなくガバナンス向上に役立つ。**金融機関には前項のようなデットガバナンスを効かす面と、建設的対話によって中長期的な視点や社会的な視点で経営に取り組むことを促す面**、この両面で対応することが期待される。

3.8　究極の選択：経営者の交代

最後に「究極のガバナンス」である「経営者の交代」について付言する。

オーナーである中小企業の経営者が交代をするケースの大半が「事業承継」である。いわゆる「代替わり」である。第二の交代があるとすれば「事業再生」に基づく社長交代である。これは経営責任を取るといった意味合いが大きい。また、グッドとバッドに企業を分割して、グッドを別の企業が買収してグループ内に納めるようなケースで社長交代が行われることもある。これは、M&Aによる経営者交代によるガバナンス強化という側面があるだろう。第三の交代は「M&A」による買収後の統合において、社長が交代する場合である。経営が悪化していない企業でも戦略的な観点で会社を売却すること

はある。中小企業の場合は、冒頭に述べた事業承継者が不在というケースでの売却も少なくない。あるいは、ステップアップを図ろうとするアーリーステージ企業の売却もある。

ここまで社長交代の態様を見てきたが、日本の中小企業において「経営力に問題がある」ことを理由に、中途で社長が交代させられるケースはまずない。事業承継途上にある企業の会長が子息である社長や、一時的にブリッジした社員社長を交代して復帰するというケースはあるが、例としては多くない。こうした背景には大株主が社長一族であるという中小企業の特性がある。したがって、ガバナンス強化を目的として社長交代をするケースは考えにくいのである。

この点に関して、これからの中小企業セクター全体を俯瞰するとすれば、「業界再編」という形で「社長交代」が進むだろう。人口減少とともに国内の既存市場は確実に縮小し、恒常的な過当競争構造が残る。ジワジワとした体力戦である。また、市場縮小だけでなく、技術革新や脱炭素といった社会問題への対応に関しても企業間の濃淡が生じることは必至である。先見性を持って対応している企業に劣後して競争力を失う企業も増える。経営の舵取りが遅れた企業を先行する企業が飲み込むといった形が増加する。

そうした意味で、これからのガバナンスのあり方として「**自社の実力を見極めて、企業価値が棄損する前に早期に対処できるか**」も問われる。売り時を失い「ハードランディング」するようでは元も子もない。家系や看板に拘って舵取りを間違うようではガバナンスが働いているとはいえない。残念ながら、現場で戦っている経営者はこれに気づかないことが多い。いや、気づこうとしないのかもしれない。そうした意味で、中小企業の経営に深く関与する金融機関が、こうした意思決定に加わることによってガバナンスを補完することも論点になるだろう。ただし、金融機関はこうしたガバナンスの補完を「ビジネス至上主義」で行ってはならない。それは中小企業をおもちゃにすることと一緒である。あくまでも、地域や業界の強化、自社や社員の幸せ、といった大きな視点で動くことである。大義をもった助言や行動こそが、中小企業のガバナンスを助ける。

治人あって治法なし

　人間の力によって世の中が収まるのであって、法律によって治まるのではない（荀子）。ある意味でガバナンスの至言ではないだろうか。中庸にも「其の人存すれば其の政挙がり、其の人亡ぶればその政息む」とある。政治においても結局為政者その人が重要だということだろう。

　上場企業には「ガバナンス・コード」といわれる企業統治の指針、ガイドラインがある。こうした基準があることは、外部から見た透明性を高めることにもなって悪いことではないだろう。しかも、「Comply or Explain（従わないのであれば説明せよ）」という選択の自由もあるので、ルール至上主義とまではいえない。

　ワールドワイドに多数の多様な社員を抱える大企業にあっては、ひとりの経営者が社員を束ね、株主の満足を得て、多様なステークホルダーと協働することは簡単ではない。そういった意味で、ガバナンス・コードを設ける意味は少なくない。

　一方で、荀子の言葉も重い。とりわけ中小企業においては噛みしめる言葉である。いや、大企業であっても同じである。大企業であってもカリスマと呼ばれる経営者のもとで社員が一丸となり、多くのステークホルダーが納得感を高める事例は少なくない。ルールは重要だが、「智に働けば角が立つ」ものでもある。理屈は尖ったものであり、運用する人間によって血が通うこともある。

　企業統治の問題は恒久的な課題であり、高見を目指せばキリがない。しかし、複雑な経営環境のなかで、多様な人材をひとつにして目的を実現するためには「経営者個人」の力に依るところが大きいのではないだろうか。組織としては「誰が経営者になっても良いガバナンスが行われる体制」を目指すのであろうが、それは無理というものである。組織は、結局優秀なリーダーが出現したときに基礎が築かれ、隆盛を迎える。それは歴史が証明している。組織は「ヒトで構成」している以上、常に新陳代謝によってメンバーも入れ替わり、価値観や属性も変化する。恒久的な体制などありえないのだ。結局、優秀なリーダー、経営者の存在こそがガバナンスを機能させる決定要因なのではないか。組織の努力に無力さを感じる必要はないが、ルールや体制だけでガバナンスを構築することは難しい。それを肝に銘じて経営者は人心掌握、ステークホルダー掌握を行うということであろう。

中小企業のガバナンス研究を求む！

　勉強不足のせいか、中小企業に関するガバナンス研究をみることが少ない。研究の過半は大企業に関するものであることは、書籍等をみても感じることである。しかし、いまこそ研究者のみなさんに中小企業のガバナンス研究に取り組んでいただきたいと願う。

　その理由は、ガバナンスの目的にある。ガバナンスの定義はいろいろあろうが、結局は内外ともに健全な会社にして、持続性を高めることに目的があるように思う。そして、そうしたことを毎日考えているのが「経営者」であろう。しかし、経営者は「体系化」や「理論化」に取り組むことはない。自らの引き出しにそっとしまっておくだけである。自社の小さな範囲で活用されることはあっても、展開性がない。

　そこで研究者の出番である。中小企業のガバナンスを理論化・体系化することで、多くの中小企業に知恵を与えていただきたい。

　中小企業は多様なステークホルダーで構成されている。「ファミリー」「オーナーシップ」「ビジネス」の3つの関係性を説明する「3circle model」によれば、7種類の立場に立つ人々で構成される。一番「濃いヒト」は、一族であり株式所有者であり家業にも関わっている経営者。一番「薄いヒト」であれば、一族でも株式所有者でもない社員とか、一族でも社員でもない株式保有者が想定される。このように多様なメンバーでファミリービジネスを運営することになる。ファミリーガバナンスが必要とされる理由でもある。

　そして、近年倒産は減ったといっても廃業の数が高水準に推移している。毎年5~6万社の中小企業が消えている。また、緩和的な金融に助けられているゾンビ企業といわれる会社もある。さらに、いまは大過なく過ごしてはいるが、未来の展望が開けていない企業も少なくない。

　複雑な環境のもとで、内外ともに健全な会社を作るためには中小企業こそがガバナンスを強化する必要がある。しかし、オーナーシップ、ファミリービジネスであるがゆえの「孤立性」があり、指導を仰げない経営者も少なくない。日本の雇用や地域を支えているのは中小企業である。中小企業が健全であること、未来に展望が持てることが日本にとって重要な意味をもつ。

　いまこそ中小企業のガバナンス研究が深まることを心から願う。

第 11 章

中小企業の戦略的事業承継

事業承継は永らく中小企業セクターの主要課題とされてきた。

その背景のひとつに「経営者の高齢化進展」がある。経営者の年齢分布（図3-11-1）をみれば一目瞭然で、確実に右方向（高齢化）にヤマが移動している。極端にいえば、20年間で20歳近く高齢化した状態、つまり世代交代が出来ていない状態にある。それを裏付けるかのように、社長の35%が70歳以上で、60歳以上が6割を占めている（**図 3-11-2**）。こうした背景もあってか、中小企業の廃業や解散は、年間5万件という「高水準」で推移している（**図 3-11-3**）。

さらに事業承継の実態について「経営者の年齢別」に見た「承継の意向」

【図 3-11-1】 年代別に見た、中小企業の経営者年齢の分布

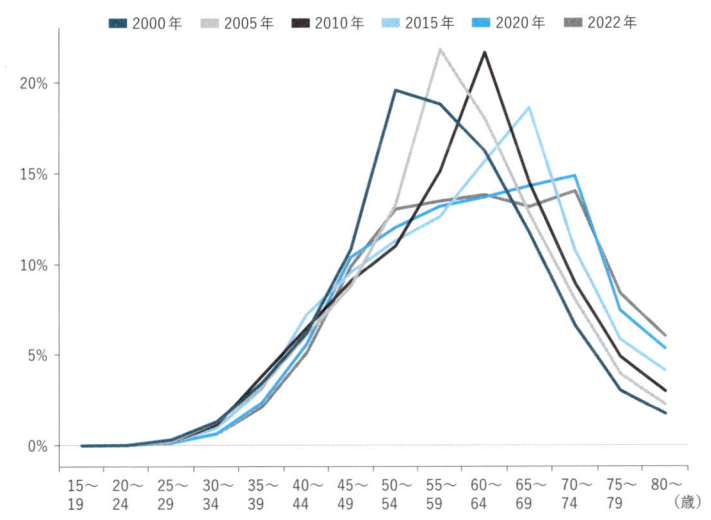

資料：㈱帝国データバンク「企業概要ファイル」再編加工
（注）「2022年」については、2022年11月時点のデータを集計している。

出典：中小企業庁「中小企業白書（2023年版）」第2-2-2図

【図 3-11-2】 中小企業の社長の年齢別構成比

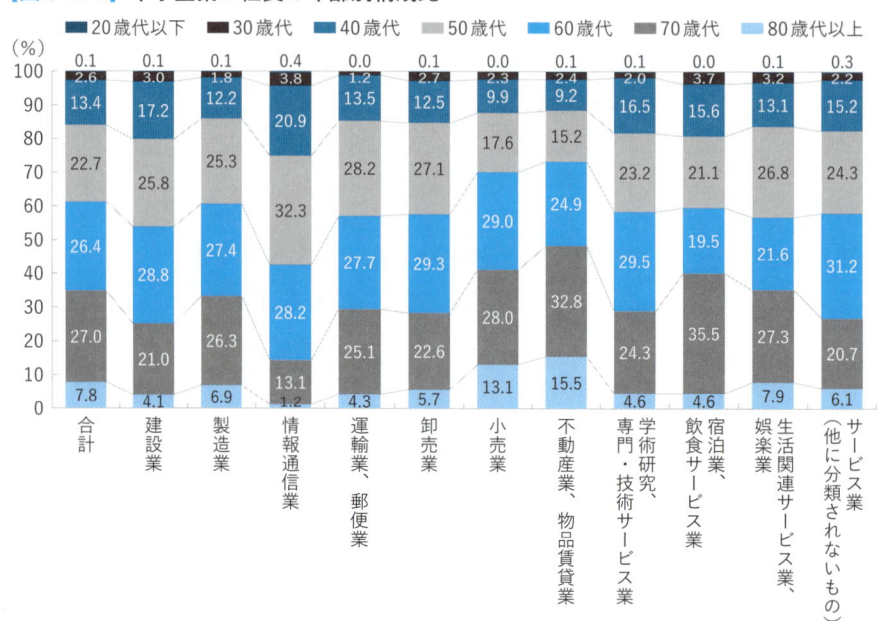

出典：経済産業省「令和 4 年中小企業実態基本調査」　第 5-1 図

【図 3-11-3】 休廃業・解散件数の推移

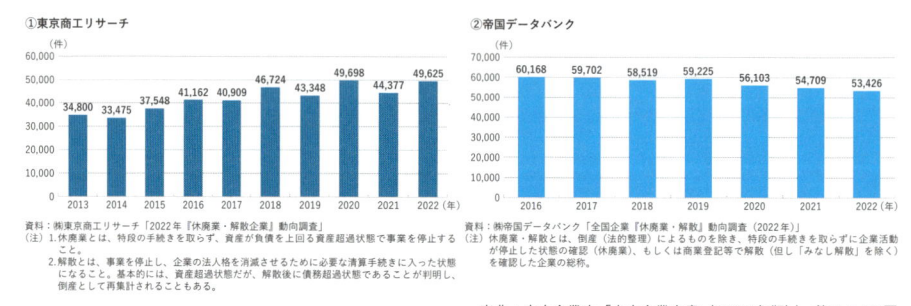

①東京商工リサーチ

資料：㈱東京商工リサーチ「2022 年『休廃業・解散企業』動向調査」
（注）1.休廃業とは、特段の手続きを取らず、資産が負債を上回る資産超過状態で事業を停止すること。
　　　2.解散とは、事業を停止し、企業の法人格を消滅させるために必要な清算手続きに入った状態になること。基本的には、資産超過状態だが、解散後に債務超過状態であることが判明し、倒産として再集計されることもある。

②帝国データバンク

資料：㈱帝国データバンク「全国企業『休廃業・解散』動向調査（2022 年）」
（注）休廃業・解散とは、倒産（法的整理）によるものを除き、特段の手続きを取らずに企業活動が停止した状態の確認（休廃業）、もしくは商業登記等で解散（但し「みなし解散」を除く）を確認した企業の総称。

出典：中小企業庁「中小企業白書（2023 年版）」　第 1-1-18 図

（**図 3-11-4**）を見ると「経営者の意識差」を感じることができる。30 代と若い層であっても「考えている経営者は考えている」という印象がある。逆に後継者の育成に要する時間を踏まえる（**図 3-11-5**）と何らかの準備を始めるべき 50 代 60 代であっても、4 〜 5 割が後継者「未定あるいは廃業・売却」を考えている状況で事業承継に「手詰まり感」を感じさせる。さらに「後継

【図 3-11-4】 経営者の年代別に見た、事業承継の意向

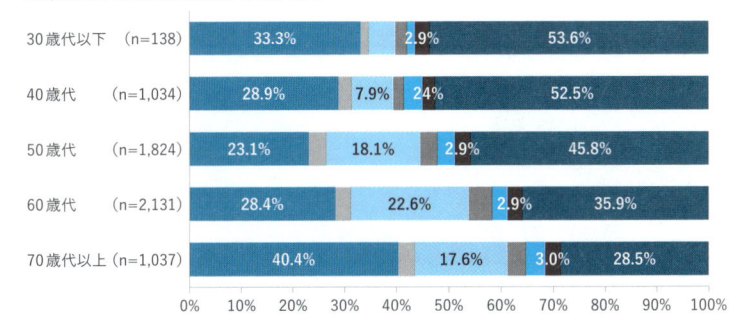

凡例:
- 子供や孫に引き継ぎたいと考えている
- 事業の譲渡や売却を検討している
- 子供や孫以外の親族に引き継ぎたいと考えている
- 誰かに引き継ぐことは考えていない・廃業を検討している
- 親族以外の役員・従業員に引き継ぎたいと考えている
- 未定である・分からない
- 社外の第三者に引き継ぎたいと考えている

30 歳代以下（n=138）	33.3% / 2.9% / 53.6%
40 歳代（n=1,034）	28.9% / 7.9% / 2.4% / 52.5%
50 歳代（n=1,824）	23.1% / 18.1% / 2.9% / 45.8%
60 歳代（n=2,131）	28.4% / 22.6% / 2.9% / 35.9%
70 歳代以上（n=1,037）	40.4% / 17.6% / 3.0% / 28.5%

資料：㈱東京商工リサーチ「中小企業が直面する経営課題に関するアンケート調査」
（注）ここでの「30 歳代以下」とは、経営者の現在の年齢について、「24 歳以下」、「25〜29 歳」、「30〜34 歳」、「35〜39 歳」と回答した企業を指す。「40 歳代」とは、経営者の現在の年齢について、「40〜44 歳」、「45〜49 歳」と回答した企業を指す。「50 歳代」とは、「50〜54 歳」、「55〜59 歳」と回答した企業を指す。「60 歳代」とは、経営者の現在の年齢について、「60〜64 歳」、「65〜69 歳」と回答した企業を指す。「70 歳代以上」とは、経営者の現在の年齢について、「70〜74 歳」、「75 歳以上」と回答した企業を指す。

出典：中小企業庁「中小企業白書（2023 年版）」第 2-2-5 図

【図 3-11-5】 事業承継累計別に見た、事業承継の準備期間

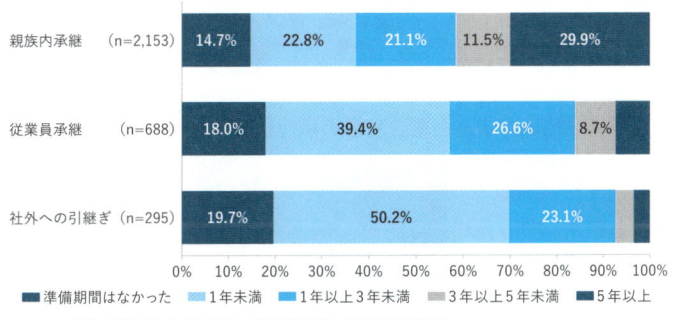

親族内承継（n=2,153）	14.7% / 22.8% / 21.1% / 11.5% / 29.9%
従業員承継（n=688）	18.0% / 39.4% / 26.6% / 8.7%
社外への引継ぎ（n=295）	19.7% / 50.2% / 23.1%

凡例：■ 準備期間はなかった ■ 1 年未満 ■ 1 年以上 3 年未満 ■ 3 年以上 5 年未満 ■ 5 年以上

資料：㈱帝国データバンク「中小企業の事業承継・M&A に関する調査」
（注）1. ここでの準備期間とは、「事業承継を決断してから社長就任までにかかった期間」を指す。
2.「親族内承継」は、社長の就任経緯について、「同族承継」と回答した企業を指す。「従業員承継」は、社長の就任経緯について、「内部昇格」と回答した企業を指す。「社外への引継ぎ」は、社長の就任経緯について、「買収」、「外部招へい」、「出向」、「分社化の一環」と回答した企業の合計。

出典：中小企業庁「中小企業白書（2023 年版）」第 2-2-14 図

者が決まっている」場合でも、「後継者の同意を得ている」（**図 3-11-6**、**図 3-11-7**）ケースは多いとは言えない。7 割以上が後継者とのコミュニケーション（伝達）が取れていない状況で「一方通行」を感じる。さらに、後継者不在あるいは後継者の同意がないケースが、60 代でも半数を超えていることが事業承継問題の難しさを示している。

【図 3-11-6】 経営者の年代別に見た、後継者の選定状況

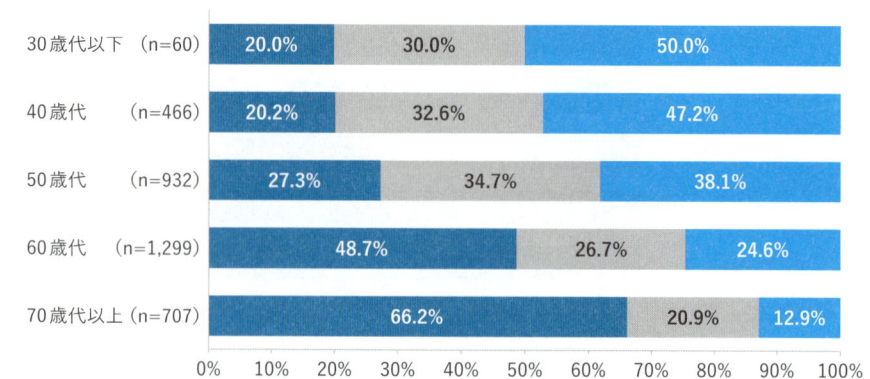

- 30歳代以下　（n=60）: 20.0% / 30.0% / 50.0%
- 40歳代　（n=466）: 20.2% / 32.6% / 47.2%
- 50歳代　（n=932）: 27.3% / 34.7% / 38.1%
- 60歳代　（n=1,299）: 48.7% / 26.7% / 24.6%
- 70歳代以上（n=707）: 66.2% / 20.9% / 12.9%

資料：㈱東京商工リサーチ「中小企業が直面する経営課題に関するアンケート調査」
（注）1．事業承継の意向について、「誰かに引き継ぐことは考えていない・廃業を検討している」、「未定である・分からない」と回答した企業以外を集計している。
　　　2．ここでの「30歳代以下」とは、経営者の現在の年齢について、「24歳以下」、「25〜29歳」、「30〜34歳」、「35〜39歳」と回答した企業を指す。「40歳代」とは、経営者の現在の年齢について、「40〜44歳」、「45〜49歳」と回答した企業を指す。「50歳代」とは、「50〜54歳」、「55〜59歳」と回答した企業を指す。「60歳代」とは、経営者の現在の年齢について、「60〜64歳」、「65〜69歳」と回答した企業を指す。「70歳代以上」とは、経営者の現在の年齢について、「70〜74歳」、「75歳以上」と回答した企業を指す。

出典：中小企業庁「中小企業白書（2023 年版）」　第 2-2-7 図

【図 3-11-7】 後継者候補に対する引継ぎ意思の伝達状況

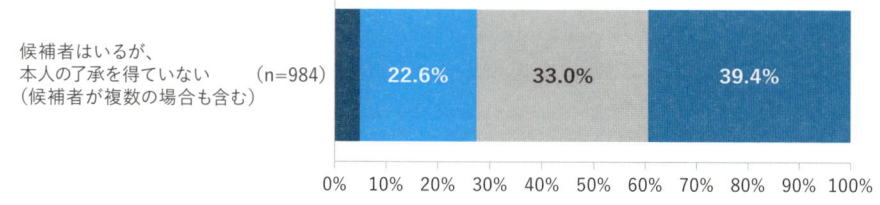

候補者はいるが、
本人の了承を得ていない　（n=984）
（候補者が複数の場合も含む）: 22.6% / 33.0% / 39.4%

- 明確に伝えた
- 概ね伝えた
- 伝えようとしている
- 伝えていない

資料：㈱東京商工リサーチ「中小企業が直面する経営課題に関するアンケート調査」
（注）後継者の選定状況について、「候補者はいるが、本人の了承を得ていない（候補者が複数の場合も含む）」と回答した企業のみを集計している。

出典：中小企業庁「中小企業白書（2023 年版）」　第 2-2-9 図

　後継者を見つけることが難しくなるなかで、多くのベテラン経営者は「経験の浅い後継者」に承継することを逡巡する場合が多い。全権を一気に移譲して会社には一切出社しないといった経営者は稀有であろう。しかし、「若いからダメ」「経験がないからダメ」という紋切り型の思考ではこれからの

【図 3-11-8】 事業承継実施企業の承継後の売上高成長率（同業種平均値との差分）

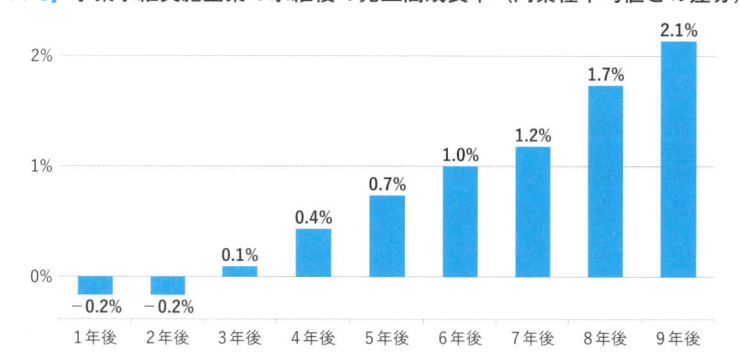

資料：㈱帝国データバンク「企業概要ファイル」再編加工
（注）1. 2008 年〜2012 年に経営者交代を 1 回行っており、経営者交代からその後 9 年間の売上高の数値が観測できる企業を分析対象としている。
　　　2. 成長率の数値は、マクロ経済の影響を取り除くため、経営者交代を行った企業の成長率の平均値と同分類産業の成長率の平均値との差分である。
　　　3. 売上高成長率が 95 パーセンタイル以上または 5 パーセンタイル以下の観測値は外れ値として除外している。

出典：中小企業庁「中小企業白書（2023 年版）」 第 2-2-12 図

【図 3-11-9】 経営者年齢別、増収企業の割合

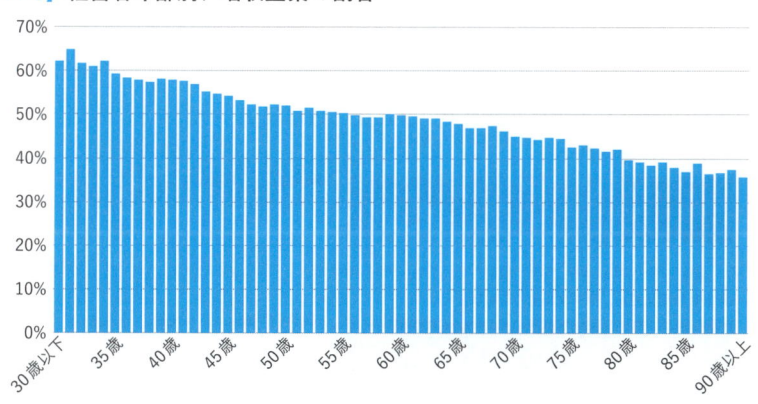

資料：㈱東京商工リサーチ「全国社長の年齢調査（2019 年 12 月 31 日時点）」再編加工
（注）2019 年 12 月時点で判明している直近 2 期の売上高を比較して「増収企業」、「売上横ばい企業」、「減収企業」を分類し、集計している。

出典：中小企業庁「中小企業白書（2023 年版）」 第 2-3-10 図

時代に適合できない。一例をあげると（**図 3-11-8、図 3-11-9**）、事業承継を契機に同業他社と比べて「増収となる」、若い経営者ほど「増収企業が多い」といったデータがある。VUCA の時代は前例踏襲が効かなくなることが多いため、行動力や情報収集力が高く挑戦心を持った経営者が成功できる確

率が高まる。さらに「デジタル活用が必須」であり、「デジタル・デバイド（情報格差）」の問題を生じることが多い。それを裏付けるように（図 3-11-10）、事業承継を契機としてデジタル化に取り組む比率は高い。さらに、「第三段階（業務効率化・データ分析まで行う）」まで「レベル高く取り組む」割合が多いことがわかる。さらに、顧客ニーズへの対応という「いままで出来ていなかったこと」への取組み、「将来への危機感」にもとづくデジタル推進という回答からは「後継者ならでは」の対応であることを示している（図 3-11-11）。「事業承継を機会」として「デジタル化に舵を切っている」のである。このように、若い経営者の持てる力を信じて、事業承継を行うことも必要だと考えられる。

　ここまで中小企業の事業承継の実態について説明してきたが、なぜ本書において「事業承継問題」を、いまさら「経営の論点」として扱うのだろうか。ここ 10 年近く、事業承継難に苦しむ中小企業に対して、どういった支援や対応が必要かという政策サイドの議論が散々行われてきた。中小企業に対しても「早めに準備を」といった意識付けや啓蒙がなされている。しかし、経

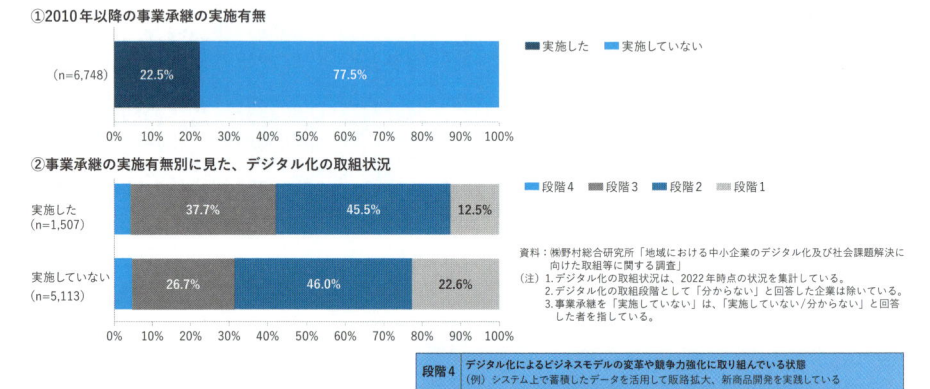

①2010年以降の事業承継の実施有無

■ 実施した　■ 実施していない

| (n=6,748) | 22.5% | 77.5% |

②事業承継の実施有無別に見た、デジタル化の取組状況

■ 段階4　■ 段階3　■ 段階2　■ 段階1

| 実施した (n=1,507) | 37.7% | 45.5% | 12.5% |
| 実施していない (n=5,113) | 26.7% | 46.0% | 22.6% |

資料：㈱野村総合研究所「地域における中小企業のデジタル化及び社会課題解決に向けた取組等に関する調査」
(注) 1.デジタル化の取組状況は、2022年時点の状況を集計している。
　　 2.デジタル化の取組段階として「分からない」と回答した企業は除いている。
　　 3.事業承継を「実施していない」は、「実施していない／分からない」と回答した者を指している。

段階4	デジタル化によるビジネスモデルの変革や競争力強化に取り組んでいる状態 (例) システム上で蓄積したデータを活用して販路拡大、新商品開発を実践している
段階3	デジタル化による業務効率化やデータ分析に取り組んでいる状態 (例) 売上・顧客情報や在庫情報などをシステムで管理しながら、業務フローの見直しを行っている
段階2	アナログな状況からデジタルツールを利用した業務環境に移行している状態 (例) 電子メールの利用や会計業務における電子処理など、業務でデジタルツールを利用している
段階1	紙や口頭による業務が中心で、デジタル化が図られていない状態

出典：中小企業庁「中小企業白書（2023 年版）」 第 2-3-11・14 図

【図 3-11-11】 事業承継をきっかけとしたデジタル化に取り組んだ理由

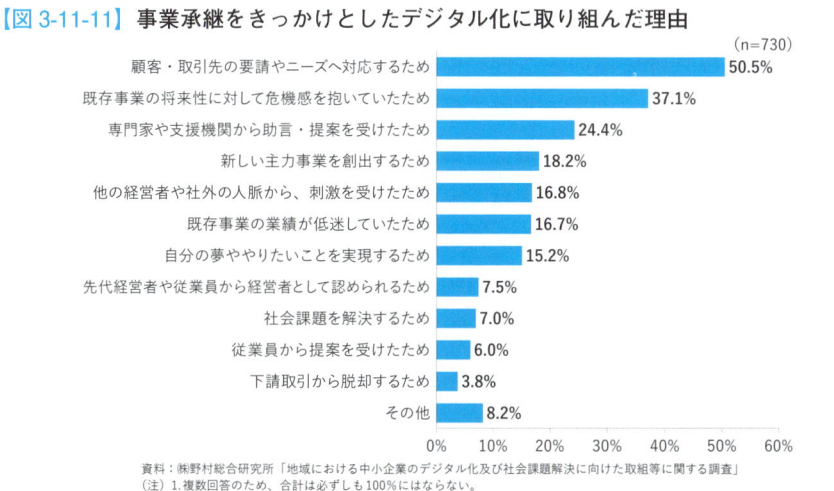

(n=730)

- 顧客・取引先の要請やニーズへ対応するため 50.5%
- 既存事業の将来性に対して危機感を抱いていたため 37.1%
- 専門家や支援機関から助言・提案を受けたため 24.4%
- 新しい主力事業を創出するため 18.2%
- 他の経営者や社外の人脈から、刺激を受けたため 16.8%
- 既存事業の業績が低迷していたため 16.7%
- 自分の夢ややりたいことを実現するため 15.2%
- 先代経営者や従業員から経営者として認められるため 7.5%
- 社会課題を解決するため 7.0%
- 従業員から提案を受けたため 6.0%
- 下請取引から脱却するため 3.8%
- その他 8.2%

資料：㈱野村総合研究所「地域における中小企業のデジタル化及び社会課題解決に向けた取組等に関する調査」
(注) 1. 複数回答のため、合計は必ずしも100％にはならない。
2. 2010年以降において事業承継を「実施した」と回答した企業に対して聞いている。

出典：中小企業庁「中小企業白書（2023年版）」第2-3-16図

営者の高齢化の進展や、従来主流であった親族内承継が逓減し、M&Aや社員への承継といった形態が増えるなかで、中小企業の事業承継は一段階上のステージにあがったと考えている。それだけではない。事業承継に「戦略性を加えないと生き残れない」時代になりつつあると本書では考えている。承継者の問題だけでなく、企業価値を棄損させないために、むしろ企業価値を向上する機会として、事業承継を捉えることが必要なのだ。

従来の事業承継で語られてきたことは、主として「**適切なタックスプラン**」「**経営権の集約（分散した自社株の集約）**」であり、小規模零細企業で経営者自身が事業の「メインプレイヤー（職人）」であるような場合には「**技術承継**」も課題になる。いずれも重要ではある。自社株の資産比率が高い中小企業においては、株価が高い場合には適切なタックスプランを立てないと、納税ができなくなる可能性がある。また、経営権の委譲は「誰が経営するか」「安定的な経営性をどう作るか」という意味で、事業承継の根本的問題である。

しかし、これからの事業承継は、それだけではだめなのだ。事業承継の機会について目線を上げて考える必要がある。言い換えれば、**事業承継に「戦略性」を持たせる**ことである。具体的には、**事業承継の機会を「ファミリーガバナンスの確立」**と「**企業価値の向上**」の2つを実現するものにしなけれ

ばならない。中小企業の大半がファミリービジネスである以上、ファミリーガバナンスの確立は家業の永続性に直結する。そして家業を承継するということは、ヒト・モノ・カネの承継に留まらず、新たな承継者のもとで「企業価値」を高め、持続的な成長のできる企業にすることが大事なのだ

　本書が事業承継を「経営の論点」と考える理由は、事業の引継ぎ的捉え方ではなく、戦略的な承継機会とすることが必要な状況にあるからだ。

　それでは「戦略的事業承継」とは何か、従来型の承継とは「何が違う」のか、「経営者はどう取り組めばよいのか」について説明する。

1. 戦略的事業承継とは何か

　戦略的事業承継には 2 つの柱がある。

　第一の柱は、**事業承継を「経営権と財産権」の承継対策で終わらすことなく、「企業の未来を拓く」ための建設的機会として捉え、「経営戦略」や「戦術」を練る**ことをいう。言い換えれば、30 年近く経営を牽引した旧経営者の経営のあり方や方向性を見直し、次世代を担う新経営者のもとで新たな事業ビジョンや経営戦略を考えることである。

　それでは、なぜ事業承継において「事業ビジョン」「経営戦略・戦術」を策定することが重要なのだろうか。それには幾つか理由がある。

　第一が、中小企業は「長期政権」であり、かつオーナーの考え方が経営に色濃く反映され、在任中は容易に見直しができないことが多いからである。前述の通り、中小企業の社長の在任期間を踏まえれば、大きな方針転換ができるのは 20 年か 30 年に一度ということになる。そういた意味で、**事業承継は現在の経営を、新しい承継者目線で見直し、新たな戦略で臨むことのできる貴重な機会**なのである。これを単純な承継だけで終わらせてはもったいない。

　第二の理由は、**事業承継対策を通じて「組織・モノ・カネ」が動く場合が多い**からである。せっかく組織やモノを動かすのであれば、「事業承継以外の意味（経営戦略）」を反映させることで事業承継の価値をさらに高めることができる。言い換えれば、" 一粒で二度美味しい " 機会にするのである。

　第三の理由は、事業承継を検討することは関係者への「愛」だからである。情緒的な表現で恐縮であるが、オーナー経営者が想像する以上に、自社の事業承継を心配している「役員・社員」「取引先」は多い。筆者は事業承継講演のなかで、会社法174条〜177条「相続人等に対する売渡しの請求」に関する条文を使って「腹心の部下によるクーデター事件」を説明することがあるが、クーデターを起こす部下には彼らの「正義」がある。オーナー経営者がいつまでも事業承継の方向性を示さないまま、万が一会社を売却されるような事態になれば永年の苦労が水の泡になり、自分たちの立場も失うといった不安がクーデターの動機になる場合があるのだ。また、残された親族にとっても、事前の準備がないままに社長が急死すれば会社を含めて後処理をどうやっていいかもわからない。急遽引き継いだ後継者にとっても、金融機関や取引先と円滑な関係が築けるかという不安も生まれる。つまり、**事業承継を通じて「将来の企業の姿」「そこに行くための道筋」を明示することは「社内外の混乱」を未然に防止し、「円滑な経営移行を進める」ことにつながる**のである。

　戦略的事業承継においては、次世代に向けた経営戦略を策定する。企業や事業のありたい姿、経営資源を活かしつつ時代の変化に適合するための事業や組織のあり方について考える。これを事業ビジョンと呼ぶ。事業ビジョンを達成するためには人事戦略や組織戦略など領域ごとに道筋を立てる必要がある。次世代の経営者を誰にするか、支える役員陣をどう構成するか、承継者をどう育成するか、といった視点が生まれる。また、タックスプランの実施や経営権の確立のために「ホールディング会社（HD会社）」を設立して対策を行うといった場合に、HD会社を核として株式移転や会社不動産の買い上げといったモノが動くことが多い。さらに、成長戦略のひとつとして「企業買収（M&A）」を積極的に行い、買収した各社をHDにぶらさげる（統括させる）といった「組織戦略」も生まれる。また、HD会社をタックスプランのツールや事業会社の統括といった目的だけでなく、**「ファミリーオフィス（家族事務所）」**としてオーナー一族の想いや価値観を実現する器として活用するといった考え方も生まれる。また、オーナー一族の健全な資産形成や投資の司令塔としての機能や、グループ全体の投資戦略のベースとして利

用することも可能である。

　戦略的事業承継の要素にはもうひとつある。それが「ファミリーガバナンスの確立」である。これについては次項で詳しく説明する。

2. ファミリーガバナンスの確立

　戦略的事業承継のもうひとつの柱が「**ファミリーガバナンス（家族統治）の確立**」である。

　中小企業の多くは「オーナー経営」「家族経営」、いわゆるファミリービジネスの形態にある。一番シンプルな例は、Ａ家一族で全株式を保有し、経営も一族の家長が担っているという形である。あるいは、株式は創業者の子供であるＡＢＣの３家で保有し、３家から役員を出して交代で社長を務めているといったケースもある。さらに複雑な場合は、地元の同業者が生き残りのために大同団結して１つの会社になり、合併した５社それぞれの経営者一族が株式を保有し、各家から交代で会長・社長を出しているケースもある。これも５家というファミリーによるビジネスである。

　ファミリービジネスが難しいのは「血が濃い」ということ、「立場の異なるメンバー」で構成されていることである。例えば、親と子というつながりだからこそ、いったん経営の考え方が食い違うとどちらかが退出するまで争いが続くということがある。数年前に起こった大塚家具の父親と娘の経営権争いは典型である。「立場の違い」が、何か問題が起こったときに解決を難しくする場合がある。例えば、一族であっても「株を持って経営に携わっている者」もいれば「株も持たず経営にも参加していない者」もいる。あるいは「株は保有しているが、経営には携わっていない者」もいるわけで、一族だけでも３つの立場がある。さらに家業である会社の人間には「株を持たず一族でもない者」「株を持っているが一族でない者」「株を持ち一族である者」と３つの立場がある。こうした立場の違う人間が集まって、ファミリービジネスは行われている。そうしたなかで、例えば会社（家業）の利益配分を「経営者の報酬引き上げ」だけで行う方針が立てられた場合に、一族のなかで「株を持っているが経営には参加していない者」は、「配当で還元してほしい。

報酬引き上げのみには賛成できない」という考え方になろう。あるいは「社員（株を持っておらず会社には在籍）」にとっては「賞与に反映してほしい」と考えるはずだ。「一族の要求や満足」と「会社のニーズや満足」を両立させることを考えないと「一族や会社の団結」に綻びを生じる可能性がある。

　別の問題もある。創業者が大事にしていた「価値観や理念」に背く経営者が登場し、他の家族と考え方を無視して独断で経営判断を行うようなケースである。**ファミリービジネスの強みは、創業者の理念・価値観をビジネスに反映させることで独自性や強みを生み出すことである。**また、家族の絆が強いからこそ、危機に一致団結して対処するといった強みもある。これが、たった一人の「異端児」が経営者になったことで壊されてしまう場合があるのだ。さらには、一族に「適当な後継者」がいないため一族が経営者としてビジネスを継続することができなくなるケースもある。この場合、一族として将来の経営の家督を継ぐ者の育成をどう考えていたのか、一族と経営マネジメントの関係をどう規定していたのか、ということになる。また、一族の財産が散逸するなど「適切に保全・承継」されないケースもあるだろう。このようにファミリービジネスを巡る問題は数えきれないほど想定される。

　事業承継の本質は「**ファミリービジネスが持続性高く発展する**」こと、「**一族の資産を適切に形成し保全・承継する**」こと、「**一族共通の価値観・文化を大事にして結束を高める**」こと、それらを実現するための機会として事業承継を活かすことにある。つまり、中小企業の特性であるファミリービジネスをより高次元に継続するために、オーナー家一門のガバナンスを確立する必要があるということである。近時「**ファミリー憲章**」や「**ファミリー総会**」という言葉を耳にする機会が増えている背景には、ファミリーガバナンスの確立が「一族と家業の繁栄につながる」との認識が定着しつつあるからである。家業を健全に推し進めるためには、家族（ファミリー）の絆や団結が不可欠なのだ。

　いわゆる家族経営、ファミリービジネスには3つの側面がある。ひとつは血でつながる「家族・一族」という私的側面、ひとつが「会社の所有主（株主）」という所有の側面、ひとつが事業の推進や管理を行う「経営」という側面である。これらを均衡させることで、事業・想い・資産等を次の世代、

さらに次の世代と引き継ぐことができるのである。

　まずは、**家族・一族の「団結と価値観の共有」**である。そのために「一族として何を大事にするのか」、「会社や地域とどう関わっていくのか」、「一族において誰が家業においてどんな役割を担うのか」、「一族の財産をどう守り承継するのか」、「価値観や一族を守るためのルールや規律をどう作り、どうやって運用するのか」「一族のメンバーが納得できるような話し合いの場をどう作るか」、といった課題が生まれる。これがファミリーガバナンスと言われるものである。

　家族とは意外に難しいものである。血が邪魔して冷静に話し合うことができない、妙に甘えてしまう、以心伝心と言いつつ本音が言えない、といったことは日常茶飯事である。普通のサラリーマン家庭であれば家族の問題だけで済ますことができるが、「経営や所有（株主）」といった「ビジネス」が絡む。「ただの家族喧嘩」で終わらすことができない。家業に影響を及ぼす可能性が高い。

　だからこそ「家業の基礎となる一族の価値観の共有や団結を維持する」ための家族統治が不可欠なのだ。これがファミリーガバナンスの基本的な考え方である。ファミリーガバナンスを確立するためのツールとして「**ファミリー憲章**」といったものが策定される。これは「家族にとっての価値観（家訓）」「将来の方向性やビジョン」「一族の資産の形成や保全・継承」「経営への関与や家業における役割や入社方針」「家督を継ぐ者の教育方針」「一族のメンバーが尊重されるための話し合いの場」を明文化するものである。ファミリー憲章はファミリーガバナンスの中核となる憲法といって良いもので、これを一族のメンバーが遵守することで家族統治が維持できる。

　そして、ファミリーガバナンスを確立・運営するための「**ファミリーオフィス**」といった考え方がクローズアップされている。ファミリーオフィスは文字通り「家族の事務所」であり、ファミリー憲章に記載される内容を具体的に運営するための「器（ビークル）」である。当然だが、「家業のマネジメント」「適切な議決権の執行（家業の監視）」「地域への貢献」などを行うために働く組織でもある。代表的な形が「ホールディング・カンパニー」である。従来型のホールディング・カンパニーは「株式や資産の管理」を軸に、例え

ば総務・経理・人事部門がぶら下がる「子会社共通のサービス機能」が付されることが一般的であった。

しかし、「ファミリーオフィス」として活用するのであれば、機能はそれにとどまらない。所有者としてのビジネスマネジメントだけでなく、ファミリーガバナンスを維持するための機能である「財産の承継・管理・価値増大」「社会貢献」「ファミリーの育成」「ファミリー総会の運営」などに取り組むことになる。まさに一族と家業をつなぐビークル（器）として、一族の団結を維持するための役割を担うのである。

このように「戦略的事業承継」には、ひとつ上のファミリービジネスを実現するための「ファミリーガバナンスの確立」や「ファミリーオフィスの機能」を盛り込んだ組織改編などを行うための機会になることを強調しておきたい。

3. 企業価値を高めるための経営戦略作り

前述の通り、戦略的事業承継の柱のひとつに「企業価値を高める」ための「経営戦略を策定し実行する」ことがある。そこで、本項では参考までに「経営戦略」を作るために、何に留意すれば良いかについて説明する。

経営戦略とは「事業ビジョンを実現するためのストーリー」である。3年、5年、10年といった単位で「ビジョン達成の道のりを描く」ことを意味する。したがって、順番としては「事業ビジョンを描く」ことが必要になる。事業ビジョンを描くためには、自社を取り巻く未来の経営環境を予測・分析する必要がある。想定される経営環境のなかで、どのようなビジネスモデルを構築することが「自社のあるべき姿（事業ビジョン）」を実現するかについて考える。言い換えれば「ビジネスモデルの再構築」といってもいいだろう。

ビジネスモデルは、「市場（標的顧客）」「立ち位置」「商品／サービス（顧客価値）」「価格」「コミュニケーション（販促）」「流通（チャネル）」といった要素で構成される。環境変化によって、これら一つ一つの要素が変質し、弱体化する可能性がある。そうした環境変化による影響を踏まえつつ、「自社の強み・経営資源を活かした儲けの仕組み」を作ることがビジネスモデルの再構築になる。

　新しいビジネスモデルを実現するためには、「外部資源や内部資源をアップデートし再編成する」ことが必要である。なぜなら「理想とするビジネスモデル」と現状には必ずギャップが存在するからである。例えば「提案型営業」への移行を目指すとしても、社員にその意識やスキルが備わっていなければ絵に描いた餅になる。社員の育成や人事配置など「人事戦略」を併せて立てなければ目標に近づくことはできない。これが「ヒトという経営資源」を「アップデート」することである。これは事業承継にも関連する。後継者ができれば「事業承継は完了。全て問題なし」とはできないからである。一定規模の中小企業であれば「番頭役・補佐役」が重要な役割を果たす。しかし、現在の役員の多くは先代社長の子飼いであることが多く、求心力は先代に向かう。支える役員の高齢化問題もあり、役員の世代交代も必要である。そういった意味で、後継者が自分の「番頭や腹心」を育てる必要もある。これも「承継問題」であり、「人事戦略」でもある。

　このように、「人事戦略」だけでなく「投資戦略」「財務戦略」「物流戦略」「情報戦略」など、新しいビジネスモデルを実現するための「個別（サブ）戦略」を策定する必要がある。大きな事業ビジョンの実現のために、各領域において何を変えていけばいいのかを考えることになる。

　戦略立案の主体は、ファミリーガバナンス関連を除けば、「後継者」を中心に行う必要がある。ここで問題になるのが先代経営者との相剋であるが、先代経営者は関与しないことが重要である。「ファミリー憲章に沿う内容か」といったガバナンス的視点でチェックすることは問題ないが、戦略そのものに口出しすると新規性が生まれない。いままでの延長戦上だけの話になりかねない。後継者が助言を求める場合には意見を述べればいいが、戦略創造そのものは「後継者を育てることにつながる」と信じて「見守る」ことが重要である。

　戦略立案を行う後継者は、「外部環境の変化の分析」「変化に伴う現在のビジネスモデルの傷み具合」「自分が環境変化に適合すると考える自社の新たなビジネスモデル」「新たなビジネスモデルと現在のビジネスモデルのギャップの分析」「ギャップ分析を踏まえた個別戦略の策定」といった手順で作成することを勧める。その理由は、勘と経験だけではなく、できるだけ科学的

に経営の組み立てをしてほしいからである。せっかく代替わりをするのだから、経営も高度化してほしい。それが戦略的事業承継の本質である。

4. 経営者は事業承継を学ばなければならない

事業承継セミナーに参加すると「節税方法」に関する技術的な話が多い。「事業承継税制」がどう変わったか、「経営資源集約化税制（M&A）」がどうか、といったことに終始して、気が付けば全員居眠りといった光景も珍しくない。中小企業経営者にとって「事業承継」は「有能な専門家に任せるべきもの」といった感覚が強いので、こういう光景が生まれる。

もちろん事業承継を行ううえで社外流出をできるだけ抑制し、「次の承継者」まで頭にいれたタックスプランを作成する意義は大きい。「資産税」は専門性が高く、特例や例外など複雑な規定もあるので専門家に任せることはある意味当然である。筆者も全国で戦略的事業承継に関する中小企業向けの講演を行っているが、「種類株（例：黄金株）を活用している」「特例承継計画を活用している」といった「事業承継実施済みの企業」であっても、経営者自身は十分な知識を持っていない印象がある。

ここまで説明した通り、事業承継とはタックスプランのみで完結するものではない。経営権の集約、資産の承継、そして基礎となるファミリーガバナンスの確立、そして未来を拓くための経営戦略の策定など、様々な要素で成り立っている。そういった意味で、中小企業の経営者はできるだけ早い年代（30代、40代から）から「事業承継全般」について学ぶべきである。

しかし、資産税の専門家レベルになれという話をしているわけではない。専門家の話を聞いたときに、例えば相続に関するスキームを説明されたときにちんぷんかんぷんでは困るということだ。

相続税制の基礎、特例承継計画、相続時精算課税制度、歴年課税、事業再編投資損失準備金などの概要を理解することで、プロに依頼した後でもプロの提案の本質や内容を理解することに役立つ。提案に疑問が残る場合には「セカンドオピニオン」を選定して、違う角度で検証してもらうという眼を作ることにつながる。

　また、事業戦略を作るうえで、経営戦略論、マーケティング論、組織再編など学んで損をすることはない。**中小企業の経営者は「フィジカル（現場）での経験」を重視し過ぎる**傾向がある。「虫の眼」という言葉があるように現場も重要だが、基礎となる考え方や手法を学ぶことで経営を高度化することができる。事業承継は戦略的に行う必要がある。だからこそ、経営者は戦略の立て方や活かし方、個別の経営領域に関する学びを深める必要がある。それこそが価値のある事業承継を実現する道である。

海外市場への挑戦は、さらなる成長のために避けて通れない。人口減少や少子高齢化の影響で国内市場は徐々に縮小する。成長を目指すのであれば、海外に市場を求める必要がある。「海外」には、「インバウンド（訪日外国人旅行客）」も含まれる。

一方で、「文化・宗教・考え方・嗜好・法律・習慣・言語」等が異なる地域に進出することはリスクを伴う。さらに「マーケティング」が容易でない。国内でさえも十分なマーケティング活動ができているとは言い難い中小企業にとっては難易度があがる。市場のニーズ、標的とする顧客、自社の商品やサービスの対応、価格、物流など検討すべきことが山ほどある。こうしたリスクや障壁は、中小企業の海外挑戦を躊躇させる要因になっていたと考えられる。

実際に、企業が「輸出を行う際の課題（**図 3-12-1**）」として、「現地の販売・流通網の発掘・拡充」、「市場動向や関連規制に関する情報収集」の２つが圧倒的に多く、「輸出向けの新商品開発や既存商品の仕様変更」、「販売に関する法税制への対応」、「需要に見合う供給確保」、「販売単価の削減」等が

【図 3-12-1】企業が輸出を行う際の課題

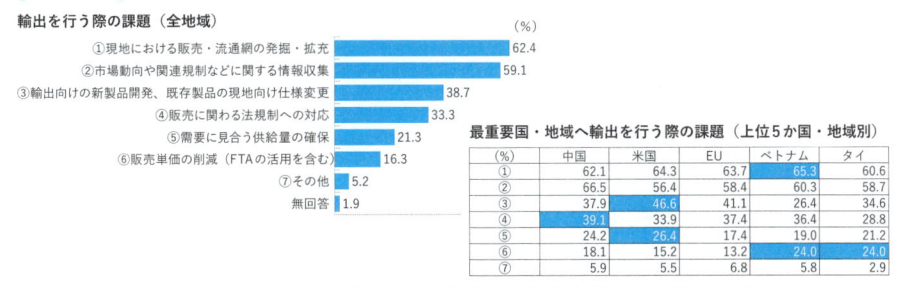

輸出を行う際の課題（全地域） (%)

課題	(%)
①現地における販売・流通網の発掘・拡充	62.4
②市場動向や関連規制などに関する情報収集	59.1
③輸出向けの新製品開発、既製品の現地向け仕様変更	38.7
④販売に関わる法規制への対応	33.3
⑤需要に見合う供給量の確保	21.3
⑥販売単価の削減（FTAの活用を含む）	16.3
⑦その他	5.2
無回答	1.9

最重要国・地域へ輸出を行う際の課題（上位５か国・地域別）

(%)	中国	米国	EU	ベトナム	タイ
①	62.1	64.3	63.7	65.3	60.6
②	66.5	56.4	58.4	60.3	58.7
③	37.9	46.6	41.1	26.4	34.6
④	39.1	33.9	37.4	36.4	28.8
⑤	24.2	26.4	17.4	19.0	21.2
⑥	18.1	15.2	13.2	24.0	24.0
⑦	5.9	5.5	6.8	5.8	2.9

資料：JETRO「2022年度 ジェトロ海外ビジネス調査 日本企業の海外事業展開に関するアンケート調査」から作成。

出典：経済産業省「通商白書（2023年版）」 第Ⅱ-2-4-7図

続く。この項目をみても、マーケティングの問題や法税制やサプライチェーンの構築などに苦労している姿が認識できる。

中小製造業の場合は「単独で海外進出」するケースは少なく、大企業のサプライチェーン傘下のプレイヤーとして追随する形態が一般的である。食品製造業等では、「原材料の確保」、「安い労働力」を求め、現地で一次加工をして輸入し、最終的に国内で完成品とするケースもみられる。ただし、後者のケースでも、地域によっては「人件費の高騰」もあって「コスト的な魅力」は過去に比べて低下している場合も多い。むしろ純粋に「人材確保」や「現地製造・現地販売」といった観点で海外進出するケースもみられる。

中小非製造業の海外進出は、いわゆる「専門商社」といわれる「卸売業（図 3-12-2）」が断然トップである。次いで「その他非製造業」には、飲食店、不動産賃貸、ホテルなどが含まれており、寿し・ラーメンといった日本を代表する「ブランド食品」を対象としているケース、日本の駐在員やアウトバウンドニーズを拾い上げているケースが考えられる。その他、経営コンサルタントや娯楽、専門技術サービスなどのサービス業、情報通信、運輸業が進出を遂げている。

【図 3-12-2】 資本金 1 億円以下の企業が保有する海外現地法人

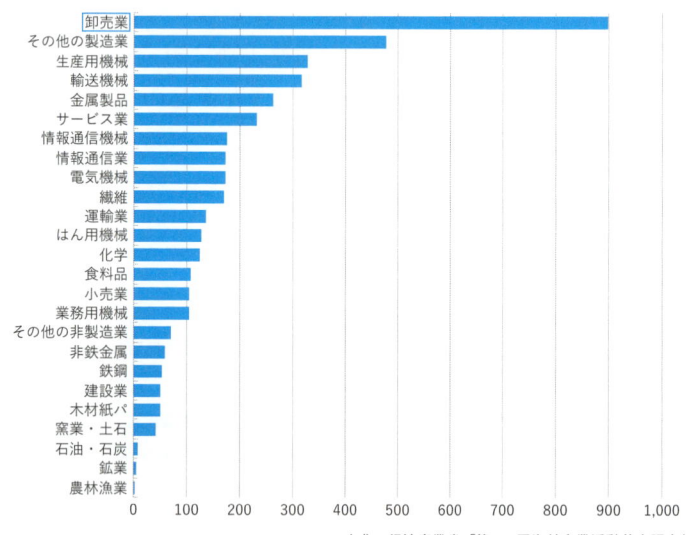

出典：経済産業省「第 52 回海外事業活動基本調査」より筆者作成

1. 経営の論点としての海外市場挑戦

それでは、本章で「海外市場への挑戦」を「経営の論点」とした背景を説明したい。

ここでいう挑戦には「**進む**」ことだけでなく「**退く**」ことも含めて挑戦と考えている。海外市場に成長を求める場合は「進む」ことを選択し、「ROIC（投資資本利益率）」的な視点から身の丈に合わない、先が見込めないといった場合に「退く」ことを選択する。どちらも「挑戦」といっていいと考えている。

したがって、**①すでに海外進出を遂げている企業については「進むか退くか」の再検証、②新たに進出を検討している企業については「自社の成長戦略と海外市場」**の意味を考えること、を想定している。①②の中には拠点の設置だけでなく、「輸出」や「インバウンドの獲得」も含まれる。

1.1 進むか退くかの判断

既に海外市場に進出している企業については、あらためて海外市場の意味を問い直す時期に来ている。その理由は、「海外の環境変化が大きくなっている」ことにある。

例えば、COVID-19 など流行病の発生や経済安保の強化によって「サプライチェーンが維持できなくなる」「長期にわたって寸断される」ケースが発生している。調査によれば、サプライチェーンを取り巻くリスクが増大かつ多様化しており（**図 3-12-3**、**図 3-12-4**）、実際に「途絶」を経験している企業も少なくない（**図 3-12-5**）。こうしたことを受けて、サプライチェーンのあり方に関する問題意識（**図 3-12-6**）が高まっており、在庫の積み増し、拠点の分散化、国内市場の見直し、といった点を課題とする声が聞かれる。

政治の問題も悩ましい。日本の主力輸出市場である中国において、政治体制や国際関係の緊張を背景に「治安維持」が強化され、駐在員の安全や往来の確保に懸念を生じているケースもある。中国以外の地域でも「国内の対立」や「隣国との紛争が激化」している地域もあり、健全な経済活動が難しい場合がある。また、ESG 的な視点が強まることで「人権の確保」「環境対応に

【図 3-12-3】 サプライチェーン上のリスク

直近10年（n=167）今後5年（n=169）		地政学的リスク	環境リスク	経済安全保障上のリスク	マクロ経済リスク	サプライチェーンリスク	人権問題リスク	金融リスク
中国	直近10年	53.4%	45.0%	48.9%	27.9%	27.9%	16.5%	5.6%
	今後5年	69.5%	22.6%	61.6%	28.7%	17.4%	22.1%	7.6%
米国	直近10年	26.3%	31.6%	31.6%	35.5%	36.8%	0.0%	1.3%
	今後5年	37.3%	18.7%	49.3%	45.3%	25.3%	2.7%	0.0%
台湾	直近10年	54.2%	25.0%	45.8%	25.0%	8.3%	4.2%	8.3%
	今後5年	78.0%	2.0%	62.0%	12.0%	0.0%	0.0%	0.0%
その他アジア	直近10年	34.8%	58.7%	13.0%	34.8%	23.9%	6.5%	13.0%
	今後5年	34.7%	49.0%	36.7%	38.8%	20.4%	12.2%	8.2%
ロシア	直近10年	94.2%	3.8%	32.7%	5.8%	11.5%	15.4%	11.5%
	今後5年	98.1%	0.0%	40.4%	25.0%	30.8%	30.8%	26.9%
ベトナム	直近10年	18.4%	55.1%	6.1%	28.6%	14.3%	0.0%	10.2%
	今後5年	28.6%	34.3%	11.4%	51.4%	0.0%	5.7%	0.0%

地政学的リスク：国家間等での緊張の高まり、不安定な政治体制、紛争・テロ等
環境リスク：自然災害、気候変動、感染症等
経済安全保障リスク：米中貿易摩擦、経済的威圧、強制的技術移転、貿易制限・関税、投資規制等
マクロ経済リスク：需要の変動、商品価格変動、為替変動等
サプライチェーンリスク：輸送・交通インフラ不全、情報通信の途絶等
人権リスク：人権問題
金融リスク：資本取引規制、不安定な決済システム等

備考：過去10年間に高まったリスク、今後5年間に高まると考えられるリスクについて、当てはまるものをすべて選択。
資料：ノムラ・リサーチ・インスティテュート・シンガポール「我が国企業の海外展開の実態及び課題に係るアンケート調査（2022年度）」から作成。

出典：経済産業省「通商白書（2023年版）」 第Ⅱ1-1-24図

【図 3-12-4】 サプライチェーンリスクが高まった国・地域

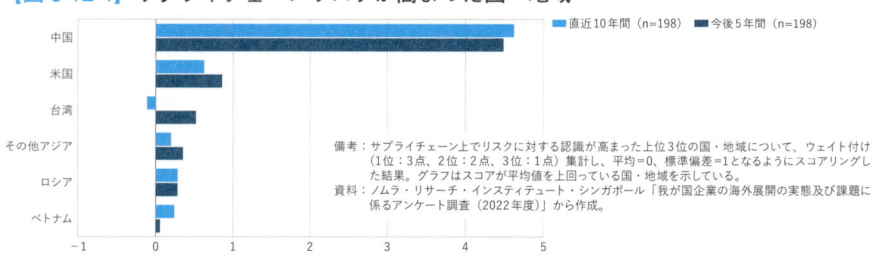

備考：サプライチェーン上でリスクに対する認識が高まった上位3位の国・地域について、ウェイト付け（1位：3点、2位：2点、3位：1点）集計し、平均＝0、標準偏差＝1となるようにスコアリングした結果。グラフはスコアが平均値を上回っている国・地域を示している。
資料：ノムラ・リサーチ・インスティテュート・シンガポール「我が国企業の海外展開の実態及び課題に係るアンケート調査（2022年度）」から作成。

出典：経済産業省「通商白書（2023年版）」 第Ⅱ1-1-23図

【図 3-12-5】 2020年以降サプライチェーン途絶の経験の有無

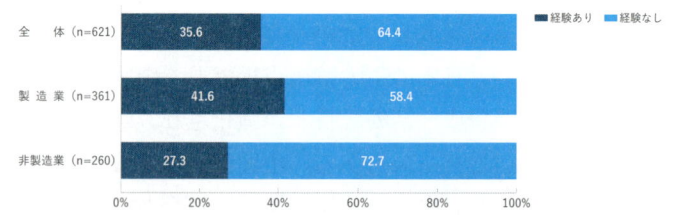

資料：ノムラ・リサーチ・インスティテュート・シンガポール「我が国企業の海外展開の実態及び課題に係るアンケート調査（2022年度）」から作成。

出典：経済産業省「通商白書（2023年版）」 第Ⅱ1-1-19図

【図 3-12-6】 サプライチェーンの途絶経験を踏まえた課題認識

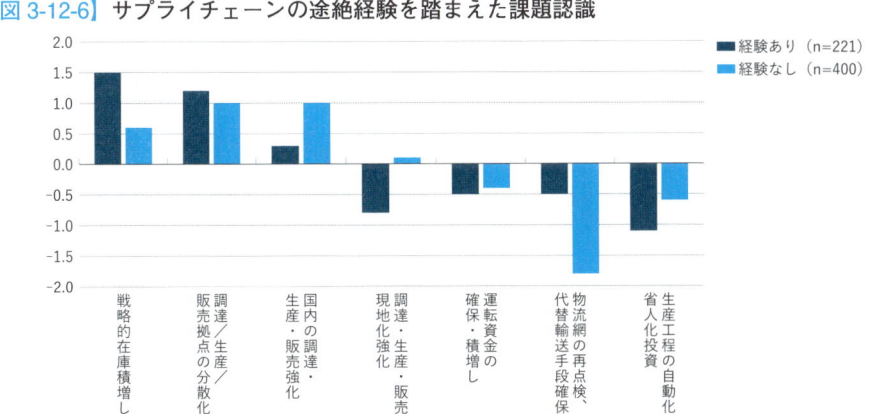

備考：数値は、上位3位をウェイト付け（1位：3点、2位：2点、3位：1点）集計し、平均＝0、
標準偏差＝1となるようにスコアリングした結果を表している。
資料：ノムラ・リサーチ・インスティテュート・シンガポール「我が国企業の海外展開の実態
及び課題に係るアンケート調査（2022年度）」から作成。

出典：経済産業省「通商白書（2023年版）」 第 II-1-1-22 図

関する法規制」の問題など、マネジメントすべき課題が増えている。

　進むか、退くかという観点で、2000年以降の海外拠点の新規設立と解散・撤退の状況を示した資料（**図 3-12-7**）が参考になる。ここ5年のスパンで見ると、新規設立よりも解散・撤退の数が圧倒的に増えている。典型は中国市場である。中国市場においては、日本の自動車の苦境が伝えられ、撤退を表明している OEM も出ている。電動車の比率が高まるなかで、価格においても UX（ユーザー体験）においても中国 OEM の競争力は高く、ICE（エンジン車）主体で価格も高級帯にある日本の OEM は分が悪い。当然、サプライチェーンに組み込まれて中国に進出した部品メーカーも多大な影響を受ける。売上の大半を当該サプライチェーンに依存していれば中国での経営を維持できなくなる可能性が高い。大手企業のサプライチェーンに乗っているだけでは、中小企業の現地法人を維持できなくなる可能性が高まっている。

　そうした意味で、「自社の海外現地法人の将来性」について考える時期にきている。将来に光を感じることができるのであれば、光を大きくするための「投資や営業努力」が必要になる。現地人材の活用、現地ルールへの適合力強化が必要になる。何より大企業依存の体質でいいのか、という基本的な問題を考える必要がある。あらためて海外拠点を持つことが、自社の身の丈

【図 3-12-7】 日系製造業現地法人の新規設立、解散・撤退（2020 年度）

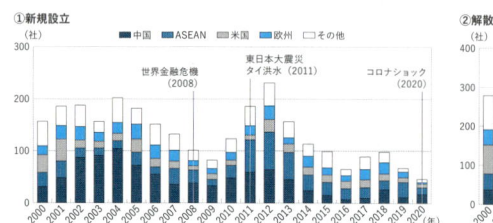

備考1：当該年度に「新規設立」、「解散等」があったと回答のあった企業数。なお、出資比率の低下当にとどまる場合は、現地法人数の減少には結びつくとは限らない。
備考2：ASEANは原則として10か国ベース。ただし、統計の関係で2006年度までは、インドネシア、マレーシア、フィリピン、タイの4か国で集計。
資料：経済産業省「海外事業活動基本調査」から作成。

出典：経済産業省「通商白書（2023 年版）」 第 II-1-1-11 図

に合っているのか、あるいは身の丈は超えるとしても「挑戦価値が認められる」のかについて考える必要がある。

　現地法人を閉める、撤退するという選択肢もある。しかし、これはこれで自社のグループの未来を「どこでどう作るか」を考えないことには始まらない。「残るも地獄、退くも地獄」というが、「グループの事業ビジョン」、そこから展開される「組織体制」を描かないことには決断もつかない。まさに海外挑戦を再検証する時期が来ている。これが第一の論点である。

1.2　攻めの海外進出

　次に②の「新たな進出」について考える。論点は 2 つ。ひとつは **海外進出で何を得たいのか**」、もうひとつが「**いまなぜ海外進出なのか**」である。

　第一の「海外進出で何を得るか」だが、得たいものには「販売市場」「原材料等の調達拠点」「効率性の高い生産拠点」「人材の確保」など様々なニーズがあるはずだ。伸び行くアジアやグローバルサウスの市場は、販売という観点で魅力的である。欲しい原材料が国内以上に安く安定的に調達できる場所があれば、1 次加工などの付加価値もつけて対応したい。タイに代表されるような自動車関連の産業集積地は、上手に活用できれば優れた生産拠点になる可能性がある。また、インドなど英語や IT に優れた人材を抱える地域もある。そうした意味で、「海外進出のメリット（何を得たいか）」を明確にすることが重要である。前述の通り、海外進出には様々なリスクや障壁がある。それを乗り越えても得たいものがあるとすれば、それこそが「挑戦価値」

である。**挑戦価値を明確にすることが「攻めの海外進出」を成功させる**ポイントになる。

　日本は1億人を超える人口を抱えているため、かつては国内市場だけで成長が見込める国であった。それが「仇」となって、企業の挑戦心を阻害しているように見える。人口の少ない韓国の企業やスポーツ関係者が積極的に海外進出を行っている背景には、国内市場だけでは市場が成り立たない、限界があるという切実な事情がある。「禍を福に変えて」成長を成し遂げている。

　一方で、国内市場にまったく魅力がなくなったとも言い切れない。「事業承継難」「市場縮小」を起因とする「業界再編」が行われることによって市場が整理され、勝ち組企業は国内市場のなかで成長を遂げることが可能になる。しかし、業界再編が進行して「道州レベルのエリアを分け合う」段階になれば、勝ち組企業同士の競争も苛烈になって国内だけで成長することは難しくなる可能性がある。また、地域密着をモットーに「地域のすき間」を埋めて来た小規模企業であっても「地方消滅」といわれるような限界状況になれば、経営が成り立たないケースが増える。そうなると「新たな市場への進出や商圏の拡大で成長を維持する」か、「訪日外国人観光客を増やすことで国内の市場を大きくする」か、選択肢が限られるようになる。

　このように「攻めの海外進出（含むインバウンド獲得）」は、特定の業界、特定の企業だけの問題ではなくなっている。時間が経過するほど検討を迫られる企業が増えるはずだ。そうした意味で「いまなぜ海外進出なのか？」という第二の論点が浮上することになる。

　いま海外進出を検討する意味があるとすれば、自社の事業ビジョンとの関連性においてであろう。

　海外進出には一定の準備期間が必要であり、計画的に進める必要がある。この計画は、事業ビジョンに基づく戦略として作られるものである。国内市場における自社のポジションを検討したうえで、成長を国内の異分野に求めるのか、あるいは海外市場に求めるのかについて検討しなければ答えは出ない。「攻め」とは戦略であり、戦略はビジョンに基づく。攻めの海外進出をいま行う必要があるとすれば、自社の未来をどう描くかにかかっている。

　ここまで「拠点を海外に」という意味での「海外進出」をテーマとしてき

たが、拠点を出す負担は相当重い。そこで、「輸出」や「インバウンドの獲得」といった視点での検討も必要である。

　輸出に関しては、「越境eコマース」といった手段や、現地の「販売代理店（商社など）」を経由する方法も想定される。「越境eコマース」に関しては、方法次第で小規模企業でも対応が可能であり、デジタル時代のメリットを享受する意味でも検討して良いテーマである。また、輸出など「貿易」については、政府関連の支援機関などのサポート策が用意されており、踏み出しやすい環境になっている。また、インバウンドというと「観光・宿泊・飲食」といったイメージがあるが、例えば「長期滞在」比率が高まる状態になれば、いろいろな業種や地域が挑戦できる環境が整う。近時話題となっている「人間ドック」は医療領域であり、コト体験の世界に拡げれば「盆栽」「マンガ」「書道」「折り紙」「座禅」、さらには「産業技術の習得（刀鍛冶など）」といった可能性もあるかもしれない。

　また、インバウンドという観点では、日本が外国から学ぶべきことが相当あることを忘れてはならない。例えば、アジアやディープテック企業といった「地域」「会社形態」を問うことなく、**日本に「海外企業を誘致する」ことも極めて重要な視点**である。インバウンドは訪日旅行客だけでなく、海外企業に進出してもらって日本の経営資源とのマッチングを図ることで、「新しい市場を共に拓く」といった「新海外展開」のあり方を考えても良いはずだ。インバウンドを狭い領域で捉えることなく、潜在的なシーズ・ニーズを含めて検討すべきテーマである。

　さらに、「製造委託先」や「新たな商材供給先」の開拓という視点に立てば「輸入」も海外進出の一形態といえるだろう。あるいは海外企業との「共同研究・開発」といったパートナーシップ形成の視点もある。**大事なことは「旧来型の視点」に囚われることなく、「海外から何を得るか」を自由に発想すること**ではないだろうか。

2. 海外市場への挑戦にあたっての着眼点

　海外市場への挑戦という論点を考えるうえで、中小企業はどんな点に留意すれば良いのだろうか。ひとつの着眼点を示したい。

【着眼点】
　① 挑戦価値（メリットの明確化、事業ビジョンとの整合性、障壁の大きさ）
　② 旧来型の発想と新しい発想のミックス
　③ エフェクチュエーション５つの原則
　④ 先人に学ぶ
　⑤ コラボレーション、パートナーシップ
　⑥ 自社として備えるべきこと、やるべきこと

2.1　挑戦価値（メリットの明確化、事業ビジョンとの整合性、障壁の大きさ）

　海外進出は、中小企業にとってチャレンジである。そうした意味では「挑戦に値するもの」を得ることが重要な着眼点になる。言い換えれば、**挑戦の「メリット」を明確にすること**である。

　メリットを考えるうえでは「**時間軸**」をおく必要がある。進出初年度から期待するものが得られることは少ないはずだ。だからこそ「最終的なゴール」の設定、「ゴールまでの到達時間」を明確にする必要がある。これらを明確にすることで「失敗したときの見切り判断」に役立つ。事業において退くことほど難しいことはない。微かな希望にすがってズルズル行くことが少なくない。「**メリット**」、「**ゴール**」、「**到達までの時間軸**」を明確にしておけば、**悩んだとしても最後の判断軸として決め手になる**。

　また、挑戦価値を測るうえで重要なことは「**事業ビジョンとの整合性**」である。「無謀」と「挑戦」に線引きを行うとすれば、「挑戦の本旨に沿うグッドリスク」であるか否かである。事業ビジョン達成のアプローチ方法はひとつではない。事業ビジョン達成のひとつのパスとして、海外進出が選択肢としてあるのであれば、それは「挑戦価値を伴うもの」である。

　最後に「**障壁の大きさ**」も考慮すべきである。これも挑戦と無謀を線引き

する基準になりうる。もちろん障壁が高いためにマインドが萎縮してしまっては挑戦どころではない。それを打ち破る覚悟と行動が必要である。しかし、ここでいう「障壁の大きさ」は、冷静に挑戦の大きさを測る「基準」としておくものである。リスクは感覚も重要だが、やはり自社の経営資源やケイパビリティ（能力）と比較して、できるだけ数値として測ることが必要である。挑戦をメリットやコストなど数値化することで、冷静に判断することができる。障壁は曖昧にするのでなく、数値化することで経営に与えるインパクトを見えるようにすべきである。これが明確になれば、障壁に対処するアイディアも浮かぶ。障壁はクリアするべきもので、それを乗り越えるためにも見える化が必要なのだ。

2.2　旧来型の発想と新しい発想のミックス

　少々わかりにくいタイトルであるが、海外進出に挑戦する際に「旧来型の発想」だけでなく、縛られることのない自由な発想を組み合わせて、海外進出の意味やメリットを考えるべきである。旧来型の例をあげれば、海外に生産拠点をおく場合に「コストの安価さをメリットとする」ことである。服飾産業において「人件費の安い国を追い求める」かのように製造拠点を探し移転するといった動きが一時あったと記憶している。あるいはサプライチェーンの頂上にいる大手企業の海外進出に「付き合う（海外も対応しないと国内の発注を失うリスクもある）ことで新たな売上や関係強化を図ることをメリットとする」といった視点もあった。この考え方を善悪で意味付けするつもりはない。ビジネスで必要性があってやっていることである。

　一方で、経営環境が大きく変化するなかで、海外進出の目的を「旧来型」で捉える必要が薄れている部分もある。例えば新興国の成長に伴い、安価だと思っていた人件費が何倍にもなっているケースである。さらに、人件費コストの安さを追求するあまり、意図せぬ「児童労働」を生みだしていた可能性がある。人権が重視される時代に、人件費コストのみを「海外進出のメリット」と捉えることがリスクを生む可能性がある。**環境変化によって「従来のメリット」が必ずしもメリットとならない場合がある**ことを考慮する必要がある。

　それでは「新しい発想」とは何か。例えば「学ぶ」ための海外進出といった発想があっても良いのではないだろうか。「Japan as No.1」を振りかざす世代はもはや存在しないかもしれないが、いまだに悪い意味でのプライドを捨てきれずに「新興国を見下している」部分があるのではないか。日本では「新興国（ある意味で後進国という意味で使っている場合もある）」と認識していた国が大きく成長し、様々な領域で日本を凌駕しているケースが少なくない。江戸末期や明治時代に必死に海外から学び、後の経済発展につなげた歴史を忘れるべきではない。デジタルやAIの活用で、遥かに日本企業の先を行っている企業、オープンイノベーションで新たなプロダクトを創造している企業、学びの機会は海外に数多くある。その典型が中国の自動車産業である。日本の高齢世代は未だに中国製品を劣悪と認識しているかもしれないが、中国の電動車はあらゆる点で世界をリードしているといって過言ではない。アーキテクチャー、パートナーシップ、サプライチェーン、生産技術や生産体制、デザイン性やエンターテインメント性、そして価格である。日本のOEMが中国で苦労している背景には、補助金問題ではなく、電動車のプロダクトとしてのクオリティや価格で負けているのである。中国はこのほかにも宇宙分野、低空経済といった分野でも世界をリードするだけの力を備えている。学ぶべき点が数多くある。

　学ぶということと関連するかもしれないが、販売先を海外に求めるなかで「マーケティング」の感覚を得る機会としてとらえてみたらどうだろう。日本は高い技術に支えられて一時代を築いたが、それが「コア・リジディティ（強みが硬直化し、むしろ弱みに転じてしまう現象）」となって「ガラパゴス化」を生んだ可能性がある。つまりマーケット・ニーズを無視して、独善的なプロダクトアウトに陥った結果、顧客の支持を失ったのである。「技術をマーティングによって活かす」こと、「お客様の価値を生む製品を作る」こと、これこそが新生日本に求められる行動である。自社のプロダクトを海外市場に売り込むためには、プロダクトの仕様変更を含めて、徹底したマーケティング・ミックスを組み上げる必要がある。地域毎に嗜好が異なる「食品分野」はその典型であろう。世界市場に出るということは、その国のお客様のニーズを把握し、お客様にとっての価値を創造することである。マーケティング

を磨くことなく、海外進出を成功させることはできないのである。

　新しい発想のひとつとして、「経営者の世界観を磨く」ための海外進出もあるのではないか。これは、日本の経営者にとって最も大きな意義かもしれない。日本だけにいては、世界のビジネスの潮流、経営者の考え方、経営手法を学ぶことはできない。海外に打って出るからこそ人材交流も生まれ、率直な意見交換やコンフリクト（対立）の経験を持つことができる。こうした経験が日本の経営者を一段上に引き上げる。

　これらの話を「一向にビジネスにならないではないか」「海外進出とは別にやればいい」と片付けることは簡単だが、そうした考え方こそ「旧来型の発想」なのかもしれない。冒頭指摘した通り、海外進出にあたっては「何を得たいか」「なぜいまなのか」の２つの着眼点が重要である。もし、この２つが「経営のレベルを上げるために世界の潮流や経営者の世界観を肌で知る」「５年後のビジネスに結実するために学ぶ時期はいましかない」といったものであってもいい。海外市場へ挑戦する以上、型にはめることなく自由に発想することが良い結果を生むことがある。

　当然だが、旧来型のニーズや発想をダメだというつもりはない。確かに「安く」という目的は普遍性がある。部品サプライヤーが大企業の求めに応じて海外進出するメリットもある。一方で、環境が大きく変わる中で、海外進出への挑戦を「自社の事業ビジョンを実現する」という位置づけとした場合に、様々なアプローチがあっていいはずだ。それが旧型と新型のミックスである。

2.3　エフェクチュエーション５つの原則

　海外進出と「エフェクチュエーション」に何の関係があるのか。そもそも「エフェクチュエーション」とは何か。

　エフェクチュエーションとは、米国サラスバシー教授が唱えるマーケティング理論である。エキスパートな起業家に共通する「不確実性のなかで成果を生み出すアプローチ」である。大企業のようにマーケティングの専門部署を持てない中小企業にとって、海外進出におけるマーケティングは大きな問題であり、不安でもある。そこで、不確実な状況であっても自らの手で未来を創造するという信念を持ってもらうために、この理論を紹介する。

　エフェクチュエーションには有名な5つの原則がある。「手中の鳥」「許容可能な損失」「レモネード」「クレイジーキルト」「飛行機のパイロット」である。この5原則をストーリー立てて説明するならば、「まずは自社が持っている経営資源（能力・知識・ネットワーク）を活用して何ができるかを考える」⇒「挑戦することは大事だが致命傷を負っては何にもならない。許容できる範囲でリスクを取る」⇒「失敗したとしても、ただでは起きない。偶然手に握ったものを活かす」⇒「1社だけで出来ることは限られている。パートナーを探して手段・方法を増やす」⇒「そして、もっとも大事なことは自らの手で未来を拓くという意思だ。自動操縦が可能な飛行機にパイロットが乗っている理由は、不測の事態を切り抜けるためだ」となる。

　海外進出には「勇気」が必要だ。マーケティングは重要だが、開き直って言えば「中小企業ができることは限られる」。だからといって恐れてばかりいれば未来は切り拓けない。まずは、自社の経営資源をフル活用して挑戦してみる。ただし、リスクの上限は決めておかないと致命傷を負う。海外進出は未知の世界であり、支援機関を頼ること、想いを同じくするパートナーを見つけることも重要だ。そして、活動しているうちに、偶然発見できること、手段や方法がみつかる。それを活かして海外進出を成功させる。何より大事なことは、やり抜く意思である。これが「手段主導」のマーケティングである「エフェクチュエーション」の極意である。

2.4　先人に学ぶ

　日本の海外現地法人は「約2万6千社」ある。さらに、直接的に輸出を行っている企業は「1万社」近くある。つまり「先輩企業」が数多くあるのだ。先人が歩んだ道には、数多くの失敗や工夫がある。それを学ばせてもらうことは極めて有益である。経済団体や金融機関の会に加盟している企業であれば、こうした先輩企業が必ずあるはずだ。同業種はもちろん異業種であって、なぜその国を選択したか、国情はどうか、ルールや商慣習はどうか、国民性はどうか、など聞くべきことは数多くある。経済団体等に加盟していない場合でも、JETRO や中小企業基盤整備機構などの支援機関で、こうした先行事例を持っており、相談に乗ってくれる。まずは先人に学ぶことが大事だ。

　インバウンドの獲得についても学ぶことは多い。インバウンドの効果は、もはや「電子部品・半導体等の輸出」の規模を超えている（**図3-12-8**）。加えて、東京・大阪・千葉・京都に訪問率が集中しており（**図3-12-9**）、他県においての開拓余地が大きい。さらに、日本を凌駕するインバウンド大国（**図3-12-10**）も、数多くある。彼らがどういった観光政策を取っているのか、地域住民との調和にどういった工夫を行っているのか、さらには観光資源が少ない国でありながらインバウンドを伸ばしている国は、何を魅力として打ち出しているのか。また、SNSの発信などから学ぶことも多い。日本人とは違った感覚や観点で、日本の魅力を見出しているケースが数多くある。こうした情報を収集してインバウンド獲得策に活かす必要がある。

【図 3-12-8】訪日外国人旅行消費額と主要品目別輸出額の比較（2019 年）

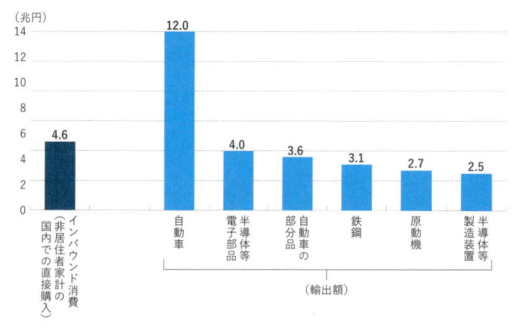

資料：財務省「貿易統計」、内閣府「2021年度国民経済計算（2015年基準・2008SNA）」から作成。

出典：経済産業省「通商白書（2023 年版）」　第 Ⅱ-2-3-3 図

【図 3-12-9】上位 20 都道府県の訪日旅行者訪問率（2019 年）

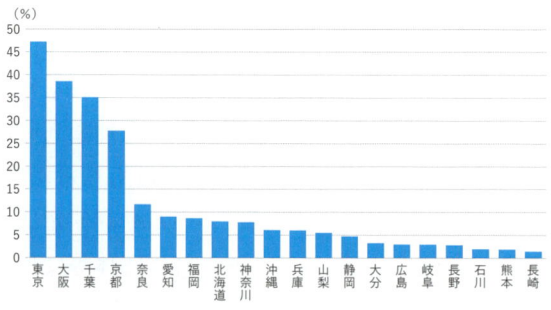

備考：日本を出国する訪日外国人（一年以上の滞在者、日本での居住者、日本に入国しないトランジット客、乗員を除く）を対象に行った聞き取り調査。
資料：観光庁「訪日外国人消費動向調査」から作成。

出典：経済産業省「通商白書（2023 年版）」　第 Ⅱ-2-3-12 図

【図 3-12-10】 外国人旅行者受入数ランキング（2019 年）

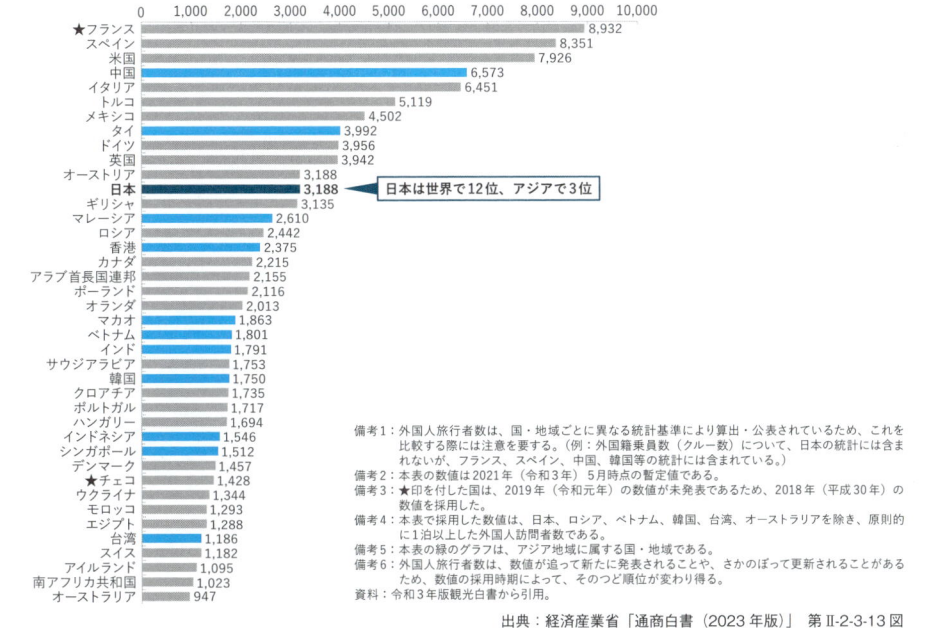

備考1：外国人旅行者数は、国・地域ごとに異なる統計基準により算出・公表されているため、これを
比較する際には注意を要する。（例：外国籍乗員数（クルー数）について、日本の統計には含ま
れないが、フランス、スペイン、中国、韓国等の統計には含まれている。）
備考2：本表の数値は2021年（令和3年）5月時点の暫定値である。
備考3：★印を付した国は、2019年（令和元年）の数値が未発表であるため、2018年（平成30年）の
数値を採用した。
備考4：本表で採用した数値は、日本、ロシア、ベトナム、韓国、台湾、オーストラリアを除き、原則的
に1泊以上した外国人訪問者数である。
備考5：本表の緑のグラフは、アジア地域に属する国・地域である。
備考6：外国人旅行者数は、数値が追って新たに発表されることや、さかのぼって更新されることがある
ため、数値の採用時期によって、そのつど順位が変わり得る。
資料：令和3年版観光白書から引用。

出典：経済産業省「通商白書（2023 年版）」第 II-2-3-13 図

2.5　コラボレーション、パートナーシップ

　エフェクチュエーションでもふれたが、1 社で出来ることには限りがある。海外進出にあたって「協働や連携」を考えることは障壁を下げるポイントになる。

　まず頼りになる存在が「支援機関」であろう。JETRO には「中小企業海外展開現地支援プラットフォーム」が用意されており、世界各国 20 数箇所にある JETRO 事務所がプラットフォームを構成している。ここでは「市場調査・相談サービス」「企業リストアップサービス」「商談アポイントメント取得・支援機関専門取次サービス」を受けることができる（事前に要確認）。

　また、中小企業基盤整備機構では、「海外ビジネスナビ」において「進出ノウハウや進出事例」を見ることができる。この他にも「J-GoodTech」といったマッチングサイト、「ebiz」といった越境 EC 活用支援が用意されている。経済産業省などが連携した「新規輸出 1 万者支援プログラム」といった支援プログラムも用意されている。

　いずれにしても「情報収集」「海外進出の計画策定や体制整備」「販路開拓・商談」「貿易手続き」「補助金・ファイナンス」「債権回収や訴訟リスクなどへの対応」など、各ステージに応じて、政府や支援機関の支援策を十分活用するべきである。

　また、無名の中小企業が一人で海外に飛び出しても、社名や商品が容易に浸透しない。こうした場合に、「地域や同類の商品（例：お酒）」を、協働でブランド化して進出するという方法もある。日本にワインが浸透した経緯をみても、最初は「ぶどう酒」から入り、徐々に「フランス」「ドイツ」「チリ」といった国、そして「ボルドー」や「ナパ」といった地域、個別銘柄へと段階を踏んでブランド化が進む。もちろん最初から個別銘柄で勝負している事例（国際的な表彰を受けてブランド的地位を得る等）もあるが、まずは大同団結して海外進出を図ることも検討すべきであろう。地域ブランドの海外展開についても徐々に先行事例が生まれており、参考になる。

　また、海外に「販売代理店」というパートナーを探す方法もある。中小企業でも海外製品の輸出入専門商社が存在し、海外に多様なネットワークを持っている。あるいは、特定商品を海外に輸出する専門商社もある。海外や貿易に通じている専門商社とつながる意味は大きい。国内企業であることも心理的障壁を下げるであろう。

2.6　自社として備えるべきこと、やるべきこと

　中小製造業で「撤退を余儀なくされている企業」をみると、サプライチェーンの一員として海外進出を行ったものの、当該サプライチェーンへの依存度が高く、現地企業や他のサプライチェーンにアタックしていないケースが散見されると聞く。したがって、当該サプライチェーンのトップ企業の売上が減少するなど苦境に立つと、下請けである中小企業も同じような道を辿ることになる。逆に「踏ん張っている企業」は、「現地企業向けに販路開拓を行う」、「独自の技術を武器に発注を得る」ケースが多いという。

　これらの話は、国内でも同じことがいえる。1つの取引先に売上が集中すれば、集中リスクが高まる。強みとなる「独自の技術やプロダクト」がなければ、競合他社にやられる。新しい販路を探すとすれば、「自社の強みや技

術を洗い出す」ことで、「パートナーに値すること」「顧客価値を共に創造できる」ことを正しく伝えなければならない。また、1社に依存しない営業基盤を構築する必要がある。国内で営業基盤強化を図ることと同様の努力を「海外においても行う」ことが大事なのだ。

海外進出に挑戦するにあたっては、自らが備えるべきこと、やるべきことがある。それは「**自社製品の顧客価値を見える化する**」「**顧客との円滑なコミュニケーション（営業）**」「**提携先の確保**」「**貿易などオペレーション体制の整備**」「**リスク管理の高度化**」「**海外人材の育成**」「**進出資金の確保**」である。こうしたことを丁寧に準備する必要がある。海外進出の挑戦を決めた以上は、人任せではなく、自社で備えるべきこと、やるべきことをしっかり行うことである。

第四部

中小企業
「経営の針路」

勝利の新たな方程式を
つかむ

　これまで見てきたように、2025-2030 年の世界や日本の変化は、より大きなものになることが想定される。デジタルや通信技術の発達が、さらに世の中のスピードを上げていく。プラットフォームと呼ばれる「駅」に、多くの情報や仕組みが集積されて多くの企業や人々がネットワークに組み込まれる。

　こうした大きな変化のなかで、中小企業が勝ち残っていくために何が必要なのだろう。どんなことに関心をもって対処していけばいいのだろうか。多くの経営の論点に対して、どう優先順序をつけて取り組めばいいのだろうか。経営者の悩みはつきない。

　本章では、経営の針路として「勝利の新たな方程式」をつかむことを提言して締めくくりとしたい。それこそが「経営の論点」を整理し、新たな時代に対峙する経営者に贈るメッセージになる。

　勝利の方程式とは、時代の状況や環境を踏まえて、自社の強みや経営資源を活かすことのできるビジネスモデルを構築することである。したがって、正解か不正解かは「儲け」がしっかりと出せるか否かが分かれ道になる。加えて、サステナビリティ（持続性）を高めるためには、SDGs に象徴されるような健全な地球環境、社会環境を構築するための取り組みを「儲け」とともに両立できる企業になる必要がある。

　そうした意味で、勝利の新たな方程式とは、健全な地球、健全な社会への貢献を企業の経営に組み込みつつ、しっかりと収益をあげることのできるビジネスモデルを構築することになる。企業である以上は、儲けに拘ることは当然である。そのなかで、自社の幸せ・満足にとどまらず、社員・株主・業界・地域社会・環境といった多様なステークホルダーの幸せ・満足を経営の軸に据えることが、結局「長生き」につながる。新たな時代に適合した新たな勝利の方程式をいかにつかむか。

　2025-2030 年という激動の時期に、中小企業が勝ち残るための「勝利の方程式」に欠かすことのできない 4 つのポイントを論考する。

中小企業が活かすべき
10の特性

　VUCAの色彩が濃くなるこの時期に、多くの企業がビジネスモデルを再検討ないしグレートリセットしなければならないだろう。少なくとも前例踏襲や既存のビジネスモデルで、この時期を乗り越えることは極めて困難になる。本書で示した12の経営の論点は、中小企業の経営者に特に頭に入れてもらいたいことばかりである。

　こうした経営の論点に対処するにせよ、ビジネスモデルの再構築を検討するにせよ、経営者がアドバンテージとして理解しておくべきことが「**中小企業の特性**」である。中小企業が持つ特性が、VUCAの時代を乗り切るうえで大きな力になる。特性を知らずして進むのではなく、特性を理解し、それを活かす形で進んでほしい。中小企業の10の特性は、まさに「中小企業の時代が到来している」ことを示している。

　中小企業は兎角「弱い存在」として捉えられることが多いが、「小さいから弱い」とは限らない。規模の大きさが活きる場合もあれば、小さいことが有利に働くこともある。**大事なことは「顧客価値を生み出し続けられるか」、「高い付加価値労働生産性を継続的にあげることができるか」**、である。そして、「**社会から尊敬と信頼を得られるか**」、「**健全な地球・社会構築にどう貢献するか**」が、大きな持続性を生む。

　ここからは、中小企業に共通する「10の特性（**図4-1-1**）」について解説する。詳細に関心があれば拙著「経営者の条件」（同友館）も参考にされたい。

1. パーパス経営の伝統的な実践者であり、組織のベクトルを合わせやすい

　中小企業のオフィスに行くと必ずといっていいほど「社是」「社訓」といったものが掲示されている。中小企業の大半が「ファミリービジネス」であり、

【図 4-1-1】 中小企業に共通する 10 の特性

	中小企業特性
1	パーパス経営の伝統的な実践者であり、組織のベクトルを合わせやすい
2	株主・経営者が一体の長期政権を担うことができる
3	機動性を発揮しやすい
4	オーナーの決断によりリスクテイクや挑戦が可能である
5	経営者の個人のネットワークが強固にも緩い形でも形成可能である
6	現場常在。デジタル時代にフィジカルな感性を活かせる
7	多様な人材を使いこなす知見をもつ
8	新たな市場を開拓しやすい（市場規模を問わない、リーンスタートアップが得意）
9	経営の意思決定や内部調整に関するコストが少ない
10	経営者の顔が社員に見える経営、コミュニケーションができる

筆者作成

創業者の想いや苦労が「遺訓」や「教訓」といった形で残され、社是や社訓に映し出されている。

世の大企業にあっては「パーパス経営」が花盛りであるが、かなり古くからパーパス経営を実践しているのが中小企業である。「自社が何者で、世の中にどう貢献するか」が経営に浸透しているため、「長寿企業」といわれる中小企業では、環境変化にビジネスモデルを巧みに適合させながら形を変えて生き延びていることが多い。パーパスという軸があるので極端なことをいえば「業種替え」「商品替え」「地域替え」を厭わない。その柔軟さはパーパスというプリンシプルベースに由来しているともいえよう。

パーパス経営が重視される背景には、環境変化が激しい時代において「標準化（マニュアル化）」がすぐに「陳腐化する」という問題がある。マニュアルだけでは顧客ニーズを満たすことができず、現場の臨機応変な対応が必要になる。現場が顧客ニーズをとらえて柔軟に対応するためには、会社の「重視する価値」や「大きな判断基準」を理解していることが必要である。その判断基準が「パーパス」である。

何か問題が起きても、パーパス起点で「プリンシプルベースで行動する」のである。したがって、パーパスを浸透させている会社は「組織のベクトル」を合わせやすい。社員全員が同じ旗を見て、同じ方向性に向かっている。プリンシプルベースの行動基準を作り上げるうえでパーパスが「憲法の役割を

果たす」のである。したがって「社訓」「理念」といったパーパス経営を継続している中小企業は、VUCA の時代にあって極めて有利な立ち位置にある。

しかも中小企業は組織が相対的に小さいため、「一人一人の顔を見ながら経営者の肉声でパーパスの浸透を図ることができる」。経営者と社員、お互いの顔や肉声の届く範囲でパーパスを共有できる会社は強い。仮に大きな変化が起こったとしても、同じ価値観や判断基準で物事にあたっていける。**中小企業は、あらためて自身が長年継続している「パーパス経営」の重みを知るとともに、それが社員に浸透しているかを絶えず確認する必要がある。**これが第一の特性である。

2. 株主・経営者が一体の長期政権を担うことができる

大企業においても「創業者オーナー」や「創業家」が存在し、長期政権を担っている場合がある。

その多くは、創業者が現在の「社長・会長」である場合か、ファミリーガバナンスが確立されホールディングカンパニーがファミリーオフィスとして機能している場合である。

しかし、中小企業においては「これが普通」である。中小企業の経営者にとって長期政権は当たり前のことで、それが事業承継の悩みにも直結するのだが、長期の安定的経営体制を持てる意味は大きい。つまり、当たり前ではない価値を感じる必要がある。

今後、中長期的に対処していく経営課題が増える。多くは「腰を据えて取り組むべきテーマ」で、例えば「サステナブル経営への移行」は一筋縄ではいかない。「中長期的な目標」を掲げて、「一歩一歩前に進む」必要がある。外野を気にすることなく、自社の特性を活かした事業ビジョンの下で地道に中長期的課題に取り組むことは「集中力」を生み出す。だからこそ「安定した長期政権を活かす経営のあり方」を中小企業は考えなければならない。

長期政権を担う経営者は、長期であるがゆえのシステム的課題を理解して取り組む必要がある。具体的には長期政権で「**簡単に代替わりができない**」

以上、経営者は「**謙虚に学び続ける必要がある**」こと。長期政権の基礎である「**ファミリーガバナンスを確立する**」こと。長期政権を継続しうる「**後継者の育成に励む**」こと。この 3 点に留意しつつ、長期政権の長所を生かした経営スタイルを確立する必要がある。

3. 機動性を発揮しやすい

中小企業は「小回りが利く」。昔から当然のように言われてきた特性である。しかし、現実には中小企業の「機動性が薄らいでいる」印象がある。

小回りが利くという言葉を意訳すると「急な要請にも俊敏に対応する」とか、「大企業では対応できない小さな単位の仕事にも対応する」といった意味になる。**中小企業が「小回りが利いた」背景には、もちろんサイズの問題もあるが、オーナーの指揮命令の下で社員全員が一丸となって「労働集約的業務を完遂できる体制」があった。**極端にいえば「無理な要請にこそ自分たちが生きる場所がある」といった信念があったのかもしれない。同時に、大企業もこうした中小企業の頑張りに「利益配分」で応えた信頼関係も大きい要因である。

中小企業の機動性が揺らいでいる背景には、こうした「エンジン」となっていた要素が変質していることにある。第一に「社員の労働に対する考え方」が昔とは大きく変わっている。ライフワークバランスは大企業だけのものではない。休暇や残業は、中小企業の悩みの種でもある。第二に、デフレ経済下で出来上がった「コスト吸収型の発展性のない商取引」も影響している。「努力がカネにならない」ビジネス環境は、中小企業のモチベーションを低下させている可能性がある。高度成長期は、相当無理をいって中小企業を働かせはするが「ともに成長」という考え方があり、利益もしっかりと配分する関係性があった。もはや大企業は下請け中小企業を思いやるだけの余裕を失っている。中小企業もそれを鋭敏に感じ取り、ビジネスライクに割り切るところが増えている。

重要なことは相変わらず中小企業にとって「機敏性」「小回りが利く」ことが武器になるということである。それは、大企業が内製化を行なわない理

由、中小企業をサプライチェーンに組み込む理由が、そこにあるからである。2025-2030年においても、引き続き機動性がビジネス上の強みとなることは明らかである。そうした意味で、あらためて中小企業は「自社の機動性」を磨くことを考える必要がある。

　中小企業が機動性を発揮するために磨くべきことは、①デジタル化の推進、②柔軟な組織や仕組みの再編成、③社員との十分なコミュニケーションや方向性の共有、の3つである。

　デジタル化は、アジャイル（俊敏）に対応するための必須インフラであり、できるだけ統合的に生産から営業、経理総務とマネジメントができる体制をつくりたい。柔軟な組織の再編成は、フィジカル（物理的）にスピード感を出すためのもので、社員のスキルアップやリスキリングが重要である。当然これらを実現するためには社員の共感が不可欠であり、頭ごなしではなく理にかなった説明や意見交換が求められる。

　同様に、取引先とのコミュニケーションも重要になる。小回りを利かせるといっても設備投資など一定の準備期間を要するものもある。コンプラ重視が浸透するなかで、アンオフィシャルな場を含めたコミュニケーション機会をどう作り、取引先が何を考え、当社に何を求めているかを知る必要がある。

4. オーナーの決断によりリスクテイクや挑戦が可能である

　これからの産業界は必ず大きな変化が起きる。人手不足や市場縮小など様々な要因から「業界の再編成」が不可欠な状況にある。「M&A」や「業務提携」、「事業売却や廃業」といった重要な決断を行う機会が増えることは間違いない。

　さらにはイノベーションの創出のためのオープンイノベーションやパートナーシップの形成なども企業にとって大きな判断になる。研究開発のテーマ設定や体制作りも同様で、さらには新たな設備投資、海外進出といった社運をかけたプロジェクトが生まれる可能性もある。

　こうした「大きな判断」を「俊敏」に行うことが、企業の差別化につながる。挑戦こそが未来を拓くカギなのである。

　一方で、挑戦には「失敗がつきもの」である。多くの大企業が挑戦に消極的だった背景には、失敗をしたくなかったという組織文化がある。中小企業だからこその「**オーナーシップ**」が活きる。「やってみなはれ」を社員に言えることだ。「**グッドリスク**」をとりながら、新しい世界を切り拓く必要がある。会社の所有権（オーナーシップ）と経営権を備えるオーナー社長だからこそ「リスクテイク」や「挑戦」ができる。この特性を活かさない手はないだろう。

　当然「何もかも失うような挑戦」であってはならない。「許容可能な範囲」を明確にする仕組みや判断基準、マーケティングを含めた情報収集のあり方、こうしたことを並行して磨き上げることで大胆な判断が活きることを忘れてはいけないだろう。

5. 経営者個人のネットワークが強固にも緩い形でも形成できる

　連携の時代である。複雑で不確実で、しかも常に変化が止まらない時代にあって「1 社だけで出来ることには限界」がある。また、仮に 1 社で出来たとしても「従来の路線を離れる」ことは意外に難しい。それは経営資源の制約を受けるからである。

　イノベーション（新機軸）は、「異文化の交流」のなかで生まれることが多い。新しい何かを加えようとするとき、「自社とは違う価値観や地図をもった企業と手を結ぶ」ことには大きな意味がある。イノベーションの多くは「異なる着眼点」から生まれている。

　中小企業の経営者は「様々な交流機会」を持っている。同業者組合、下請け組合、商工会・商工会議所、銀行の顧客会合など枚挙に暇がない。これらのネットワークの特徴は、「経営者個人としての関係が濃い」ことである。大企業の場合は、担当役員でも 2 ～ 3 年で代わる。どうしても「組織的な付き合い」が中心になる。しかし、「オーナーかつ地域密着」である中小企業経営者は「個人の顔」として長く関係が持てる。これが「ネットワーク形成」に役立つ特性である。

　ネットワークも、「オフィシャルで強固なもの」から「地域の異業種交流

会などソフトなもの」まで多様である。硬軟織り交ぜて、いろいろなネットワーク形成ができる。イノベーションを生む知の探索は「目的追求型のネットワーク」だけではない。却って「ソフトで緩いネットワーク」の活動や遊びのなかで「気づきが生まれる」ことが少なくない。**経営者個人の硬軟織り交ぜたネットワーク形成ができることが中小企業の特性かつ強み**である。

6. 現場常在。デジタル時代にフィジカルな感性を活かせる

デジタルの進化が止まらない。世の中の商取引の基本的なインフラが徐々にデジタル化されることは確実である。こうしたインフラ整備によって中小企業の世界でも一気にデジタル化が進む可能性がある。AI や IoT などの活用、デジタルツインといわれるようなシミュレーションシステムも浸透していく。ビジネスの世界に「サイバー空間」が拡がることが確実な情勢にある。

デジタル化が進み、サイバー空間が拡がったときに何が重要になるか。

それは「**フィジカル（現実）空間における人間のリアルな営み**」である。経済界が大企業だけで埋め尽くせない背景には、技術やコストや様々な背景から「すき間」が生まれ、そこに「人間が必要となる」からである。デジタルだけを走らせればすべて上手く行くとは限らない。「人間が介在する余地が常にある」のだ。そして、デジタル化が進展すればするほど、ニーズ起点としての「人間の営み」の重要性が高まる。結局、デジタルで置き替えられないものが感情や肉体だからである。

中小企業はまさに「現場常在」。現場に生きる存在だ。この態様は最後まで変わらない。フィジカル（現場）で活動し、現場の風を感じ、現場のディテールを知り抜いている中小企業の強みが活かせる。ビジネスのデジタル化がどれだけ進んだとしても、**フィジカルからのフィードバックや感覚・感性が重要**になる。それを中小企業は身をもって活かすことができる。

7. 多様な人材を使いこなす知見をもつ

ある中小企業経営者の言葉を紹介しよう。「あなたたち大企業は『学級委員』で社員を構成している。オレたち中小企業は、社長がこと細かく指示し

ないと動けない人間を含めて仕事をしている」。言葉の品や是非は問わない。しかし、経営者の本音のひとつではあるのだろう。

大企業においても、社員のマネジメントで苦労している中間管理職は山ほどいる。しかし、この社長に言わせるなら「意識や価値観の多様化が進んでいるとはいっても、大企業の社員の幅は『学級委員ができる優秀な人材のレンジ（範囲）』で収まっている」のである。

中小企業はそうはいかない。学歴・経歴・職歴も多様性に富む。そういった人材を使いこなすことは簡単ではない。これからは、国籍や人種といった枠を超えて、多様な価値観をもつ人材が増える。やる気のスイッチも人間の数だけできる。こうした環境において、**多様な人材を使いこなしてきた「中小企業の知見と活用術」は有利性をもつ**。

中小企業の経営者は、人情と機微に富むマネジメント、独自の管理システム、飴と鞭の使い分けなど多くの知見を持っている。これは大企業経営者にはない優れた特性であり、多様化の時代に活きる強みでもある。

念のため申し添えると、学級委員が優れているという保証はない。ビジネス界が求めている人材は多様である。学級委員もいれば、オタクもいれば、風変わりな発想をもつ遊び人風人材もいて良い時代になっている。冒頭の経営者が「大企業は優秀な人間ばかり集めてずるい」という想いで言った言葉が、「多様な人材を巧みに活用してずるい」に変わる時代が来ている。

8. 新たな市場を開拓しやすい

中国の自動車産業は、「顧客が何を望むか、楽しめるか」という発想のもとにアーキテクチャー（設計思想）を定義する。アーキテクチャーの議論には、ソフトであれハードであれ、最高のアイディアを提供できるサプライヤーが集まり、ある意味で「ワイガヤのコンソーシアム」を形成する。多様な知恵や価値観を交流させ、フラットな関係で商品設計を行なう。OEM は、頂上に立つ命令者ではない。顧客ニーズを代弁できるマーケッター兼アーキテクチャーであり、フラットな関係にある部品サプライヤーを集めた「EMS（電子機器受託製造）」のような存在である。

　新たな時代のモノづくりは、どんどん「マーケティング重視」になっている。顧客価値の実現に徹底してこだわる。こうした傾向は日本でも強まってはいるが、日本の製造業にはいまだ「プロダクトアウトな色彩」が残っているようにも見える。世界のモノづくりは、カスタマージャーニーを含めてマーケティングを駆使しつつ「顧客価値を見極め」ようとしている。そのうえでアーキテクチャー定義を行い、設計思想に符合するサプライヤーと企業コンソーシアムを形成する。今後はこうした形が主流になるだろう。

　既存市場が飽和状況にあり、かつ、継続的な縮小が見込まれるなかにあってマーケティングの重要性は高まる一方である。しかし、多様な価値観や気まぐれかつ忘れやすい消費者を相手に、真のニーズや顧客価値をつかむことは本当に難しい。「何が本当のニーズか」を知るためには、現場に飛び込んでいくしかない面もある。

　こうした環境下において、「小さな市場でも製品トライアル」できる中小企業は強い。多様な価値観をもって移り気な消費者のニーズを推し量りながら、アジャイル（俊敏）に修正を重ねてプロダクトを生み出す。リーンスタートアップは「市場サイズに拘らなくてもいい中小企業」だからこそできる特性である。マーケット重視、アジャイルに修正できるモノづくり。中小企業の土俵といっていいのではないだろうか。

9. 経営者の意思決定や内部調整に関するコストが少ない

　機動性や俊敏性が問われる時代だからこそ「意思決定のスピード」の重要性が高まる。慎重にリスクを排除して詰めて結論を出したところで「時間切れ」「時機を逸した」ということが増える。自社が耐えうるリスクを意識することは経営の基本である。そのなかで迅速な意思決定を行い、市場に素早くアプローチして「答えをもらう」必要がある。

　オーナーシップを基本とし、「階層の少ない組織」である中小企業は迅速な意思決定が可能である。大企業になれば階層は増え、リスクを伴う決定にはリスク部署の関与や、部長会・経営会議といった協議機関を経て、いわば「冗長なルートを辿る」ことになる。こうした仕組みはリスクを回避するための

仕組みであるため、全てを否定する必要はないし、大企業としても「組織の
フラット化」「会議体の簡略化」を目指してはいる。あるいはデジタルの導
入によって「階層を超えた議論の仕組み、意思決定の仕組み」を構築してい
ることは理解している。しかし、そうした誰でも参加可能型の会議体が意思
決定や内部調整コストの削減に決定的に役立っているともいえない。どんな
仕組みにも短所はある。

　中小企業が本気になれば、10 分で結論を出すことができる。もちろんガ
バナンス的な問題はあるかもしれない。しかし、オーナーシップ型経営がも
つ迅速な意思決定の構造は素早さを生む源泉である。鶴の一声はモノを決め
るうえでは重要な要素である。

　そして、内部調整コストも大企業に較べれば少なくて済む。デマケの議論
など「鶴の一声」で調整される。迅速な意思決定や実行を行ううえで最大の
敵は部門間の「調整コスト」だ。それを最少に抑えられるメリットは大きい。
一方で、経営者が過ちを繰り返すようであれば、この即時即断に対する社内
の信頼が揺らぐ可能性がある。鶴の一声体制は威力も大きいだけに、成果を
問われることには留意が必要である。

10. 顔の見える経営、顔の見えるコミュニケーション

　どの組織であっても「経営トップ」が組織内に及ぼすインパクトは大きい。
よほどの傀儡政権でない限りは「社長が言っている」ことには耳を傾ける。
近時は、テレビ会議システムや動画配信等によって「社長の顔」にふれる機
会は増えている。しかし、大企業になると当然のことながら「経営」と一般
社員の距離感は大きい。社長のメッセージもリモート会議や動画で目にする
ことはあるが、年に数回の行事が大半である。

　経営からのメッセージも「総合企画部」「経営企画部」といった担当部署
から降ってくることが通常である。支店長会議といった拠点長会議において、
社長の肉声を聞く管理職もいるが、そこから部下への情報伝達もあやしいと
ころがある。まず社長の熱意がそのまま伝わることはない。伝達ルートが
進むに従って「熱量も冷める」。拠点長から内容の説明が行われても「余計

な価値観が情報に加わっていく」可能性がある。「社長はああ言っているけど…」という伝達者の感想や異見が情報に歪みを与えることもある。大企業はサイズが大きく、顔が見えないだけに「情報の伝達」や「説得力」に難題を抱えている。

その点、中小企業は、社長と話をしたことのない社員はまずいない。「生の社長」を社員が目にすることは通常のことで、社長の「ひととなり」も良く目にしている。社長の側も「知らない社員」に向けて「テレビ会議」で話をしているわけではない。朝礼・月例会議などの会議体だけでなく、現場廻りをして社員に声掛けする中小企業経営者は多いので、社員の顔は当然知っている。こうしたフィジカルな関係性は、人間同士のコミュニケーションにとって重要な意味がある。遠くにいる雲上人ではない。現場で「おはよう、こんにちは」を言い合う関係である。社長も社員の身上を理解し、一人一人の顔や背景を思い浮かべることができる。

こうした「顔の見える経営」「顔の見えるコミュニケーション」をとれることが中小企業の強みになる。単純に「社長の顔を社員が見ることができる」だけでなく、社長も「社員一人一人の顔を思い浮かべて話ができる」ことが「顔が見える」ことの良さなのである。

変化に迅速に対応するためには、「組織のベクトルをいかにひとつにできるか」が重要になる。組織をひとつにできるのは経営トップである。だからこそ、中小企業の経営者がもつ「顔の見える経営」「顔の見えるコミュニケーション」を大いに活用することが重要である。

第2章 ダイナミックケイパビリティを発揮する

中小企業が勝ち残りを目指すために、新たな勝利の方程式を構築する必要がある。そのために、中小企業特性を活かすことを第一の条件として前章で説明した。

そして、第二の条件が本章で説明する「**ダイナミックケイパビリティ**」の発揮である。新たな勝利の方程式、すなわち「環境変化を踏まえて自社の強みや経営資源が活かせる儲けの仕組み」を構築するためには、ダイナミックケイパビリティ（環境適合力）を発揮することが不可欠になる。

ダイナミックケイパビリティを磨き上げることは、ある意味で「**勝利の方程式**」**を再構築する**ことと同じである。そうした意味でも、ダイナミックケイパビリティを理解し、企業にその考え方や手法を取り入れることが重要になる。

1. ダイナミックケイパビリティとは何か

日本において「ダイナミックケイパビリティ」という言葉が人口に膾炙されたのは 2020 年の「ものづくり白書」であろう。白書のなかでは「企業変革力」と訳され、「変化に対応して自己を変革する能力」と定義されている。

ダイナミックケイパビリティは、米国 D.J. ティース教授が提唱した経営戦略論で、専門的にいえば「資源ベース論」をベースにした考え方である。資源ベース論は、経営資源に基づいて戦略を立てるというもので、ポーター博士の競争戦略論だけでは説明できない変則的事例へのひとつの答えとして展開されたものである。経営資源論は、競争優位を左右する要素として「VRIO（V：価値、R：希少性、I：非模倣性、O：組織的活用）」といった基準を提示する（バーニー博士）。さらに、「コア・コンピタンス（他社が真似できな

い中核的能力）」論や、環境変化への適応を妨げる「取引コスト（交渉や駆け引きによる非効率）」論へと展開されていく。

　ダイナミックケイパビリティを生み出した問題意識は、こうした経営資源論のある種の限界、非恒久性である。企業が固有に有する「経営資源（強み）」は環境変化によって「強みから弱みに変わる」可能性があり、「一種の硬直性をもっている」という考え方である。環境が刻々と変化するなかにあって競争力を維持するためには、自らが環境に適合するように自らを変革する必要がある。自社の経営資源を効率的に活用して、利益を最大化するためには「ものごとを正しく行う（これをオーディナリーケイパビリティという）能力」が重視されるが、環境が変わった場合には「ものごと」に拘泥するのでなく、**「正しく行う」ことにフォーカス**して、自らが「内外の経営資源を再構成（オーケストレーション）する」ことが重要だとする。ダイナミックケイパビリティは、このように企業の環境変化に対する適合に関する経営戦略について述べたものである。

　筆者はダイナミックケイパビリティを「環境適合力」と呼んでいる。企業変革力という用語よりも、自らが環境に適合するために、自己の経営資源をダイナミックに再編成して「自社のビジネスモデルをアップデートする」ことが企業としての「若さ（ダイナミズム）」を保ち、持続的な競争力を得る方法であると説明したほうがわかりやすい。環境変化に応じてケイパビリティの再編成を行い、それをさらに磨き上げていく（オーディナリーケイパビリティ）ことが競争力を持続させる秘訣といえよう。

　D.J.ティース教授は、ダイナミックケイパビリティを**「感知」「捕捉」「変容」**の3つの観点で説明する。「感知」とは文字通り脅威・危機といった環境変化に関する自社への影響を感知する能力である。「捕捉」は時機を得て既存の経営資源（資産・知識・技術など）を再構成し競争力を得る能力である。最後の「変容」は、得た競争力を持続的なものにするため組織全体を刷新し変容する能力である。筆者流に言い換えれば、環境が変わりつつあること、変わったことを素早く察知して、その変化が自社の経営や競争力に対してどんな正負の影響を与えるかを分析し意味付けする。そのうえで変化によって「弱体化が懸念される自社の経営資源」を上手に組み替えて競争力をアップ

デートする。アップデートした後は、構築した競争力を確かなもの、持続性のあるものとするため、獲得した競争力を「磨き上げていくための社内体制や意識改革」を行う。これらをダイナミックケイパビリティと呼ぶ。

「驕れる者は久しからず（平家物語）」という言葉があるように、自社の強みに自信を持ち過ぎることも危険である。過信は環境変化に対応する姿勢を遠ざける。気付いたときには競争力を失っていたということがビジネスの世界では間々ある。強みを磨き上げることも大事だが、その強みが普遍性を持つものなのか、環境変化の内容次第で弱体化する可能性があるのか、そうした視点を持って情報収集やアップデートを行うことが重要である。論語に「学則不固」と言う言葉があるが、謙虚に学ぶことで常に偏りを防ぎ柔軟な発想でいられる。信念は経営に不可欠だが、世の潮流をよく見て我が身を振り返ることが環境適合の基本である。

2. 環境適合力をどう磨くのか

中小企業が中小企業特性を理解し、ダイナミックケイパビリティを発揮できるよう努めることが「勝利の方程式」の構築に役立つことを説明した。

一方で、改めて筆者用語である**「環境適合力（ダイナミックケイパビリティ）」**をどう磨くべきかについて説明したい。「感知」「捕捉」「変容」というD.J.ティースの3分類からは、いったん離れる。しかし、その3つの要素を含んでいることに違いはない。抽象的な3要素を「中小企業が経営で具体化する」ためにはどうすればいいかについて、別の表現で説明している。

具体的には、6つのポイントがあると考えている。

---

1. 変化を読む力、未来を読む力
2. 複雑で多様な選択肢から適切な解を選択する力
3. 経営資源を確保する力、アップデートする力
4. ヒトと機械・デジタル、両方を均衡よく走らせる力
5. パートナーシップを形成し、新機軸を創造できる力
6. 1～5を通底する「軸」を持ち、自社らしい変革ができる力

　この6つは、ダイナミックケイパビリティを、日本らしく、かつ、中小企業に相応しい形でビルトインするための観点であり、経営戦略を策定する際にも応用可能な視点である。以下、各ポイントについて説明する。

2.1　変化を読む力、未来を読む力

　未来を読むためには「大きな視野」が必要である。変化の発端は常に「ディテール（細部）」にある。しかし、小さな水滴がウネリになるためには、時代背景、人間の心理、技術的進歩等が複雑に絡み合って「エネルギーを増幅」していく。最初の一歩は、小さな新聞記事に過ぎなかった変化が、10年を待たずして大きなウネリに転じることが間々ある。インターネット、スマートフォン、ドローン、人工知能、すべて同じではないだろうか。

　そうした意味で、小さな一歩、小さな出来事を「政治・経済・社会文化・技術進展」といった大きなスクリーンに映し出して、「将来的な意味づけをする」ことが変化や未来を読むためには必要である。気取った言い方をすれば「PEST 分析」である。

　PEST 分析で大事なことは「**変化に敏感である**」こと、「**本質を見抜く**」ことの2つである。

　変化に対する着眼点としては「**1年前と違う**」「**トレンドと違う**」「**業界標準とは違う**」「**変化の幅が大きい**」「**世の中を変えそうだ**」「**いままでなかった**」がある。特に、小さいけれど未来を変えそうな変化をみつけることが、この分析の価値である。

　本質を見抜くとは、「**その存在が意味することは何か**」「**時代背景を踏まえた意義は何か**」を考えることである。一例をあげれば、スマートフォンは「電話」「PC」「ゲーム機」「音楽プレイヤー」「TV」「TV ショッピング」などの機能を1台の機器に詰め込んだプロダクトである。それだけでは機器のコンポという評価だが、「携帯性」や「ネットワークとの常時接続」、ひいては「究極の個人利用（カスタマイズ）」を可能とした点に着目すれば、「生活様式を激変させる大発明」という意味をもつ。スマホは社会にあっという間に浸透し、その母集団を背景にアプリや機能のさらなる発展を繰り返す。スマホによって、経済界・産業界は大きな影響を受けた。

　事例が長くなったが、PEST 分析においては、大きな視野で「いま何が起こっているか」を見渡すことから始める。そして「自社・自業界への影響（脅威・危機・機会）」といった形でスコープを絞り込むことで、意味づけの精度があがっていく。スコープを絞り込む際には、できるだけ長期的な視点、構造的な視点で見るとよい。例えば業界動向であれば、「競争決定要因」「業界リーダーの条件」「製品・サービス動向」「技術動向」「規制・法制・業界ルール」について注意深く見るだけで「見えてくるものが変わる」はずだ。

　さらに、**大事なことは「マーケティング視点」を入れる**ことである。中小企業は地域密着で棲み分けもある程度できている。製造業では「大企業の専属下請け」といった形態も少なくないためマーケティングに注力してこなかった歴史がある。したがって、マーケティング的な視点に欠ける傾向がある。変化を見るうえで「マーケティングのレンズ」を通してみることで、ビジネス的な意味を得ることができる。一例をあげれば「5 フォース分析」「3C 分析」「カスタマージャーニー（顧客経験価値）」といった視点でみることである。

　5 フォース分析は、「業界内の競争」「顧客（買い手）の交渉力」「サプライヤー（売り手）の交渉力」「新規参入者」「代替品の存在」といった外部の環境変化に着眼した視点から「脅威」を洗い出す。3C 分析は、「自社（Company）」「顧客（Customer）」「競合（Competitor）」といった内外環境の変化に着眼する。カスタマージャーニーは「カスタマーセントリック（顧客中心主義）」を象徴するもので、「仮想顧客（ペルソナという）」を設定したうえで彼がどんなプロセスをたどって消費に至るかを「時系列」かつ「体験や内面（インサイト）」に着眼してストーリー仕立てで分析する。顧客満足度を決定的に左右する瞬間や要素を分析する手法である。

　また、変化を読むうえで「経営者との交流」は、参考になることが多い。「他人の眼」を借りて、時代の変化を読むのである。自分の殻を破って、様々なネットワークに飛び込んで交流を深め、自分にはない視点や世界観を得ることが、変化や未来を読むうえでの「多角的視点」を与えてくれる。自分一人では「過去の知見に縛られる」ことで「単一的な見方」になることが多い。新たな世界観を描こうとすれば、やはり様々な経営者、あるいは自分とは別

の世界にいる人と議論を交わすことで、貴重なヒントを得ることが数多くある。

2.2　複雑で多様な選択肢から適切な解を選択する力

環境適合力のレベルを上げるためには、環境に適合する「方向性を見つける」ことが重要である。

しかし、方向性はひとつではない。多様な選択肢があって「どれも正解のように見える」ことがある。こうした場合に「最適解」とは言わないまでも、経営に致命的なダメージを与えることなく、むしろ未来を良い方向に導く「ベターな解をコンスタントに選択できる」があれば、環境適合力は間違いなく高まる。

この「**ベターな解をコンスタントに選択する**」ためのヒントを、古代中国の戦略家が与えてくれる。孫子の「彼れを知り己れを知れば百戦殆うからず。彼れを知らずして己れを知れば一勝一負す。彼れを知らず己れを知らざれば戦う毎に必ず殆し」の玉言である。このなかの「彼れ」「己れ」を、それぞれ「環境変化」と「自社の事業／経営資源」に置き換えてみると「ベターな解」を生み出す方程式が出来上がる。

この戦略論を意訳するならば「競合相手・市場ニーズなどの環境変化を的確に読んで、自社の持ち味・強みをその変化に応じて戦隊を組み直せば負ける心配はない」である。この戦略論はダイナミックケイパビリティの3要素（感知・捕捉・変容）を包含する。ひとつは、環境変化をしっかりと読んで、自社にとっての脅威・機会を認識すること。もうひとつは、自社の経営資源や強みを理解したうえで強みを失わないための再編成を行うこと。戦う毎に、この再編成した能力をアップデートして競争力を維持すること。こんな感じだろうか。

中小企業が、この戦略論を実践するためには「環境変化」と「経営資源」をいかに的確に把握するかが論点となる。自社のみで実践するにはなかなかハードルが高いものである。そういった意味で、外部資源、特に金融機関が重視しつつある「事業性評価」を活用することを勧める。

事業性評価とは、特定の企業の「事業性を評価する」もので、通常は「経

営環境分析」と「事業者特性分析」で構成する。後者は、さらに「財務分析」と「非財務分析」で二項的評価を行う。「己れ」を知るという意味では、財務と非財務による多面的な事業者特性分析が役立つ。興味がある経営者は、メインバンクに自社の事業性評価を聞いてみるといいだろう。

自社で分析を行う場合、財務分析は困らないだろう。昨今は経理のソフトに財務分析が付加されている場合も多いので、自己資本比率とか総資本経常利益率といった財務指標を把握し、管理会計的経営を行う中小企業も少なくない。問題は、非財務分析である。これについては、内閣府「経営デザインシート」、経産省「ローカルベンチマーク」といった公開された様式を活用して、自社の経営資源を洗い出すとよい。また、シンプルではあるが、「SWOT分析（Strength 強み、Weakness 弱み、Opportunity 機会、Threat 脅威）」もわかりやすい。4つの視点を外部環境・内部環境に分けて考える手法である。

それでは、あらためて非財務分析の中核である「経営資源」を確認しておこう。経営資源を「知る」といっても何が経営資源か分からなければ洗い出すこともできない。具体的には「ヒト」「モノ」「カネ」「組織」「情報」「時間」「知的資産」といったものが典型的な経営資源である。

ヒトは、経営陣・社員・パートアルバイト・派遣社員といった会社を構成する人々である。モノは設備で、事務所・店舗・工場・機械・車両など多岐にわたる。カネは財務である。直接的な資金をどう調達するかはもちろんのこと、最適資本構成、投資と回収、配当といった財務戦略も含まれる。組織は、まさに企業の組織構成をさすが、外部とのネットワーク（関係資産）も重要な資源ということができる。時間は生産性・効率性といった活かし方の視点である。知的資産は、企業にとって付加価値を生む源泉となるもので、特許といった知的財産権に絞って考える必要はない。自社の強みといったものを出来るだけ多くあげてみるといいだろう。

このように、「彼れ」「己れ」を洗い出すことができれば、「ベターな解」を出せる確率は格段に高まる。**経営の失敗の多くは「見たいものだけを見る」「環境を見誤る」「身の丈に合わないことをする」といったことに帰着する。**「彼れ」を読む力を高め、「己れ」を知り尽くし、どう自らを律し、人材や組織を再編成するかを念頭におけば「経営判断を誤る」ことは減るはずだ。多

様な選択肢から適切な解を出すためにも、事業性を正しく評価し、自らの強みや経営資源を再確認し、「アップデートするもの」と「再構築するもの」とに仕分けしていけば、自ずと良い答えが見つかる。そして、多様な選択肢の中から適切な解を出すことこそが、ガバナンスでもある。

2.3　経営資源を確保する力、アップデートする力

　環境に適合するためには、必要な経営資源を確保する必要がある。新たな環境に適合するビジネスモデルを再構築した場合に、そのビジネスモデルを実現するためのヒト・モノ・カネが絶対に要る。経営資源の確保が第一の要件となる。第二の要件が「アップデート」である。せっかく構築したビジネスモデルや経営資源ではあるが、時間の経過とともに力を失う場合がある。こうした無力化や陳腐化を防ぐ方法がアップデートである。この2つの要件が揃わなければ、ダイナミックケイパビリティを輝かせることはできない。

　それでは中核的経営資源である「ヒト」を例に、この2つの問題にどう対処するかを考えてみたい。2025-2030年を想定した場合に「人手不足」はより深刻なものになる。こうした中で人手を確保するためには、「経済面での対処」と「心身面での対処」を充実させなければならない。経済面は、給与・賞与の引上げが中心になる。常に業界水準や地域水準を意識した給与水準を考えなければならない。心身面は、社内の人間関係はもちろんのこと、健康への配慮、子育て・介護ひいては働き方に対する柔軟な体制を整備する必要がある。経営資源の確保という観点では、これらの問題に対処せざるをえない。そして、これらはコストの増大をもたらす。したがって、ヒトを使っても儲けが出るだけの「利幅を確保する必要がある」。突き詰めれば、儲かるビジネスモデルを構築しなければ、こうした処遇を実現することも人材を確保することもできない。

　次にアップデートという面では「人材投資」がカギになる。一口に人材投資とは言うが、大事なことは自社のビジネスモデルを実現するために必要なスキルや能力・経験を身につけてもらうことである。そのために「ビジネスモデルに必要な人材像」を明らかにして、それに基づくスキルや経験を洗い出すことになる。スキル等が洗い出されれば、それにふさわしい教育方法を

提供することになる。

ここまで「ヒト」を例にあげて、経営資源の確保について話を進めてきたが、他の経営資源に関しても「通底する問題」がある。それは**対策は時間をかけて戦略的に進めなければならない**」ということである。原材料の確保にしても、新たな調達ルートやサプライチェーンを簡単に構築することはできない。また代替品を探すことも容易ではない。さらには「代替品」を手に入れたとしても、それを使った生産体制の構築が必要になる。つまり、経営資源の確保は「構造問題」と捉えて、計画的に体制整備を進める必要がある。「アップデート」に関しても同様である。経営資源は環境変化によって「劣化・陳腐化するリスク」を常に抱えている。むかし「窓際族」といった「使えなくなった中高年サラリーマン」を象徴する言葉があった。考えてみれば、これも「若いときは輝いていた（活躍していた）人材が、年齢を重ねるごとに戦力が落ちている」状態をさすわけで、「アップデートをしなかった末路」でもある。これは「設備」などあらゆる経営資源にも言えることである。アップデートは急拵えではうまく行かない。計画性と適切な手段選択が必要である。

2.4 ヒトと機械・デジタル、両方を均衡よく走らせる

ローカルの中小企業にとって「地域の労働人口」が少ないことが悩みである。そして、この傾向は年々強まる。前述の通り、中小企業はヒトを確保し、アップデートを図る努力を行っていくわけだが、前段の「確保」で躓く可能性がある。どうやっても集まらない状況が生まれるかもしれない。

そうした意味で、ローカルの経営者は「苦労して確保した社員」を活かすことと、「ヒトに代わる働き手」を探すこと、この２つに着眼せざるを得ない。特に、ヒトの代わりの働き手を特定し、業務やオペレーションの再構築を図ることが課題になる。言い換えれば**ヒトを使う場所**」と「**機械やデジタルを使う場所**」を整理することである。ヒトを使わずに「完全無人対応」できる企業は現状ないだろう。両者の比率をいかにバランスよく配合して、人手不足対策や生産性向上につなげるかがカギになる。

特に留意すべきは、過度に「ヒト頼り」のオペレーションになることであ

る。どんな地域、どんな業種であってもヒトが思う通りに確保できる可能性が減っている。また、労働生産性の改善を視野に入れる必要がある。日本の生産性が国際比較で低い理由は、「**ヒトに頼り過ぎる体制**」を作ったことにある。日本の労働者が相対的に優秀であることは間違いない。しかし、ヒトは生き物であり、感情や体調の揺らぎで安定した労働品質が保てない場合もある。一方で、デジタルや機械は「人間が苦手としていること」や、「人間が対応すると時間を要すること」をいとも簡単に休みなくやり続けることができる。

　環境適応力を高めようとすれば「デジタルと機械」を「新たな働き手」として積極的に活用する必要がある。デジタルにはデジタルが得意な領域があり、機械には機械が得意とする領域がある。中小企業は「経営資源のベストポートフォリオ（最適構成）」を考え、それに適合するオペレーションやビジネスモデルを構築する必要がある。そのためには、ヒト・デジタル・機械がそれぞれ得意とすることを理解し、自社の身の丈に合った使い方を考えることである。

　ダイナミックケイパビリティにおいて「経営資源の再編成」の重要性が指摘されているが、結局ヒト・デジタル・機械といった3大経営資源をどう均衡させるか、バランスよく再編成するかがポイントになる。

2.5　パートナーシップを形成し、新機軸を創造できる力

　環境適合力の5つめのポイントが「パートナーシップによるイノベーション（新機軸）創造」である。環境適合を進めるうえで、変えなくてよい部分と変えなくてはならない部分がある。特に、変えなくていけない部分については、可能な限り「新機軸」を生み出して付加価値をつけたい。業務プロセスでもいい、商品・サービスでもいい。「従来なかったもの」を付加することで、環境適合のレベルが上がる。問題は「経営資源の制約」にどう対処するかである。

　そこで本書でも論点として指摘している「パートナーシップ形成」、つまり外部資源の活用である。VUCAと言われる時代に、中小企業がマーケットの変化についていくだけでも容易でない。いわんや市場ニーズを把握し、

新たな付加価値創造を図るとなると更にバーが上がる。1社だけで何かをやろうとすれば、時間やコストだけでなく、「アイディア創出」や「実現手段の確保」といった点でも限界が近づく。だからこそ「パートナーシップ（連携）」の重みが増す。

中小企業特性で説明したように、中小企業は経営者個人のネットワーク形成に強みを持っている。同業者だけでなく、広く異業種との交流機会もある。さらに官学界との扉も通じる機会が増えている。

問題は、経営者が積極的にパートナーシップ形成に動くか、機会を活かす意図があるかだ。スタートアップの経営者に共通する一種のマーケット理論である「エフェクチュエーション（effectuation）」のなかに5つの原則が謳われているが、「クレイジーキルト」「レモネード」といわれる考え方が参考になる。クレイジーキルトは、切れ端のキルトを繋ぎ縫いして鍋敷きなどにする刺繍だが、ここでは特定の関係に縛られることなく、自由にパートナーシップを構築しようという考え方である。これだけ複雑で曖昧な時代にあって「昨日の敵が今日の友」となることは不思議でない。「競合とは絶対に手を組まない」とした途端に、パートナーシップの可能性を閉ざすことになる。市場が流動的な状況では「プレイヤーの主導権」も日々変わっていく。つまり、コミットする意思を持つのであれば誰とでも積極的に連携し、それを補完資源として新たな何かを生み出そうとするある種の積極性をもつことである。レモネードは「転んでもただでは起きない」的な発想だ。言い換えれば負の事象や偶然をテコとして、新しいものを生み出そうとする発想である。パートナーシップ形成をしたから必ず何かが生まれるとは限らない。しかし、想いを同じくして取り組むなかで、偶然も含めて「良いとこ取り」をしていく。そういった経営者や企業のメンタルが求められている。

2.6 通底する「軸」を持ち、自社らしい変革ができる力

最後のポイントが「軸」を持つことである。言い換えれば「パーパス」「理念」をもって取り組むことだ。なぜパーパスが環境適合を行ううえで重要かといえば、適合の仕方にある。企業の魅力は「根源にある哲学から生まれる」ことが多い。人間でもそうではないか。哲学が所作や表現に現れる。それが

魅力となる。

　企業が環境適合を行う場合に、ダイナミックケイパビリティでいう「感知」「捕捉」「変容」を行って変革を進めるわけだが、「再編成の方法」は企業独自のものである。つまり自社の色に染めてこそ、企業の独自性や魅力が生まれるのである。そうした意味で、変革を通底する哲学を持って、自社らしい手法で「新しい自社像」を実現することが肝要である。最後のピースたる由縁である。

3. ダイナミックケイパビリティを発揮するために

　ここまで「ダイナミックケイパビリティ」を筆者流の「環境適合力」に置き換え、それを磨くための「6つの要素」について説明した。しかし、もっとも大事なことは、磨き上げた「環境適合力＝ダイナミックケイパビリティ＝」をいかんなく発揮して「勝ち残りの道を進む」ことにある。本項ではダイナミックケイパビリティを発揮するために、中小企業はどう行動すればよいのかについて説明する。

　ダイナミックケイパビリティを発揮するうえで一番大事なことは「経営者の姿勢」である。「十年一剣を磨く」（古文真宝）という言葉がある。剣を10年研ぎ続けてみたところで、これを使わないことには剣客としての価値は発揮されない。ダイナミックケイパビリティは、ある種「経営者の挑戦を試すもの」だと感じている。変化を感知し勝つための再編成を行ったとしても、経営者が「本当に勝てるのか」、そんな疑念を持つことでパワーは弱まる。変えることで「失うものが多い」のではないか、そんな不安もあるだろう。しかし、変革とはそういうものだ。試行錯誤のなかで決意を固めて挑戦するしかない。だからこそ、環境適合力の6つの要素を磨き上げ、磨き上げたプロセスを自信に変えて挑戦する。それを「アニマルスピリット」という。経営者である以上、野心的な挑戦が必要である。そして、それを支えるものは「旺盛な事業意欲とある種の楽観」ではないだろうか。

　そして第二の要件は「社内一丸」である。社長だけが熱い想いを抱いたとしても社員がついてこなければ変革は実現しない。社内のベクトルを一にし

て、社員全員が同じ目標に向かっていくとき大きな力が発揮できる。社内を
ひとつにするためには、社長が社員を連れて行こうとしている「新たな世界」
をどれだけ分かりやすく説明できるかがカギだ。その世界にたどりつくため
の分かりやすいストーリーを語れるか。そして、その世界に行ったとき社員
がどれほど幸せになるのか。パーパスに基づく事業ビジョン、チェンジオブ
ストーリー、それらをしっかりと伝達し、組織に浸透させてこそベクトルは
強固なものになる。

ビジネスモデルの定期診断を経営サイクルに組み入れる

　中小企業がその「特性」を活かし、「ダイナミックケイパビリティ」を発揮できれば必ず生き残ることができる。しかし、それだけでは十分とはいえない。中小企業が「勝ち残るための新方程式」を実現するうえで「**ビジネスモデルの定期診断**」が重要な意味を持つ。

　ビジネスモデルの定期診断は、人間に例えるならば「**人間ドック**」である。日々健康に留意し、適度な運動や栄養を補給したからといって「健康であるか否か」のチェックは必要である。特に、自覚症状のない異常が生じている可能性もある。早期発見、早期治療が健康維持の基本である。

　経営についても同様である。いろいろ気を配りながら対処しているとはいっても、定期的に「人間ドック」に入ってチェックすることで、見えなかった問題を発見することができる。本章では、ビジネスモデルの定期的チェックを行うことを提言したい。

1. ビジネスモデルは陳腐化する

　多くの企業は、何らかの「勝利の方程式」を持っている。今日、しっかりと収益を上げて頑張っている背景には、確立された儲けの仕組みがある。これが「勝利の方程式」である。

　あらためて「勝利の方程式」を定義するのであれば、「時代の環境に適応して自社の強みが発揮できるビジネスモデルを構築する」ことである。いうまでもなくビジネスモデルは「儲けを出すためのビジネスの仕組み」である。ビジネスモデルがうまく機能することで確実に儲けがでる。一定の社歴をもつ企業は何らかの勝利の方程式を確立して、いまそこにいる。

　一方で、勝利の方程式は「永遠のもの」ではない。企業30年説という言

葉があるように、環境変化に対応できなければ「勝利の方程式」が無力化する可能性がある。「ファイブフォース分析（**図 4-3-1**）」は、仕入先・販売先・業界競合・新規参入・代替品といった5つの観点から自社のビジネスモデルを毀損させる恐れのある「脅威」を洗い出す。こうした脅威が顕在化したとき、強かったはずのビジネスモデルが、あっという間に弱体化して「儲けが出ない」状態になる。

　このように、環境変化によってビジネスモデルは陳腐化するリスクをもっている。したがって、ビジネスモデルが「いまどういう状態にあるか」を知ることが、経営にとって最も重要な情報である。状況が見えれば対処できる。しかも、問題や課題は傷が浅いうちに対処できれば、コストや負担は最小限で抑えることができる。

　ビジネスモデルは陳腐化する。この真理を頭に入れて、定期診断の機会を作ることが経営の仕組みとして必要なのだ。

【図 4-3-1】ファイブフォース分析

【買い手】一般消費者（B to C）
- ■ 人口減少・高齢化⇒購買力の低下
- ■ 価値観の多様化（商品標的難しく）
- ■ Eコマースの増加、オムニチャネル化
- ■ 倫理的消費（Z世代：エシカル消費）
- ■ インバウンドや外国人労働者増加

【買い手】一般企業（B to B）
- ■ サステナブル経営への移行
　（脱炭素・脱資源＝購買行動の変化）
- ■ 付加価値重視・生産性重視（労働生産性）
- ■ 専門性・アイディア重視（差別化）
- ■ サプライチェーンの再構築（国内・海外）
- ■ デジタルによる最適化、高付加価値化

産業界

【売り手】原材料・燃料等の供給企業
- ■ サステナブル経営、GXへの移行
　（脱炭素・脱資源＝サーキュラー経済）
- ■ 供給できない材料・値上がりも増加する
- ■ デジタル化・自動化の推進＝生産性向上
- ■ サプライチェーンの再構築（国内海外）
- ■ 付加価値・生産性重視の姿勢

【協力業者】製造業・物流業
- ■ サステナブル経営への移行
　（脱炭素・脱資源＝荷主適応性の変化）
- ■ 働き方改革（ドライバー重視）
- ■ デジタル化、自動化、生産性重視
- ■ 大量廃業、業界再編の進行

【競合・新規参入】新たな武器をもって参入
- ■ デジタル化を武器に高度加工や生産性
- ■ 異なる材料や異なる加工や成形で「代替」
- ■ パートナーシップで高付加価値製品の製造
- ■ SDGs／ESGをテーマに新製品開発

①X-TECH化、②無人化・自動化、③イノベーション、④働き手減少によるオペ改革

①脱炭素・脱資源、②人権・コンプラ（ESG）

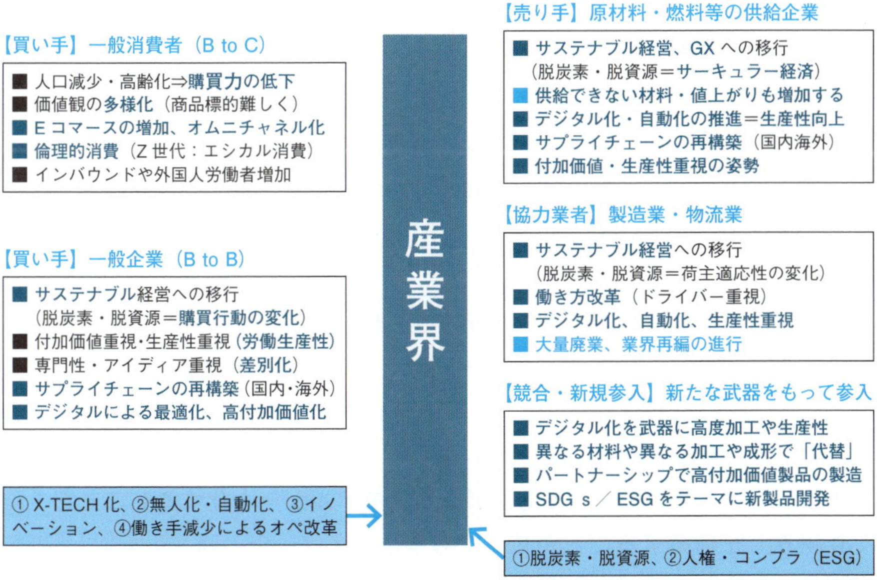

筆者作成

2. ビジネスモデルの定期診断

　あらためて「ビジネスモデル」とは何だろうか。ビジネスモデルとは「儲けを出す」ためのビジネスの仕組みである。具体的には以下の5つで構成される。

1. どのような市場で、どのような顧客を標的として
2. どのような立ち位置で、どのような競争優位を確立して
3. どのような商品・サービスを、どのような付加価値をつけて
4. どのような価格やコミュニケーション（販促等）を使って販売し
5. どのような手段で顧客に届けるか

　この5つの要素を見れば、環境変化によっていずれかの要素に問題が生じて、ビジネスモデル全体が弱体化する可能性があることがわかる。

　街の商店街にあるレストランを例に考えてみよう。典型的な環境変化として「コロナ危機」が思い出される。街のレストランであれば、町内に住む住民やサラリーマンが主たる顧客であろう。コロナ危機で起きた一番の変化は感染防止対策による「人流制限」や「営業制限（休業）」である。5フォース分析でいえば「買い手」サイドにおいて「来客数が激減する」というリスクが顕在化したことになる。こうなると要素5の「顧客への届け方」が問題になる。従来の対面販売ではなく、ホームページでの予約・配達といったチャネル変更によってビジネスモデルの棄損を最小限に抑える対策を打つことになる。

　コロナ禍のような急激な変化や危機であれば、ビジネスモデルの棄損が一目瞭然であるが、平時においてはそうはいかない。平時の変化は穏やかに進む。経営者が変化に気づいた頃には、ビジネスモデルが弱体化しているといった事態が起こりうる。

　したがって**「気づかないうちにビジネスモデルが無力化する」**ことを**「防ぐ仕組み」**を構築することが必要である。例えば、年1回「決算期」「事業計画策定時」といった機会をとらえて、自社のビジネスモデルが毀損してい

ないかを検証するのである。

こうした時期が適切である理由は、事業計画では翌年度に実行すべき施策を盛り込むため、定期診断で判明した課題を即座に組み入れることができるからだ。経営の仕組みとして、機能しやすいタイミングである。定期診断の際に留意してほしいポイントをあげる。

1. 環境変化をファイブフォース分析といった形で「見える化」する
2. 収益力を中心に「ネガティブな変化」の発見に努める
3. 修正で対応可能なのか、抜本的な再構築が必要なのかを見極める

環境変化については「見える化」が必要だ。頭のなかに何となくあるでは力が出ない。事実を客観的に洗い出すことで、全体感や個別問題の軽重も判断できる。可能な限り、5フォース分析といった様式を活用して洗い出すことを勧める。そして、洗い出しにあたっては、経営者だけでなく、例えばボードメンバーとか、各部門の代表とか、複数の眼を通じて行うことが望ましい。情報の多角化と客観化である。

第二の「ネガティブな変化」の発見については、収益の増減が起点になる。ビジネスモデルが「儲けを出す仕組み」である以上、収益が低下していることは「ビジネスモデルが弱体化している」ことを端的に表している。減益の理由を細かく見ていくことで、ビジネスモデルの5つの要素のどこが痛んでいるかを知ることができる。また、数字だけで把握できない非財務的な変化にも着眼してほしい。例えば、物流業者が値上げ要請をしているが現場が抑えているようなケースである。今年は大丈夫だとしても、2〜3年後にクラッシュする危機があるのかを確認することも大事なのだ。

第三の「方向性の見極め」は定期診断の処方箋の役割になる。定期診断というコストをかけた以上、「未来をより良い方向に変える」ことが責務である。ビジネスモデルの棄損状況について「収益」を中心に要因を分析することで「修正」でいけるのか、「再構築」が必要なのかを見極めることがポイントになる。

3. 定期診断の「定点観測化」

　ビジネスモデルの定期診断の必要性、実施する際の留意点については理解できた。そのうえで、経営にビルトインするために「**定点観測化**」を勧めたい。

　データは、ある時点での実態を示し、それはそれで問題の発見に役立つ。同時にヒストリカルデータとして蓄積することで「トレンド」や「真の問題」の発見につながる。毎年、事業計画を策定する際に定期診断を行うと決めたら、それをやり続けることが効果を高める。

　1年のデータでは見えなかったことが、5年、10年のデータをヒストリカルに分析することで構造的な問題を発見することができる。例えば「キャッシュフロー計算書」を10年並べただけで見えることがある。経営は連綿とつながっていくものである。過去～現在～未来と、一本の線のうえに乗っている。だからこそ定点観測を積み上げ、問題発見の精度を高めることが重要である。

　勝利の方程式は陳腐化しやすい。だからこそ定期診断を行い、定点観測を積み上げることで問題構造を把握する力を高める必要がある。

経営者の
アニマルスピリット

　勝利の方程式を支える最後の要素が「経営者のアニマルスピリット」である。

　アニマルスピリットは、経済学の大家であるケインズが「雇用・利子および貨幣の一般理論」のなかで述べた言葉である。直訳すれば「野獣の魂」、一般には「**血気**」「**野心的な意欲**」といった訳語が使われている。

　ケインズは、経済学が想定する合理的な動機・要因だけでは説明できない事業家の「活動に駆り立てる衝動」が経済に影響を与えると考えた。本書でアニマルスピリットに関する経済学的考察を加える意図はない。むしろ筆者の40年余りの現場経験において、経営者の事業意欲に「非合理性」「自ずと湧き上がる楽観」「やむにやまれぬ経営者魂」を感じることが多く、ケインズの考え方は体感的に納得できるものである。

　事業意欲の旺盛な「起業家」と呼ばれる人々には、「理詰めでビジネスサクセスプランを練り上げて実行に移す者」もいるが、「世のため人のためと青い使命に燃えて事業化を目指す者がいる」ことも知っている。経営を動かす動機にアニマルスピリットがあることは否定しがたい事実だと感じている。

　そのうえで、中小企業にとって「アニマルスピリット」を持つことがVUCAの時代を切り拓く最後のピースであることを伝えたい。ここまで説明したように、困難な時代に生き残るためには「環境適合」が必要だ。そのために行うべきことは数多くある。しかし、**結局「やり遂げる」**ことこそが**「勝ち残りの境界線」**になる。良いアイディアや構想があっても、最後は形にする力、やり抜く力で差がでる。そのエンジンが「アニマルスピリット」である。

　野心的な挑戦こそが未来を拓く。**いつの時代も野心的な挑戦者が時代を切り拓き、未来を創った。未来に生き残る者の多くは、変化を機会に変えた挑戦者であり、産業を変革した者は野心的な挑戦者である。**最後の決め手となるものは人間を動かす力、つまりアニマルスピリットである。

　本書第一部で「内向きで保守的なガバナンス」が、日本の長期的停滞と世界における相対的地位低下を招いたと説明した。経済を動かす主体が「ヒト」である以上、一人一人の心や意思が影響を与える。とりわけ経済にとって大きな力を発揮する「企業」にあっては、経営者の意思や考え方が決め手となることは言うまでもない。いまこそマインドセットの転換、血気あふれる挑戦心が求められる。勝利の方程式は理論ではあるが、実現には経営者の強い挑戦心が必要なのだ。

　最後に、筆者の想いを支える経営学の大家 P. ドラッカーの言葉を紹介したい。「混沌とした時代に最も危険なことは、混沌そのものではなく、昨日と同じ論理で行動することだ」。

　何と含蓄に富んだ言葉であろうか。VUCA の時代は変化が止まらない、曖昧で不確実で意味付けの難しい混沌とした時代である。そういった時代に「従来型の思考」や「前例踏襲」は一番危険な行為である。

　生き残る道は、企業が「ダイナミックケイパビリティ」をいかに発揮するかである。自己を変革することである。そうした意味で、多少非合理といわれようが、「石に立つ矢」の如き「アニマルスピリット」を持つことが求められる。矢は石をも貫くという信念、これはエフェクチュエーションの「飛行機のパイロット」に通じる考え方のようにみえる。

　中小企業が混沌とした時代に生き残るための最後のピースが「アニマルスピリット」なのである。

変革に耳を傾けてくれない経営者にどう向き合うか

　変革を推し進める者にとって「話を聞いてくれない」重鎮経営者ほど難しい存在はいない。変革そのものに関心がない経営者もいる。いま順調なのに何でそんなことをする必要がある、と考える経営者もいる。自分にとって辛い未来を観たくない、という経営者もいるかもしれない。もっと楽観的で、なるようになるさ、いままでも何とかなってきたという経営者もいる。

　変革の実現に必要なものがあるとすれば、変革への共感である。いまのままではダメだとする危機感でもある。そして、筆者が知る限り、こうした危機感や変革の必要性を持つ経営者は「先が長い」人々である。まだ 10 年 20 年、ひょっとすると 30 年経営の舵取りをしなければならない経営者ほど未来を考えている。それは往々にして 30 代 40 代の経営者である。もちろんスタートアップや、第二創業を目指す 20 代の若き経営者もいる。

　変革を起こすうえで、こうした経営者と連携することが重要なことは間違いない。ベクトルを合わせ、ともに変革に向けた行動を起こすことができるからだ。しかし、彼等との連携だけでは大きなウネリを作るには力不足である。なぜなら彼らのような存在は経済界においてメジャーではないからである。もちろん GAFAM のように加速度的な成長を遂げ、時代を変革する存在にならないとは限らない。また、そうなることを願っている。

　一方で、日本の経済界に与えられた時間は長くない。世界の潮流を観れば、日本の変革はできるだけ短い時間で成し遂げる必要がある。もはや戦争と変わりない。力の劣る者が勝つためには、知恵とスピードが重要である。大きなウネリを起こすためには「中核企業」「重鎮企業」を巻き込む必要がある。

　耳を傾けてくれない経営者とどう向き合えばいいのか。

　答えは「粘り強いコミュニケーションを重ねる」ことだとは思う。同じ世界観を共有できるかにかかっている。彼らが耳を傾けてくれるまで、何度でも話をする。心を折ることなく、諦めることなくコミュニケーションをとることがカギになる。変革者には、そうしたコミュニケーションを担保する陣容とエネルギーが必要だ。

著者略歴

青木　剛（あおき　つよし）

株式会社商工組合中央金庫　　産業革新本部　フェロー
一般財団法人商工総合研究所　専務理事

■経歴
1961 年　栃木県生まれ
1985 年　商工組合中央金庫　入庫
2006 年　下関支店支店長就任。以降、さいたま支店長、仙台支店長、神戸支店長を経て
2015 年　執行役員東京支店長
2019 年　常務執行役員（営業店サポート / ソリューション推進部門担当）
2021 年　商工中金顧問、商工総合研究所専務理事に就任。
2024 年　商工中金　産業革新本部　フェロー就任

■著書
「経営者の条件」（同友館）
「入門　事業性評価と課題解決型営業のスキル」（商工総合研究所）
「事業性評価を起点とする企業価値向上マニュアル」（同友館）
「中小企業のためのサスティナブルファイナンス」（商工総合研究所）

■論文・寄稿・連載
「中小企業の災害復興に果たす金融機関の役割」（論文「商工金融」）
「2023 年、中小企業の経営支援者が取り組むべき課題」（寄稿「企業診断」）
「資本性劣後ローンを活用した中小企業の財務強化支援」（寄稿「週刊金融財政事情」）
「事業性評価を起点とする中小企業の価値向上のポイント」（現在連載中「Monthly 信用金庫」）

■講演・講義
「金融機関も捨てたものではない」「事業性評価を起点とする企業価値向上」（一橋大学講義）
「SDGs/ESG 金融　推進の壁をどう乗り越えるか」（日本銀行主催）
「中小企業の成長に役立つ事業承継・M&A の在り方」（金融財政事情研究会主催）
「経営者の条件」（がんばれ！ものづくり日本シンポジウム in 関西）
「経営者に問う！アフターコロナにおける勝ち残り戦略」（各地異業種交流会）
「中小企業の戦略的事業承継」（経営実務セミナー）
「2024 年を占う〜複雑化・不透明化する世界経済〜」（新春セミナー）
「中小企業のガバナンス強化」（経済団体）

ほか多数

2024年12月13日　第1刷発行

2025-2030年　世界と日本はこう変わる　経営の論点と針路

執筆者　青木　剛

発　行　一般財団法人　商工総合研究所　〒103-0025　東京都中央区日本橋茅場町2-8-4
全国中小企業会館
TEL. 03(6810)9361
FAX. 03(5544)1867
https://www.shokosoken.or.jp/

発　売　㈱同　友　館　〒113-0033　東京都文京区本郷2-29-1
渡辺ビル1階
TEL. 03(3813)3966
FAX. 03(3818)2774
https://www.doyukan.co.jp/

装丁・本文デザイン・組版　アップライン株式会社／印刷　三美印刷／製本　松村製本所
落丁・乱丁本はお取り替えいたします。

ISBN 978-4-496-05744-1　　　　　　　　　　　　　　Printed in Japan